西北大学世界一流学科建设（培育）项目

西北大学2019年度本科人才培养建设项目
——高水平教材建设项目

资 助

西北大学考古学系列教材

军事考古学

赵丛苍　主编

赵丛苍　张　朝　曾　丽　撰稿

科学出版社

北　京

内 容 简 介

本书对"军事考古学"的概念、研究对象、理论与方法，以及古代军事遗迹、古代军事遗物、军事文化遗存的保护与文化遗产规划等进行了全面阐述。

本书可作为高校相关专业的教学用书和考古、军事历史及文化遗产等研究者的研究参考书。

审图号：GS（2024）0981号

图书在版编目（CIP）数据

军事考古学 / 赵丛苍主编；赵丛苍，张朝，曾丽撰稿. —北京：科学出版社，2024.4

西北大学考古学系列教材

ISBN 978-7-03-078401-8

Ⅰ.①军⋯ Ⅱ.①赵⋯ ②张⋯ ③曾⋯ Ⅲ.①军事-考古学-高等学校-教材 Ⅳ.①K851

中国国家版本馆CIP数据核字（2024）第075934号

责任编辑：王光明　董　苗 / 责任校对：邹慧卿
责任印制：赵　博 / 封面设计：张　放

科 学 出 版 社 出版
北京东黄城根北街16号
邮政编码：100717
http://www.sciencep.com

北京厚诚则铭印刷科技有限公司印刷
科学出版社发行　各地新华书店经销

*

2024年6月第 一 版　开本：720×1000　1/16
2024年7月第二次印刷　印张：21 1/4
字数：430 000

定价：148.00元
（如有印装质量问题，我社负责调换）

目　录

第一章　军事考古学的概念 1
第一节　军事考古学的定义 1
第二节　军事考古学的研究对象及其特点 2
第三节　军事考古学的学科特点 5
第二章　军事考古学的理论与方法 7
第一节　军事考古学的理论基础 7
一、军事、军事遗存、军事文化 8
二、系统论 9
三、中层理论 11
四、场域理论 13
五、历史想象 15
第二节　军事考古学的研究方法 18
一、考古地层学与考古类型学 18
二、文化因素分析 21
三、长时段"人的科学" 26
第三章　军事考古学与其他学科的关系 31
第一节　与军事学的关系 31
第二节　与自然科技的关系 34
第三节　与历史学的关系 36
第四节　与人类学（民族学）的关系 37
第五节　与地理学的关系 39
第六节　与图像学的关系 41
第四章　军事考古学简史 44
第一节　古典学术的军事研究 44
一、先秦时期对军事遗存的朴素认识 45
二、汉晋时期的军事研究 47
三、隋唐时期兵学与金石学的军事遗存研究 53

四、宋代金石学与军事遗存的研究 …………………………………… 55
　　五、明清古典学术对军事遗存的进一步研究 ………………………… 57
　第二节　考古学领域军事遗存的发现 …………………………………… 60
　　一、古代城址的防御设施受到长久关注 ………………………………… 62
　　二、古代兵器研究成果丰富 ……………………………………………… 69
　　三、军事交通遗存开始受到关注 ………………………………………… 72
　　四、与军事相关的出土文献层出不穷 …………………………………… 73
　第三节　军事考古学的发展与展望 ……………………………………… 74
　　一、军事考古学研究主要成就 …………………………………………… 74
　　二、军事考古学的现实意义 ……………………………………………… 83

第五章　古代军事遗迹 …………………………………………………… 89
　第一节　古代城防遗存 …………………………………………………… 89
　　一、史前聚落到城邑防御设施的发展 …………………………………… 89
　　二、古代都城的军事防御遗存 …………………………………………… 99
　　三、古代内地城址的军事防御遗存 ……………………………………… 127
　　四、古代边疆城址的军事防御遗存 ……………………………………… 138
　　五、古代城防遗址的田野考古 …………………………………………… 151
　第二节　古代战争遗存 …………………………………………………… 156
　　一、古战场遗存 …………………………………………………………… 156
　　二、战争埋葬遗迹 ………………………………………………………… 172
　　三、古战场遗址的田野考古 ……………………………………………… 175
　第三节　古代边防遗存 …………………………………………………… 180
　　一、长城修筑概况 ………………………………………………………… 180
　　二、长城设施遗存 ………………………………………………………… 195
　　三、海防筑城遗址 ………………………………………………………… 201
　第四节　古代后勤保障遗存 ……………………………………………… 208
　　一、军事交通遗址 ………………………………………………………… 210
　　二、军事通信遗存 ………………………………………………………… 224
　　三、驻军营堡遗存 ………………………………………………………… 233
　　四、军事仓储遗存 ………………………………………………………… 239
　　五、军械制造工场遗址 …………………………………………………… 252
　　六、军事后勤保障遗存的田野考古 ……………………………………… 260

第五节　古代军事遗存的田野考古与水下考古 ······ 265
　　　一、古代军事遗存的田野考古 ······ 265
　　　二、古代军事遗存的水下考古 ······ 266
第六章　古代军事遗物 ······ 269
　　第一节　图像中反映的古代军事状况 ······ 269
　　第二节　墓葬中的军事遗物 ······ 272
　　第三节　古代兵器遗存 ······ 275
　　　一、冷兵器时代的兵器遗物 ······ 276
　　　二、热兵器时代的兵器遗物 ······ 282
　　　三、古代兵器研究的思路及特点 ······ 283
　　第四节　古代军事遗物所反映的文化交流 ······ 284
　　第五节　军事出土文献概览 ······ 286
　　　一、甲骨文 ······ 287
　　　二、金文 ······ 291
　　　三、简册帛书 ······ 292
　　　四、敦煌、吐鲁番、黑水城文书 ······ 296
　　　五、石刻史料 ······ 299
第七章　军事文化遗存的保护与文化遗产规划 ······ 302
　　第一节　军事文化遗存 ······ 302
　　　一、军事文化遗存与文化遗产的关系 ······ 302
　　　二、军事考古学对军事文化遗存研究的局限 ······ 306
　　第二节　军事文化遗存的保存现状分析 ······ 307
　　第三节　军事文化遗存的价值评估与阐释 ······ 310
　　　一、文化遗产的价值 ······ 310
　　　二、军事文化遗存的价值 ······ 313
　　　三、军事文化遗存的价值阐释 ······ 314
　　第四节　军事文化遗存保护的思考 ······ 317
　　　一、军事文化遗存保护的重要性与迫切性 ······ 317
　　　二、军事文化遗存保护的措施 ······ 318
　　第五节　军事文化遗存保护的原则 ······ 320
　　第六节　军事文化遗存规划的原则 ······ 323
后记 ······ 326

插图目录

图一	《平番得胜图卷》局部	20
图二	榆林窟25窟"兵宝"与"马宝"	42
图三	安阳殷墟与洹北商城位置示意图	63
图四	黄陂盘龙城商城位置图	64
图五	垣曲商城遗址	65
图六	汉长安城平面图	67
图七	统万城遗址实测图	69
图八	汉长安城武库遗址平面图	71
图九	临潼姜寨一期聚落平面示意图	91
图一〇	郑州西山遗址平面图	92
图一一	陶寺遗址平面图	93
图一二	石家河遗址群平面图	95
图一三	良渚古城平面图	96
图一四	石峁城址平面图	97
图一五	二里头宫城遗址平面示意图	100
图一六	郑州商城平面图	103
图一七	新郑望京楼城址东一城门平面图	104
图一八	灵寿古城平面图	107
图一九	汉洛阳城南、北宫平面布局复原示意图	111
图二〇	魏晋洛阳城平面布局复原示意图	112
图二一	隋唐长安城平面示意图	114
图二二	隋唐洛阳城平面图	116
图二三	北宋东京内城平面实测图	118
图二四	南宋临安城复原想象图	120
图二五	辽上京遗址平面示意图	121
图二六	元大都平面示意图	124

图二七	明代北京城平面示意图	126
图二八	府城遗址平面示意图	128
图二九	陈庄遗址平面示意图	130
图三〇	淹城城址平面图	131
图三一	曹魏邺都北城平面复原略图	134
图三二	扬州城平面图	135
图三三	韩信城遗址位置示意图	136
图三四	李家崖古城址平面图	139
图三五	西山城址平面示意图	141
图三六	大堡子山遗址遗迹分布图	142
图三七	焉布拉克古城遗址平面图	142
图三八	黑城城址平面示意图	144
图三九	交河故城平面示意图	146
图四〇	朝阳古城发掘、勘探图	147
图四一	八里城城址平面图	149
图四二	宋代黄州城平面示意图	152
图四三	东周排葬墓M175平面图	159
图四四	汉王城与楚王城城址示意图	162
图四五	城子山山城平面图	167
图四六	神臂城平面图	168
图四七	江口明末战场遗址	171
图四八	永录一号尸骨坑局部	174
图四九	齐长城示意图	182
图五〇	楚长城示意图	183
图五一	燕南界长城图	185
图五二	赵北界长城图	185
图五三	赵南界长城图	186
图五四	魏河西长城图	187
图五五	魏河南长城略图	188
图五六	秦长城示意图	191
图五七	汉长城图	192
图五八	戚继光著《练兵纪实》卷6中的敌台图	197

插图目录

图五九	红山堡城址（实测）平面图	199
图六〇	灵武明长城外侧的"品"字形绊马坑	200
图六一	厦门城城址位置示意图	203
图六二	炮台岗遗址平面图	207
图六三	秦直道示意图	211
图六四	秦直道堑山堙谷遗迹示意图	213
图六五	镇江晋、唐军事甬道遗迹平面图	214
图六六	栈道想象复原图	215
图六七	褒斜道Ⅶ段平面示意图	216
图六八	邗沟示意图	220
图六九	鸿沟示意图	221
图七〇	灵渠示意图	222
图七一	马圈湾烽燧遗址平面图	228
图七二	克孜尔尕哈烽燧示意图	229
图七三	鸡鸣山驿城	232
图七四	偃师商城平面图	234
图七五	花马沟长城及附近遗址	235
图七六	汉长安城驻军遗址位置图	236
图七七	汉长安城南大型军事建筑基址遗迹平面图	237
图七八	靖边营堡平面图	239
图七九	建安堡遗迹平面图	240
图八〇	灵石旌介西周粮仓平面分布图	241
图八一	洛阳战国粮仓平面图和62号粮仓平、剖面图	242
图八二	京师仓仓城及一至六号仓平面图	243
图八三	京师仓一号仓复原图	244
图八四	凤翔汧河大型码头仓储遗址中部及南部单元局部平面图	245
图八五	大方盘仓城遗迹平面图	246
图八六	洛阳含嘉仓城范围及粮窖分布图	248
图八七	隋唐回洛仓仓窖分布图	250
图八八	镇江双井路宋元粮仓分布图	251
图八九	郧阳大丰粮仓	252
图九〇	二里头遗址铸铜作坊位置示意图	254

图九一　铜陵师姑墩夏商—春秋铸铜遗址位置图……………………………256
图九二　洛阳北窑西周铸铜遗址位置示意图……………………………257
图九三　战国嵌错水陆攻战纹铜壶纹饰摹本……………………………269
图九四　新野县樊集吊窑汉墓M37出土战争画像…………………………271
图九五　大堡子山遗址出土铜剑（ⅢM1：10）……………………………279
图九六　湖南长沙南郊扫把塘138号战国中期墓出土弩机……………281
图九七　明代红夷炮………………………………………………………283
图九八　日本正仓院藏金银钿装大刀……………………………………285
图九九　利簋及其铭文……………………………………………………292
图一〇〇　豳州昭仁寺碑额篆……………………………………………300
图一〇一　锥子山长城修缮前后对比……………………………………323

插表目录

表一 商代都城的城防设施遗存信息表············102
表二 春秋战国时期主要都城一览表············105
表三 辽金部分都城城防设施一览表············122
表四 白草坡墓群出土兵器统计表············278
表五 1928～1937年安阳殷墟出土甲骨统计表············288
表六 军事简帛出土情况一览表············293

第一章 军事考古学的概念

第一节 军事考古学的定义

军事考古学是以古代军事遗存为主要研究对象的考古学分支,具体而言,军事考古学利用考古学的基本理论和方法对古代军事活动进行研究,包括对军事活动遗留下的物质文化遗存和由于军事活动所产生的其他物质文化遗存的研究,同时也关注古代军事思想与物质遗存间的互动,希望获得对古代军事活动的深入认识,达到阐释军事发展规律及人类历史进程演变的目标。所以,军事考古学也是考古学与军事学的交叉学科,它们的交叉点在于古代军事活动的物质遗存。

"国之大事,在祀与戎",军事活动被历代统治者所重视,其在国家政治生活中具有重要的地位。"争地以战,杀人盈野;争城以战,杀人盈城",这样的状况在我国历史上不绝如缕,就连"仁政"的倡导者孔子都曾有言:"不教民战,是谓弃之。"因此,古代人类的物质遗存中,与军事相关的遗迹、遗物十分丰富,诸如兵器、古战场、古代城防遗址等。军事考古学隶属于考古学,其研究对象是与古代军事有关的遗迹、遗物,来源于各类考古遗存。考古学所具备的以实物资料为主要研究手段的学科属性,使其在真实再现古代军事情况、揭示与复原中国古代军事发生与发展的历史及其规律性诸方面,有着其他研究方法与手段不可替代的特殊作用。军事考古学和考古学研究的基本任务一致,即根据古代人类通过各种活动遗留下来的物质资料,研究人类古代社会的历史,只是二者的研究范围不同,后者研究的目的在于了解更多过去社会以及人类发展的事实,而前者更多地关注过去军事史实的重建和解读。

考古学发展至今,已有一套成熟的研究方法和技术,如地层学、类型学、埋藏学、文化因素分析法、区系类型、考古学文化、聚落形态等方法,以及物理勘探、化学勘探、科技测年和理化分析、模拟实验等。这些方法和技术是发现和发掘军事考古遗存的有效途径,尤其可以借鉴聚落形态的研究思路来分析不同的军事文化遗存之间的组织关系和结构。随着考古学的发展，学者已经从其他学科吸收和借鉴了许多理论和方法，可以更为细致、精准地解读考古材料，如注重文化形成过程、人类生存环境、社会如何组织等方面，这些对于军事考古学的研究至关重要；而众多的考古学理论流派的加入，促进和丰富了军事考古学的研究。

军事考古学为考古学分支学科的属性规定了其与考古学的其他诸多内容有不可分割的关系，必然要继承考古学发展的全部成果，它只有在与其相关考古学内容广泛联系中，才能如期展开研究。但是，它又是专门考古，具有自己的特点，和其他专门考古的研究方法有所区别。考古学更多关注考古学文化、聚落的结构和布局、文化之间的联系和进程、动力法则，而军事考古学更着重于考察古代物质遗存中有关军事的证据及其背景信息。此外，军事考古学的出现和发展增加了考古学研究的深度，使学者在同一研究对象中取得比以往更多和更加准确的信息；与此同时，军事考古学又检验着考古学的理论、方法和成果，如长沙马王堆三号汉墓中发现的一幅驻军图，反映了汉初长沙诸侯国军队守备作战的兵力部署情况。通过这幅驻军图，考古学家可以考察当时该地的山脉、河流、居民点、道路等。

早在二十几年前就有学者提出建立军事考古学科，并倡导全面开展军事考古研究[①]。但是，由于各方面的原因，军事考古学的研究仍然相对分散，或者说，目前对古代军事遗存的研究大量分散在古代兵器和军事防御设施的研究中，缺乏系统性的综合研究，这就使我们无法从宏观上对古代军事活动有所认识，只能窥其一斑，而不能见其全貌。我们希望通过对军事考古学的系统论述，推动包括古代军事遗存、军事思想、军事制度在内的古代军事诸方面的研究深入、全面发展。同时，军事考古学研究的发展，对当前我国国防建设能够提供建设性的参考建议，以古论今，这是军事考古学具有的现实意义。

第二节　军事考古学的研究对象及其特点

军事考古学的研究对象十分丰富，凡与古代军事有关的遗迹、遗物，皆

---

① 赵丛苍：《军事考古学初论（上）》，《中国文物报》1999年11月10日第3版；赵丛苍：《军事考古学初论（下）》，《中国文物报》1999年11月17日第3版。

为军事考古学的研究对象。具体来说，以古代兵器、古代战争遗存、古代城防遗存、古代边防遗存、古代军事后勤保障遗存为主要研究内容。

1. 古代兵器

古代兵器是直接反映古代战争状况的遗存，特别是在反映作战方式、军事工业发展水平、军队战斗力等方面能够提供直接的证据。古代兵器的考古学研究是军事考古学研究的重要领域，系统整理考古发掘的各种质地的各类兵器，总结古代兵器的发展脉络，归纳各时段兵器的组合、武器配备、兵种、作战方式等基本问题，能够揭示中国古代兵器的内涵特征及其文化因素的多元性和复杂性，进而探讨中国古代兵器交流的模式及其动因。古代战争有着漫长的发展过程，史前战争对兵种及武器装备并没有特别的限制。进入历史时期以后，随着社会的进步，战争的规模和强度均有所增大，这就产生了对武器装备精细化的要求，对作战方式也产生了重大影响，出现了专业化的部队分类，逐渐形成了一套完整的战争战术体系，不同的兵种在战争中发挥着不同的作用，新的兵种及武器装备的出现改变了以往战争的面貌，使战争变得更加残酷、血腥，如骑兵的出现就改变了步战的传统、火药在战争中的运用将冷兵器请出了历史舞台。

考古发现为我们梳理各个时期的兵器提供了实物材料，我们可以从考古资料当中获取文献所没有记载或者不能解释的兵种及武器装备问题，也可以用这些考古资料来研究古代战争的作战方式，更生动地认识古代战争的原貌。例如，秦始皇陵兵马俑坑的发掘为我们提供了秦代军队列阵、装备、作战方式等各个方面的资料。自兵马俑坑发掘以来，学术界始终将其作为研究秦代军事活动的重要材料，并形成了"秦俑学"这一新兴研究领域，对秦俑的军事领域研究在军事考古学层面具有范式意义。

2. 古代战争遗存

战争是军事活动的具体表现形式之一。我国历史上战争频发，留下了许多经典的战役，如长平之战、赤壁之战等。战争具有系统性的特征，其遗存内涵包罗万象，从武器装备到战略战术均是军事考古学研究的对象。同时，古代战争是人与人的厮杀，战败一方会成为战胜方的俘虏。战胜方会根据实际情况对俘虏采取不同的处置方式。例如，秦赵长平之战之后，白起坑杀赵国四十万降卒。前些年，考古学家发掘了长平之战的尸骨坑，证实了赵国士兵都是被杀死后掩埋的。根据历史文献及考古资料，古代对战俘的处理主要有杀戮衅鼓、流放蛮荒、迁移其国、分赐功臣、陪嫁为媵、纳献于主、作为人质、释放回国等方式。这些战俘处置遗存也是战争遗存的组成部分。军事考古学视野下的战争遗存研究的主要目标在于揭示中国不同时期战争遗址的类型、分布特点以及内涵特征，总结不同时期战争遗址的构成要素及其形态演变过程，探讨中国古代历次战场选择及其与古代军事思想的关系，并试图对中国古代著名战争场面进行科学复原。

3. 古代城防遗存

"城"在我国有着悠久的历史，史前聚落可以视为其前身，在新石器时代许多聚落就已经有了环壕等防御设施。发展到历史时期，城的规模越来越大，功能也越来越完善，特别是其防御功能不断得到了加强。随着考古发掘的不断深入，大量的城防遗存得到揭露，这些城防遗存理所当然地成为军事考古学研究的重要部分。在军事考古学视野下，我们能够对古代城防遗存进行类型分析，总结其特征，这是与其他学科研究不同的方面。同时，可以结合历代的城防文献资料，分析中国古代城防的演变规律及其历史作用，参考军事地理学成果研究古代城防与自然环境的关系，总结研究古代城防的意义。

4. 古代边防遗存

历史上，我国的疆界是不断演变的，历代对边疆的经营，形成了许多边防设施，其主要发挥着固边守疆的军事防御功能，同时作为攘外驱夷的前线阵地和进攻基地。因其地理环境不同，我国的边疆可以分为陆疆与海疆。陆疆边防遗存主要集中在我国东北、西北、西南的边疆地区；海防遗存则主要集中于东南沿海地区。在对边防遗存研究的过程中，我们要区分每一时期的"边疆"的概念，不能以当前我国边界作为我们研究的基础。军事考古学的边防遗存研究，通过系统整理考古发掘的边防遗存，总结不同时期陆疆和海疆设施的构造特点、体系及二者的关系，进而分析中国古代的军事戍防体系、边防经营等基本问题，深入探讨中央政权对周邻政权的经略和民族政策。

5. 古代军事后勤保障遗存

"兵马未动,粮草先行",军事后勤保障是战争胜利的前提,我国古代军事活动对后勤保障十分重视。

中国古代军事后勤保障系统按用途分类主要包括:军械生产遗存和军事给养遗存、军需处所遗存、兵器存储遗存、军畜放养遗存、军粮储备遗存、军事通信遗存、军事交通遗存、军事训练遗存等。军事考古学视野下的军事后勤保障遗存研究,通过对考古出土的古代军械生产遗存、古代兵器存储遗存、古代军畜放养遗存、古代军粮储备遗存、古代军事通信遗存、古代军事交通遗存、古代军事训练遗存以及与后勤保障相关的出土文献等进行梳理,分析不同时期后勤保障系统的构成,揭示中国古代军事后勤保障的发展脉络,探讨其机制及其动因。

相互交融是军事考古学研究对象的重要特点。军事考古学为军事科学的研究提供了新的方法与思路,是学科创新的体现。军事是一个复杂而庞大的系统,以上诸内容之间有着密切的联系,针对一方面的独立研究是不可取的,需要在专门研究的基础上进行系统的整合研究,通过关注与某一军事遗存相关的诸多军事遗存之间的关系而获得对古代军事活动的系统认识。

第三节 军事考古学的学科特点

军事考古学是从考古学的视点提出来的,属于考古学的一个分支学科。考古学所具有的方法论与研究手段,是其他学科不能替代的。在此种意义上,军事考古学在揭示与复原中国古代军事发生与发展的历史,以及理解和解释中国古代军事思想方面具有特殊的作用。

军事考古学有一定的独立性,但却不是孤立、封闭的。这里有三层含义。

其一,军事考古学系考古学分支学科的属性规定了其与考古学的其他诸多内容有不可分割的关系,它只有在与相关考古学内容广泛联系中,才能使研究如期展开。军事考古学的研究需要密切关注考古学学科体系内的研究成果,与其他相关考古学分支学科相互整合,促进对古代物质遗存的认识。例如,采用科技考古的手段来分析古代兵器的材质;利用聚落考古的方法分析古代城防、海防遗址;利用环境考古的成果从环境的角度考量军事古遗址的宏观背景。

其二，就前已列出的军事考古学诸项内容，也不应是聚而不放。有些类项因为自身内涵的宽广而具有相对独立性，如秦俑，其内涵确非仅军事类所能包纳，因此有学者提议设立一个"秦俑学"则更有利于对其做全面深入的研究，而这绝不与其作为考古学的内容相抵牾。又如阵容庞大的古代兵器，亦可列为相对独立的类项进行研究。而兵器等类军事遗物又可作为科技考古研究的对象，古代军事文献还可纳入古文字学、历史文献学的研究范畴等。

其三，军事考古学又与考古学之外的其他学科有联系，首先它与军事科学有着密切的关系。因此，在某种意义上，军事考古学具有交叉学科的属性。实际上，当今世界科学技术发展的交叉性已经成为科学界的共识，任何一门学科都无法独立完成对一项事物或项目的研究，只有在广泛的学科交流与互动过程中，我们的认识才能够得到深化，才可能更加科学地理解和解释自然及社会现象。军事考古学因其研究内容丰富广阔，单单依靠考古学的基本理论与方法无法实现对古代军事的科学理解与解释，需要在考古学基本理论与方法的基础上，加强与军事学、民族学、历史学、地理学、图像学、建筑学等诸多学科的交流互动，共同推动对古代军事的研究。

总而言之，军事考古学是一门新兴的学科分支，其对古代人类军事活动遗留下的物质文化进行着系统的研究，其研究对象具有广泛性、复杂性和交融性的特点。这门新兴的学科分支有一定的独立性，但却不是孤立、封闭的，采取多学科交叉研究是军事考古学发展的必然选择。推动军事考古学的学科发展，是完善考古学研究内容及学科使命的要求，也是对古代人类文化的总结和诠释，具有极强的学术价值和社会意义。

思考题

1. 试述军事考古学的定义。
2. 简述军事考古学的研究对象及学科特点。

第二章　军事考古学的理论与方法

军事考古学作为考古学的分支学科之一，其基本理论应当来源于考古学的相关理论，军事考古学的研究方法得益于考古学基本方法的发展成熟，如考古地层学、考古类型学与文化因素分析等方法。同时，军事考古学又有自身的特点，这就决定了其有着拓展性的理论基础。总体来说，军事考古学是一门具有交叉性研究的学科，其理论基础广泛吸纳了人文社会科学的指导性理论思想，且广泛采用其他科学、合理的研究方法，能够通过实践获得科学检验。

第一节　军事考古学的理论基础

随着近代考古学的发展，考古学的理论也得到了极大的深化，一方面表现在其方法论层面的规范化，另一方面表现在其解释模式的多元化。考古地层学与考古类型学规范了田野考古发掘与物质遗存分析的基本方法，"文化区系类型"学说提出了对考古学所研究的"文化"一种系统的解释模式，这些理论化成果的背后都体现着丰富的基础理论。毋庸讳言，考古学的发展是诸多人文社会科学共同推动的结果，其理论基础也来源于人类对自然与社会认识过程中概念的抽象和方法的总结，这是一切科学的共同特征。考古学意义上的理论基础与大多数科学的理论基础应当一样，都是对自然与社会的普遍认知理论。由此，军事考古学也应当遵循这一原则，作为研究古代军事活动的科学，其理论基础是适用于古代军事活动研究的方方面面的。所以，军事考古学的理论基础应当具有普遍性。但这一普遍性并不代表着理论的泛化，不是所有具有普遍意义的理论都自然而然成为军事考古学的理论基础。

恰如著名考古学家路易斯·宾福德（Lewis Binford）认为："任何一般的理论体系都至少有两个组成部分：①规定所研究现象的区别标准，分析有关现象集合的实质或已知现象一般类别的间隔出现的假说；②制订这些独立的部分在系统操作，或变化中连接起来的方式的假说。"①简而言之，所有科学的理论基础都是对研究对象的概念抽象与方法总结，军事考古学的理论基础也来源于这两方面的概括。

一、军事、军事遗存、军事文化

军事（military），即军队事务，古称军务，是与一个国家及政权的国防之武装力量有关的事务。军事是一种广泛存在的历史现象，被诸多学科都吸收为研究对象，从考古学角度对军事进行研究，从概念抽象上就与其他学科有着区别。

首先，军事能否成为考古学的研究对象，这就涉及考古学如何认识军事的问题。考古学是对古代人类的整体性、综合性的考察，军事是人类活动的组成部分，古代军事包涵于古代人类的生产、生活当中，其理所当然地成为考古学的研究内容。但是，古代军事不仅仅包括物质内容，我国古代对于军事有着朴素的理解，孙子认为："兵者，国之大事，死生之地，存亡之道，不可不察也。"这句话简单明了地指出了军事的政治属性，作为政治学对军事的定义恰如其分，然而考古学的研究是对物质遗存的研究，军事是否为物质的是能否进行考古学研究的关键。军事作为一种抽象概念，在一定意义上已经超出了物质与非物质的界限，但其所包含的内容却能够体现出其具有相当的物质内涵。军事是某个集团利用各种资源对集团安全与利益进行保护的活动，在这一过程中，所有的活动都是附着于物质存在而进行的，如利用山河险阻进行防御、采用先进材料锻打武器，甚至战争导致的人员伤亡都体现着军事所包含的物质内涵。这些因军事而产生的物质遗存，理所当然地成了军事考古学的研究对象。

其次，军事考古学是对古代军事遗存的研究，但古代军事理论与思想等非物质遗存能否成为军事考古学的研究内容值得思考。考古学无法直接对古代军事活动所体现出的军事理论与思想进行考辨，只有通过对古代军事遗存的整理分析，获得古代军事理论与思想等非物质层面的信息，而这些信息我们可以抽象地称为军事文化。文化虽然是意识形态，但其是凝结于物质之内

---

① 〔美〕路易斯·宾福德：《考古学的系统论与文化进程的研究》，《当代国外考古学理论与方法》，西安：三秦出版社，1991年，第56页。

的，古代军事文化则是凝结于古代军事遗存当中的。

放诸考古学领域，军事文化能否作为一种考古学文化进行研究呢？如果以考古学意义上的文化定义，我们认为军事文化是可以成为考古学的研究对象的。考古学文化是代表同一时代的、集中于一定地域内的、有一定地方性特征的遗迹和遗物的共同体。军事文化则是将这一共同体的焦点关注于古代军事遗存，是同一时代、集中于一定地域、有一定地方性特征的军事遗迹和遗物的共同体，是文化在物质上的映射。以战国时期的军事文化为例，战国时期诸侯征伐，思想上百家争鸣，每一个诸侯国都有一套完备的军事体系，这一体系中包含了武器装备、战略战术等内容，它们都是附着于具有本国特征的物质遗存之上的，能够通过这些物质遗存来与其他诸侯的军事文化进行区别。我们不否认各个考古学文化具有联系与交流，但考古学文化在一定程度上就是对这种差异性的强调，军事文化具有依附于不同政治实体的特点，它的差异性就尤为突出。

最后，军事考古学之所以能够发展成为考古学的一门分支，是由于层出不穷的考古发现的现实决定的。与佛教考古学、道教考古学、聚落考古学等专门考古学相似，随着数量庞大的军事遗存被考古发现所揭露，形成了集聚效应，军事文化的研究也被学界所重视，但其在考古学意义上的研究却显得相对薄弱，这些都促使军事考古学的产生和发展。

二、系 统 论

系统论（general system theory）是由美籍奥地利生物学家冯·贝塔朗菲（L.V. Bertalanffy）创立的[①]。系统论认为，万物皆成系统，系统无处不在、无物不包。世界可以划分为无数个系统，任何一个对象，都可以作为一个系统而加以讨论和研究。此外，系统是各要素之间和要素与整体间相互作用、联系的矛盾体。系统的各要素之间相互作用、相互联系，任意一个要素的变化都将引起其他因素发生相应的变化，这就是系统的关联性。系统总是凭借与其环境的相互作用而存在，系统与外部环境之间存在物质、能量和信息的输入与输出转换关系。随着环境条件的变化，系统相应地调整其程序、结

---

① 〔美〕冯·贝塔朗菲著，林康义、魏宏森等译：《一般系统论：基础、发展和应用》，北京：清华大学出版社，1987年。

构、内容和方式，不断地促进系统的变革。系统受环境的影响和制约，适应环境，又保持独立性，能动作用于环境，改造环境。在系统论中，事物的系统性、整体性、有序性、最优化都是事物的客观规律，探寻这一客观规律，也是考古学的重要研究内容。

实际上，系统论的观点在新考古学中已经得到重视，路易斯·宾福德在《作为人类学的考古学》一文中指出：必须把考古材料放到一个系统的参照系中去考虑，对考古学文化间的相同点和不同点研究必须运用文化系统的结构、功能知识，以分析考古学文化共同体的进化。路易斯·宾福德认为考古学家用来描述事实的方法必须由寻求互不相干的特征的组合或结构转变为探索功能上互相依赖的系统[1]。由于新考古学的发展，系统论也成为考古学重要的理论基础。

就人类社会而言，它是一个开放而复杂的巨大系统，可以划分为政治、经济、科技、文化及意识形态等子系统，并随时间的推移而不断演化。与此同时，人类社会系统与外界环境存在永不停息的相互作用，并在这种互动中改变着自身，也改变着环境，从而使系统总处于一种不断进化的过程中。人类社会创造的每一个系统及其子系统也都是一个动态的有机体，各个系统吐故纳新，与其他系统互动而存在。考察各个系统的变化及其与其他系统的关系，有助于理解和把握人类社会系统演化的基本规律。军事作为人类社会这一巨大系统的一个子系统，与政治、经济、文化、科技等子系统之间存在诸多的互动，同时军事系统内也包含着许多小的子系统，如地理、装备、后勤、通信等，它们的组合与作用影响着整个军事系统的运行，而且这些小的子系统之间也会产生互动，地理条件能够影响作战方式与后勤保障方式，通信状况能够对战场形势产生积极的或者消极的影响。

以考古学文化为例：在一个考古学文化中，不仅包括一群人，也囊括了与之生存有关的地形、土壤、森林、山脉、河流、矿藏、空气、阳光、气候、动植物等因素。同时，某一考古学文化又直接或间接地通过某种方式与其他文化系统、子系统进行交流、保持联系。考古学研究者要分析每个考古学文化系统中的子系统、不同子系统交流的结果及其作用，检验各要素的重新组合是否导致系统的整体优化或劣化。同样，军事考古学文化也是由诸多

---

[1] 〔美〕路易斯·宾福德：《作为人类学的考古学》，《当代国外考古学理论与方法》，西安：三秦出版社，1991年，第43页。

的因素构成的,国家政治结构及其行政人员是军事文化的行为主体,兵器组合、战略战术、外交手段、兵种配置、军事制度等构成了军事文化的子系统,某一军事文化的产生与发展受到这些子系统的互动与配置影响。军事考古学的军事文化研究需要观察军事文化子系统间、子系统与军事文化系统间的交流与联系,从而获得某一军事文化的形成、发展、消亡的内在原因。

考古学所研究的物质资料是"死的",它不会自己阐释自己。我们只有将考古材料置于文化系统中研究时,它才是鲜活的、比较完整的。例如,对文化系统相关性的强调使我们能够从相对较少的特征中获得对诸多特征的认识,这种确定性至少部分地解决了因为考古资料的不完整而产生的问题[①]。军事遗迹、遗物作为军事文化系统的部分指示物,可以构建古代军事的部分。比如我们可以根据特定战争遗址和周边地理环境,结合出土的兵器组合、阵地布局来推测古代的战争过程。举例来说,明末的平播战争,最后的战场位于海龙囤,通过考古发掘所揭露的材料,我们可以从海龙囤遗址的布局看到,作为军事堡寨,海龙囤遗址具有极强的防御特色:海龙囤采取了"外围线性设防",其具体的防御手段为"四线防御、静动结合"。对古代军事防御方式的观察,需要综合诸多的因素进行,只有将其放置于一个军事文化系统之内,所有的出土材料才具有解释学的意义。

总而言之,系统论是考古学得以不断发展的基础理论,在诸多的考古学研究中都得以证实,它能够也应当成为指导军事考古学研究的理论基础。诚然,任何理论都不是完美无缺的,人类对自然和社会的认识永无止境,理论的创新也是科学发展的动力,军事考古学的研究同样也需要不断充实自身的理论基础,系统论需要在其他理论的共同配合下服务军事考古学的研究。

三、中层理论

中程理论,又称中层理论(theories of middle range),来源于社会学,由美国社会学家罗伯特·K. 默顿(Robert King Merton)在《社会理论与社会结构》(*Social Theory and Social Structure*)一书中提出的研究中等范围的社会现象的理论。他认为,社会学理论应该是一种"中程理论",既不像哲学

[①] 〔英〕马修·约翰逊著,魏峻译:《考古学理论导论》,长沙:岳麓书社,2005年,第25页。

理论那样刻意追求理论的深刻性和概括性，也不像一般的具体学科的理论过于经验和狭隘。默顿曾经发表过一段有关"中层理论"的定义化描述："中层理论既非日常研究中广泛涉及的微观但必要的工作假设，也不是尽一切系统化努力而发展出来的用以解释所能观察到的社会行为、社会组织和社会变迁的一致性的统一理论，而是指介于这两者之间的理论。"[1]中层的视角是在有限范围里的经验研究，更能保证与经验变量的必要接触。中层理论并不是任何一个具体的理论，它是对某些理论的概括，这些理论最大的特点是有经验根据的，它们包含了一套被证实了的假说。这些假说不是对未知事物的假装知道，而是对无知的思考，它承认为了积累更多的知识还有许多待研究的内容，并且不认为能够为当下提供一套完备的理论体系，而只是利用现有材料解决现有问题。

中层理论问世之后，对诸多人文社会科学研究产生了重要的影响，考古学家是较早将中层理论引入自身研究领域的群体之一。在考古学领域，中层理论普遍被称为"中程理论"，并催生了民族考古学、实验考古学等新的学科分支与研究方法。美国考古学家布里恩·M.费根认为："中程理论将会对解释人工制品的型式以及考古记录中所涉及的其他物质现象提供概念工具。"[2]中程理论是基于经验的总结，所以对民族考古学与实验考古学的指导意义较强。民族志与实验结果提供了一种现实的经验分析，这种分析可以用来解释出土资料。正如宾福德所言，"考古材料和形成条件之间的联系只能通过现代人类生活研究"[3]。他认为我们所有的考古发掘资料都是静态的、现时的，如果我们要搞清楚动态与静态事物之间的联系，需要观察这两方面的材料，而动态的事物观察只有通过此时此地的现时世界。虽然宾福德认为社会科学在实践的意义上并不适用于考古学，但是，他所采取的实验考古与民族考古在理论与方法上却显然是对社会学中程理论的借鉴。他在一定程度上还是认可社会科学的理论指导意义的，尽管包括历史学在内的社会科学在实

---

[1] 〔美〕罗伯特·K.默顿著，唐少杰、齐心等译：《社会理论和社会结构》，南京：译林出版社，2006年，第50页。

[2] 〔美〕布里恩·M.费根：《考古学的"中程理论"》，《考古学的历史·理论·实践》，郑州：中州古籍出版社，1996年，第108页。

[3] 〔美〕路易斯·宾福德著，陈胜前译：《追寻人类的过去：解释考古材料》，上海：上海三联书店，2009年，第6页。

践上对考古材料的解释是无力的。

如果回归中层理论本身，我们会发现，民族考古与实验考古只是中层理论在考古学研究中运用的两个典范，其并不是中层理论在考古学应用中的全部。中层理论的灵魂在于构筑了一条从限定范围内的经验总结到具有普遍意义的理论系统的研究桥梁，放诸考古学领域，我们认为中层理论提供了考古材料的描述、总结和人类历史观、文明观等高屋建瓴的理论之间的映射方案。军事考古学研究只是对古代某一方面物质遗存的焦点化，从目前所掌握的考古资料来看，军事产生于新石器时代晚期应当没有多大问题，所以对于军事考古学而言，大部分的研究对象是处于历史时期的，或者说，历史考古学的理论指导性更强。而历史考古学在本身的理论基础之上，吸收了其他考古学范式的思想与方法，如吸收新考古学中程研究方法，提出"中程文献"（middle-range documentation），强调考古材料比历史文献更客观[①]。这一看法尽管有着以物证史的意味，但历史考古学在一定意义上就是对历史的追溯，我们不能将其从历史的大背景中割裂出来，历史文献与考古资料各有千秋，相互借鉴才是客观的研究方法。除了对历史文献和考古资料的运用，中程理论所催生的实验考古与民族考古同样对军事考古学有着指导意义。虽然实验考古与民族考古对史前考古学研究更具参照性，但是我国的冷兵器时代具有漫长的发展历史，这种厚重感的表现就是兵器更新速度较慢，在不同的历史时期，刀枪剑戟等兵器的形态有着细微的差别，但其使用方法却没有根本性的改变。参考民族志的材料，以及通过实验考古的方法模拟古代军事的方方面面，这样的研究仍具有相当价值。

四、场域理论

"场域"是社会学理论的一个概念，由法国社会学家皮埃尔·布迪厄（Pierre Bourdieu）提出，他认为："从分析的角度来看，一个场域（field）可以被定义为在各种位置之间存在的客观关系的一个网络（network），或一个构型（configuration）。"[②]场域不仅是一种概念，也是一个社会学研究的

---

① 陈胜前：《当代西方考古学研究范式述评》，《考古》2011年第10期。
② 〔法〕皮埃尔·布迪厄、〔美〕华康德著，李猛、李康译，邓正来校：《实践与反思——反思社会学导引》，北京：中央编译出版社，1998年，第133页。

基本单位。场域可被视为不定项选择的空间，它为其中的社会成员标出了待选项目，但没有给定最终选项，个人可进行竞争策略的多种搭配选择，不同的人会出现不同的结果，在这些结果中，一方面可以体现出选择者的意志，即个体的创造性，另一方面可体现出选题的框架要求和限制。

在场域理论下，我们可以将一场具体的战争视作一个场域，其构成了一个与这次战争相关的一切因素的网络，我们可以称之为军事场域，这一网络包括指挥官、士兵、后勤、武器、地形、天气等诸多因素，它可以成为军事考古学研究的基本单位。传统的考古学并未有严格意义上的基本研究单位的划分，某一考古学文化也可视为一个基本研究单位，某组具有共同特征的器物同样可以视为一个基本研究单位，这些基本研究单位是一种偶然的概念组合，脱离了其共存的特征，它们的联系就不复存在。而作为军事考古学研究的基本单位的"场域"，并非传统结构主义意义上的由诸多因素构成的复杂的客观结构，在结构主义下，这些因素是客观的要素，而场域内它们内部则有着天然的联系，这些联系是互动的，而不是单纯的组合，是关系的思维方式。

如果将场域具体化，我们姑且可以认为场域就是一个沙盘，军事场域就是一个军事沙盘。我们能够在这个"沙盘"上模拟军事活动的发生、发展和结果，沙盘上能够放置指挥官、士兵等行为主体，它们是考古学真正要研究的"过去的我们"，军事考古学古代军事的研究从本质上来说，就是对古代参与军事活动的人群的研究。场域就提供了这样一个沙盘，除了地形地貌、天气等客观环境要素之外，将当时事件参与者的思想放置在一个网络中，并且能够与场域中的其他因素产生可以获得历史验证的互动。人的思想及人本身或许具有很强的主观性，我们无法通过客观的物质获取可靠的信息，更无从获得历史的验证，但是，场域中的因素间具有客观的联系，如上所述，这种联系本质上是一种思维方式，它提供了一种解释古代军事的路径。这一路径能否获得科学的结果，是由研究者能否清晰、明确地掌握和梳理一个场域的关键要素决定的。在科学的意义上，我们无法完美无缺地获知一个场域所有要素的信息，但某一场域的发展通常是由某些关键要素决定的，掌握了这些关键要素，同时考虑到这一场域的其他值得关注的要素，或可达到我们所期待的目标。

军事场域作为军事考古学的基本研究单位，从某种意义上讲，它是一种碎片化的研究，这样的研究虽然将古代军事活动细化了，但是缺乏宏观的、整体性的观察。其实不然，每个军事场域之间也是有交集和联系的，多个军事场域又可重新组成一个新的、较大的军事场域，新组成的军事场域在内涵上变得极其丰富，容量的增大与范围的扩大，都使其内部网络更加错综复杂，这就需要抽丝剥茧式的研究。如果把研究者对单一的军事场域的研究看作一支连队的小战役，那么，多个小型场域组成的大型场域的研究则是高级指挥官对战争全局的把握。

总之，场域是结构的，但又不完全是客观的，其中包含着主观的部分，主观与客观的沟通是场域的生命力。同时，场域的分化与组合对我们认识和研究古代军事遗存具有提示意义，场域的分化提供了微观碎片化的资料，场域的组合则是宏观整体性的考察，一收一放，使我们的研究更具灵活性。考古学研究的对象也是客观的，即古代的战争遗存，但我们不能仅仅依靠这些客观的物质遗存，同时也要思考主观性较强的人及其思想，不能只见物而不见人。从这个意义上讲，场域理论对研究古代军事遗存是有其优势的。

五、历 史 想 象

我国考古学自发展之初就有着浓郁的历史学倾向，探求我国古代历史的真相一直是考古学的学术目标之一。而如何实现复原古代人类社会的学术目标，智者见智，并无成规可循。历史想象则解释了从物质文化遗存到复原古代人类社会的过程，为考古学家通过主观与客观结合研究后复原古代人类社会的理论基础。

"历史想象"最早是针对历史研究所提出的，主观想象在对历史材料解读的作用在学界有着很大的争议，但无可争议的是，缺乏想象的历史研究并不一定永远可靠。卡尔在《历史是什么》中写道："历史是历史学家与事实之间不断交互作用的过程，'现在'和'过去'无终止的对话。"[1]而对话的桥梁或许就在于人们对古代社会合理的想象。放诸考古学的研究范畴，历史想象在解读物质文化遗存的意义上有着突出的贡献。

在历史不可能重演的事实基础上，历史遗留的物质文化无疑有意或无意地间接传达了某个历史时期的政治、经济或者文化信息。考古学家对物质文化遗存的掌握有着独到的方法，从中获得了大量翔实可靠的信息，而信息是

---

[1] Carr E H. *What is History*. Harmondsworth: Penguin, 1964: 30.

还原古代社会的重要材料，文物并不能直接诉说历史，依靠想象，我们能够看到汉唐雄风、青铜流光，乃至听到远古的呐喊。以出土的古代图像材料为例，图并不是文字，但我们能够从中读出"文字"，中间所依靠的是对大量历史材料的整合分析。然而，这并不是对图像真正的解读，"很多研究图像的，都存在一个致命的盲点，这就是他们常常忽略图像是'图'，他们往往把图像转化为内容，又把内容转化为文字叙述，常常是看图说话，把图像看成文字资料的辅助说明性资料，所以，要么拿图像当插图，要么是解释图像的内容，把图像和文字一样处理"①。图像材料的研究，需要通过考古学家、历史学家等的想象丰富历史证据，单纯的以图证史，就丧失了图像的价值。正如钱钟书所言："史家追叙真人真事，每须遥体人情，玄想事势，设身局中，潜心腔内，付之度之，以揣以摩，庶几入情合理。盖于小说，剧本之臆造人物，虚构境地，不仅同而可相通。……作史者据往迹，按陈编而补缺申隐。"②考古学也需要"设身局中"进行合理想象，虽然这一过程带有强烈的史学倾向，在考古学逐渐独立于历史学发展的今天显得格格不入。但是，对于材料解释的会通是历史学与考古学具有的研究共性，科学合理地解读材料才是一门学科的使命，而非强调其与其他学科间的差异性。

在传统意义上，逻辑推论明显是考古学家更推崇的研究方法，针对历史想象，考古学家的态度往往是犹豫不定的，认为想象往往危及考古学的真实性和客观性，是不严谨的、非理性和非科学的方法，但是有限的考古资料在还原古代人类社会上的作用十分有限。毋庸讳言，主观因素的活跃，使得想象在任何一位考古学家的研究中都不可避免。考古学其实是处于理性与想象之间的，想象并不会破坏物质文化遗存的真实性和客观性，反而会丰富考古学对古代文化遗存的判断。优秀的考古学家应该有足够的想象力，在合理可靠的证据和材料的基础上，进行想象，但想象也要受到必要的限制。

军事考古学是对古代军事活动遗存的研究，但能否正确解读古代军事活动遗存是其实现还原古代军事状况的关键，历史想象就是古代军事状况得以正确解释的基础理论之一。柯林武德（Robin George Collingwood）认为："凡是进入其中的任何东西之所以进入其中，都不是因为他的想象消极地接

---

① 葛兆光：《思想史研究课堂讲录：视野、角度与方法》，北京：生活·读书·新知三联书店，2005年，第138页。

② 钱锺书：《管锥编（第一册）》，北京：中华书局，1979年，第166页。

受他，而是因为他的想象积极地需要他。"[1]军事考古学研究就是为了构建古代军事的完整图画，考古材料因为我们的想象而变得更有意义。

布鲁斯·崔格尔（Bruce G.Trigger）曾经把考古学理论分成高、中、低三个层次，他说低层理论是关于材料特征归纳描述的，中层理论解决从材料到人的问题，高层理论是一些宏观的理论，这些宏观理论并没有具体关于考古学的[2]。军事考古学的理论基础同样也是由这三个层次构成的，系统论是宏观的高层理论，中层理论是解释考古材料的中间层次的理论，而场域理论是除了传统考古学基本理论——考古地层学与类型学之外的低层理论，将这一理论引入考古学研究领域使得对于材料的搜集及特征归纳具有了独立的分析单位。而"历史想象"则是考古学所要实现其还原古代人类社会这一学术目标的理论基础。

我们不会将军事考古学研究纳入任何一个考古学流派，文化历史考古学、过程考古学、进化考古学、生态考古学、认知考古学、后过程考古学、马克思主义考古学等考古学流派，都是基于对考古学的研究目标、研究理论及方法、研究意义的差异性看法提出的，这些流派都吸收了哲学、社会学、人类学等其他学科的理论方法，从而构筑了自身的理论基础，军事考古学也一样，是对人类共同思想财富的继承。军事考古学不拘泥于流派之争，任何有助于推动对古代军事的认识及解释的理论均可成为军事考古学的理论基础。随着科学的进步，人类对古代社会的认识也会更贴近实际，我们将会站在巨人的肩膀之上，展现人类社会及历史发展的华章。同时，在这个教育平民化的年代，军事考古学也不应该仅仅是学院派在小小象牙塔里皓首穷经地研究，更应该"供那些仍然认为历史是重要公民修养的大众读者一窥历史研究的真貌"[3]。因此，军事考古学的研究更应该是能够被普通大众认可和接受的学问。

---

[1] 〔英〕柯林武德著，何兆武、张文杰、陈新译：《历史的观念》，北京：北京大学出版社，2010年，第242页。

[2] 〔美〕布鲁斯·崔格尔著，徐坚译：《考古学思想史》，长沙：岳麓书社，2008年，第16页。

[3] 〔英〕戴维·康纳丁编，梁永安译：《今日，何谓历史？》，台北：立绪文化事业有限公司，2008年，第11页。

第二节　军事考古学的研究方法

一、考古地层学与考古类型学

考古学研究古代人类的物质文化遗存有着得天独厚的优势，而对于物质文化遗存研究的基础是田野发掘，军事活动遗迹的考古学解读建立在细致、科学的田野发掘基础之上，田野考古是揭露古代军事遗存的科学方法。在田野考古中，基本的理论支撑仍然是考古地层学和考古类型学，特别是考古地层学在取得遗迹、遗物时代信息的作用。

考古地层学借用地质学中地层学的研究原理，是田野考古发掘中科学地取得研究资料的方法，也是考古学研究中最基础的方法之一。军事活动遗存往往与其他类型的遗存共存，应当遵循文化层形成的原理，考古发现的任何军事遗物、遗迹，都必须借助地层关系来确定其相对年代，如果失去了地层依据或层位关系混乱，就会使出土物失去应有的科学研究价值。因此，在对军事活动遗迹进行田野考古的过程中，必须较以往遗址发掘更加细致，注意收集各种有用信息。

考古类型学是借用生物学对生物分类的原理，对考古发掘出土的遗物、遗迹，进行科学的整理、分类、分析、比较研究的方法。军事遗存的类型学研究与其他遗存的类型学研究有着相同的原理：一是进化原理，即军事遗存也是由低级向高级、由简单向复杂演化的，军事遗存是人类活动的产物，其在不同时代、不同阶段、不同地区存在形态上的差异，这一差异的本质是文化的差异，即军事文化也是不断发展和丰富的，从古而今的军事发展史就是军事遗存进化演变的历史；二是相似性原理，即依据军事遗存的相似性进行分类、分析、比较、研究，这种相似性是有条件的，不能跨越空间与时间上的限制对某类遗存进行对比，特别是在分析某类军事遗存起源的问题时。例如，目前有学者将中国的马面与西亚地区的某些类似遗存进行对比分析，这样的对比或许能够拓宽研究者的视野，但对于跨地域间遗存的对比一定要慎之又慎。如果对中国的马面进行了科学的类型学比较，就会发现中国古代马面产生于夏代及其前后的北部或北方地区，其早期形态为半圆形马面；周至魏晋是它的发展期，这一阶段的马面仍多见于北部地区，其流行形态为方形或长方形，当然也不排除半圆形马面的使用；北宋至明清，古代马面进入昌盛期，这一时期广大地区的城市多已修筑了马面，而且流行砖筑马面；清代以后，这一古老的城市防御设施走向消亡[①]。

类型学研究的目的在于通过对遗迹、遗物形态演变规律及谱系的认识，推断有关遗迹、遗物的相对年代，进而探讨不同考古学文化之间的相互关系和发展序列。军事遗存的类型学研究，其目的也是通过对古代军事遗存的形态演变规律和谱系的认识，获得军事遗存的相对年代信息，探讨同一时期，不同政治主体之间的军事互动；探讨不同时期，某类军事遗存的发展序列及其与其他遗存间的相互关系。即军事遗存的类型学研究希望从横向和纵向上对古代军事活动进行比照，以期获得军事文化外部和内部的互动信息，从而为达到深入认识古代军事发展，还原古代军事状况的目的提供必要的研究资料支撑。

从考古学研究本身来说，考古类型学与考古地层学是其基础，从考古学萌芽之时开始，地层学与类型学就是其灵魂，脱离地层学与类型学的研究不能称为考古学研究。但是考古学又是不断发展的科学，广泛吸收其他学科的研究方法是一切学科发展延续的生命源泉，考古学也不例外。

田野考古是考古学研究的一个重要环节，只有建立在考古地层学与考古类型学基础上的科学田野考古，才能为其后的军事考古学研究提供可靠依据。但军事遗存十分丰富，依靠田野发掘所揭露的遗迹、遗物只是其中的一部分。除了田野发掘揭露的遗物，许多遗物是传世文物，对于这类的传世品，除了文物本身的信息之外，我们同样需要收集其流传脉络、传说故事、保存现状、研究历史等其他有用的信息。与军事活动相关或能反映军事活动的传世品主要有古兵器、石刻墓志、玺印符碑、绘画地图等。以绘画为例，中国国家博物馆藏《平番得胜图卷》是一幅描绘明朝万历时期明政府平定西北诸番部族叛乱的军事题材绘画，明初由朱元璋的外甥李文忠的后代保存，称"岐阳王世家文物"。从图像中我们能够获得与西北地区少数民族有关的军事活动资料，展示了明军在西北平番中使用的兵器，对研究明代兵器有一定的帮助[②]（图一）。传世军事遗物的研究与出土军事遗物的研究有所区别，传世文物并无清楚地层信息，我们只能依靠其他信息对其进行研究，如碑刻

[①] 叶万松、李德方：《中国古代马面的产生与发展》，《考古与文物》2004年第1期。

[②] 朱敏：《〈平番得胜图卷〉考略》，《中国国家博物馆馆刊》2013年第6期。

图一 《平番得胜图卷》局部①

上的纪年等。更多的传世品并没有明确的纪年信息，而考古类型学在解决这类遗存方面具有较强的科学价值，通过与其他类似出土文物进行比照，同样可以确定某些传世文物的年代、功能等信息。所以，军事考古学研究不能忽略对传世文物的考察，要尽可能搜集能够反映古代军事活动的各类资料，充实研究内容。在丰富的资料基础上开展类型学的研究，最终达到全面认识古代军事面貌的目标。

从研究对象本身来说，军事考古学研究的对象是古代与军事活动有关的物质遗存，这与考古学的研究对象没有根本性的区别。所以，对于"物"的研究应当遵循地层学与类型学的基本方法，梳理古代军事的发展脉络，构建相关物质遗存的时空框架，进一步采取文化因素分析方法，对军事遗存进行分区、分型，解释古代军事的形成及发展特点。学界目前对古代兵器的考古学研究已经有丰硕的成果，其所借助的理论方法也是基于考古学的基本方法，这可以为我们研究其他军事遗存提供方法论上的借鉴。例如，郭妍利对商代青铜兵器进行了系统考察，通过类型学的分析，她认为不同地区的兵器具有不同的特点，同时又与其他地区的兵器密切相关，进一步划分了商代青

---

① 朱敏：《〈平番得胜图卷〉考略》，《中国国家博物馆馆刊》2013年第6期。

铜兵器的分布格局，总结出商代兵器所反映的青铜文化格局呈现出中心区大一统以及周边开花的态势，周边地区与中心区各自发展、相互交流，呈"多元一体"的格局①。这样的研究方法同样适用于其他军事遗存，古战场、城防、海防、军事后勤保障等遗存虽然与古代兵器遗存有较大的差别，而且大多数为遗址，其地层学、类型学研究更复杂，文化因素分析也需要系统的、全面的考量。

二、文化因素分析

考古学的基本方法是考古地层学与考古类型学，但是随着考古学研究的不断深入，考古学研究也衍生出其他的方法，文化因素分析就是其中最重要的一种方法。军事考古学同样需要利用文化因素分析法对古代军事遗存进行分析。

文化因素分析法在考古研究中已经被广泛运用，"文化因素分析法"的方法论可以说是李伯谦和俞伟超建立的。李伯谦曾说过，"文化因素分析方法和地层学、类型学方法一样，是考古学基本方法之一"②。俞伟超总结这一方法主要是"分析出一个考古学遗存内部所包含的不同文化因素的组成情况，以认识其文化属性，即确定它在考古学文化谱系中的位置"，而所谓"不同文化因素"是指"源自不同考古学文化的那些互相有区别的特征"。"考古学文化因素的分析，首先建立在考古学文化研究的基础之上，同时也参与考古学这座学科大厦的营建。"③因此，军事考古学要运用文化因素分析方法的前提是要形成军事遗存的"考古学文化"，这一概念能否成立需要进行深入探讨。

考古学文化是指代表同一时代的、集中于一定地域的、有一定地方性特征的古代人类遗存共同体。考古学文化是对古代物质文化遗存的抽象，是由诸多因素构成的聚合形态。军事遗存的聚合能否称为一种考古学文化？答案是肯定的。军事遗存同样有着时代、地域、地方性特征的共同性，即某一类

---

① 郭妍利：《商代青铜兵器的分布格局简论》，《考古与文物》2009年第3期。
② 李伯谦：《论文化因素分析方法》，《中国文物报》1988年11月4日。
③ 转引自袁永明：《考古学文化因素分析方法辨正》，《中国文物报》2001年9月14日。

军事遗存共存于同一时代，集中于同一地域，并且有着相近的特征。军事是某一政治主体的活动，作为政治主体，其有时代、地域的限制，其所创造的物质文化遗存必定存在时代、地域特征，而其中的军事遗存与其他物质文化遗存相对独立，构成了具有自身特色的系统。例如，东周时期秦国的军事遗存明显区别于东方六国，而且东方六国的军事遗存之间也有着区别。这就说明了在春秋战国时期，各国有着自身的军事文化特征。考古学文化是针对史前时期的文化聚合现象所提出的概念，进入历史时期之后，这一概念就被政治文化概念所替代，但在本质上并无二异，都是对物质文化遗存聚合现象的建构。

军事考古学文化是对考古学文化概念的借用，将一种考古学文化当中的军事遗存归纳出来，重新审视军事遗存的聚合状态而形成的概念，与史前时期的考古学文化有着明显的区别，其主要的适用范围是历史时期。史前时期的考古学文化包含了具有同时性、同地域、地方性特征的一切物质文化遗存，如陶器、墓葬、居址等；而军事考古学文化则是对军事遗存的抽象整合，如宋明时期羁縻土司制度下的军事遗存，其具有考古学文化的同时性、同地域和地方性特征的概念要求，其防御城堡、作战兵器、交通设施共同构成了一种独特的军事考古学文化。

在一定程度上，提出军事考古学文化是对考古学文化的泛化，这种泛化是学科发展的必然，正是由于认识到军事遗存所具有的特性及研究价值，所以需要提供一种更加科学合理的概念去解读古代军事文化。军事考古学文化多是历史时期形成的，其在物质表现力上较史前时期更为丰富。徐苹芳曾对历史考古学的特点进行总结："中央集权下的礼仪制度有严格的、统一的等级规定，在上层社会中形成了不可逾越的界限，从这个角度来观察全国各地的礼仪衣冠制度上的文化差异时，几乎是不可能的，强大的政治因素在文化的发展中起到了决定性的因素，它同时也成了维系中国历史文化传统的支柱。但是，在全国各地民间（或民族）文化风俗方面上却保留着差异，这些差异便构成了历史考古学文化分区的主要内容。"而且他认为："社会越进步，所表现出来的社会现象便愈为复杂。因此秦汉以后考古学文化分区很难用一个统一的标准来界定。"[①]故而，军事考古学的考古学文化以传统的考古学文化的命名原则为其命名稍显欠缺，更多的是与政治实体本身结合的名

---

① 徐苹芳：《中国历史考古学分区问题的思考》，《考古》2000年第7期。

称，如战国时期的秦国军事文化、楚国军事文化，这些军事文化都是由其军事物质遗存所反映出的地域性特征，其与横向上的周边文化及纵向上的上游文化有着密切关系。

由于考古学文化是适用于史前时期的概念，因此文化因素分析的方法也较多地运用到史前时期的考古学研究当中，但是，作为军事考古学的文化因素分析方法则需要发挥在历史时期考古学研究中的作用。贺云翱就认为，文化因素分析法同样也适用于历史时期的考古学研究。"对跨时代、跨民族、跨区域、跨国家的考古遗存的研究，利用'文化因素分析法'可以较为清晰地解读同一考古文化事象中不同因素在时间上的传承与创新关系、不同民族或地区的文化传播关系、文化互动关系以及文化融合关系"[①]。在对历史时期考古学研究的过程中，运用文化因素分析的方法同样能够获得有意义的研究成果，"通过对不同区域考古学文化的梳理、比较，既可以归纳出不同文化区中的相同因素，这部分因素是在历史时期一直占优势，又可以找出具有区域特点的文化因素，这部分因素正体现区域文化特征"[②]。而军事考古学文化就可称为考古文化事象，利用文化因素分析法对研究古代军事文化中不同因素在时间历程、文化交流、传播、互动及吸收创新中有着极大的意义。

关于文化因素分析法的方法论已经有许多学者进行了论述，并提出了真知灼见。贺云翱将文化因素分析法的原理和要点总结如下。

（1）把一种文化看成是"单一文化因素整体"或铁板一块的整体的看法是肤浅的，在研究中应当运用"文化因素分析法"对一个遗址或一个类型或一个文化的内部结构展开解构性剖析，才可以寻求其文化本质。

（2）在做文化因素分析时，要对分析对象中不同文化因素展开数量的统计和对比，否则容易发生以点代面、以偏概全即把非主要因素认作主要因素的错误。

（3）在完成文化因素的解构分析后，需要与其他文化进行对比后确认不同因素的特点和来源。

（4）历史上的任何"考古学文化"都是动态的，"文化因素分析法"

---

① 贺云翱：《具有解构思维特征的"文化因素分析法"——考古学者的"利器"之四》，《大众考古》2013年第5期。

② 索德浩：《文化因素分析方法与历史时期考古学》，《华夏考古》2014年第1期。

也应当秉持"发展"的观念,即在"分期"的基础上进行,以揭示"文化因素"本身的动态变化过程。

(5)"文化因素分析法"的使用应该以"考古类型学"分析为前提[1]。

上述五点基本概括了文化因素分析方法的诸要点,是在进行文化因素分析研究中必须注意的。文化因素分析从本质上来说就是对考古学文化的拆分研究,将考古学文化的诸因素从原有的系统中提取出来,逐一进行分析研究,做以纵向和横向的比较,从而获得这一考古学文化的起源发展、交流互动的信息,最终达到解释和理解古代人类社会的目的。

军事考古学的文化因素分析研究就是对军事文化遗存的诸因素进行提炼,然后细致分析每类因素的起源、发展及消亡,从而获得对整个军事遗存的整体认知。"文化因素分析法"的起步工作,就是区分一个考古遗存中的各类文化因素并将它们分为不同的组别,即"分组"[2]。俞伟超以考古学中"楚文化"不同因素的出现时间及被现代认知过程为例,说明了楚文化在不同历史时期除核心的楚文化本身因素外,还先后包含周文化、越文化、秦文化等方面的各类因素。俞伟超在研究"楚文化"的过程中,就将楚文化所包含的不同因素进行了提取,分别识别为周、越、秦等文化组别,这是最典型的文化因素分析方法。将其借鉴于军事考古学的研究也未尝不可,而且已经有学者利用文化因素分析法对古代军事遗存进行了一些有益的探索。

李伯谦作为较早提倡文化因素分析方法的考古学家,较早地对兵器进行了文化因素分析。他系统地统计了中原地区出土的东周青铜剑,并依据类型学的方法,根据剑身、剑茎形状的不同和格、首、箍的有无,将中原地区的东周青铜剑基本分为四型。而且分析了其流行地域,除B型集中见于河南省外,其他各型铜剑的分布规律是:A型主要流行于北方和中原地区,越向南越少,C型和D型主要流行于南方尤其是吴越地区,越向北越少。各型铜剑在分布地域上的这种差别,进一步表明A型、B型铜剑在我国最早出现的地区,以北方地区最有可能C型、D型铜剑应偏于我国的南方,尤其是吴越地区[3]。虽

---

[1] 贺云翱:《具有解构思维特征的"文化因素分析法"——考古学者的"利器"之四》,《大众考古》2013年第5期。

[2] 种建荣:《关于考古学"文化因素分析方法"的几点思考》,《唐都学刊》2008年第3期。

[3] 李伯谦:《中原地区东周铜剑渊源试探》,《文物》1982年第1期。

然他未点明这四型青铜剑的文化属性，但从地域上已经将其归类，初步进行了文化因素的分析。

郭妍利在研究城洋青铜兵器与关中地区青铜兵器时，就尝试对两个地区的青铜兵器的文化因素进行对比。其认为，城洋青铜兵器与关中地区商文化系统的兵器，从器类上讲，二者共有的兵器有戈、钺、矛、刀、镞，关中地区商文化多了战斧、弓形器两种。所占比例上，城洋戈多、镞少，关中地区商文化戈少、镞多。城洋青铜兵器与先周文化兵器方面的对比显示，两地共有戈、钺、矛、镞，城洋地区不见战斧、戟、弓形器、短剑，而先周文化有这些兵器却无刀。各类兵器的比例上，城洋戈多、钺多、镞少，而先周文化戈、镞相当，矛多、钺少。城洋青铜兵器与李家崖文化兵器比较显示，两地共有戈、钺、刀、镞，城洋不见战斧、弓形器，而李家崖文化不见矛。城洋戈、钺、镞多，而李家崖文化除了镞多外，其余器类相当。最后，通过对城洋青铜兵器的类型学研究，比照同类兵器在其他文化中的数量差异，其认为城洋青铜兵器与关中地区商代各文化兵器的异同程度不同，与商文化系统、先周文化、李家崖文化兵器关系密疏呈递减趋势。无论是在器类、形制上，还是在装饰上，最接近城洋青铜兵器的是商文化系统，先周文化次之，李家崖文化差异最大[①]。从这一研究过程来看，其对城洋青铜兵器的研究是建立在类型学的基础之上的，将不同文化中的各类兵器比例进行"量"的对比，从而获得文化因素的差异性及共性，最终认识到了城洋地区青铜兵器与关中地区青铜兵器之间的互动关系。

文化因素分析法在兵器的分析与研究方面有着突出的作用，而且其也可以运用于其他军事遗存的研究中，但目前在这方面的尝试较少，大多数的文化因素分析都只是把军事遗存作为其中的一小部分而进行，未能将军事遗存单独进行文化因素分析研究。在都邑考古研究中，有的学者已经注意将城市的各类设施作为都城演变的考察因素进行分别比照。例如，冉万里对汉阳陵邑的诸要素与魏晋邺城进行因素对比，发现其形制均为东西向横长方形；均以东西向大道将城市分为南北两部分，其中南部均为居民区，不同的是邺北城北部中央为宫殿区，阳陵邑北部为官署区，这仅是两座城市的等级不同造成的，不影响其布局；邺北城在南部设置较宽的南北向道路作为中轴线，阳

[①] 郭妍利：《城洋青铜兵器与关中地区青铜兵器之比较》，《西部考古》（第三辑），西安：三秦出版社，2008年，第104页。

陵邑在中部略偏西的位置上有一条南北向的大道,可视为全城的中轴线;以东西向和南北向街道交叉将城区分割成条块的居民区——里坊①。这样的尝试是对文化因素分析法的实践,虽然其未能直接对城防遗存进行因素分析,但是其为研究古代都城发展提供了一个思路,今后若能对城防遗存进行详细的文化因素分析,或能更好地揭示古代都邑防御情况的演变与发展。

军事遗存的考古学研究是对古代军事物质文化的研究,在运用文化因素分析方法时,诸多因素中要特别注重对"人"的因素的考虑。精神与思想方面的考古学研究是目前考古学研究所欠缺的,在军事考古学研究当中,这方面的研究尤其重要,因为军事活动是具有一定偶然性的活动,其固然存在内在的规律性,但一场战争的发起、发展与结束存在着诸多的变量,而"人"就是其中最大的变量。因此,在运用文化因素分析法考察军事遗存时,要注意精神与思想层面因素的分析。

文化因素分析法是军事考古学研究当中的"中层次"的方法。通过地层学与类型学的研究可以反映器物本身的时空信息,而地层学与类型学在揭示古代军事活动的文化内涵上却难以有所作为,特别是在源流演变之后的时代背景、流变原因等方面。文化因素分析法对古代军事遗存的研究能够补充地层学与类型学的不足,将器物的研究提升到文化的分析。古代军事遗存的研究不仅需要掌握其时空信息,更重要的是解释其起源、发展、消亡的原因,而原因的解释就需要具体分析当中文化因素的演变,其作用是其他方法不能替代的。

三、长时段"人的科学"

军事考古学研究应当是注重"长时段"的"人的科学"。"长时段"理论是法国历史学家、年鉴学派代表人物费尔南·布罗代尔(Fernand Braudel)提出的,他认为有三种不同的历史时间,即地理时间、社会时间和个体时间。与之相对应的即长时段、中时段及短时段。分别表述三个不同层次的历史运动,而其中的长时段历史也就是结构史,即自然、经济和社会的结构,历史进程中演变缓慢的历史事物,这是最基本、最重要的一个阶段,对人类

---

① 冉万里:《略论阳陵邑遗址调查和钻探的意义——中国魏晋隋唐时期都城布局形式的源头》,《西北大学学报(哲学社会科学版)》2013年第1期。

社会的发展起长期的决定性的作用。他认为只有借助于长时段历史观，才能更深刻地把握和理解人类生活的全貌。他甚至认为，"长时段是社会科学在时间长河中共同观察和思考的最有用的渠道，也是各门社会科学可能使用的共同语言"[①]。以布罗代尔为代表的法国新史学思想被介绍到我国后，引起了强烈的反响，考古学界也受到了一定的启发。俞伟超指出，在考古学研究领域，以"长时段"理论与"历史理解与解释"观念为代表的法国新史学思想对今后的考古学研究有着重要影响[②]，并且认为"有必要从整体性着眼对传统考古学体系作出新的变动"[③]。任何理论都不是亘古不变的真理，"长时段"理论最大的缺点是对"人"个体作用的忽视，认为"人的作用"在历史长河中微乎其微。考古学的研究应该是"人"的研究，我们应当在关注长时段遗存的同时，认识到人的创造作用。

年鉴学派是20世纪30年代开始萌芽、40年代中期开始形成的一个法国史学流派，60年代时开始有世界性影响。年鉴学派创始之前，其创始人的思想不过是倡导反对兰克模式的"新史学"思想的一部分，是反兰克模式的前驱、德国史学家兰普莱希特和法国史学家贝尔的思想的后继者和发扬光大者。尤其是贝尔和他1900年创办的《历史综合评论》，反对事件的历史和经验的历史，被认为是孕育了年鉴学派。年鉴学派的创始人被公认是吕西安·费弗尔和马克·布洛赫，他们在1929年初创办了《经济社会史年鉴》（后屡经更名，并于1946年定名为《经济·社会·文化年鉴》），成为半个多世纪以来持相同主张的史学家的主要阵地，年鉴学派因此得名。而费弗尔和布洛赫则被视为年鉴学派第一代的主要代表。年鉴学派出现的意义在于传统史学中历史的一成不变的节奏已经被地理时间、社会时间和个人时间三种节奏所取代，而在这三种时间中，尤其突出社会时间的重要性。"全面的历史"也就是一种"整体的历史"，它强调历史是包罗人类活动各个领域的"整体"，是在各领域之间相互关联、彼此作用所形成的结构和功能关系中得以体现的。要反映出这个"整体"，要反映出其内部的结构—功能关系，

---

① 廉敏：《费尔南·布罗代尔的时段理论》，《全球化理论谱系》，长沙：湖南人民出版社，2002年。
② 俞伟超：《望世纪内外》，《读书》1997年第6期。
③ 李颐轩：《考古学史中的俞伟超先生——读〈古史的考古学探索〉》，《南方文物》2011年第2期。

因果性的思维逻辑是不能胜任的，必须借鉴经济学、社会学等社会科学的方法，从横向关系进行研究。这种研究方法是"共时性的"，与传统史学的"历时性的"研究方法截然不同。因此，摈弃传统史学的观念和方法，就十分合乎逻辑。但"共时性"的研究需要一个相对静止的操作平台，"社会时间"扮演了这个角色。一方面，社会时间相对于地理时间变化较快，这使其能体现历史的流变性质；另一方面，社会时间相对于个人时间变化又较慢，这又使其能满足"整体历史学"所要求的"共时性"研究取向[①]。

年鉴学派作为史学流派，在史学领域具有巨大的影响力。随着年鉴学派的发展，其影响力也逐渐扩展到其他领域。考古学作为历史学门类的一个重要组成部分，借鉴年鉴学派的相关研究方法也是可取的。布罗代尔作为年鉴学派的代表人物之一，就十分注重对物质文化的研究。布罗代尔有两句名言，一是"不要认为史前史不是历史"，二是"不要认为文字创造了历史"，这两句话明确表明了其研究历史的态度。"只有在发掘、分析、探询新石器时代、铜器时代、青铜器时代的农业文明、冶炼文明以及城市文明——这些文明大多没有文字——之后才得知，人们完全可以勾勒出这些时期的历史，揭示特性的铸就过程、社会组织形式、精英们如何开展竞争、经济变迁以及日常生活。"[②]在研究目标上，考古学与历史学都希望勾勒出古代人类社会的生活场景，二者的区别在于对物质文化遗存的利用不同，考古学将物质文化遗存作为研究对象而进行对古代社会的复原，历史学则是将物质遗存作为对反映古代社会状况的证据而加以利用。二者合流的结果就是产生了"物质文化史"，而物质文化史正是年鉴学派研究的重点。

布罗代尔的长时段理论同样关注物质文化遗存，在其擅长的地中海研究领域，每部著作都凸显着他对地中海周边的物质文化遗存的重视。例如，在《地中海考古：史前史和古代史》一书中指出，雅典的梭伦改革与重武装士兵出现是相关的。因为重步兵的出现使每一个士兵在战术上对战场的胜负都有着重要作用，因此，也加重了他们在国内政治生活中的地位。而重装士兵的出现与铁的普及是有密切联系的，布罗代尔在书中就关注到了地中海沿岸

---

① 〔英〕彼得·伯克著，刘永华译：《法国史学革命：年鉴学派（1929~1989）》，北京：北京大学出版社，2006年。

② 〔法〕费尔南·布罗代尔著，蒋明炜、吕华、曹青林等译：《地中海考古：史前史和古代史》，北京：社会科学文献出版社，2005年，第1页。

的铁器遗存。其认为有规模的冶铁业是前12～前8世纪在高加索和西里西亚一带出现的。几乎与之同时冶铁术出现在赫梯帝国（前1400～前1200年），使用先进武器的赫梯人所向披靡，并长时间垄断这项技术。而且布罗代尔认为，历史的进程明显受到了技术进步的影响，如图特安哈门法老墓中发现的大约前1350年的铁枕，直到古罗马时代铁制品仍然是奢侈品，这反映了冶铁技术及铁制品加工技术的出现及传播缓慢影响了地中海沿岸历史发展的进程[①]。

长时段是研究历史的一种方法，也可以被考古学的研究所借用。正如布罗代尔所说："每一学科都侵犯它的邻人，但又始终相信它还在自己的领域。"[②]军事考古学正是考古学的拓展，同时在研究方法上，军事考古学也采用了包括历史学在内的其他学科的研究方法，即便这样，我们仍然认为军事考古学是考古学的一个分支。军事考古学需要借用或者通过长时段的路径来了解古代军事的发展状况，长时段为军事考古学提供了一个构建古代军事发展脉络的工具。

军事考古学是对古代军事遗存的全面考察，与长时段研究所体现的"整体史"思想异曲同工。长时段是针对历史的时间所提出的，古代物质遗存研究的一个重要内容就是对其时间的研究，考古学的时间与历史学的时间有着明显的区别。传统历史学更加注重"事件"，而事件是短时段的，它反映的是某一时刻或历史长河中极短的时段状况；而考古学的时间显然是长时段的，物质遗存的地层堆积往往是一个漫长的过程，这一过程就体现了物质遗存的长时段。考古学的目标就是如实复原这一长时段的历史过程，布罗代尔也认为，考古学的研究需要跨越更广阔的编年史空间[③]。军事考古学同样具有这一特点，军事遗存的演变与发展是贯穿新石器时代晚期到近代的物质见证。

众所周知，军事活动具有普遍性及延续性。战争这一现象一直伴随着人类发展。我国古代战争频繁，历代统治阶级内部以及中原与周边之间攻城略

---

① 〔法〕费尔南·布罗代尔著，蒋明炜、吕华、曹青林等译：《地中海考古：史前史和古代史》，北京：社会科学文献出版社，2005年，第146页。
② 〔法〕费尔南·布罗代尔著，刘北成、周立红译：《论历史》，北京：北京大学出版社，2008年，第28页。
③ 〔法〕费尔南·布罗代尔著，刘北成、周立红译：《论历史》，北京：北京大学出版社，2008年，第32页。

地的战争难以计数。如此频繁的战争遗留了诸多的物质遗存，这就决定了军事考古学研究不能局限于某一时期、某一地区。军事遗存需要从长时段的整体史的角度进行理解与解释，不能将其与地理、政治、经济、文化等方面的因素割裂，而应当注意物质文化、精神文明、社会结构等方面的互动，并将其置于军事考古学视野下，即军事遗存、军事思想、军事制度等方面，最终形成合理的推测。

一种研究方法并不是完美无缺的，长时段为军事考古学提供了更广阔的编年空间，但其对物质的过分关注，忽视了人在历史发展中的作用。技术与工具的进步是人类社会发展的关键要素，但并非全部要素。军事的发展在人类社会历史上是一个复杂的过程，战略战术进步或许是由作战武器及其他军事通信、地理等方面的技术进步而催生的。这一点毋庸置疑，缺乏技术支撑的战略战术无法顺利开展。因此，技术在古代军事活动中有着重要的地位。同时，我们还应当认识到，战争是人类活动，而且在一定程度上是人类心理作用激化的反映。人类在制造各种武器、发明各类防御设施、实施不同的战略战术时都受到自身条件的影响。这种影响的可控性或者研究性因时而异，我们没有办法窥测古人的心理活动，但是，合理的推测应当体现在我们的研究当中，这一变量因素是军事考古学研究不能忽略的。

总体来说，长时段理论为军事考古学的研究提供了一个更高的空间，与田野发掘和类型学、文化因素分析研究共同构成了军事考古学的方法体系。在军事考古学视野下，运用考古地层学与考古类型学从古代军事遗存本体入手，比照不同军事集团或政治实体的军事文化特征，依据文化因素分析的方法构建古代军事状况的时空框架，将军事遗存的内涵进行提炼，获得对古代军事活动的合理解释，注重军事文化的整合分析，从而使军事遗存的考古学研究不是仅仅停留在器物研究的层面以及历史价值的阐发，避免忽视"人的作用"，而使其成为全方位理解与解释古代军事与人类活动的"人的科学"。

思考题

1. 试析军事、军事遗存、军事文化概念。
2. 试述系统论与军事考古学研究。
3. 试述场域理论在军事考古学研究中的运用。
4. 试述"历史想象"在军事考古学研究中的运用。
5. "长时段"理论对军事考古学研究的指导与借鉴。

第三章 军事考古学与其他学科的关系

军事考古学作为考古学的一个分支学科,其重要性、必要性已有一些讨论。而作为一门交叉学科,其与不少学科的关系密切,分析它们之间的联系,对于各个学科的发展当具积极意义。

第一节 与军事学的关系

军事考古学与军事学有比较密切的关系。军事学即军事科学。军事科学(military science)是研究战争的本质和规律,并用于指导战争的准备与实施的综合性科学。二者均以战争为研究对象,由于战争的复杂性,战争的准备和实施涉及国家的政治、经济、科学技术、文化教育以及意识形态等各个方面,故军事考古学和军事学都涉及自然科学、社会科学的各种知识,军事学属于综合性科学,军事考古学属于交叉学科。二者的目标亦相近,军事学是研究战争的本质和规律,并用于指导战争的准备与实施的科学,其根本任务是透过极其复杂的战争现象来探索战争的性质和规律;军事考古学也是对古代战争的发生、过程及其规律的探索。

在军事科学中,古代军事学的内容为该学科不可缺少的组成部分,尤其如兵器与军队的产生与发展、军制装备和战略战术的变化、军事交通与工程技术成就、军事文献的整理与研究等,是军事考古学要面对的重要内容。我国很早就出现了金属兵器和战车,建造了被誉为世界奇迹的古代防御工程体系万里长城;火药、指南针的发明和火器的创制,也在世界军事史上有深远的影响;中国还涌现了许多杰出的军事家、军事理论家;此外,中国最早创立了较系统的军事理论,从先秦到清代前期,先后有2000多种兵书问世,并留下一些有价值的军事历史、军事地理著述,编纂了卷帙浩繁的军事类书籍。这些丰富的军事遗存毫无疑问地是军事学与军事考古学共同的研究对象,特别是将这些研究对象置于军事科学分支学科军事史视野下的研究,在诸多方面与军事考古学研究相互映衬,相得益彰,二者都希望通过对古代军事活动的相关资料进行分析研究，梳理古代军事的发展脉络，获得对古代军事活动的规律性认识，只是二者在研究方法上存在某些差别。

由于军事是以准备和实施战争为中心的社会活动，军事学的内涵和外延远大于军事考古学，它包括武装力量的组织、训练和作战行动，武器装备的研制、生产和使用，战略、战术的研究和应用，战争物资的储备和供应，国防设施的计划和建造，后备力量的动员、组织和建设等；而军事考古学是以考古出土的军事遗存为主要研究对象，透过其来研究各种武器装备的研制、生产、使用、维修，战争的规模、持续时间和武器装备、作战方法等。对于战争的社会政治性质（如正义、非正义，或进步、反动）等，军事考古学的研究程度和深度是有限的，对于促进和制止战争力量的讨论，军事考古学更是无能为力。此外，二者的时空范围不同，军事学包括古代的、近代的和现代的军事、军事论著、军事装备、军事技术、军事理论等，主要研究现实的军事现象和对未来的探讨，而且将来随着阶级和国家的消亡，人类进入永久和平的时代，军事学也将最终完成它的历史使命。而军事考古学不涉及现代的军事，诸如现今世界上的局部战争，且以发掘和发现的军事遗迹、遗物为主，军事考古学的研究也不以战争根源的消除而结束。

再者，军事考古学和军事学对战争探索的主观性和客观性程度不同。军事考古学是以古代物质文化遗存为基础的，故其结论和研究成果相对客观，同时受到考古材料的局限，军事考古学揭示的可能仅是战争的冰山一角，很难具有全面性。军事学的研究因人们立场、观点和方法的不同，不同国家和意识形态的军事学受各国政治、经济、思想文化、科学技术状况以及历史传统、地理环境等的影响，具有各自的民族特征；军事学所研究的战争在一定时空范围内关系整个社会生活的特殊社会活动形态，多于军事考古学的研究。

作为军事学分支学科的军事史的研究更加侧重于对古代文献记载的研究，实物资料为其主要参考资料之一；而军事考古学则是通过在对古代军事实物资料不断发现的基础上，运用地层学、类型学、文化因素分析等方法，揭示古代军事活动发生、发展过程并阐释其规律，同时为其他相关学科提供借鉴。军事史的研究对象或客观实体是军事的发生和发展的历史，涉及的范围较广；而军事考古学的研究对象，包括遗留至今的古代军事遗迹、遗物及与其相关的自然遗存。二者的研究角度、出发点和归宿亦不同。军事考古学以军事遗存及其文化为主要研究重点，研究视野在一定意义上较军事史广阔一些。例如，李济讨论殷墟出土的5种兵器和工具便放在横亘欧亚大陆的青铜文明中来分析，推测带銎或带环的兵器与工具应有中国以外的因素。而军事史则研究自古至今军事的发展过程，并根据社会生活中物质技术条件、社会经济条件和政治条件的变化研究以往的战争和军队，以及群众、阶级、政党的军事活动经验，更注重一个个军事事件之间内部的联系。二者在研究方法上的差异更为明显。军事考古学是以考古学的方法获取资料和进行研究的，研究时注意军事遗存与周围文化之间的关系。而军事史则主要以各种文献为据，把政治、经济、军事诸方面作为一个整体来考虑，以战争发展为主线，以军队、国防、军事技术和军事思想为重点，研究军事教育、军事训练、军事理论、军事政治、古代战争、兵种、战争方式、战略、战术等各个方面，更多关注一些历史事件（战争）的发展和过程。

尽管各具自己的特点，军事考古学与军事史的研究仍可以相互启发。考古学的重要发现和相关的资料，为军事史的研究提供了新的材料和证据，开阔了思路和视角，补充了一些史书不载的军事史实，甚至可以纠正军事史研究中的谬误。比如，绝大多数有关古希腊早期战争讨论的依据主要是《荷马史诗》迈锡尼人用B类线形文字书写的档案，以及从泛希腊文化圣地和各处墓葬中考古发掘的武器和盔甲。中山王墓所出的铜器上记载了中山国乘燕王子哙禅位后引起内乱之机，举兵伐燕，取得辉煌战果的历史。而镇江发掘的东晋、隋唐军事砖砌甬道则为志载东晋的苏峻作乱、孙恩起义、南朝的侯景之乱、唐代的永王兵变等事件提供了物质依据。德国人M.容克勒曼的著作《奥古斯都之后的罗马军团》更多地从考古学的观点论述了古罗马军团组织自身的情况。再如临沂银雀山汉墓竹简的发现，证明了古代确实有分别出自孙武与孙膑之手的《孙子兵法》《孙膑兵法》两部兵书，从而使这一历史疑案有了明断。军事考古学的研究也扩充了军事史的内容，因考古资料的偶然性和特殊性，军事考古学分析这些考古遗存及其背后的战争史，弥补了军事史一直以来注重大的历史事件、杰出军事家等精英阶层的分析而忽略对中下层军事人物和中小型军事遗迹分析的缺憾。反过来，正确的军事史观和理论对解决有争议的军事考古学问题帮助匪浅，尤其是唯物军事史观和军事历史辩证法。例如，龙山时代，存在着大量的城址和暴力色彩的遗迹，这是否意味其已进入文明时代和阶级社会，学界存有争议。马克思、恩格斯、摩尔根曾用过"军事民主时代"一词，或许可以概括这一阶段出现的诸多现象。而目前在古代军事史研究成果中所体现出的旗帜鲜明的和平主义军事观，能够帮助军事考古学研究武器装备、战术和战略,以及对古代战争的想象和复原更加现实和准确。军事史的成果也可以解释军事考古学出土物的用途和用法,古希腊陶器上手持各种兵器的武士和战争场面使我们更好地理解各类兵器的名称、功用以及战争方式。

从以上分析来看,军事学与军事考古学具有共同的研究对象与研究目标,二者的差异主要体现在研究方法的不同。虽然二者有着研究方法的差异性,但这种差异是具有互补作用的,军事考古学研究在吸收军事学研究方法的基础上能够对古代军事有更深入的认识,军事考古学的研究方法能够补充古代军事史对实物资料研究的不足。比如,军事考古学对战场的战略战术选择的研究,只能获得战阵布局的实物资料,而其背后所蕴含的军事思想则需要依靠军事学的相关研究来解释,虽然军事学的解释不一定能够反映当时的实际情况,但其必将为军事考古学理解和解释古代军事物质遗存提供一定的参考。简单来说,二者犹如太极之两仪、车之二轮,相互交融,共同促进。

第二节 与自然科技的关系

如今的考古学已经成为一门比较成熟的学科,并且形成了诸多的分支学科,如科技考古、聚落考古、环境考古、美术考古等。军事考古学同样也是考古学的分支学科之一,它与其他考古学分支有着一定的共性特征,在考古类型学与考古地层学的基础上,整合考古学学科系统内的研究方法将会极大地促进对于军事遗存的认识。特别是自然科技手段引入考古学研究之后,许多科技方法对认识古代物质文化遗存有着传统考古学不可替代的优势,密切的学科联系,促进着军事考古学与自然科技的共同发展。

古代军事遗存的诸多内容,具有物理学的研究意义。例如,原始社会晚期已有木弩,但弩机极为简单。春秋时弩机已是青铜制造,结构精巧,便于瞄准,射程较远。战国时燕国制造了强弩,韩国劲弩能射600步之外。炮的出现和弩的改进与大量使用,是军事技术进步的另一表现。中国最早的炮是抛石弹杀伤敌人的机械,称"投机""飞石机""发石车"等。《汉书·甘延寿传》注引《范蠡兵法》称:"飞石重十二斤,为机发,行二百步。"中国发明的指南针,在11世纪已用于舟师导航。大型战船除楼船、车轮船外,明代还建造了多桅多帆的宝船和福船等巨舰,能作战于江海和远航大洋。郑和下西洋所组建的舰队,舰船曾有200余艘,其中宝船60多艘,官兵有2.7万余人，标志着当时中国的舰船建造与军事航海技术都处于世界领先地位。

军事考古学与化学密不可分。例如，古代作战兵器的出现与发展，可概分为冷兵器时代（前22~10世纪）和火器与冷兵器并用时代两大阶段，其中冷兵器时代占3/4以上的时间。古代冷兵器依材质分为石、骨、蚌、青铜、钢铁及竹、木、皮革等多种，依用途可分为进攻性兵器（如用于格斗的戈、矛、大刀等，远射兵器弓箭，卫体兵器短剑、匕首）和防护装具（甲、胄、盾、马具装）两大类。此外，还有攻、守城器械云梯、巢车、铁蒺藜及战车、战船（沿用至火器时代）等。中国火药的发明和火器的创制，在世界军事史上有深远的影响。北宋初，利用火药创制的火毬、火箭等燃烧性火器用于战争，开始了战争史上火器与冷兵器并用的时期。南宋初，陈规创制了世界上最早的管形火器——长竹竿火枪。之后，寿春府又制成了能发射子窠的突火枪，在发射原理上是欧洲近代枪炮的先导。元军把竹火枪改进为金属火铳，为近代枪炮的诞生奠定了基础。火药与火器的制造技术，5世纪后，欧洲各国先后进入中世纪封建时代，政治上、经济上的封建割据、分散闭塞及宗教神学的禁锢，限制了军事学的发展。封建社会后期，随着火药、火器的传入及中央集权国家的建立，欧洲出现了军事上的复兴，军事学也得以发展。

环境是中国古代军事战略、战术的重要作用因素。中国古代长城的修建，凸显了环境对军事战略的影响；骑兵的出现则集中体现了环境对军事战术的影响。则环境也是军事考古学研究不可或缺的重要方面。

军事考古学与生物学也存在联系。生物在古代军事中占有重要的地位，如早先多见于北方游牧民族骑兵使用大量的战马，修筑长城及报警烽火使用了大量的草类植物。

在军事考古学的研究过程中，不能将现代科学技术方法排除在外，广泛吸收现代科技成果，从各个方面对军事遗存进行分析实验，有助于全面认识和理解古代军事状况。比如，有些学者通过对秦早期青铜兵器的科技考古学研究，认为早期秦人已经熟练掌握了青铜兵器的制作技术。铅同位素比值反映出西周时期礼县和春秋时期陇县、凤翔地区的秦人制作青铜兵器很可能使用了成矿原因相近的矿料[1]。这为我们分析秦早期兵器的制造及后勤保障提供了重要的信息。又如，地理信息系统（GIS）作为一种科技手段引入考古学研

---

[1] 贾腊江、赵丛苍、金普军等：《一批秦早期青铜兵器的初步分析》，《西北大学学报（自然科学版）》2011年第1期。

究具有极其广阔的前景,能够开拓新的研究领域①。这一方法对军事考古学研究也非常有效,其能够生动地、全方位地反映出军事遗址的地理位置、选址特征、布局结构等各方面信息。军事考古学的研究内容是极其广泛的,我们需要吸收各个学科的研究方法,尽可能地全面理解和解释军事遗存的相关内容。

第三节　与历史学的关系

历史学是对古代历史的研究,广义的历史学包括对古代文献与实物资料的研究,狭义的历史学是对记载古代人类活动的史书文献的研究,考古学属于广义历史学范畴,即狭义历史学与考古学均为历史学科门类下的两大组成部分。军事考古学在一定意义上讲也是对古代历史的研究,包括军事在内的人类活动所形成的诸多历史现象在军事考古学领域以考古学的研究方法与视角有了新的解读。

在一定意义上,人类社会的历史,就是一部军事史,军事活动贯穿人类历史的各个阶段。以战争为中心内容的军事活动,是人类社会发展到相应阶段的产物。从根本上来看,军事活动的根源在于生产力的发展。随着生产力的不断进步,人类对资源的需求日益增长,史前时代散居的部落之间的矛盾也越来越尖锐,由此各部落之间的冲突逐渐增多。在新石器时代的遗址中出土大量石戈、石矛、石刀、石斧、石铲、石镞等石质工具,因其具有一定的杀伤力,这些工具的作用不仅仅用于农牧、渔猎生产。某些生产工具已经转化为械斗的工具,这些生产工具被用于部落之间、个体之间的厮杀争斗。虽然这些工具制作工艺较为粗糙,造型多样,但其具有杀伤力的特点使得其具有了兵器的特征,应为后世兵器的雏形。我国上古时期的神话传说中就有黄帝部落、炎帝部落、蚩尤部落之间的战争故事,这些故事从一定程度上反映了新石器时代晚期部落之间矛盾尖锐、战争频发的状况。进入历史时期之后,国家形成,战争的规模不断扩大,战争也成为国家政治生活的主要组成部分,"文治武功"为历代帝王所重视。秦代长城、直道的修建,隋代大运河的修建无不体现着军事活动的背景。在漫长的历史长河中,战争及其宏观外延

---

① 刘建国:《地理信息系统在考古研究中的应用》,《社会科学管理与评论》2006年第1期。

"军事"多见诸史载。所以，研究中国古代历史，无法忽视对军事的研究。

军事考古学最基本的特质就是以调查发掘获得的古代军事活动遗留下来的实物资料作为基本研究对象，而历史学是以历史文献资料为基本研究对象；而且二者有着明显不同的理论基础和研究方法，所以军事考古学应该是与历史学，特别是历史文献学相并立的独立学科，有着自己的学科特性。但二者在研究方法、研究内容和研究目标上又有共同之处，无论军事考古学还是历史学，都坚持实证性，用材料证明观点；军事考古学研究的最终目标是通过对古代军事遗存的研究，阐明存在于古代军事发生、发展过程中的规律性，这与历史学领域古代军事的研究目标一致。所以，军事考古学与历史学都是认识古代军事发生、发展的两种途径，尤其是历史文献学与军事考古学的互动对二者都有着促进作用。历史文献学的研究为军事考古学提供了可以依靠的宏观历史背景，而军事考古学的研究又为历史学领域的军事研究提供了具体的实证材料与个案材料，使历史学的研究更加具体生动，更具说服力。

第四节 与人类学（民族学）的关系

人类学是研究人的本质的学科；民族学是以民族为研究对象的学科，它把民族这一族体作为整体进行全面的考察，研究民族的起源、发展以及消亡的过程，研究各民族的生产力和生产关系、经济基础和上层建筑等规律。

由于历史及政治的因素，我国的民族学与人类学长期无法得到区分，但是这并不影响我们开展学术研究，费孝通曾经说过："在我身上人类学，社会学，民族学一直分不清，而这种身份不明并没有影响我的工作。这一点很重要，我并没有因为学科名称的改变，而改变我研究的对象方法和理论。我的研究工作也明显地具有它的一贯性。也许这个具体例子可以说明学科名称是次要的，对一个人的学术成就的关键是在认清对象，改进方法，发展理论。别人称我作什么学家是没有多大关系的。"[①]费孝通的这段话很有启发意义，无论是人类学还是民族学，二者的研究都将推动对人类及其社会的认识，"民族学、人类学与社会学学科将日益走向联合而不是更清楚的分

---

① 乔健：《中国人类学发展的困境与前景》，《中国人类学民族学学科建设百年文选》，北京：知识产权出版社，2009年。

界"①。这一认识在军事考古学与人类学（民族学）的互动中也有参考价值，随着学科的发展，军事考古学必将与人类学（民族学）走向联合，但其还是有较为清楚的分界的。

从考古学发展史来说，考古学的发展本身就有两个系统，一是人类学的系统，二是历史学的系统。我国考古学长期有着历史学的传统，但人类学对考古学研究的关照也有着不小的影响。有许多学者就提出，把开展民族文物的研究工作和验证考古学某些方法和理论作为民族学与考古学相结合的新途径②。对于考古学与人类学的结合研究，俞伟超曾言："首要的是认准考古学的根本宗旨，联合根本宗旨相同的历史学和人类学共同研究相同的课题，使这三个学科一步一步地融会贯通。"③我国国土辽阔，民族众多，存在发展不平衡的现象，根据人类学和民族学的民族志类比分析法，我们能够从当前的民族志材料中对古代人类活动进行推测。例如，对阴山岩画的考察，有学者就提出运用民族考古学的方法进行研究。民族考古学"以考古实物为对象通过民族志资料、历史文献去研究考古实物的内涵。阴山岩画研究主要是结合历史文献、民族志材料进行的，即利用了民族考古学方法"④。民族考古学的提出就是考古学与人类学（民族学）合流的结果。

人类学不仅对史前考古的参考意义较明显，而且有些民族学的材料放诸军事考古学视野，能够获得对古代军事活动的相关资料。战争频繁的结果，使战俘数量大增，而战俘是可以随意被杀死的。民族学材料记载，处于军事民主时代的中美洲亚齐克人，曾以战俘充奴隶，并且杀奴隶以献祭⑤。我国龙山诸文化中出现的乱葬坑和殉葬现象，应与这种情况类似。藏族史诗《格萨尔》在军事方面有着丰富的反映，该史诗本身就是部落战争史，它让人类童年的军事艺术跃然纸上，为后来的军事文化研究提供了鲜活的资料，也把最初的军事文化完整地介绍给了今天。又如保安族的传统工艺——腰刀，目前

---

① 杨圣敏：《当前民族学人类学研究中的几个问题》，《广西民族大学学报（哲学社会科学版）》2012年第1期。

② 容观琼：《考古学走与人类学相结合的道路——再论文化人类学知识与考古学研究》，《东南文化》1990年第3期。

③ 俞伟超：《新世纪寄语》，《东南文化》2000年第1期。

④ 麻国庆：《民族考古学与阴山岩画研究》，《阴山学刊》1989年第1期。

⑤ 杨群：《民族学与考古学》，《民族学研究》（第七辑），北京：民族出版社，1984年，第321页。

已经失去了其军事意义，但从今天的腰刀制作工艺，与出土的宋元兵器进行类比，我们可以窥测宋元时期西北军事状况，特别是武器装备情况。

第五节 与地理学的关系

地理学是关于地球及其特征、居民和现象的学问。它是研究地球表层各圈层相互作用关系及其空间差异与变化过程的学科体系，主要包括自然地理学和人文地理学两大部分。自古以来，军事与地理就密不可分，我们常说某地为"兵家必争之地"就点破了其军事地理的意义。军事活动的展开和进行需要合适的地理环境，复杂多样的地理环境及其资源也是造成古代战争频繁的原因之一，故古代的军事活动遗存也遵循着一定的地理分布规律。清初顾祖禹的《读史方舆纪要》就是对古代军事地理的系统论述，张之洞认为"此书专为兵事而作，意不在地理考证"。梁启超认为"景范之书，实为极有别裁之军事地理"。排兵布阵、据险守关均是建立在对地理环境认识的基础之上的。

军事考古学与地理学的联系主要体现在军事地理学方面。谭其骧曾言："军事地理学研究军事与地理条件之间的关系，是人文地理的一个分支，也是军事科学的一个组成部分；其研究成果对指导军事行动具有重要意义。了解古代的军事地理是更好地认识当代军事地理的重要条件，因此，历史军事地理又是历史地理学，也是军事地理学中不可或缺的一部分篇章。"[①]

首先，军事考古学为军事地理学提供了基本的材料。由于历史时期的地理环境陵谷迁贸，军事地理学的研究可依靠军事遗存复原地理环境，学界对历代军事防御体系研究的主要依据就是考古遗存再加上文献资料。其次，二者有比较接近的研究内容，共同关注地理形势、自然条件、经济因素、社会状况、交通运输、城镇要地、历史战例等内容，当然军事考古学更多关注城邑位置、自然条件和社会状况。例如，对长城的调查和研究，两学科相互补充，不仅使我们了解了长城的构造方式，而且得出其布局主要是根据军事形势和环境而定。还有，军事地理学的一些理论和方法为军事考古学提供了范例和思路，如前者的"地理环境决定论""大陆心脏说""地缘政治学"在

---

① 谭其骧：《谭其骧教授序》，《河山集·四集》，西安：陕西师范大学出版社，1991年，第1页。

一定程度上阐释了后者文化的多样性。当然，二者的互补性日显突出，如军事地理学研究的成果表明关中地区是山河四塞，而历史上关中地理的军事地位和地理概况则要依据考古材料和文献资料来完成。

  二者的区别也较明显。二者研究的时空范围不同，军事地理学的绝大多数资料取材于当今之世，且随着现代科学技术在军事上的广泛应用、战争规模和作战方式不断变化，其研究范围将由地面、水面进一步向地下、水下和外层空间扩展。而军事考古学主要研究古代的军事遗存，当然也包括被淹没的水下军事遗存，但仍以地上为主，更遑论外层空间。二者的研究目的不同，军事地理学探索地理环境对国防建设、军事行动的影响，以及在军事上运用地理条件的规律，为制定战略方针、研究武装力量建设、进行战场准备、指导作战行动提供依据。军事考古学的任务相形之下更多地集中于军事遗存所蕴含的文化内涵。二者的出发点也有所不同，军事地理学根据国家政治和军事战略的需要，全面分析与战争关系密切的由自然地理因素和人文地理因素构成的综合地理环境，以及与国防建设和军事行动之间相互制约和相互影响的作用；而军事考古学依据发现、发掘的考古遗存进行相关研究，政治性和实用性相对较弱，其研究成果对指导军事行动意义一般说来不及军事地理学。

  从20世纪20年代开始，日本地理学者小川琢治发表了《战争的地理学考察》《刀剑的地理研究》，将现代地理学引入军事活动研究当中，虽然这些文章写于日军侵华战争期间，其中不乏为日本军国主义摇旗呐喊的意味，但就学术角度而言，其意义也是巨大的[①]。《刀剑的地理研究》一文以日本平安时代奥州舞草锻冶为中心介绍了日本刀的起源和发展的地理因素，这对我们研究我国古代兵器遗存提供了一定的借鉴，我们或可从地理学的角度获得对古代兵器遗存的新认识。由此可见，地理对军事活动有着深刻的影响，结合军事历史地理学的研究成果，对充实和丰富军事考古学的研究是十分必要的。吸收军事历史地理研究方法的军事考古学将发挥其在田野调查与发掘的学科优势，军事考古学能够从考古调查与发掘成果出发，结合历史文献的记载，对古遗址的历史地理环境进行系统分析，这样的研究是具有实证意义的。

---

  ① 〔日〕小川琢治：《战争的地理学考察》，《地球》1929年第11卷第1号；〔日〕小川琢治：《刀剑的地理研究》，《地球》1925年第3卷第2号。

第六节　与图像学的关系

图像是历史研究的重要资料，英国批评家罗斯金（John Ruskin）曾说过"伟大的民族以三种手稿撰写自己的传记：行为之书、言词之书和艺术之书。我们只有阅读了其中的两部书，才能理解它们中的任何一部；但是，在这三部书中，唯一值得信赖的便是最后一部书"[1]。图像学就是解读艺术之书的钥匙之一，从图像材料本身来说，其被广泛应用于考古学、历史学、文学、社会学、艺术史、宗教学研究等领域。对于图像的考古学研究学界目前有美术考古、艺术考古等称呼，这些学科分支的产生，也体现出图像在考古学研究领域的重要性。

我国有着"以图证史"的传统，郑振铎曾就图像研究指出："学者则唯知注重有款识之器物，而遗其重要图纹、形态；于碑版塑像，亦往往仅传拓其文字，而忽视其全形与图形。"[2]我国古代的图像艺术发达，帛画、画像砖石、石刻雕塑、壁画、绘画在考古发掘中常见，而军事题材也是其重要部分。比如，根据调查，"敦煌石窟（主要包括敦煌莫高窟和安西榆林窟两处）现存的我国十六国时期至元代千余年间创建的500余座洞窟中，壁画中出现车、船形象的洞窟有80余座，其中包括一部分同时出现车、船形象和相继出现原建、重修不同时代车、船形象的洞窟。上起北魏、下迄元代洞窟，壁画中共出现车、船形象资料达260多件"[3]（图二）。这些车船形象是研究古代军事交通遗存的重要参考对象，在缺乏实物材料的情况下，图像将是我们值得信赖和依靠的工具。虽然壁画创作中有诸多主观因素，但我们能够通过科学的研究尽量避免主观因素的影响。

我们应该认识到，图像如同文本和口述证词一样，也是历史证据的一种重要形式。"图像可以让我们共享未经用语言表达出来的过去的文化的经历

---

[1] 转引自邓菲：《图像与思想的互动——谈跨学科研究中的图像艺术》，《复旦学报（社会科学版）》2012年第1期。

[2] 郑振铎：《〈中国历史参考图谱〉跋》，《郑振铎艺术考古文集》，北京：文物出版社，1988年。

[3] 马德：《敦煌壁画交通工具史料述论（上）》，《敦煌研究》1995年第1期。

图二　榆林窟25窟"兵宝"与"马宝"

和知识，让我们更加生动地'想象'过去。"①这种方法虽然是史学方法，但是军事考古学研究有其特殊性，不能受缚于单一的考古学基本方法理论，博采各家之长，完善古代军事研究的方方面面是其成为一门学科应当肩负的责任。近些年，我们的研究多半还停留在"以图证史"的层次，考古学也有很大程度仍然在"以物论物"，注重分型分式的类型学研究，我们应当注意到类型学只是考古学的一个基本研究方法，而非考古学的目的。图像也是一种物质遗存，它应当成为考古学研究的对象，在研究方法上也应当借鉴美术学、图像学的研究方法。所以，我们需要在类型学研究的基础上，综合人文社会科学的方方面面，全面展现古代社会的物质文明与精神文明，注重"人的历史"，而非"物的历史"，将军事考古学建设成为"人的科学"。

以上重点讨论了军事考古学与其关系密切的学科之间的关系。军事考古学是以战争遗存为研究对象的，而战争涉及社会生活的诸多方面，故军事考古学与众多的学科之间存在不同程度的联系。尽管在研究目标、内容、方法上，所有的学科都各具特性，但是各学科之间可互相借鉴和吸收、加强协

---

①　余欣：《索象于图，索理于书：写本时代图像与文本关系再思录》，《复旦学报（社会科学版）》2012年第4期。

作、优势互补、互相拓宽研究主题、丰富研究途径和方法。军事考古学为其他学科提供基本的素材和参考，并丰富着其他学科，军事考古学的发展也受到其他学科理论和方法的影响，借用其他学科的理论做指导，不仅能使考古学家更加细致地发掘军事遗迹、遗物及其相关背景信息，而且能使研究和探索军事问题的深度大为拓展。军事考古学与其他学科的相互结合应以各学科共同关注的课题为切入点，如军事考古学与政治学的联系主要是战争与文明和国家的产生、近代国家的兴起、军事组织在政治变迁中所扮演的角色和地位作用等；军事考古学与建筑学一起分析军事防御体系和工程的修建、发展；军事考古学与经济学可以共同分析特定时空范围内的国家经济基础与实力，因为这是进行战争的物质基础，可以从孙子总结的"度、量、数、称、胜"五个方面考虑；军事考古学与民族学的契合当是根据民族学、文献学等材料，分析影响战争方式和范围的民族心理和特性，如地中海文明古国进行的扩张战争都是以掠夺财富和奴隶为目的的，海上战争也是为了争夺贸易市场、控制商路和争夺海外殖民地，而古代中国的战争则是"平天下之乱，而除万民之害也"；军事考古学与宗教学的联系要注意不同地区宗教对于战争的作用大小，西方军事历史上宗教是被用来鼓舞斗志、激励士气的，在古希腊、罗马的神庙中都供奉着战神，中国封建社会的农民起义领袖亦多利用宗教动员百姓；军事考古学与自然科技的联系主要集中于各种军事装备的进步和完善。总之，只有与其他学科之间相互渗透、联合攻关，军事考古学的将来才会更辉煌！

思考题

  1. 怎样理解军事考古学与军事学的关系？
  2. 怎样理解军事考古学与历史学的关系？
  3. 试述军事考古学与自然科技的关系。
  4. 试述军事考古学与地理学的关系。
  5. 试述军事考古学与人类学（民族学）的关系。

第四章　军事考古学简史

第一节　古典学术的军事研究

众所周知，中国考古学的传统是近代西方考古学传入而形成的，但从先秦以来的文化传统对我国的考古学发展有着重要的影响，特别是古代发达的史学体系就有着对物质文化遗存研究的取向。当然，我国古代文献典籍渊薮，包括经、史、子、集四部在内的古典学术研究中均有关于物质文化遗存考究的记载，这反映了我国古代学者也是具有一定的实证主义精神的。而考古学的灵魂就在于它从始至终都在践行着实证主义的研究方法，从这个角度上看，中国古典学术的某些研究与现代考古学有相同之处。

就古代的军事而言，作为国家重要的活动，论兵是古代文人政客经久不衰的话题，"天下兴亡，匹夫有责"，为国家军事活动出谋划策是中国古代政客的传统，无论是否知兵，都可在这件事情上做些文章。先秦时期，百家争鸣，兵家成为专门对军事进行论述的学术流派，但除了兵家之外，诸子百家都有论兵的传统，开创了中国古代文人言兵之先河。西汉时，晁错就有《言兵事疏》和《论守边疏》两篇涉及军事的著名奏疏；其后，诸葛亮也有《前出师表》《后出师表》两篇不朽之作。这种风气并不是古代社会所独有的，当今社会仍然将此作为茶余饭后的谈资，这反映出自古以来社会各个阶层对军事的关注。在中国古典学术体系中，与考古学联系最密切的当属金石之学，开创了古代物质遗存的系统研究。但古典学术中并非只有金石学的研究是实物研究，特别是与军事相关的兵学、史学、经学等百家之学均对军事实物遗存有研究的传统，这些研究成果是我们进行军事考古学研究所不能忽视的，如有学者就认为，"兵书亦史也"[1]。从广义上来说，兵书对军事考古学研究具有借鉴意义。

---

[1]　周少川：《兵书亦史也》，《史学史研究》1995年第4期。

一、先秦时期对军事遗存的朴素认识

春秋战国时期的社会大背景决定了人们对军事有极高的关注，但是人们往往注意的是当时的战争情况及各诸侯国间的纵横捭阖，将军事活动的考虑大多放置在道德的层面进行探讨。例如，孔子强调以礼乐治国，以仁德服人，主张"道之以德，齐之以礼"，珍惜民力，宽厚待下，节制剥削，不夺农时，因而对待战争持严肃谨慎的基本态度。"子之所慎，齐（斋）、战、疾。"可见孔子把战争之事看得和斋戒、祭祀、疾疫一样重。这种仁政理念在春秋战国并未转化成为治国大计，诸侯为了争夺土地和人口，打破了"礼乐征伐自天子出"的传统，形成了"礼乐征伐自诸侯出"的局面。"争地以战，杀人盈野；争城以战，杀人盈城。"成了普遍现象，这就促使许多对军事的论述产生，而且其中不乏与实践结合相当紧密的军事著作，这些著作的部分内容在一定程度上可以认为是朴素的军事考古学萌芽。

班固言："兵家者，盖出古司马之职，王官之武备也。洪范八政，八曰师。孔子曰为国者'足食足兵'，'以不教民战，是谓弃之'，明兵之重也。易曰'古者弦木为弧，剡木为矢，弧矢之利，以威天下'，其用上矣。后世耀金为刃，割革为甲，器械甚备。下及汤武受命，以师克乱而济百姓，动之以仁义，行之以礼让，司马法是其遗事也。自春秋至于战国，出奇设伏，变诈之兵并作。汉兴，张良、韩信序次兵法，凡百八十二家，删取要用，定著三十五家。诸吕用事，而盗取之。武帝时，军政杨仆捃摭遗逸，纪奏兵录，犹未能备。至于孝成，命任宏论次兵书为四种。"[①]这段话基本勾勒出了先秦至西汉时期兵学的发展脉络，从中我们可以看出兵事在先秦已有，而且像《周易》这类著作已经开始讨论兵器的起源。春秋战国时期是我国古代历史上第一个分裂割据的时代，诸侯间征伐频繁，战争的形式及规模都发生了剧烈的变化，诸子百家对兵事及兵法的讨论也异常激烈。例如，墨家的"非攻"思想就是墨子军事思想的集中体现，墨子曰："今尝计军上，竹箭、羽旄、幄幕、甲、盾、拨，劫往而靡弊腑冷不反者，不可胜数。又与矛、戟、戈、剑、乘车，其列住碎折靡弊而不反者，不可胜数。"[②]虽然墨子

---

① （东汉）班固：《汉书》卷30《艺文志》，北京：中华书局，1962年，第1762页。
② 吴毓江撰，孙启治点校：《墨子校注》，北京：中华书局，1993年，第202页。

的这段话并不是对兵器的专门介绍，但我们能够从他的语言中体会到其对当时军事发展，甚至兵器的发展有一定的研究，认识到了兵器在古代战争及社会发展中的消极作用。

先秦古典学术对于军事遗存的首要关注对象当属古代的兵器制造，先秦的许多著作中都透露出对兵器起源、发展的思考。《管子·地数篇》说："葛卢之山发而出水，金从之，蚩尤受而制之，以为剑铠矛戟。"[①]《孙膑兵法》载："黄帝作剑，以陈（阵）象之。羿作弓弩，以执（势）象之。禹作舟车，以变象之。汤、武作长兵，以权象之。凡此四者，兵之用也。"[②]由于时代的局限性，先秦学者对于兵器渊源的考量还停留在传说的层面，我们不能苛求其像现代考古学一样对兵器的产生及发展有科学的看法，但是这种朴素的认识基本认同了兵器发源于原始社会的末期。兵器是古人在生产实践、军事实践中创造发明的，但具体是哪一个人，古代没有发明创造专利，因此不能确考，但要说是黄帝、后羿、禹、汤、武王所作，则是后人美化古圣贤和英雄的虚词。从目前的考古发掘资料来看，夏代的兵器主要是木石兵器，商朝、西周主要是青铜兵器，到春秋时期，铁兵器出现并投入使用。先秦时期的学者能够见到的出土材料是较少的，而且这一时期的兵器在材质上、形态上并无太大的进步，所以他们对兵器起源的认识是有局限性的，这种局限性是先秦时期人们认识世界和改造世界能力的反映，不单单体现在对军事遗存认识领域，其他领域具有同样的局限性。但是，先秦学者对于这些军事活动及军事设施的思考，却是人们最早认识军事、思考军事的实践，人们开始有意识地加强对军事领域知识的积累和认识深化，为其后古典学术进行军事研究奠定了基础。

先秦时期最著名的军事著作莫过于《孙子兵法》，有人评价"前孙子者，孙子不能遗，后孙子者，不能遗孙子"[③]。孙子作为杰出的军事家，对先秦的军事活动一定有所研究，虽然我们从传世的《孙子兵法》中似乎看不到他的历史眼光，但我们绝对不能否认经典的著作必然是对历代军事活动的总结。而且银雀山汉简本《孙子兵法》中有一篇《黄帝伐赤帝》，这场战争是

---

① 黎翔凤撰，梁运华整理：《管子校注》（上中下），北京：中华书局，2004年，第1355页。
② 张震泽撰：《孙膑兵法校理》，北京：中华书局，1984年，第79页。
③ （明）茅元仪：《武备志》卷1《兵诀评》，海口：海南出版社，2001年，第1页。

上古的传说，孙武却对其进行了研究①。当然，我们不能以当今的历史观去审视春秋时期的历史观，但这也能够体现出孙武对历史上战争是有过一定的考察的，形成了他的军事历史观，而且他的这些考察为其系统认识军事有着重要的意义，否则其《孙子兵法》就如同纸上谈兵，缺乏实际的操作价值。同样，《孙膑兵法》也列举了黄帝、尧、舜、禹、汤、武王、周公的战绩②。春秋战国兵家的繁荣与前期的战争发展有着密不可分的关系，他们所形成的学说都是对过去战争经验的总结与概括，从而形成了具有普遍实践意义的诸家兵书。从本质上来说，这一传统是我国古代史学体系的延伸，以古论今是一种认识和改造社会及自然界的方法，对后世有着极其重要的影响。

二、汉晋时期的军事研究

上古至西周的诸多战争成为春秋战国时期兵家学说形成的实践基础，正是对先前的这些战争有着深入的分析，才使得兵家思想具有其科学性及存在的意义，成为"百家"之一派，同时也奠定了我国古代军事的思想基础，被历代军事家、政治家所重视。直至西汉早中期，人们对于兵器的起源仍然未有太大的突破。如《史记正义》引《龙鱼河图》载："黄帝摄政，有蚩尤兄弟八十一人，并兽身人语，铜头铁额，食沙石子，造立兵仗刀戟大弩，威振天下，诛杀无道，不慈仁。"③《龙鱼河图》是汉代纬书，虽然此书记录的只是传说，具有神化的成分，不可全信。但黄帝、蚩尤、后羿等传说中的人物应该是具有一定的历史真实性的，虽然这种真实性并不是对历史的真实反映，但体现着汉代人们对史前时期的朴素认识。

但是，秦汉时期实现了中国古代历史上的第一次实质统一，社会生产力得到了极大的发展，历经春秋战国及秦末农民战争的动荡，人们对战争的厌倦反推了对军事活动的研究。而且汉晋的农业政权频受匈奴等游牧民族的骚扰，荡平北疆也是贯穿于整个汉晋时期的重要政治、军事任务之一。而且在西汉末年，王莽掀起了复古改制的潮流，追溯先贤，校考经籍，推动了考

---

① 银雀山汉墓竹简整理小组：《银雀山汉墓竹简（壹）》，北京：文物出版社，1985年。
② 张震泽撰：《孙膑兵法校理》，北京：中华书局，1984年，第19页。
③ （西汉）司马迁：《史记》卷1《五帝本纪》，北京：中华书局，1959年，第4页。

据学的发展，形成了完备的考证、考据的方法体系。同时，从西汉开始，先秦的地下文物不断被发现，成为当时古典学术进行考据的实物参考。在中国古史中，从传说的禹铸九鼎开始，青铜器就被神化而看作王权的象征；殷商时期，青铜器在人们的社会生活中成为地位、等级的标志；西周时，"藏礼于器"的观念进一步加强，礼乐制度逐渐形成。从春秋战国时期开始，王室衰微，诸侯争霸导致"礼崩乐坏"，但旧制度的衰落并没有使传统的观念完全消失，反而逐渐产生了由怀古而好古进而根据古代实物研究古代制度的风尚。这种风尚在汉晋时期尤其强烈，所以，汉晋时期古典学术对军事遗存的关注也越来越多，形成了一些有意义的研究成果。

（一）司马迁的军事纪实

若要论述汉晋，乃至中国古代史学的军事遗存研究，太史公司马迁是绝对不能遗漏的，而且或许太史公是第一位通过对古代军事遗迹实地探访而进行叙史的史家。司马迁在中国史学史上的地位毋庸置疑，其"究天人之际，通古今之变，成一家之言"的治史思想成为历代史家的最高追求。"究"就是司马迁对古代历史的研究方法，而当中一个重要的方法就是实地探查。《史记·太史公自序》云："二十而南游江、淮，上会稽，探禹穴，窥九疑，浮于沅、湘；北涉汶、泗，讲业齐、鲁之都，观孔子之遗风，乡射邹、峄；厄困鄱、薛、彭城，过梁、楚以归。于是迁仕为郎中，奉使西征巴、蜀以南，南略邛、筰、昆明，还报命。"[①]王国维曾言："是史公足迹，殆遍宇内。所未至者，朝鲜、河西、岭南诸初郡耳。"[②]"无韵之离骚，史家之绝唱"的《史记》就是在如此艰辛的旅程中孕育而生的。所以，苏辙有言："太史公行天下，周览四海名山大川，与燕、赵间豪俊交游，故其文疏荡，颇有奇气。"[③]

司马迁的游学为其撰写《史记》提供了丰富的实物资料，这就提升了《史记》的可靠性。而这种方法与现代人类学、考古学、民族学等学科的田

---

① （西汉）司马迁：《史记》卷130《太史公自序》，北京：中华书局，1959年，第3293页。

② 王国维：《观堂集林》，石家庄：河北教育出版社，2003年，第248页。

③ （北宋）苏辙著，陈宏天、高秀芳点校：《苏辙集》，北京：中华书局，1990年，第381页。

野调查方法类似。所以，王子今认为："司马迁著作《史记》时甚至曾经采取了与后世人类学考察存在某些类似之处的历史调查方式……我们还应当看到，司马迁游踪万里的实践，实际上又是与现代人类学的田野工作有某些相似之处的。"①在司马迁考察的诸多地方内，不乏对军事遗迹及与军事相关的资料的考察，在"太史公曰"的史评部分多有记载。如：

  太史公曰：吾适故大梁之墟，墟中人曰："秦之破梁，引河沟而灌大梁，三月城坏，王请降，遂灭魏。"②
  太史公曰：吾适北边，自直道归，行观蒙恬所为秦筑长城亭障，堑山堙谷，通直道，固轻百姓力矣③。
  太史公曰：吾适丰沛，问其遗老，观故萧、曹、樊哙、滕公之家，及其素，异哉所闻！方其鼓刀屠狗卖缯之时，岂自知附骥之尾，垂名汉廷，德流子孙哉④？

上述三段记载反映了司马迁通过实地考察之后获得了更真实、可靠的信息，并且对某些历史事件有着自己独到的见解。例如，通过对"大梁之墟"的考察，他并不认为魏的灭亡是因为弃用信陵君："魏遂得阿衡之佐，曷益乎？"⑤司马迁著史的实证主义精神是应当提倡的，其对军事遗址的实地考察反映出史学的成熟，同样也对军事考古学研究提供了借鉴。并且，司马迁不仅对具体的战争叙述经过实地考察，其在实地考察之后所形成的兵事地形叙述也是冠绝古今的，顾炎武给予了高度的评价："秦楚之际，兵所出入之途，曲折变化，唯太史公序之如指掌。以山川郡国不易明，故曰东、曰西、

---

① 王子今：《史记的文化发掘——中国早期史学的人类学探索》，武汉：湖北人民出版社，1997年，第7~11页。
② （西汉）司马迁：《史记》卷44《魏世家》，北京：中华书局，1959年，第1864页。
③ （西汉）司马迁：《史记》卷88《蒙恬列传》，北京：中华书局，1959年，第2570页。
④ （西汉）司马迁：《史记》卷95《樊郦滕灌列传》，北京：中华书局，1959年，第2673页。
⑤ （西汉）司马迁：《史记》卷44《魏世家》，北京：中华书局，1959年，第1864页。

曰南、曰北，一言之下，而形势了然。……盖自古史书兵事地形之详，未有过此者。"①

军事考古学研究不仅仅是器物的研究，古代涉及军事活动的方方面面都应当是我们的考察对象。司马迁通过实地考察所获得的资料，应当能够为我们所用，而且司马迁在实地考察中所形成的某些田野方法也值得我们借鉴②。虽然司马迁的史学方法与现代考古学方法有着本质的区别，但其对古代物质遗存的关注是中国传统史学的一大进步。

（二）刘向、刘歆及班固对古代军事文献的整理

自先秦以来，兵学得到了极大的发展，特别是在春秋战国时期形成了诸多的兵书，这是我国古代军事活动与军事思想的总结。文献是物质文化的记录，许多已经消失在历史瀚海中的物质遗存我们已经无从考证，或者有些物质遗存我们无法进行合理的解释，只有通过对文献的考察，从中获取与物质文化遗存相关的蛛丝马迹，帮助我们理解考古发现。军事考古学所依靠的文献除了史书、笔记等历史文献，军事文献有着突出的地位。

西汉一统，战乱稍戢，文化繁荣，虽有"独尊儒术"，但各家却殊途同归，"各学派的'同源异流''其务为治'，以及彼此间的'相生相灭''相反相成'，发展为各学派均'兼综'他家的自我调适"③。太史公在这一点上看得尤为清楚，"夫阴阳、儒、墨、名、法、道德，此务为治者也，直所从言之异路，有省不省耳"④。兵学发展到这一时期已较成熟，兵书渊薮，刘向、刘歆父子作为文献学的开山鼻祖，兵书也是其文献整理的重要部分。

中国古典学术对文献的搜集整理有着悠久的传统，但对军事文献的整理

---

① （清）顾炎武著，黄汝成集释，栾保群、吕宗力校点：《日知录集释》卷26《史记通鉴兵事条》，上海：上海古籍出版社，2006年，第1428页。

② 袁理：《人类学田野调查与〈史记〉中的实地考察》，《重庆文理学院学报（社会科学版）》2011年第3期。

③ 熊铁基：《汉代学术的历史地位》，《华中师范大学学报（人文社会科学版）》2003年第5期。

④ （西汉）司马迁：《史记》卷130《太史公自序》，北京：中华书局，1959年，第3288页。

则是在汉代开始的，张良、韩信、杨仆等均对兵书做过整理。到西汉末年，刘向、刘歆父子对军事文献整理有着卓越的功绩，班固沿用二人的《七略》作《艺文志》，为我们保留了先秦军事文献的基本概况，如在银雀山竹简发现之前，我们只能够看到一本《孙子兵法》，而且对其作者是孙膑还是孙武争论不休，但在银雀山汉简中两种兵书都发现了，疑问因此而解决，这也印证了《汉书·艺文志》的正确记载。由此看来，汉代对兵书的搜集整理还是较为可靠可信的。

刘氏父子编纂《七略》在《汉书·艺文志》中有详细的记载，"至成帝时，以书颇散亡，使谒者陈农求遗书于天下。诏光禄大夫刘向校经传诸子诗赋，步兵校尉任宏校兵书，太史令尹咸校数术，侍医李柱国校方技。每一书已，向辄条其篇目，撮其旨意，录而奏之。会向卒，哀帝复使向子侍中奉车都尉歆卒父业。歆于是总群书而奏其七略，故有《辑略》，有《六艺略》，有《诸子略》，有《诗赋略》，有《兵书略》，有《术数略》，有《方技略》"[1]。班固在这七略的基础上，删繁纪要而作《艺文志》。根据《七略》的图书分类方法，兵书与诸子、六艺、术数、方技、诗赋等并列，其地位在汉代是非常突出的，这也反映出兵家在诸子百家中的特殊地位。

从《汉书·艺文志》中我们可以看出，至少在西汉末年的时候，《齐孙子》（即《孙膑兵法》）还流传于世，但此后就佚失了。很明显汉代人有一个整理兵书的过程，这一点《汉书·艺文志》也写得很清楚，著录各类兵书有"五十二家七百九十篇，图四十三卷"。实际上为五十六家八百六十篇，图五十卷，这些兵书到现在已经亡佚得差不多了。刘向、刘歆所作《兵书略》著录了兵权谋、兵形势、阴阳、兵技巧四类军事文献，即将兵书分为四类。所谓兵权谋，就是"以正守国，以奇用兵，先计而后战，兼形势，包阴阳，用技巧者也"；所谓兵形势，就是"雷动风举，后发而先至，离合背向，变化无常，以轻疾制敌者也"；所谓兵阴阳，就是"顺时而发，推刑德，随斗击，因五胜，假鬼神而为助者也"；所谓兵技巧，就是"习手足，便器械，积机关，以立攻守之胜者也"。这种分类方法虽然是针对先秦兵书而言，但兵书对古代战争的指挥和战略战术安排有着重要的影响，所以，我们在进行古代战争遗存的考古学研究时，或许可以借鉴这些资料，帮助我们更好地理解战争的状况。同时，虽然《艺文志》记载的大多数兵书已经亡

---

[1] （东汉）班固：《汉书》卷30《艺文志》，北京：中华书局，1962年，第1701页。

佚，但我们根据兵技巧的论述，似可推论先秦某些兵书涉及了军事器械的研究，如《望远连弩射法具》《蒲苴子戈法》等著作有可能对上古时期的军事器械做了一定的研究。

（三）其他方面的军事遗存研究

汉晋时期，具有汉文化特征的中华文明逐渐形成，而形成汉文化的基础是对先秦以来的书籍、遗物等文化信息的整合，所以汉晋时期的古典学术一个突出活动就是对先秦文化遗存的辑录与考究。

与军事遗存研究相关的成果则散见于当时的各类书籍当中。东汉时辑录的《越绝书》，当中就提出了古代兵器发展序列："轩辕、神农、赫胥之时，以石为兵……至黄帝之时，以玉为兵……禹穴之时，以铜为兵……当此之时，作铁兵，威服三军。"[1]从现在的考古发现来看，这一推断还是有其科学性的。许慎所著的《说文解字》是我国第一部说解文字原始形体结构及考究字源的文字学专著，他提出字形结构的"六书"：象形、指事、会意、形声、转注、假借，提供了从结构上解释古代文字的途径，其中的"象形"则不乏利用文字对古代器物的考证，如其将"戈"解释为"平头戟"，就说明了戈与戟在某种形态上是有联系的。又如"矛"，"酋矛也。建于兵车，长二丈。象形。凡矛之属皆从矛"[2]。说明在先秦至东汉时期，矛大多用于车兵，步兵少见。

汉晋年间兵学著述并不多，且魏晋时期战乱频发和朝代更迭，造成新旧兵书大量亡佚，流传至今的只有《三略》《握奇经》《阴符经》等寥寥几部，《淮南子》《盐铁论》《潜夫论》等综合性著作中也保留了一些论兵专章。在诸强纷争的三国时期，魏、蜀、吴政权领导人为了应对复杂的军事斗争，对现实战略与长远战略的关系、制定和实施战略的艺术及联盟战略的基本原则，都有了更加深刻的认识。诸葛亮的《隆中对》全面分析了当时多集团、多极斗争的形势，本着伐谋伐交、强己弱敌的联盟战略原则，提出了建立根基、外结盟国、内修政理、伺机而进的荐策。除了在奏章文集和兵书中

---

[1] （东汉）袁康、吴平辑录：《越绝书》卷11《宝剑》，上海：上海古籍出版社，1985年，第81页。

[2] （西汉）许慎：《说文解字（附检字）》卷14《矛部》，北京：中华书局，1963年，第300页。

论述兵学问题、发展兵学理论外,汉晋兵家还惯于利用传统的经学著述模式,对古代流传下来的兵书进行了注释,如许慎《六韬注》、曹操《注孙子》、贾诩《吴起兵法注》、刘昞《黄石公三略注》,其后历朝历代注释兵书者不乏其人。

这一时期的军事地理研究也有极大的进步,以北魏郦道元为《水经》作注为代表。《水经》是汉魏时所作,作者无考,郦道元通过考察、记录许多古代遗迹和遗物而为《水经》作注,从而形成了不朽名著《水经注》,详细介绍了中国境内千余条河流以及与这些河流相关的郡县、城市、物产、风俗、传说、历史等。该书还记录了不少碑刻墨迹和渔歌民谣。军事地理方面,该书记载了从古以来的大小战役不下300次,许多战例都生动地说明了熟谙地理,利用地形,争夺桥梁、险道、仓储的重要性。这些记载能够提供汉晋时期,乃至先秦时期某些战争战场的地理环境资料,而且郦道元对古战场的实地考察方法也应当是军事考古学研究能够运用的。

三、隋唐时期兵学与金石学的军事遗存研究

隋唐时期是我国历史上第二次统一,隋代结束了南北朝战乱动荡、分裂割据的局面,重新建立了统一的中央集权王朝。但是隋朝国祚甚短,其后取而代之的大唐王朝迎来了我国封建社会的鼎盛时期,唐朝极盛时期势力所及东北至朝鲜半岛,西北至葱岭以西的中亚,北至蒙古国,南至中南半岛,是当时世界上最强盛的封建帝国。同时,唐代又是一个开放的社会,在思想意识形态领域实行开放政策,对外经济和文化交流异常活跃,民族融合空前加强,这些都决定了唐代文化的多元化特点。陈寅恪对唐代社会风气有一段精辟的论述:"取塞外野蛮精悍之血,注入中原文化颓废之躯,旧染既除,新机重启,扩大恢张,遂能别创空前之世局。"[1]这一风气也反映在其对古代军事遗存的研究上。

唐代最具代表性的兵学著作当属《李卫公问对》,该书是《唐太宗与李靖问对》一书的简称,全书因以李世民与李靖一问一答的形式写成而得名。全书涉及的军事问题比较广泛,既有对历代战争经验的总结和评述,又有对

---

[1] 陈寅恪:《金明馆丛稿二编》之《李唐氏族之推测后记》,北京:生活·读书·新知三联书店,2001年,第344页。

古代兵法的阐释和发挥；既讲训练，又讲作战；既讨论治军，又讨论用人；既有对古代军制的追述，又有对兵学源流的考辨。从这本书中，我们可以看到李靖对古代军事的各个方面都有所考究，如古代的车制。太宗曰："春秋楚子二广之法云：'百官象物而动，军政不戒而备。'此亦得周制欤？"靖曰："按左氏说，楚子乘广二十乘，广有一卒；卒，偏之两。军行右辕以辕为法，故挟辕而战，皆周制也。臣谓百人曰卒，五十人曰两，此是每车一乘，用士百五十人，比周制差多耳。周一乘步卒七十二人，甲士三人。以二十五人为一甲，凡三甲，共七十五人。楚山泽之国，车少而人多。分为三队，则与周制同矣。"①而另一部以道家思想为基础的《神机制敌太白阴经》（简称《太白阴经》）中也记载许多古代攻战器具，该书中有一卷即为《战具》，详细介绍了攻城具、守城具、水攻具、火攻具、济水具、水战具、器械、军装等方面的内容。

唐代对古代军事活动的总结还有一大成果，即杜佑编撰的《通典》，该书一改史书以礼乐、天文历法为卷首的传统，从远古时代的黄帝起，到唐玄宗天宝末年止，分九类，以食货居首，次以选举、职官、礼、乐、兵、刑、州郡、边防，每类又各分子目。对于历代典章制度，都详细地叙述了它们的源流，有时不但列入前人有关的议论，而且用说、议、评、论的方式，提出自己的见解和主张。《兵典》中对历代的战争都有详尽的描述，并且将其分门别类，具有很强的操作性。而《守拒法》等篇章详细列举了古代的各类作战工具，《军行渡水》列举了多种军队渡河的方法。杜佑编撰《通典》受到了李筌《太白阴经》的影响，《四库全书总目提要》言："杜佑《通典·兵类》取通论二家，一则《李靖兵法》，一即此经。其攻城具篇则取为攻城具，守城具篇筑城篇、凿濠篇、弩台篇、烽燧台篇、马铺土河篇、游奕地听篇则取为守拒法，水攻具篇则取为水战具，济水具篇则取为军行渡水，火攻具篇、火战具篇则取为火兵，井泉篇则取为识水泉，宴娱音乐篇则取为声感人。"②《通典·兵典》与《太白阴经》都是对唐代及其以前的军事遗存的整理，是较早的系统研究古代军事器械的论著，有着开创意义，在一定程度上或可视为军事考古学的滥觞。

---

① （唐）李靖：《李卫公问对》（文渊阁影印四库全书本），上海：上海古籍出版社，1987年，第148页。

② （清）永瑢、纪昀等：《四库全书总目》，北京：中华书局，1965年，第838页。

唐文化的另一个杰出代表当属"唐诗",唐代的诗赋是中国文学史上的一朵奇葩,唐诗中的怀古诗、边塞诗、军旅诗从一定程度上也反映了唐人对古代军事活动的关注。美国学者王德威(David Derwei Wang)曾说过:"比起历代政治论述中的中国,小说所反映的中国或许更真切实在些。"①无论诗歌还是小说,都是文学创作的一种形式,但其来源应当是真实的社会生活,所以,我们可以从唐诗中获取一些与军事遗存相关的信息。例如,李白《塞下曲》中有一句"烽火动沙漠,连照甘泉云",描述了烽火由边塞一路传至都城的情景。诗中"甘泉"指甘泉宫,故址在今陕西三原县甘泉山上,为秦时所建,汉武帝时曾加以修缮,作为避暑之地。据《汉书·匈奴传》载,汉文帝后元四年(前160年),匈奴入侵,"烽火通于甘泉长安"。李白虽指汉故,实言唐事,以汉喻唐是唐诗的重要表现手法,是诗人基于对汉代某些历史典故、遗迹、遗物的认识而产生的对唐时现状的反映,虽然其与考古学,或者历史学相去甚远,但不失为对古代遗迹、遗物进行一定考察后形成的一些认识。这里我们不妨将视野放得更宽阔一些,继唐而兴的宋,以宋词而著称于世,与唐代诗人一样,宋代词人也不乏对古代军事遗迹的咏叹,苏轼名篇前后《赤壁赋》,辛弃疾《永遇乐·京口北固亭怀古》就是其中的代表。

四、宋代金石学与军事遗存的研究

北宋时期,经历五代十国的战乱之后,社会渐趋稳定,经济文化日益繁荣。由于统治者为巩固政权而大力奖励经学,加之史学、古文字学、书学等的不断发展,在一定程度上刺激了学者对新资料的追求。于是,朝野人等竞相研究,形成金石学。现存最早的研究金石铭刻的著作是宋代欧阳修的《集古录》,成于嘉祐八年(1063年)。现存最早古器物图录成于元祐七年(1092年),即吕大临《考古图》,收商周、秦汉时期的铜、石、玉224件,皆绘图形、款识。这一时期,许多金石著作面世,如《宣和博古图》、薛尚功《历代钟鼎彝器款识法帖》、赵明诚《金石录》、王象之《舆地碑记目》等,这些金石著作中有些涉及了古代的一些军事器械,包括兵器、兵乐器、金鼓等器物,如《宣和博古图》就收集了弩机、铎、钲、铙等。但是这些金

---

① 〔美〕王德威:《想像中国的方法——历史·小说·叙事》,北京:生活·读书·新知三联书店,1998年,第1页。

石著作大多是以文字训诂为主，关注的重点在于器物上的铭文，忽视器物本身器形的研究。而且兵器在这一时期的金石著作中并不突出，以宋代文献所见的青铜器的规模来看，大量礼器被人们所辑录，兵器理应有所发现，或许是由于兵器本身有铭文的较少，金石家往往忽视对其的辑录。

在兵学方面，宋代达到了一个高峰。随着《武经七书》的刊行，先后出现了《虎钤经》《武经总要》《太平御览·兵部》《册府元龟·将帅部》《何博士备论》《十七史百将传》《权书》《补汉兵志》《祖宗兵制》《历代兵制》《玉海》《山堂先生群书考索》等著作。而且欧阳修、宋祁等撰的《新唐书》开创性地新立了"兵志"条目。这些书目在对传统军事学进行系统总结的同时，对前代，尤其是秦汉时期的军队后勤保障或多或少都有论及，且有所发展。《新唐书·兵志》中对车、火具、马匹等的置用与管理都有较详细的记载，特别是在论及兵事的发展时曰："古之有天下国家者，其兴亡治乱，未始不以德，而自战国、秦、汉以来，鲜不以兵。夫兵岂非重事哉！"[1]由此可见，欧阳修等人对宋以前的军事活动还是有一定研究的。在著书的同时，对兵书的研究注释之风大涨，比如仅注《孙子》就有梅尧臣、王晳、张预、何延锡、王自中、陈直中、叶宏、胡箕等，选择宋及以前比较重要的十一家编成《十一家注孙子》，其时兵学的繁荣程度可见一斑。

据《中国兵书知见录》统计，两宋兵书559部，3865卷，是东汉至隋唐五代的总部数397部的1.4倍；总卷数1702卷的2.3倍[2]，例如，何去非《何博士备论》，陈规、汤璹《守城录》，陈傅良《历代兵制》等，都是新撰兵书的杰出代表。

陈规、汤璹《守城录》根据攻城武器的发展和实战经验，着重阐述了守城战法的改革。详细说明了城池防御的各种工事的修筑及作用，如马面、羊马墙。除了守城外，该书也叙述了攻城所用的云梯、洞子等器械。此书还记载了陈规于绍兴二年（1132年）研制成长竹竿火枪20余支，及其在守城作战中发挥的作用。这种火枪是最早的管形火器，在科技史上具有重要意义。

宋代兵学最具划时代意义的著作当属《武经总要》，作者为宋仁宗时的文臣曾公亮和丁度，两人奉皇帝之命用了五年的时间编成。该书是中国第

---

[1] （宋）欧阳修、宋祁：《新唐书》卷50《兵志》，北京：中华书局，1975年，第1323页。

[2] 许保林：《中国兵书知见录》，北京：解放军出版社，1988年。

一部规模宏大的官修综合性军事著作，主要内容有军事理论与军事技术两大部分，包括选将用兵、教育训练、部队编成、行军宿营、古今阵法、通信侦察、城池攻防、火攻水战、武器装备等，特别是在营阵、兵器、器械部分，每件都配有清晰的插图，这些精致的图像使得当时各种兵器装备具体形象地呈现在我们面前，是研究中国古代兵器史极宝贵的资料。

我国考古学界一般认为金石学与中国考古学发展密切相关，但金石学与考古学存在巨大的差异，我们或可扩大视野，多多关注中国古代古典学术的发展，其中存在着许多与现代考古学的通路，二者具有研究对象与研究方法上的相似性。这一点在军事考古学研究上表现得尤为明显，如果我们仅以金石学作为源头去叙述军事考古学的发展史，就会忽略中国古代古典学术，特别是经学、史学、兵学等对军事遗存的研究，这显然是不科学的。同时，我们也能够看到，宋代是我国文化发展的大变革时期，犹如内藤湖南提出的"唐宋变革论"[①]，我们能够从古代军事研究中看出，唐宋间已有巨大的变化。宋代对实物的考察越来越多，军事遗存并不像钟鼎彝器一样被金石家所关注，兵家与军事遗存有着天然的联系，宋代兵家对古代军事遗存的关注远远超越了前代，从而留下了许多真知灼见的著作。可以说，与传统考古学所认为的，宋代始创的金石学为其前身一样，军事考古学的起源也受到了宋代金石学发展的影响，同时，其另外一个重要的源头应当是古代兵学的发展，特别是唐代中晚期到宋代时期兵学形成的对古代军事器械的研究。

五、明清古典学术对军事遗存的进一步研究

明清时期是我国古典学术的总结时期，许多学问在这一时期基本成型，大量的总结性著作产生，如两朝官方编纂的《永乐大典》和《四库全书》，基本涵盖了古典学术的全部。而这一时期的军事遗存研究也更加广泛，在宋代的基础上形成了更丰富的研究成果。

在军事地理与战场环境方面，徐霞客的《徐霞客游记》首屈一指。《徐霞客游记》是中国最早的一部详细记录所经地理环境的游记，也是世界上最早记述岩溶地貌并详细考证其成因的书籍。徐霞客一生除了家中发生重大事

---

① 〔日〕内藤湖南：《概括的唐宋时代观》，《日本学者研究中国史论著选译》，北京：中华书局，1992年，第11~18页。

件外，几乎没有停止过旅游，并详细记录途中所见，其所著《徐霞客游记》是地理学家和考古学家不可多得的研究材料。徐霞客通过自己实地考察对古代某些战争形成了独到的见解，并且从一定意义上是对历史的还原。例如，当时官方编修的史籍，谓明初将领沐英率军入云南，元梁王于曲靖聚兵十万迎战。沐英遣奇兵从白石江下游渡江，出元军阵后。元军惊扰，沐英急麾军渡江，命善泅者先登岸，以刀砍杀元军，遂平云南。徐霞客在云南考察盘江的过程中，一个意外的收获是发现白石江的上游，和小水沟无异，史书上所描述的"曲靖大捷"，显然在夸大其词，不禁叹道："征事考实，书之不足尽信如此！"①当然，徐霞客的实地考察带有游学的性质，与真正意义上的考古调查有所差异，但这种调查方式为我们当下从事田野调查提供了可供参考的历史资料与方法。除了《徐霞客游记》之外，清朝初年顾祖禹独撰的《读史方舆纪要》堪称对古代军事历史地理研究最为深入的著作。可以说，《读史方舆纪要》较之《徐霞客游记》有着更强的学术性，毕竟后者是以日记、游记的形式对古代地理的记录，而前者是对历史典籍记录与实际状况的深入分析研究。而且顾祖禹十分注重实地考察的价值，虽然他著录此书之时"未尝泝（溯）江、河，登恒、岱，南穷岭、海，北上燕然"，但他的游历也是很广的，而且认为"使信余之书，而不取信于乡导，譬之掩耳而求闻，闭目而求见，所误必多矣"②。正是这种对军事遗迹的田野踏查精神使得《读史方舆纪要》成为我国历史上军事历史地理的典范之作。

明清时期的金石学有着巨大的成就，特别是以乾嘉考据学人为代表的清代及清末金石学成果举世瞩目。乾隆年间梁诗正、王杰等先后奉敕编订《西清古鉴》《西清续鉴甲编》《西清续鉴乙编》《宁寿鉴古》，被俗称"西清四鉴"，共收录了清宫所藏铜器4000余件。刘鹗著录了我国第一部甲骨文材料的专著《铁云藏龟》，孙诒让撰写了中国第一部考释甲骨文字的著作《契文举例》。王国维著《宋代金石文著录表》《国朝金文著录表》《殷周制度考》等，罗振玉、王国维著有《流沙坠简》等。王国维、罗振玉的研究成果代表了金石学研究的最高水平，堪称近代金石学集大成者，被称为"罗王之

---

① （明）徐宏祖著：《徐霞客游记》卷5下《滇游日记三》，上海：上海古籍出版社，2010年，第248页。

② （清）顾祖禹撰，贺次君、施和金点校：《读史方舆纪要》，北京：中华书局，2005年，第14页。

学"。有清一代金石之学的研究范围不断扩大,除了传统铜器、碑刻外,钱币、墨印、玉器、镜鉴、封泥、瓦当、兵符等也成为著录和研究的对象。据容媛所辑《金石书目录》统计现存的金石著作中,北宋到乾隆以前的700年间,仅有67种,而乾隆以后的200年间却有906种之多。又据统计,清代以前的金石学家有360人,而有清一代达1058人,占总数的2/3以上。在这些金石著作中,不乏对古代军事遗存的记录,如冯云鹏(晏海)、冯云鹓(集轩)兄弟二人同辑的《金石索》就是一部综合性古器物图谱,其中专门对兵器进行了整理,单列一篇《戈瞿之属》,并配有图片和详细的文字介绍,对兵器的各个部位都有定名,具有初步军事考古学研究的意味。

明清时期,军事状况发生了巨大的变化,随着西方殖民者的大举东侵和倭寇势力的猖獗,中华民族第一次面临严重的海防危机;火器大量装备部队并运用于实战,极大地改变了战争面貌,使中国从此真正跨入冷兵器与火器并用时代,然而却缺乏与之相适应的作战方法。在这样的背景下,明末至清末的兵学呈井喷式发展,军事著作相继涌现。据不完全统计,明代至清咸丰年间兵书有1500余部,其中大部分是明代后期和清初所著。同时兵书种类也更加齐全,有大型百科全书式的军事类书;有综合性兵学理论著作;更多的则是专题类兵书,如海防理论、治兵练兵、战略地理、兵器制造、城邑防守、阵法战法等方面都有专书论及[①]。例如,明代茅元仪所编大型类书《武备志》,是中国古代字数最多的一部综合性兵书,由兵诀评、战略考、阵练制、军资乘、占度载五部分组成。该书《军资乘》收录的攻守器具、战车舰、船、各种兵器就达600种,其中火器180多种,数量是中国古代兵书之最。并且对历代的兵器有自己精辟的见解,如"中国之利器,曰弓与弩。自汉以后,虏弓日强,遂不可复及,唯弩之用为最"[②]。"铁链夹棒本出西戎,马上用之,以敌汉之步兵。"[③]这些论述体现出其对古代兵器发展的初步认识,有些结论与现代考古学的结论基本相通。

---

① 刘庆:《论中国古代兵学发展的三个阶段与三次高潮》,《军事历史研究》1997年第4期。
② (明)茅元仪:《武备志》卷140《军资乘》,海口:海南出版社,2001年,第4059页。
③ (明)茅元仪:《武备志》卷140《军资乘》,海口:海南出版社,2001年,第4144页。

中国古典学术有着庞大的体系，是对自然界和人类社会各个领域的研究，古代军事活动也是其研究的重要内容。南宋大儒朱熹曰："言之所传者浅，象之所示者深。"就反映了古典学术在注重言传之外，也对物象也有独到的见解。从古典学术对军事遗存的关注来说，无论经史，更兼金石，加之兵学都将物质遗存作为关注对象之一，虽然古典学术没有催生出现代考古学，但是古典学术对考古学的价值在于其提供了古代文化的框架。正如柳诒徵所言："夫以数千年丰备之史为其干，益以近世各国新兴之学拓其封。"[①]古代中华文明的研究需要将考古学与古典学术相结合，这样的军事考古学才具有强大的生命力。我们总结古典学术的军事遗存研究，希望能够"述往事，思来者"，获得各方面的信息，共同促进军事考古学的发展。

第二节　考古学领域军事遗存的发现

　　从19世纪末期到20世纪20年代，许多外国学者随着帝国主义势力的扩张而进入中国，开展考古活动。1893～1907年，瑞典地理学家斯文·赫定（Sevn Hedin）曾三次进入新疆考察，发现了著名的楼兰古城和许多古代遗迹。从1895年起，日本学者乌居龙藏、白鸟库吉、八庄三郎等调查和发掘了东北地区的许多遗址。1902～1907年，关野贞调查了山东的画像石和华北的石窟。1906～1910年，足利喜六调查了西安附近的秦汉隋唐城址和帝陵。1900～1904年，匈牙利人斯坦因（M. A. Stein）和法国人伯希和（P. Pelliot）多次进入新疆、甘肃等地进行调查和盗掘，不仅发现许多古城，采集了许多文物，而且从敦煌盗走大量文物。上述外国学者的活动，都是在帝国主义势力的保护和支持下，采取不正常甚至盗窃的手段进行的，造成了许多珍贵文物的流失，因此遭到中国学者的谴责。但另一方面，他们多具有一定的专业知识，故他们的调查报告和研究成果，不仅对研究中国古代史有一定的参考价值，而且在一定程度上对中国考古学的诞生起了刺激作用。例如，1920年，法国学者桑志华（E. Licent）在甘肃庆阳附近的黄土层中发现了3件人工石制品。1921年，瑞典学者安特生（J. G. Andersson）和奥地利古生物学家斯丹基（O. Zdansky），发掘北京周口店龙骨山遗址，发现了北京猿人牙齿化石，同年，安特生还发现并发掘了河南渑池县仰韶村遗址，并提出了"仰韶

[①]　柳诒徵：《中国文化史》，上海：上海古籍出版社，2001年，第2页。

文化"的命名。1922年，桑志华同法国学者德日进（Teilhard de Chardin）在萨拉乌苏河畔发现了一批石制品和"河套人"化石。中国的学者由信古到疑古，最终走向考古。1922年，北京大学成立了考古研究室，聘请马衡担任主任。1926年，李济主持了对山西夏县西阴村遗址的发掘。1928年，中央研究院成立历史语言研究所，内设考古组；同年10月，派董作宾前往安阳小屯遗址进行调查和试掘。20世纪20年代，中央研究院历史语言研究所考古组的成立和安阳殷墟的发掘，标志中国考古学的诞生。在一定程度上，中国考古学的发展历程就是对古代军事遗存揭露的过程，从安阳殷墟遗址发掘以来，越来越多的军事遗存得到了揭露。

外国探险队的考古活动对军事遗存的揭示具有偶然性，诚如上述，西方探险队在中国的考古活动大多以掠夺珍贵文物为目的。因此，他们的关注点往往很宽泛，这就使得军事遗存只是他们的偶然所获，集中的、有目的的理论上的研究相对薄弱。伯希和就曾在库车发现一批文书，现收藏于法国国家图书馆，被称为"伯希和都勒都尔—阿乎尔特藏"。在这批文书中有许多关于唐代西域的军事内容，如某些书信（第131号）、契约（第4号）和殡葬文书（第28~30号）涉及兵镇的驻兵。很明显，在都勒都尔—阿乎尔遗址存在着一个官府和一个兵镇，居住在其中的汉人是负责管理军队和来自中原的屯边戍民[1]。而且王炳华通过对第27号文书内容，结合考古遗存进行考证，认为都勒都尔—阿乎尔遗址为唐安西重要军事关隘——柘厥关[2]。虽然伯希和等人发现了许多军事遗存，但这些遗存都是额外的收获，西域探险家对佛教遗存的关注远远超过其他类型的遗存，因此他们很少对军事遗存进行系统的研究，但是这些宝贵遗存为之后学界进行研究提供了充分的资料。

近代考古学传入中国之后，古代物质文化遗存有了自身的解释方法。而考古学是一个发展的过程，无论在理论方法上，还是在实践上，考古学对古代物质遗存的认识都是在不断进步的。军事遗存的考古学认识也是由浅入深、由碎片到系统的过程，军事遗存与大多数物质文化遗存有着共性的特征，但也有自身的特点，这就使得军事遗存的考古学研究与近代考古学的发展既趋同又独特。

---

[1] 耿昇：《伯希和西域探险团对库车地区的考察及所获汉文文书》，《西北第二民族学院学报（哲学社会科学版）》2008年第6期。

[2] 王炳华：《唐安西柘厥关故址并有关问题研究》，《西北史地》1987年第3期。

一、古代城址的防御设施受到长久关注

如上所述，殷墟的发掘是中国考古学的发端，殷墟对中国考古学的发展有着重要的意义。殷墟的发掘是由于对甲骨的追寻所进行的，但随着殷墟发掘工作的深入，除甲骨之外的遗存也受到了极大的关注，其中就包含了相当的军事遗存，对于这些军事遗存的发掘与研究，也可视为军事考古学的发端。

中国考古学的发展有着对大型遗址关注的传统，特别是城址（聚落），如殷墟遗址、盘龙城遗址、丰镐遗址等，考古学家十分关注这些城址的防御设施，试图找寻其内在的联系。

20世纪20年代以来，殷墟发掘了墓葬、宫殿等遗存，出土了兵器、车马器等与军事相关的遗物，而且诸多甲骨也刻有与军事相关的内容。例如，李济根据殷墟出土的器物就认为，矛头和兵马车大概是同一时间传入中国的[1]。殷墟自发掘以来，其性质的讨论就没有停止过，这就涉及从物质遗存分析其功用的研究，这方面的研究也涉及了殷墟军事功用的内容。

其后，特别是中华人民共和国成立之后，不仅安阳殷墟的考古工作得到了极大的发展，而且其他古代城址丰富的军事遗存被发现。例如，殷墟宫殿宗庙外围揭露出了防御性的环壕，并且随着考古工作的深入，尤其是洹北商城的发现，此前所探讨的殷墟有无城墙的话题也取得了新的进展（图三）。

洹北商城发现于1999年。该城位于河南省安阳市北郊，南邻恒河，往西约19千米即进入太行山东麓，北面为低丘，东面和南面则是开阔的冲积平原。

洹北商城平面略呈方形，其南北向城墙基槽长约2200、东西向城墙基槽长约2150米，占地约4.7平方千米。洹北商城的宫殿区位于城址南北中轴线南段，反映了中国古城布局重视中轴线的传统[2]。根据目前的考古发现，洹北商城遗址的年代略晚于郑州早商文化，早于传统意义上殷墟的晚商文化，因而这处商城很可能是商代中后期的一处都邑遗址。其后，在2005~2007年，洹

---

[1] 李济：《安阳》，石家庄：河北教育出版社，2000年，第166页。
[2] 中国社会科学院考古研究所安阳工作队：《河南安阳市洹北商城的勘察与试掘》，《考古》2003年第5期。

北商城的宫城城墙也被发现①。这一大型遗址的发现，促进了对殷墟的性质判断，同时也提供了商时期都城防御的重要资料。

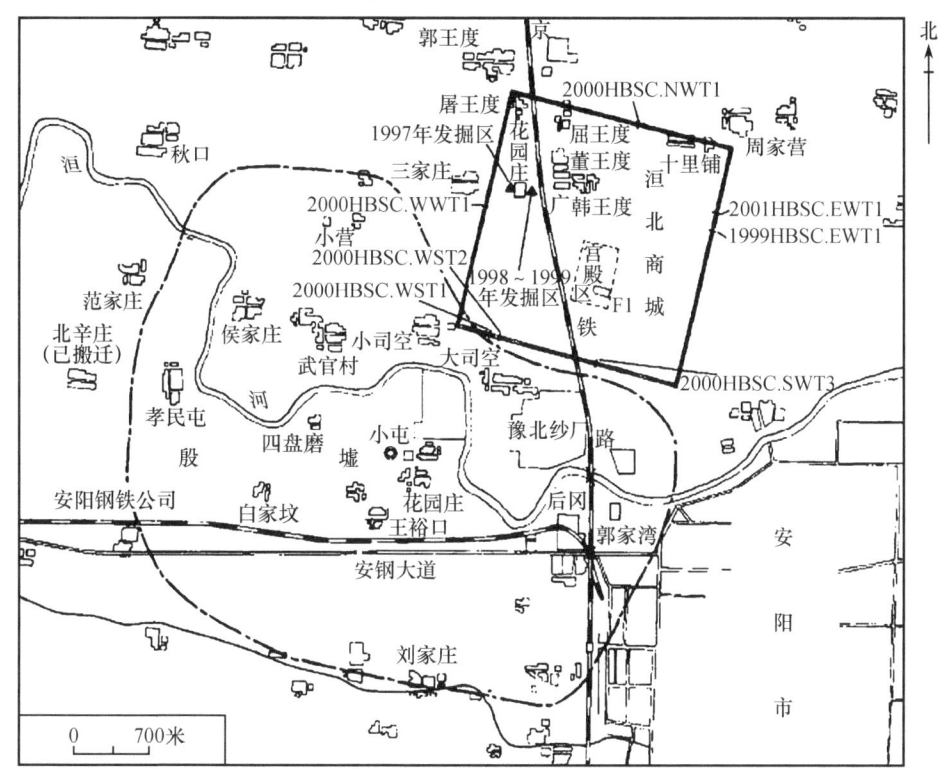

图三　安阳殷墟与洹北商城位置示意图②

而商代盘龙城遗址也具有军事防御的特征，其位于武汉市北郊黄陂区境西南的盘龙湖畔。最初在1954年发现，1974年、1976年两次进行较大规模发掘，收获甚丰。据发掘资料，盘龙城一带最早在二里冈下层时已有居民，至二里冈上层时修筑上、下两层宫殿，并于上层宫殿同时修筑城墙，到商代后期急剧衰落。盘龙城平面略呈方形，南北约290、东西约260米（图四）。城墙至发现时还保存完好，四面中部都有一缺口，可能是城门。现在西墙、南

---

① 中国社会科学院考古研究所安阳工作队、中加洹河流域区域考古调查课题组：《河南安阳市洹北商城遗址2005～2007年勘察简报》，《考古》2010年第1期。

② 中国社会科学院考古研究所安阳工作队：《河南安阳市洹北商城的勘察与试掘》，《考古》2003年第5期。

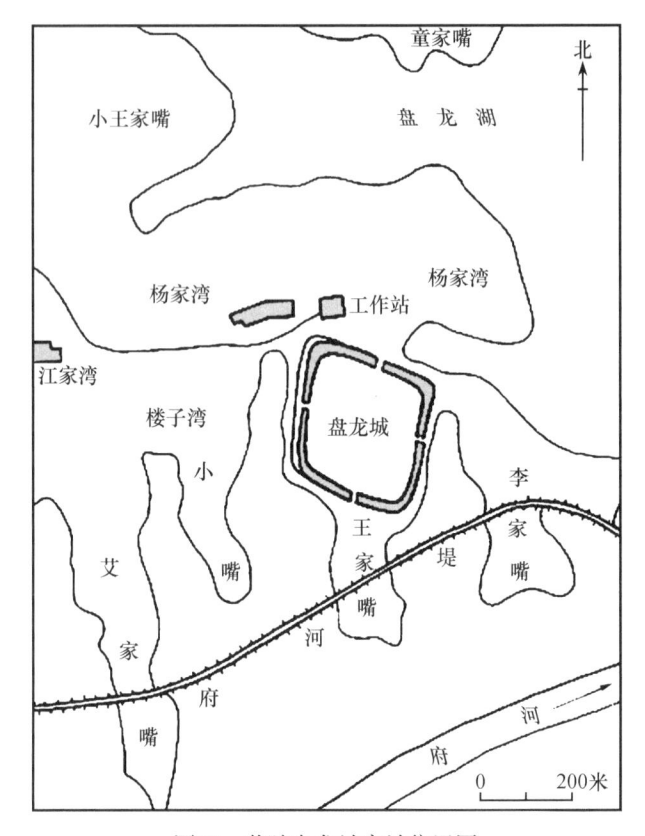

图四　黄陂盘龙城商城位置图

墙及北墙西端尚保留高出地面1~3米的夯土残垣。城墙厚20米左右。城墙夯筑技术和郑州商城相同，以每层厚8~10厘米的夯土筑出主体，内侧又用斜行夯土护坡。城墙外围有护城壕，壕距墙外侧边沿4、壕宽10、深4.3米，与城墙时代相同。护城墙与城壕同为该城的防御设施。

在商代的其他地区，也发现商城及遗址。盘龙城是商王朝南征的据点，是商王朝控制南方的战略资源的中转站，其城墙外陡内缓，易守难攻，军事目的较为明显，后来不断发展成为商王朝在南方的军事、政治中心。

随着考古学的不断进步，商周时期的城防遗存也得到了大量的、整体性的揭露。1984年秋季，考古工作者在垣曲县东南30千米的洪庆观村发现垣曲商城遗址，自1985年开始，中国历史博物馆考古部会同山西省考古研究所等单位对这一城址进行大规模发掘。根据目前的材料显示，垣曲商城始建于二里冈下层时期，一直沿用到二里冈上层阶段，绝对年代约距今3400~3200

年，城址位置险要、城防坚固，是商王朝建于黄河北岸的军事重镇。城东北有亳清河围绕，西有鸡笼山为屏，地势十分险要。经过对城址的发掘考证，垣曲商城是以层层夯土修筑的由四面城垣围成的方形城堡，它的平面形状略呈梯形，北城垣蜿蜒起伏，现存于地面之上，其余三面墙均埋没于地下[①]。

垣曲商城的四面城墙可能都有城门，西墙中段偏北距西北角140米处为西城门，城门以北为较宽的单墙，城门以南修筑了双道夹墙，外墙将内墙城门围圈在夹墙中，城内有祭祀坑（图五）。西、南两门的设置则主要是出于军事防御的需要。要想入城必须走此缺口，再通过狭长的夹道，而一入外墙缺口，势必陷入夹道两侧火力的夹击中。有学者认为，这种结构可以视为瓮城的雏形[②]。

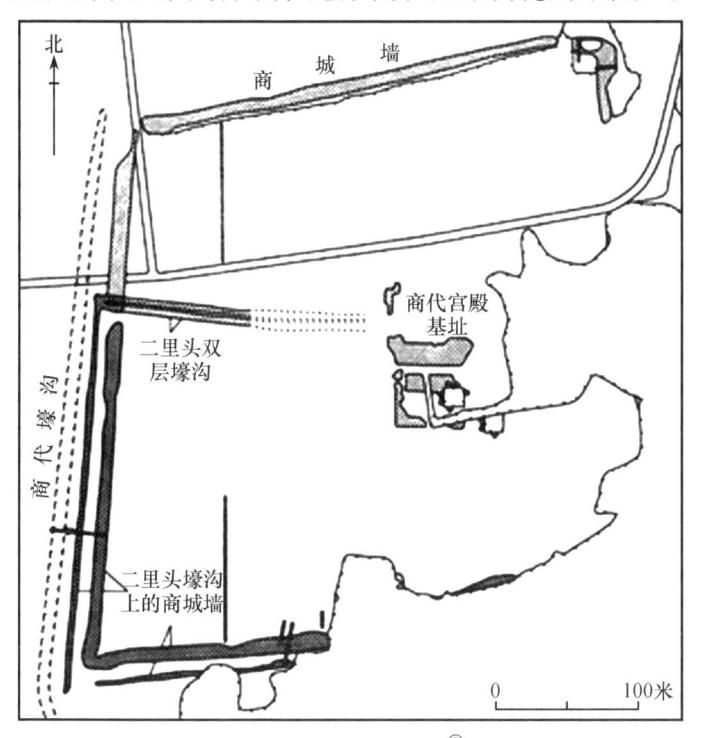

图五　垣曲商城遗址[③]

---

① 王月前、佟伟华：《垣曲商城遗址的发掘与研究——纪念垣曲商城发现20周年》，《考古》2005年第11期。
② 王月前、佟伟华：《垣曲商城遗址的发掘与研究——纪念垣曲商城发现20周年》，《考古》2005年第11期。
③ 王月前、佟伟华：《垣曲商城遗址的发掘与研究——纪念垣曲商城发现20周年》，《考古》2005年第11期。

中国早期城址的发展与史前聚落的发展有着一脉相承的关系，有学者就认为中国早期城址的起源与史前环壕聚落密切相关，而且在其起源和发展的过程中，其军事性功能特别突出[①]。所以，在一定意义上，古代城址的考古学研究与军事考古学研究在内容上有极大的重合，这种重合从早期中国到中古中国一直延续不断。一般情况下，大型城址（或聚落）的发掘周期较长，人们对其的认识也是在逐步发展的。但是学界目前对城址的军事考古学研究大多是具体的单一城址研究，缺乏贯通历史的军事防御设施、仓储设施等方面的综合性研究。

汉长安城自1956年进行系统的考古勘探及发掘已经有50余年的历史了，我们基本掌握了汉长安城的结构及布局，对其军事设施也有了大致的了解。例如，汉长安城平面近方形，东城墙长6000、南城墙长7600、西城墙长4900、北城墙长7200米，全城周长25700米。城墙夯筑，夯层厚6~8厘米，底部夯层较厚，每层厚十几厘米。城墙底部宽约16、现存墙体最高处10余米。东、西城墙较平直；当时北城墙因邻近渭河，与河道走向基本平行，呈西南—东北方向；南城墙因迁就先筑的长乐宫、高庙和未央宫，而其中部呈外凸之状（图六）。汉长安城的考古工作为认识汉代城址的防御设施提供了借鉴，它的发掘不仅是对资料的补充和完善，更是对方法论的指导。刘庆柱提出的都城考古学研究的建议，同样能够指导军事考古学的研究，如都城考古工作要自始至终贯彻宏观与微观相结合的原则[②]。许多军事遗存在体量上与大型城址不相上下，都是由诸多因素构成的结合体，所以这一原则也是军事遗存研究应当注意的。

与汉长安城相对的，隋大兴城、唐长安城的发掘也是一个古代都城考古学的经典案例，而且隋唐长安城的布局已经与汉长安城有着质的区别，其军事防御的功能与手段都发生了改变。隋唐长安城的考古工作大致与汉长安城的考古工作同时开展，目前也已基本掌握了其结构布局。在军事遗存方面，除了郭城城墙、沟壕等设施之外，宫城、皇城等机要部分的防御设施也有较清晰的认识。古代都城一般为政治、经济、文化中心，具有明显的军事防御特征，如同上述两都一样，通过田野考古所揭露的物质遗存，为我们更好地

---

① 钱耀鹏：《试论城的起源及其初步发展》，《文物季刊》1998年第1期。
② 刘庆柱：《汉长安城的考古发现及相关问题研究——纪念汉长安城考古工作四十年》，《考古》1996年第10期。

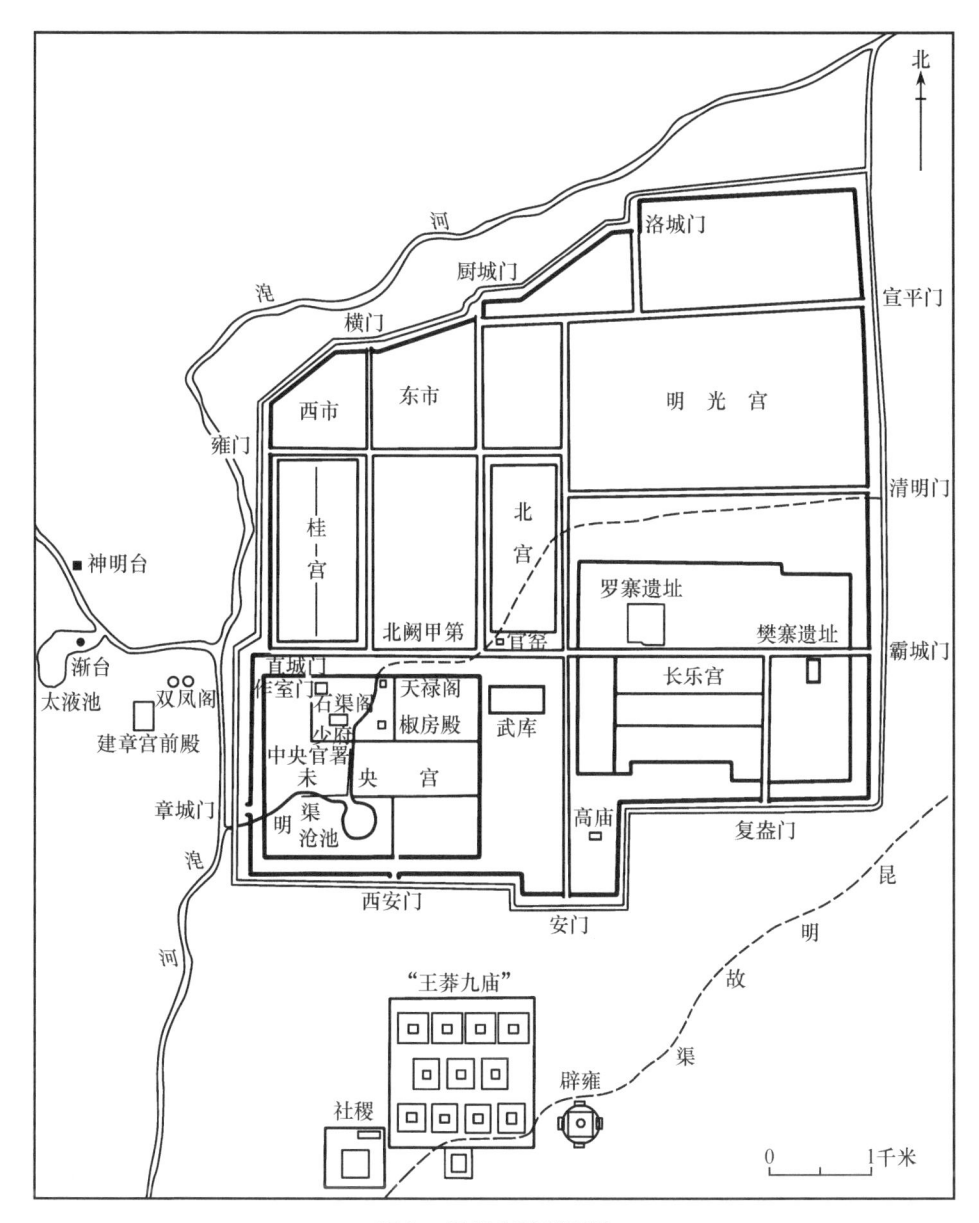

图六 汉长安城平面图

理解古代都城的军事防御功能提供了直观的材料。

除了这些大型的城址之外，一些小型城址的军事防御功能也被考古学研究所关注，如20世纪50年代调查发掘的午汲古城。该城位于河北省邯郸市武安县城区西南6.5千米午汲镇午汲村北200米处，为战国、两汉时代古城遗址。最早可到春秋战国早期，最晚到东汉前后，延续时间较长。古城遗址为不规则长方形，目前城墙四角俱存，但墙体大部无存，在东、西、南、北城墙中间，各有宽度不等的豁口（南面豁口略偏西），为城门所在。城墙为夯土筑成，夯层清楚[①]。这类的小型城址在春秋战国时期大量存在，军事考古学需要将其进行整合，从宏观的角度分析这些城址的分布、功用及历史发展。

随着历史的进步，许多新的防御设施的出现，将城市防御提升到了更高的层次，近些年的考古发现就提供了新的证据。北朝十六国之一的夏政权的都城统万城遗址在现陕西靖边县北白城子处无定河北岸。晋义熙三年（407年），匈奴族首领赫连勃勃建立了大夏政权。413年修建了统万城，取"统一天下、君临万邦"之意。

统万城由外郭城和内郭城两大部分组成。外郭城是居民集市聚集地，周长约5000米。内郭城又由东城和西城两部分组成。两城由中间一道城墙隔开，均略呈长方形，是衙署之所在。保持最完整的是西城，也就是皇城。城的四角均筑有方形墩台，四面均辟有城门（图七）。西门瓮城尚存。凸出于城墙之外的高大夯土堆，就是马面，东西两城共有马面49座。这些马面有两座是中空的，它可以用来储藏粮食和武器。有专家认为，这些中空的马面就是史书上记载的"崇台密室"。马面兼有军事防御与仓储的作用，这在我国建筑史上实为罕见。2013年考古人员对统万城西城南垣外自西向东的马面进行了发掘，在部分马面及城垣外发现了密集排列的柱洞，据推断，这些应该就是史书记载的"虎落"。可以说统万城已是该区域内最坚固的城池，代表了当时城市防御的最高水准[②]。

总的来说，随着近代考古学的发展，越来越多的城址被揭露，而且每一座城址都与军事有着密切的关系，所以，军事考古学的发展与城址考古学的发展密切相关，我们有必要掌握古代重要城址的各种信息来推动军事考古学的发展。

---

① 孟浩、陈慧、刘来城：《河北武安午汲古城发掘记》，《考古通讯》1957年第4期。
② 《靖边统万城首现"虎落"：柱洞里插竹子防备敌军》，华商网，https://news.hsw.cn/system/2014/02/28/051868281.shtml?url_type=39。

图七　统万城遗址实测图[①]

二、古代兵器研究成果丰富

兵器是古代战争最直接的反映，随着考古工作的不断发展，古代兵器被大量揭露，与兵器相关的话题也有了深入的讨论，如兵器加工制作、兵器储存、兵器用途及使用方式、兵器与科技史等。

我们前面已经介绍了乾嘉以来金石学对兵器的关注，许多金石学的著作

---

①　陕西省考古研究院、榆林市文物保护研究所、榆林市文物考古勘探工作队等：《统万城遗址近几年考古工作收获》，《考古与文物》2011年第5期。

中已经辑录了相当的出土古兵器，尤以三代青铜兵器居多。在西方探险家的影响下，中国考古学独立地发展起来，科学的田野考古工作为兵器研究提供了新的方法，开辟了更广阔的空间，兵器研究也成了考古学研究内容的一个重要部分，通过近百年的研究，成果丰硕。

石器时代石、骨、竹木质的矛、斧、箭镞等，一般与生产工具的制作一起进行，其遗迹散见于同时期文化遗址中。进入阶级社会以后，为了适应对外战争和对内维护统治的需要，兵器制造一直很受统治阶级重视而将其作为官营手工业之一。在夏代二里头遗址范围内出土了戈、钺、镞等典型青铜兵器品类，应当产自该遗址所见面积10000平方米以上的青铜作坊内。商代已有从青铜手工业部门中分化出的专门生产兵器的作坊，郑州商城、安阳殷墟等遗址都有此类作坊遗存发现。经西周至春秋战国时期，王城洛阳和各诸侯国在其政治中心，皆设有青铜及铁器（主要是战国时期）生产的手工业作坊，兵器的生产量十分可观。

在春秋战国时代，青铜兵器还是主角，虽然已经出现铁器，但其军事用途还未强化。直到西汉，随着高炉冶铁技术的运用，冶炼温度突破800℃。纯粹的铁质兵器才开始大规模装备。"春秋末年，吴、楚等国的冶铁技术已达到相当高的水平，不仅能炼出生铁和熟铁，还能用熟铁渗碳制钢、锻造宝剑。"[①]秦汉及其以后各代，兵器生产进一步发展，在国都和郡国都发现了不少包括制作兵器在内的青铜、铜铁手工业作坊遗址，并见规模巨大的造船遗址。火器出现之后的生产规模进一步扩大。北宋时于京师开封设有广备攻城作，工匠人数达5000人，成批生产火药兵器，南宋在一些军事重镇开设火器制造工场，这些工场具有很高的生产能力。明代火器生产盛况空前，火器种类有200种之多。可见古代兵器制造工场的数量与规模是很大的。

兵器基本上为战时所用，因此兵器的日常管理和储备也为考古学家所关注。最为有名的兵器储备设施当属汉长安城内的武库遗址，20世纪60~70年代，中国社会科学院考古研究所汉城工作队对这一遗址进行了发掘。武库遗址位于汉时长乐、未央两宫之间，距汉城南城墙约1800、安门大街82米。武库始建于汉高祖七年（前200年），吕雉将之改名灵金藏，惠帝继位后以此库存藏禁兵器，名曰灵金内府。王莽末年被战火焚毁。武库遗址平面呈长方形，东、西墙各长320米，南、北墙各长800米。内部中间有一隔墙，分为

---

① 杨宽：《中国古代冶铁技术发展史》，上海：上海人民出版社，1982年，第20页。

东西两院。东院有4个仓库，西院有3个仓库。其中最大的一座长230、宽46米，面积在10000平方米以上。遗址内共探明7处建筑遗迹，东院4个、西院3个（图八）。7处建筑遗迹大小形状不一，平面都呈长方形，分属库房和驻兵房。从部分础石的放置情况看，库存的长兵器应是放在木质兵器架上。从出土的兵器来看，有戟、矛、剑、刀、镞及铁甲等[1]。武库遗址是汉代兵器存储的重要资料，对认识古代军事制度有着重要意义。

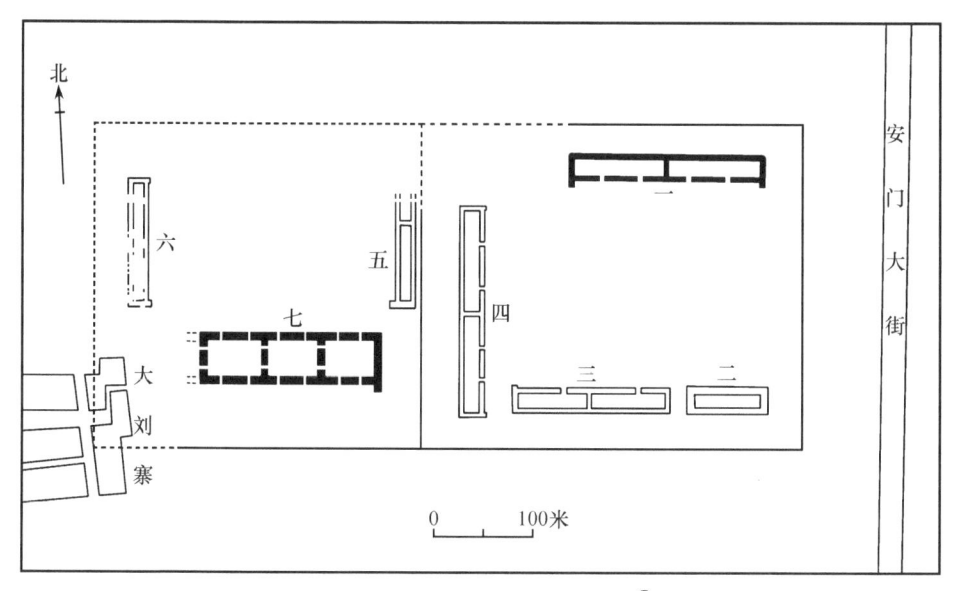

图八　汉长安城武库遗址平面图[2]

兵器的出土，除少数情况外，都很零散，但总量巨大，无论墓葬还是遗址中皆有发现，因此兵器研究历来为学界所重视，出土兵器资料更受到学者的青睐。二里头遗址、安阳殷墟、琉璃河燕国墓地等重大发现中兵器遗存也熠熠发光，乃至唐墓壁画、敦煌壁画中都不乏兵器的图影。我们无法全面列举出土的中国古代兵器，但中国古代兵器的研究应当是军事考古学的重要内容。

---

[1]　中国社会科学院考古研究所汉城工作队：《汉长安城武库遗址发掘的初步收获》，《考古》1978年第4期。

[2]　中国社会科学院考古研究所汉城工作队：《汉长安城武库遗址发掘的初步收获》，《考古》1978年第4期。

三、军事交通遗存开始受到关注

诚如我们多次提到的，考古学是一个不断发展的过程，古代军事遗存的考古学研究也是一个不断深化的过程。从城防、兵器到军事交通，有关军事遗存的考古学研究更加广泛。

近些年，随着考古技术的进步，许多我们未能认识，或者认识有误的遗存得到了新的认识，其中就包括军事交通遗存。军事活动具有极强的时效性，"兵之情主速"，兵贵神速，制胜之道。便捷的交通是战争取胜的保障之一，为了达到迅速部署、出其不意的军事目的，历代都十分重视军事交通建设，如秦始皇为了北击匈奴而修的直道就是一个重要的军事交通遗址。过去由于诸多原因，对秦直道的研究成果大多以历史地理学为视角，考古学的研究相对匮乏。21世纪初，秦直道得到了系统的考古调查，取得了不菲的成果，秦直道的许多路段的基本走势已经得到确定[1]。"明修栈道，暗度陈仓"，也是军事交通建设活动的体现，在秦岭山脉当中仍有诸多的栈道遗存。目前，交通遗存的考古发掘逐渐得到开展，这必将补充传统的历史地理学交通史研究的薄弱环节，能够提供可靠的古代交通信息。例如，近年在汉长安城北部渭河三桥的考古发掘。2012年，中国社会科学院考古研究所和陕西省考古研究院在汉长安城正北已经对其进行了发掘。而其后又在西安未央区王家堡村发现了古桥，其位置恰好位于汉景帝阳陵正南方，与文献记载的汉东渭桥位置相合；在咸阳钓台镇马家寨村发现的木梁结构古桥，位置上正好位于汉长安城与汉武帝茂陵之间，与文献记载的西渭桥位置相合，因此有些学者就认为王家堡古桥和马家寨古桥分别是汉东渭桥和西渭桥。如此秦汉时期渭河三桥全部有了着落，对学界了解和研究秦汉桥梁建造及关中交通有着重要意义[2]。

依据交通方式进行划分，我国古代的军事交通遗存可以分为陆路交通与水路交通两方面的遗存。这些遗存在近些年都有发现，而且其他一些与军事

---

[1] 国家文物局秦直道研究课题组、旬邑县博物馆：《旬邑县秦直道遗址考察报告》，《文博》2006年第3期。

[2] 梁云、游富祥、郭峰：《汉渭河三桥的新发现》，《中国国家博物馆馆刊》2013年第4期。

交通的零散遗存因诸多原因被搁置，现今也有了新的突破，如古代的地图和交通工具。随着交通路线的不断开拓，古人也开始绘制交通地图，出土地图也反映了当时的交通状况。除了军事交通路线的发展，我国古代的交通工具也在不断进步，许多交通工具也运用于战争当中，对于军队转移、物资运输有着积极作用，近些年仅考古学界对马匹的驯化和利用就有着热烈的讨论[①]。

四、与军事相关的出土文献层出不穷

出土文献有别于传世文献，它与考古工作密切相关。清末以来，甲骨文、金文、简牍、敦煌文书、墓志等出土文献大量涌现，著名的如毛公鼎铭文、何尊铭文、云梦秦简、里耶秦简、银雀山汉简等，这当中有的是传世的，有的是意外所得，有的则是经过科学的考古发掘所获得的。遍览这些出土文献，我们能够发现其中不乏与军事相关的内容。例如，侯马盟书与温县盟书就反映了春秋晚期晋国六卿兼并战争；云梦秦简当中就有记载秦代军事后勤保障的内容；敦煌文书《为肃州刺史刘臣壁答南蕃书》所见发生在727年吐蕃进攻河西瓜、肃二州的唐蕃战争，并记录了这次吐蕃行军取道青海通河西及西域的一条间道——玉门军道；759年，吐蕃再次进攻肃州，仍取道玉门军道，其间双方进行了一次神秘的肃州谈判，此为史书所缺载[②]。这件文书对研究唐蕃战争提供了详细的材料，补充了历史文献记载的缺失。

近代考古学的发展与出土文献密不可分，1928年，中央研究院历史语言研究所成立。关于该所的宗旨，傅斯年这样写道："我们很想借几个不陈的工具，处治些新获见的材料，所以才有这历史语言研究所之设置。"[③]中央研究院历史语言研究所一成立，董作宾就被派往安阳小屯进行考察。由此可见，"当时殷墟发掘的组织者是把甲骨当作新史料来进行发掘、收集和研究的，而田野考古学则被看作是获取新史料的一种新工具"[④]。但考古学在中国

---

① 田立坤：《古镫新考》，《文物》2013年第11期。
② 李宗俊：《敦煌文书〈为肃州刺史刘臣壁答南蕃书〉所见吐蕃进攻河西的两次唐蕃战争》，《敦煌学辑刊》2007年第3期。
③ 傅斯年：《历史语言研究所工作之旨趣》，《中央研究院历史语言研究所集刊》第1本第1分，1928年。
④ 陈淳：《安阳小屯考古研究的回顾与反思——纪念殷墟发掘八十周年》，《文史哲》2008年第3期。

的实践已经近百年，出土文献和考古学的关系已经发生了改变。作为考古学的出土文献研究，应当与文献学有所区别，考古学家要利用出土文献所揭示的信息来探索、考证和解释与之相关的物质文化遗存。军事考古学的研究同样需要利用出土文献，我们应该认识到，出土文献对解释同时段的考古遗存有着极大的优势。

"学科的历史，如同不断的河流，存在着沉淀和扬弃，在它向前涌淌，提出新课题并着力研究的时候，是以前一阶段的研究成果为基石，又要回头观察前段应解决而未曾研究的问题，甚至还得重新检讨以往看来似已解决的问题。"[1]军事考古学就是需要以这样的态度来推动，总的来说，军事考古学已经有了厚重的沉淀，无论是出土材料，还是研究成果，古代军事遗存已经成为考古学研究的重要内容，而且其研究是对古代人类社会全面认识的补充。基于此，我们认为，军事考古学应当成为考古学的专门分支，从系统上对古代军事遗存进行研究十分必要，而且极有价值。

第三节 军事考古学的发展与展望

军事考古学作为一门新兴学科，其概念的提出，也就二三十年的时间，但考古发现的军事遗存，经过长期以来的积累，资料不可谓不丰富。应当看到，就军事考古学研究方面而言，目前对于古代军事遗存整体性、系统性的研究相对缺乏。而专题性的研究成果近些年却是层出不穷。

一、军事考古学研究主要成就

兵器研究方面，中国第一部较为全面的古代兵器通论著作当属周纬的《中国兵器史稿》[2]，该书较为系统地研究了中国古代兵器的演变、源流与工艺。其后，也有不少论著出版，尤以杨泓的《古代兵器通论》最为系统和全面，该书结合最新的考古资料及历史文献详细地介绍了从石器时代直至元明

---

[1] 张忠培：《中国考古学史的几点认识》，《中国考古学：实践·理论·方法》，郑州：中州古籍出版社，1994年，第48页。

[2] 周纬：《中国兵器史稿》，北京：生活·读书·新知三联书店，1957年。

清的兵器发展历史[①]。此外,《中国古兵器论丛》《古代兵器史话》《中国古代兵器图集》《中国军事史》的第一卷《兵器》和《金戈铁戟——中国古代兵器的历史和传统》等论著也很重要[②]。这些书基本为通论性介绍中国古代兵器。

石器时代的武器应当是兵器最早的起源,冈村秀典认为"为杀伤人体而专用的器具即是武器。从世界史上看,多数情况是获取野兽使用的狩猎用具渐次发展为武器,两者的区别一般是困难的"[③]。所以,目前出土的大量新石器时代的石镞、石斧、石钺、石刀等遗物,将其从工具体系中剥离出来较难,而冈村秀典提取了镞和钺两大因素,认为新石器时代的武器考察应当从此二者出发。傅宪国认为,新石器时代的钺曾被作为生产工具使用,但很快就演变为武器和礼器,成为权力与威严的象征物之一[④]。钱耀鹏对中国史前时期的兵器有着较为详细的分类,认为"随着战争的发展,兵器的专门化特征势必趋于显著,而兵器种类也不可能是单一的。不过,就使用方法及其突出特点来看,史前兵器主要可分远程和手持两大类。远程兵器是指用以远射和投掷者,如弓箭、石球(流星索)等;手持兵器是指用以近身肉搏者,石斧则最具代表性"[⑤]。

对青铜兵器进行的综合性研究成果丰硕,郭宝钧立足于考古资料,结合文献材料,首次较为全面、系统地专论了《殷周的青铜武器》,包括各类兵器的名称、使用方法及形态演变,指出殷周时期以戈为主要兵器[⑥]。郭妍利系统讨论了商代青铜兵器的时空框架、纹饰、铭文、组合、源流和分布格局,并指出青铜兵器在青铜文明中的地位和作用[⑦]。石晓霆分析了先秦主要格斗兵

[①] 杨泓:《古代兵器通论》,北京:紫禁城出版社,2005年。

[②] 杨泓:《中国古兵器论丛(增订本)》,北京:文物出版社,1985年;杨泓:《古代兵器史话》,上海:上海科学技术出版社,1988年;成东、钟少异:《中国古代兵器图集》,北京:解放军出版社,1990年;《中国军事史》编写组:《中国军事史》第一卷《兵器》,北京:解放军出版社,1983年。

[③] 〔日〕冈村秀典著,张玉石译:《中国新石器时代的战争》,《华夏考古》1997年第3期。

[④] 傅宪国:《试论中国新石器时代的石钺》,《考古》1985年第9期。

[⑤] 钱耀鹏:《中国古代斧钺制度的初步研究》,《考古学报》2009年第1期。

[⑥] 郭宝钧:《殷周的青铜武器》,《考古》1961年第2期。

[⑦] 郭妍利:《商代青铜兵器研究》,北京:社会科学文献出版社,2014年。

器，并指出格斗兵器随着野战方式的演进而不断发展[1]。朱凤瀚也论述了夏商周时期的青铜兵器，还注意到不同区域兵器间的异同与联系[2]。而罗樾所著的《中国青铜时代的兵器》[3]通过对传世殷商青铜兵器类型学的分析，以有銎斧等器的风格变化为着入点，将北方、西伯利亚、绥远等地联系起来，使中国青铜兵器处于世界范围的大框架中，并提出直内戈原产于中国。该文代表了西方学者研究中国青铜器的最高成就，在其后的许多年被西方汉学界视为重要论著。林巳奈夫系日本研究中国青铜器的权威，所著的《中国殷周时代的武器》[4]则是当时乃至当今日本研究商代兵器最优秀的重要著作。该书几乎收全了当时所能见到的资料，结合中国古代文献记载，按考古学文化分期的早晚论述各类兵器，还初步探讨了当时的军队组织、作战问题。明义士（James Mellon Menzis）《商戈》（*The Shang Ko: A Study of the Characteristic Weapon of the Bronze Age in China during the Period 1311-1039 B.C.*）属于按照考古学方法研究青铜兵器的典型著作，其研究方法和体系对中国古代兵器的研究具有重要的参考价值，但系20世纪之作，而中国新出土的青铜兵器数量种类巨多，面对新的资料，其许多结论和成果有待修订。

　　铁器时代和火器时代的兵器研究相对青铜时代兵器而言较少，在上述通论性的著作中对铁兵器、火器均有所介绍。但专门对古代铁兵器进行讨论的学术著作较少，未能如青铜兵器的研究一般热烈。有关铁兵器的专题性研究则层出不穷，披露考古发现的考古报告中对各个遗址出土的铁兵器均有涉及。从铁器发展的角度也有学者进行研究，如何清谷《战国铁兵器管窥》，认为战国时期是铁兵时代的发端，其梳理了当时所见的战国铁兵器，探讨了铁兵器的历史影响[5]。还有学者从文化交流的角度对铁兵的传播做了分析，如马建春、刘宝真《唐以来西域刀剑器的传入、制造与使用》认为自唐代，来自西域地区的大食刀、米昔刀、环刀、回回剑等冷兵器，不断被输入中土，

---

[1] 石晓霆：《先秦主要格斗兵器浅析》，郑州：郑州大学硕士学位论文，2006年。

[2] 朱凤瀚：《中国青铜器综论》，上海：上海古籍出版社，2009年。

[3] Max Loehr. *Chinese Bronzes Age Weapons: the Werner Jannings Collection in the Chinese National Palace Museum, Peking*. Ann Arbor: University of Michigan Press; London: Geoffrey Cumberlege, Oxford University Press, 1956.

[4] 〔日〕林巳奈夫：《中国殷周时代的武器》，京都：京都大学人文科学研究所，1972年。

[5] 何清谷：《战国铁兵器管窥》，《史学月刊》1985年第4期。

在中国历史上产生了深远的影响。特别是元明两代，由镔铁制造的环刀、米昔刀在国家兵器制作机构专门生产，用以装备军队，使得古代中国与西域地区间的兵器技术获得了充分的交流[1]。但该文主要以历史文献资料为主，并未采纳考古资料，而这也是目前铁兵器研究的一个缺陷，考古学在汉唐物质文化遗存研究方面仍需有所突破。在科技考古领域，铁兵器的研究也取得了一定的成果，如吴家瑞等《黑龙江金代部分铁兵器的金相研究》认为金代的铁器，特别是铁兵器，多为铸铁脱碳钢制成，表明金代已能自己生产制造铁器，只是相比之下，生产技术比中原落后了些[2]。国外也有学者关注中国的铁兵器发展，如关于人工冶铁最早的用途，华道安（Donald B.Wagner）认为中国的情形与西方有可比之处，最早可能是作为豪华武器（Luxury weapons）中所用陨铁的一种便宜的替代品（a cheap substitute）。而梅建军认为"这里的'便宜'或许只是相对陨铁而言，因为人工冶铁最早在中国出现时，应该也是稀有而昂贵的，不然不会用它与玉或金搭配做成复合器物"[3]。

因火器多为宋元以降的遗物，所以有关火器的研究多以文物学和历史学研究居多，与传统意义上的考古学存在一定的差异。王兆春《中国火器史》涵盖了从唐至清中国火器的发展历程，主要以中国古代火器制造技术为主线，研究了火器的制作、形制、性能、生产、工艺、作用等内容[4]。刘旭《中国古代火炮史》[5]和《中国古代火药火器史》[6]，都是有关中国古代火器发展的通史性著作，但其著作更侧重于火器的技术层面。李斌《明清火器技术研究》从科学技术史的角度对明清两代火器进行研究。此文采用文献与出土实物互证的方法对火器进行研究，并对其所收集的出土文物进行列表归纳总结[7]。

---

[1] 马建春、刘宝真：《唐以来西域刀剑器的传入、制造与使用》，《北方民族大学学报》2011年第3期。

[2] 吴家瑞、贾凤改、高传树等：《黑龙江金代部分铁兵器的金相研究》，《北方文物（哲学社会科学版）》1987年第2期。

[3] 梅建军：《〈中国科学技术史〉"钢铁冶金"分册述评》，《中国科技史杂志》2011年第1期。

[4] 王兆春：《中国火器史》，北京：军事科学出版社，1991年。

[5] 刘旭：《中国古代火炮史》，上海：上海人民出版社，1989年。

[6] 刘旭：《中国古代火药火器史》，郑州：大象出版社，2004年。

[7] 李斌：《明清火器技术研究》，合肥：中国科学技术大学博士学位论文，1991年。

《中国军事史》编写组《中国历代军事装备》，以大量史料和众多考古发现为基础，重点介绍了我国兵器从冷兵器到火器的整个发展演变情况，以及兵器发展对战术的影响等，对中国古代兵器的整理和研究具有重要指导意义[①]。但是，对兵器的文化内涵、分区、多元性、民族性、中外对比分析不够。近些年，学者的目光不仅仅关注于兵器本身，许多研究开始深度挖掘兵器的文化内涵，如下田澄《中国古代国家的形成与青铜兵器》，分别梳理了战国时期赵、魏、韩三国兵器，据此获得对三国政治制度的认识，但其主要利用的材料则是兵器上的铭文，对器物本身的研究则有所欠缺[②]。

目前几乎所有有关兵器的研究尚停留在"就物论物"的层次上，少有"以物见人"的体现，兵器所能体现的当时单兵装配情况、部队的兵种配置及作战方式等尚未得到研究者的足够重视。虽然也有学者对该类问题进行了尝试性的探讨，提出了一些很好的看法，但略显宽泛，缺乏细致、系统的梳理，且多将视野集中在车战问题上，也缺乏对单兵装备、部队构成的研究，致使该类问题缺乏一个全面的研究成果[③]。而作为军事考古学的研究对象之一，兵器的研究理应纳入军事考古学的体系之中，这种视角也为研究古代兵器的突破提出了更好的思路。

可以认为，兵器是士兵乃至一个部队的最基本需求品，是与军士关系最为密切的物品，这种先天的紧密联系是我们能够"透物见人"的基础条件。另外，如今我们获得的绝大多数兵器的资料都来自考古发掘的墓葬之中，还有一部分来自窖藏、祭祀坑，这三类遗迹都构成了相对稳定、完整的信息场。特别在"事死如生"的时代，墓葬是墓主人生前生活的缩影，通过随葬器物我们可以复原当时日常生活的基本情况。这是我们"透物见人"的必要条件。拥有这些条件，我们有能力复原当时最小的作战单位——单兵乃至较大的作战群体的武备状况，再以此为基础探讨部队兵种构成与作战方式等问题。

中国古代军事研究方面，以40多位军事史方面的专家、学者主编的《中

---

① 《中国军事史》编写组：《中国历代军事装备》，北京：解放军出版社，2007年。
② 〔日〕下田澄：《中国古代国家的形成与青铜兵器》，东京：汲古书院，2008年。
③ 杨泓：《战车与车战——中国古代军事装备札记之一》，《文物》1977年第5期；杨泓：《战车与车战二论》，《故宫博物院院刊》2000年第3期；石晓霆、陶威娜：《夏商时期的戈与野战方式浅说》，《中原文物》2003年第5期；郭妍利：《夏商时期的作战方式蠡测》，《人文杂志》2008年第4期。

国军事通史》[①]为代表，该套书以军队和战争的发展过程为主要线索，努力探索和再现武装力量在建设和运用中的运动轨迹，翔实客观地记述和评析了我国五千多年来包括历代兵制、重要战争、武器装备、军事地理、军事后勤、军事思想、军事人物等有关方面在内的军事历史基本内容，力求正确地总结前人在军事活动中的经验教训。台湾三军大学编著的《中国历代战争史》[②]，在材料选择上取法于《资治通鉴》，治史极为严谨，并且图文并茂，对每朝重要战争或战役，各以专章论述，其中涉及战争起因、战场地理形势以及战争经过、战略与战术的运用、战后情况等各方面，是目前最优秀的中国古代战争史的总结之作。T. N. 杜派、R. E. 杜派所著的《世界军事历史全书》[③]是一本著名的世界军事史著作，记录了公元前3500年至今世界各地的重大军事活动，内容丰富，史料翔实，尤其书中对世界军事史上具有里程碑意义的战争、战役、战斗，使用了大量的图示，展现当时的政治格局、兵力部署、攻防态势，是从更宏观领域研究中国古代军事的重要参考资料。这些书均系中国古代战争的扛鼎之作，对军事考古学的研究具有指导作用，但并未从考古学角度进行分析。

中国古代城防体系研究方面，如侯仁之《北京城市历史地理》[④]，从历史地理学的角度系统研究北京城，书中提到的一些观点、问题，按历史年代系统的论述及横向的总结，皆具有开创性，是一本综合性的、具有保存价值的著作。史念海《河山集（四集）》[⑤]，是陕西军事历史地理研究的经典之作，图文并茂，论述多结合考古调查资料，对陕西在全国的历史地位及关中历史军事地理均有独到见解。日本学者妹尾达彦《长安的都市规划》[⑥]以长时段的整体眼光，结合考古材料，通过地理环境、民族迁徙、社会思想演变等多个角度来考察隋唐长安，在综合性及多学科交叉研究方面，做了一些有益

[①] 军事科学院：《中国军事通史》，北京：军事科学出版社，1998年。
[②] 台湾三军大学：《中国历代战争史》，北京：中信出版社，2013年。
[③] 〔美〕T. N. 杜派、R. E. 杜派：《世界军事历史全书》，北京：中国友谊出版公司，1998年。
[④] 侯仁之：《北京城市历史地理》，北京：燕山出版社，2000年。
[⑤] 史念海：《河山集（四集）》，西安：陕西师范大学出版社，1991年。
[⑥] 〔日〕妹尾达彦：《长安的都市规划》，东京：讲谈社，2001年。

的尝试。任式楠《中国史前城址考察》[①]、曲英杰《先秦都城复原研究》[②],从考古学角度,对中国史前、先秦时期城址发展演变进行了考察,所搜集的考古资料较详细,论述全面,是进行中国秦代以前城防体系研究的重要参考资料。刘庆柱《中国古代都城遗址布局形制的考古发现所反映的社会形态变化研究》[③]基于古代都城是古代王朝的政治统治中心、经济管理中心、文化礼仪活动中心、军事指挥中心之认识,根据中国古代都城遗址布局形制的考古发现,对中国古代社会形态变化及其相关问题做了深层次探讨。从考古学角度探讨古代城市防御体系的论著还有张国硕《夏国家军事防御体系研究》[④]和《殷商国家军事防御体系研究》[⑤],吴敬《辽金都城防御特点的对比研究》[⑥],吴庆洲《明南京城池的军事防御体系研究》[⑦],荀平、王众《中国古代城池军事防御体系探析》[⑧]等。

古代边防体系研究方面,如郑汕等的《中国近代边防史(1840年—1919年)》[⑨],该书虽然已出版十几年,但是迄今为止唯一的一本边防通论。杨金森和范中义《中国海防史(上、下)》[⑩],可视为我国第一部海防问题专史,构筑了我国海防史学科体系,主要研究海防体系形成以后的明清两代的海防,也包括明代之前的海防,其研究方法和体系对中国古代边防的考古学研究具有重要的参考价值,但该书为1990年出版,新的考古发现未收录,且该书对明之前的边防用笔不多。张炜和方堃《中国海疆通史》[⑪],是一本通论

[①] 任式楠:《中国史前城址考察》,《考古》1998年第1期。
[②] 曲英杰:《先秦都城复原研究》,哈尔滨:黑龙江人民出版社,1991年。
[③] 刘庆柱:《中国古代都城遗址布局形制的考古发现所反映的社会形态变化研究》,《考古学报》2006年第3期。
[④] 张国硕:《夏国家军事防御体系研究》,《中原文物》2008年第4期。
[⑤] 张国硕:《殷商国家军事防御体系研究》,《郑州大学学报(哲学社会科学版)》2005年第6期。
[⑥] 吴敬:《辽金都城防御特点的对比研究》,《北方文物》2008年第1期。
[⑦] 吴庆洲:《明南京城池的军事防御体系研究》,《建筑师》2005年第2期。
[⑧] 荀平、王众:《中国古代城池军事防御体系探析》,《新建筑》2008年第3期。
[⑨] 郑汕、傅元祥:《中国近代边防史(1840年—1919年)》,重庆:西南师范大学出版社,1990年。
[⑩] 杨金森、范中义:《中国海防史(上、下)》,北京:海洋出版社,2005年。
[⑪] 张炜、方堃:《中国海疆通史》,郑州:中州古籍出版社,2003年。

性历史著作,历数中国古代不同时期海疆开发情况,是中国海防研究的重要参考资料。《中国军事史》编写组撰写的《中国历代军事工程》[①],依据历史资料和考古发现,较系统地整理了中国历代军事工程的发展情况,并对其特点和发展变化的原因进行了研究探讨,填补了这一领域的空白,对中国近现代的军事工程亦做了重点阐述,展望了信息时代军事工程的发展趋势,具有较高的学术价值。同为《中国军事史》编写组撰写的《中国军事史》第六卷《兵垒》[②]依据我国历代古籍资料和现代考古工作者的发现,较系统地整理了历代兵垒的发展情况,并对其特点和发展变化的原因进行了探讨研究,填补了这一领域的空白,为今后继续深入研究奠定了基础。目前,尚缺乏以新的考古资料为研究对象,对古代边防体系进行系统分析的成果。

中国古代军事后勤保障体系研究方面,如廖德清主编的《中国古代军事后勤史》[③],内容涉及先秦到鸦片战争期间各个朝代的军制与后勤体制、平时与战时后勤保障及相关人物的军事后勤思想等,是一部比较详尽的中国古代军事后勤史通论性著作。《中国军事通史》《中国历代战争史》两书对中国古代军事后勤保障方面亦有专门性论述,值得参考。上官绪智《秦汉军队后勤保障问题研究》[④]是有关秦汉军事后勤保障研究的专门性、系统性研究论文,其观点和体例值得重视。丛海平《元代军事后勤制度研究》[⑤]是一篇有关元代军事后勤方面的论文,文中运用历史学、军事学及比较分析等方法,较系统地梳理了元代军事后勤制度的发展演变。

近些年来,古代军事科技及军事技术受到广泛关注,王兆春《中国军事科技通史》[⑥]讲述了军事领域中科学技术发明、发展和被应用的历史。路甬祥主编的《中国古代工程技术史大系》[⑦]中有专门的军事工程技术史篇章,对我国古代的军事工程及建筑技术做了一定的总结研究。这些著作中的古代军事

---

① 《中国军事史》编写组:《中国历代军事工程》,北京:解放军出版社,2005年。
② 《中国军事史》编写组:《中国军事史》第六卷《兵垒》,北京:解放军出版社,1991年。
③ 廖德清:《中国古代军事后勤史》,北京:金盾出版社,1999年。
④ 上官绪智:《秦汉军队后勤保障问题研究》,武汉:华中师范大学博士学位论文,2004年。
⑤ 丛海平:《元代军事后勤制度研究》,天津:南开大学博士学位论文,2010年。
⑥ 王兆春:《中国军事科技通史》,北京:解放军出版社,2010年。
⑦ 路甬祥:《中国古代工程技术史大系》,太原:山西教育出版社,2001年。

工程有许多是与后勤保障相关的，但目前所见这方面的研究成果基本立足于文献资料，多属于历史学研究成果，以考古学研究视野注重考古资料进行研究的成果有待出现。

在学科设置方面，我国还未有成体系的军事考古学学科体系，而近年欧洲如英国等在高等院校教学活动中，见有军事考古学的课程设置。并且出版的著作如Ewart Oakeshott《武器考古学》（The Archaeology of Weapons）[1]及《骑士和他的武器》（A Knight and His Weapons）[2]、Clarence R. Geier等《军事遗址的历史考古》（The Historical Archaeology of Military Sites）[3]、Philip De Souza《古代世界战争》（The Ancient World at War）[4]，Richard A. Gabriel《古老的伟大军队》（The Great Armies of Antiquity）[5]、Alfred S. Bradford《箭、剑和矛：古代世界的战争史》（With Arrow, Sword and Spear: A History of Warfare in the Ancient World）[6]等，研究重点在古代世界著名的战争史方面，对战争遗存方面的系统研究缺乏。日本学界在21世纪初兴起了"战迹考古学"，从这个名称来看，其与军事考古学很是相似[7]。实际上，战迹考古学是考古学在近现代研究上的泛化，日本学界的战迹考古学主要研究对象是近现代第一次世界大战、第二次世界大战的战争遗存，与军事考古学所研究的古代军事遗存有着根本性的差异。英国韦塞克斯技术学院（The Wessex Institute of Technology）在2012年召开了第一届国防遗址：遗产与未来国际学术会议（1st International Conference on Defence Sites: Heritage and Future），并且其于2014年9月召开了第二届会议。他们的关注点在于欧洲中世纪及近现代的军事遗产，以综合性、宏观性的认识推动对军事遗产的利用与保护，从考古学的角度对军事遗产的研究则有些欠缺。

---

[1] Ewart Oakeshott. *The Archaeology of Weapons*. Dover Publications, 1996.

[2] Ewart Oakeshott. *A Knight and His Weapons*. Dufour Editions, 1997.

[3] Clarence R. Geier. etc. *The Historical Archaeology of Military Sites*. Texas A & M University Press, 2011.

[4] Philip De Souza. *The Ancient World at War*. Thames & Hudson, 2008.

[5] Richard A. Gabriel. *The Great Armies of Antiquity*. Praeger Publishers Inc, 2002.

[6] Alfred S. Bradford. *With Arrow, Sword and Spear: A History of Warfare in the Ancient World*. Greenwood Pub Group, 2000.

[7] 〔日〕當眞嗣一：《遗迹考古学提出的背景》，《季刊考古学》2000年8月第72卷。

军事遗存自古以来就被人们所关注，兵家、史家、金石学家都从各个方面对军事遗存进行了记录或者研究，近代以来，考古学成为解释人类过去的有效手段而被逐渐重视，发挥考古学的优势，对古代军事遗存进行考古学的研究是我们复原、认识和解释古代社会某一领域的重要手段。回顾近百年的中国考古学史，我们已经揭示了许多军事遗存，但是这些军事遗存的研究大多以历史学、军事学等角度进行解析，从目前国内外的研究状况来看，对于古代军事遗存的研究已有了不少的成果，而且不乏卓越的见解。但是以考古学作为切入点的研究还有待进一步的努力，从出版的著作来看，未见有以"军事考古学"冠名的专著出版。可以说，军事考古学方兴未艾，大有作为，并且在新时期下，军事考古学研究有着极强的现实意义。

二、军事考古学的现实意义

军事考古学在揭示与复原中国古代军事发生与发展的历史方面具有特殊的作用。提倡和推动发展我国军事考古学，对于诸多方面都具有积极的意义：拓展考古学研究领域，促进和深化古代军事研究；全面认识古代军事遗存的丰富内涵，研究、认证中国古代历史地理与军事地理客观史实；总结中国古代军事战略思想、重大战争事件、军队防卫配置体系及军事防御技术等成就；分析、探讨一定历史条件下战争表象萌芽、战斗历程、战场遗存等沿革状况，研究其战略战术及各种作战方法、样式的产生与发展及其所发挥重要作用的主客观因素；揭示战争、军队、军事与当时社会政治、经济结构及人类社会进步之间的必然联系等；同时为当今社会发展提供有益借鉴。

（一）军事考古学深化了古代军事的研究

考古出土的有关古代军事方面的实物资料和文字资料十分丰富，发展军事考古学对古代军事史的研究有着重要的学术意义。首先，新的考古发现能填补军事研究的学术空白。例如，《辽史》中记载辽太祖耶律阿保机曾两次派遣鹰军远征。《蒙古秘史》明确记载，成吉思汗当时征讨诸部时，军徽也是一只鹰。但对于辽代鹰军的真实情况，世人无法了解。1999年，内蒙古自治区敖汉旗出土了一幅"鹰军图"的木版画，此图采用透视技法在较远处绘一临时搭建的钟鼓楼，五名军乐手正击鼓鸣钟为正要出征的将士奏军乐以鼓舞斗志；近处画一队人马。队列最前面的一面大旗上绘有雄鹰图案，一只雄鹰翱翔空中，回首看向地面做搜寻猎物之态，显得凶猛无比。这组辽代木版画的发现，使世人第一次看到了辽代鹰军的真面目。又如铍这种兵器，文献上的注释大多含糊不清。秦俑坑出土的一批长铍，纠正了以往人们把铍误判为短剑的认识。商周甲骨文、金文，东周、秦汉时期的简牍帛书及各代的石刻、砖刻、陶文等，都大量记载和反映了古代的战争、军事情况，其中不少内容为传世古代文献所未见。

军事考古学能为军事历史研究提供更加确切的依据。例如，安阳殷墟出土甲骨文中有关"师"的军队编制、"登人"的征兵方式、车战的记载等，就为我们提供了与商代军事有关的第一手资料。秦始皇兵马俑坑有关战车遗存的发现，则使我们获取了有关秦战车种类、结构、系驾方法、编组情况等形象而翔实的信息。河西走廊发掘的居延汉简和烽燧遗址，清楚地再现了西汉军队在居延驻军的规模、制度、生活情况、军事防御及报警系统，为研究汉代军事发展和技术装备水平提供了详细的资料。

同时，考古出土的军事著作还可起到"证经补史"的作用。中国古代关于军事方面的记载甚早，《尚书》《诗经》等早期历史文献中就有相关记述，至春秋战国之际"兵家"学派形成，出现了一批兵书专著，其后各个时代军事著作层出不穷。但在长期流传过程中，难免会出现缺佚与错讹，如关于《孙子兵法》《孙膑兵法》的内容、作者与成书年代等，由于史籍记载说法不一，造成了认识上的各种混乱。1972年山东临沂银雀山汉墓中出土的汉简《孙子兵法》《孙膑兵法》，证实了《史记·孙子吴起列传》有关孙武仕吴、孙膑仕齐，他们各有兵法传世的记载。

（二）军事考古学推动了疆域史的研究

边疆史是历史研究的重要组成部分。它是包括边界史研究在内的关于边疆地区政治、经济、军事、文化、民族、宗教、语言、民俗等方面的研究整合。中国古代边疆意识经历了复杂的演化过程，是中国古代政治思想史、国防史与地理认知史的重要组成部分之一。加强对中国疆域史的研究，是当代学人的重大使命。

中国历代主要封建王朝的统治者深知"备边之道，守险为要"的道理，因而大力"修治城堡，谨烽火，明斥堠"。例如，西汉统一西域后建设了轮台、楼兰、高昌三大军事重镇。唐代则修筑了史称"安西四镇"的龟兹、于阗、疏勒、碎叶四个军事重镇。安西都护府所辖之碎叶城,已在如今吉尔吉斯斯坦之域。清朝根据当时西部边疆地区的内外安全形势,在新疆地区修筑城池,派军驻防,仅在伊犁就建筑了著名的"伊犁九城"。除了军事重镇,西汉始行西域屯田,开创了屯垦戍边的有效方式。从塔里木周缘到天山之北,屯垦区大多分布在军事要塞和丝绸之路的要道,成为汉朝制约匈奴势力、开辟丝绸之路和奠基大国威仪的基础。金代为了防御蒙古的进攻,在东起嫩江左岸的莫力达瓦旗,沿大兴安岭、内蒙古大青山,直达河套西曲之北,修筑了一道长3000余千米、壕堑和边堡相结合的军事防御工程,人称"金界壕"。至今,满洲里以北到蒙古国境内,仍有金界壕的遗址。军事考古学以其自身的学科理论与方法,通过考古调查与发掘,科学揭示保留于地下的军事文化遗存,为以上研究提供客观证据。

（三）军事考古学激发了中华民族的自信心

中国古代军事的许多方面都曾处于世界领先地位。例如,享誉海内外的万里长城,即为防御性军事工程的典型代表。《史记·匈奴列传》记载:"秦灭六国,而始皇帝使蒙恬将（三）十万之众北击胡,悉收河南地,因河为塞,筑四十四县城临河,徙适戍以充之。……因边山险,堑溪谷,可缮者治之,起临洮至辽东万余里。"其由绵亘的城墙和关隘、敌台、烽火台、城堡等组合而成,自春秋战国至明代的2000余年间,先后有8个诸侯国、10多个王朝进行修筑,堪称世界上绝无仅有的古代巨大军事防御工程体系。其对于中国古代军事战略思想、军事地理、重大战争事件、军队防卫配置体系以及筑城技术等,具有独特而重要的研究价值。时有增多的有关长城遗迹的考古发现,不断充实着人们对于万里长城丰富内涵的认识。它所体现的中华民族排除艰难险阻、利用自然、改造自然的智慧和气魄,成为激励当代中华儿女团结奋进、自强不息、振兴中华的强大动力。

军事理论方面,《孙子兵法》被广泛称誉为"世界古代第一兵书""武经的冠冕",是现存最早、具有划时代意义的军事理论著作。波兰学者高利科夫斯基盛赞"孙子是中国行为科学、斗争哲学和科学的创始人"。另外,古代中国人提出的一些军事术语,如"歼灭"（《楚辞》）、"战备"（《荀子·五霸》）、"持久"（《草庐经略》）、"战略"（司马彪:《战略》）、

"对策""博弈"和"运筹"等,一直沿用至今而成为经典。

兵器方面,作为中国古代冷兵器主流的金属兵器——青铜兵器与铁兵器,其数量之丰、制作之精、功能之完备为人所共知。考古发现证明,我国早在前14世纪的商代中期,已经出现并使用铁。用生铁兵器这一点来说,我国比欧洲各国要早1600年以上。20世纪70年代中期出土于秦始皇陵兵马俑坑的铜剑,虽已埋藏地下2000多年,仍然不锈不蚀,锋利如新,因为经过了铬化处理,而使兵器表面生成10微米的氧化层。这种工艺迟至1937年才首次在德国列为专利。1259年,寿春府人研制成能发射弹丸的"突火枪",不仅是世界上最早的管形射击性火器,而且也是射击武器使用弹丸的先导。目前,世界上尚未发现比我国现存的两尊金属火铳(分别为1332年、1290年以前制造)更早的金属管形火器,这比欧洲现存的最古老的火铳要早约半个世纪。

(四)军事考古学对今天的国防建设具有借鉴意义

当今世界已进入高科技时代,军事水平与手段确非古代的模式与能力所能够相比,随着现代科技的高速进展,中国古代军事文化的物质形态部分已经失去意义。在冷兵器时代,长城具有长期的军事价值,进入近现代以后,军事价值则完全丧失。然而,它所反映的中国传统军事战略的防御性特征,以及这一特征背后把战争作为保卫和平生活手段的意识仍然存在,并且仍具有长期的合理性和普遍意义。诸多军事家、军事理论家在内的古代智贤们所表达的独特军事思想和创造总结的战略战术原则、军事技术经验,以及古代战争与军事发展过程自身所体现出来的一般规律,对当今的国防建设仍具有借鉴意义。中国古代加强新疆边防建设的一系列举措,如"重兵设防""建城筑堡""整修驰道""屯垦戍边""精兵锐卒""熟悉夷情",在现代看来,就是要发展强大的军事力量、加强军事设施建设、保障后勤、改善武器装备、提高训练水平、加强边防情报建设等内容。《司马兵法》所指出的"兵不杂则不利""见物与作,是谓两之",就对我国的武器装备建设具有重要的借鉴意义。武器装备作为推动新军事变革的强大动力,是打赢战争的重要物质基础。因此,我们应走武器装备多样化的发展道路,各武器系统、各兵种之间相互配合,提高整体作战效能。在这一方面,军事考古学同样发挥着其他学科所不能替代的作用。

（五）军事考古学的发展有利于军事遗存旅游价值的开发

军事考古遗存旅游的开发，除了长城、兵马俑等享誉世界的重大军事建筑工程之外，近些年来，关于丝绸之路上的关隘旅游开发也成为学者关注的热点。中国古关隘是古代战争的产物，关隘的历史可谓是一部生动的战争史。例如，"义阳三关"（信阳古称义阳），武胜关、平靖关和九里关是自前506年以来南北争衡的兵家必争之地。孙武远在2400多年前就曾率吴国军队由淮河西进，首先占据三关，随后攻占了楚国国都郢城。南北朝时，"义阳三关"便成了梁、魏争夺的要地。

这些关隘在战争时期是难以逾越的关卡，而在和平时期，则是关内外人们进行贸易、交流的通道。在现代社会，关隘已成为重要的旅游资源。因为每处同关隘其实都是一个历史和文化的标记，它们不仅与诸多的战事密切相关，甚至还牵涉政权的更替、历史的演进；许多关隘还拥有大量精美的石刻、砖雕等文化艺术遗存，它们与周围的奇山秀水相辅相成，共同融汇为一道道独特的人文景观，如函谷关，东自崤山，西之潼津，大山中裂，绝壁千仞，有路如槽，深险如函，故名函谷，素有"一夫当关，万夫莫开"之说。自春秋战国以来的2000多年中，函谷关历经了七雄争霸、楚汉相争、黄巢、李自成农民起义，以及辛亥革命、抗日战争、解放战争的狼烟烽火，无论是逐鹿中原，抑或进取关中，函谷关历来都是兵家必争的战略要地。如今，函谷关、阳关、嘉峪关等已经丧失了军事意义，作为丝绸之路上的重要关隘，相继得到一定程度的保护和开发，已被列入国家级风景名胜区，每年吸引着大量的游客到此观光游览，带动了当地的经济发展。但是，这方面的努力，在一定程度上尚嫌浅淡。函谷关虽然被列入国家3A级旅游景区，但仅存关楼和古栈道等景点，其历史悠久的军事文化、博大精深的老子文化没有完全被挖掘出来。古关隘文化旅游资源作为一种极具开发潜力的经济资源，要塑造特色品牌还有赖于军事考古学的发展，通过对古关隘文化的深入研究，发掘其精髓，用丰富的文化内涵塑造产品形象，从而得到旅游消费者的认同和接受。

总之，军事考古学的发展有着其学术意义与现实意义，推动军事考古学的发展是当前考古学研究应当重视的问题，无论是具体的遗迹遗物分期分析研究，还是宏观的军事文化研究，都对军事考古学的发展有着重要的意义。

思考题

1. 试述军事考古学的发生与发展。
2. 概述考古学领域的军事遗存的发现。
3. 简述军事考古学的现实意义。
4. 试述军事考古学的发展前景。

第五章 古代军事遗迹

古代军事遗迹是古代军事遗存的重要组成部分，甚至是古代军事遗存赖以保存的背景，许多军事遗物都是在军事遗迹当中发现的。因此，开展对古代军事遗迹的考古学研究是军事考古学发展的重中之重。

第一节 古代城防遗存

至少在原始社会后期，我国先民就已产生了军事防御的思想意识，通过挖掘壕沟和修筑城垣来保卫本部族生命和财产的安全。距今5000~4000年的龙山时代，夯土筑城技术在我国黄河流域、长江流域普遍得到推广，掀起中国建城史上的第一个高潮。进入历史时期以后，每朝建立，必造城池。除国都、陪都外，并有方国城、列国城、郡、县、州、府城等无以尽数。商代城中已规划了专门驻扎军队的空间及其通向城外的大道，出现了军事行动所需要的护城坡、城壕和浮桥等设施。纵观中国古代城市的发展，尽管其规模、等级、格局与性能不断发生变化，但军事防御始终为古代城市的主要功能之一，其所反映出的军事因素十分突出。

一、史前聚落到城邑防御设施的发展

聚落一般指人们聚居的地方或村落，既可以是规模较小的在空间范围上相对独立的人类集团居住场所，也可指规格较高且防御性较好的城邑。

新石器时代聚落往往有统一安排的防卫设施，如壕沟、哨所、城墙、栅栏。由于农业经济发展，人对可耕土地依赖加强，出现领域观念并空前高涨，聚落间冲突频繁，环壕聚落因而出现，这种冲突激烈化就促使了城的出现。城墙的出现可能是城壕挖掘的结果，壕沟中的泥土堆积在地面上形成的土堆当是城墙的雏形，随着防御方式的不断进步，人们对土堆逐渐有意识地进行了加工，从而形成了城墙。因此，在一定程度上，史前时期的环壕聚落是"城"的雏形，环壕则是较早的城防设施，其起到了阻碍敌人进攻的作

用，而城墙的出现改变了史前聚落的防御方式，转为更为主动的防御，人依托城墙而主动参与城市防御。

考古发现距今8000年的内蒙古兴隆洼文化，在其聚落周围，构筑了具有防御功能的大型环壕设施。在距今6000～5000年的仰韶时代中晚期，陕西西安半坡和临潼姜寨等遗址，其居址周围都设有环壕防御设施，姜寨聚落在围沟内侧设置有若干个哨所，可视为古代城池防御设施的先期例证[①]。

姜寨遗址中半坡类型的聚落规模宏大，结构严谨，总体布局分为居住区、烧陶窑场和墓地三部分。居住区西南以临河为天然屏障，东、南、北三面有人工壕沟环绕，轮廓呈椭圆形，面积有18000～19000平方千米（图九）。由此可以看出，早在仰韶时代，古代先民就已经有意识地利用自然屏障和人工环壕对居址进行防御保护。同时，我们可以推测，环壕的出现或许是对自然屏障——河流的防御功能认识深化的结果。

河南郑州西山等遗址发现了人工夯筑的城垣遗存，是已知中国最早的仰韶文化晚期古城。到了龙山时代，我国大部分地区都出现了"城"，其军事防御特征更加明显，如陶寺城址、石峁城址、石家河城址等。

郑州西山遗址位于郑州市北郊23千米处的古荥镇孙庄村西，北距黄河约4千米。它北依邙山余脉——西山，南临枯河。始筑于距今5300～4800年的仰韶文化晚期。该城址平面近似圆形，直径约180米，推测城内面积原有25000余平方米，如果将城墙及城壕的范围也计算进去，则面积有34500多平方米。城墙的建筑方法是先在拟建城墙的区段挖筑倒梯形基槽，在槽底平面上分段分层夯筑城墙，基槽外侧有城墙环壕。墙体宽3～5、转角处加宽至8、残高约3米，城角加宽加厚了，其高度也必然随之增加，这就增强了城墙薄弱处的防守能力。北墙及西墙有城门缺口，墙外有一道宽4～7、深约4米的护城壕。北门外侧正中横筑了一道为加强城门的防御能力而设置的护门墙。护门墙东西向，长约7、宽约1.5米，夯筑十分坚硬[②]（图一〇）。

西山城址构筑中的收杀设计、城隅加宽、城台及护门墙等都对以后城垣

---

① 中国科学院考古研究所、陕西省西安半坡博物馆：《西安半坡》，北京：文物出版社，1963年，第49～52页；巩启明、严文明：《从姜寨早期村落布局探讨其居民的社会组织结构》，《考古与文物》1981年第1期。

② 国家文物局考古领队培训班：《郑州西山仰韶时代城址的发掘》，《文物》1999年第7期。

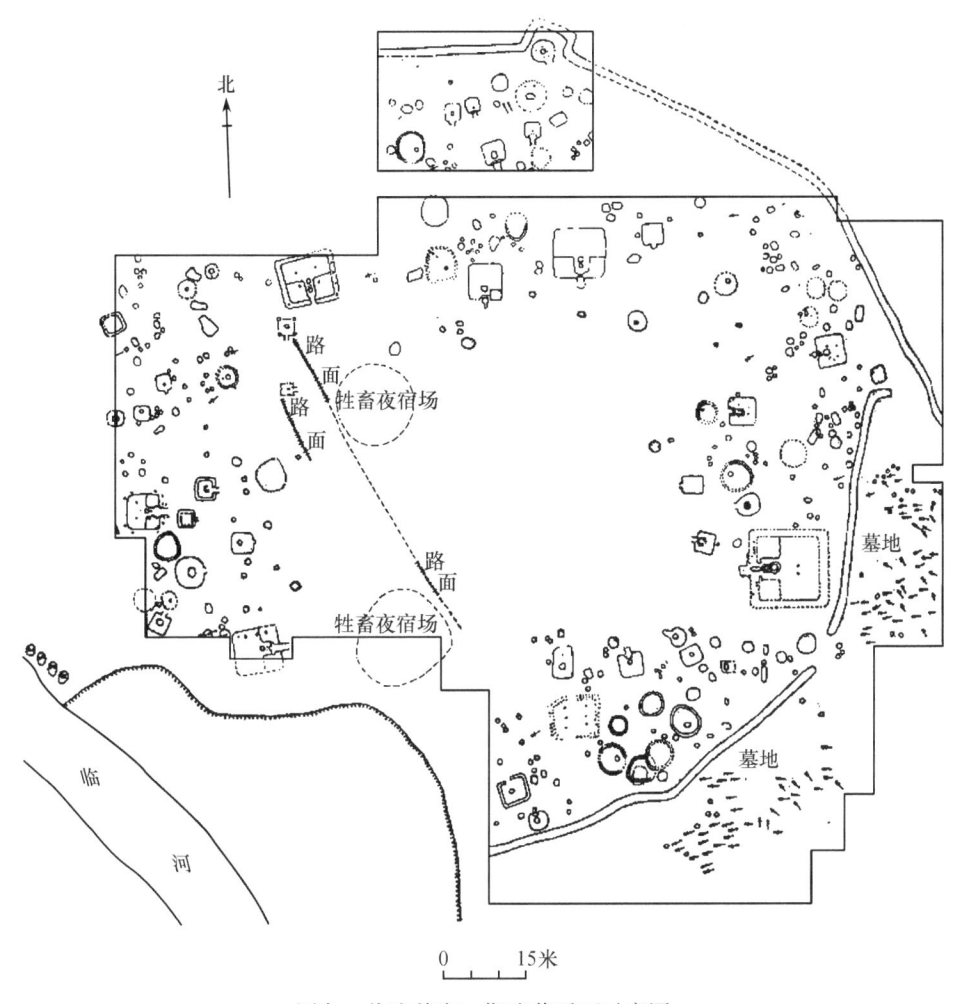

图九 临潼姜寨一期聚落平面示意图

制度的发展产生了深远影响。城墙的使用代替了史前聚落传统的环壕围沟设施，随着社会生产力的提高，这些设施并不仅仅被用于防止猛兽袭击，保卫部落财产，而是军事争斗激烈的体现，城墙的出现本身就是一种军事意识成熟的表现。

在随之而来的龙山时代，城址的规模不断扩大，防御手段不断丰富，防御强度不断增强，可以推测石家河、良渚、陶寺、石峁等城址是军事同盟的中心，具有地域性政治、经济、文化中心的地位，其军事防御特征得到了突显。陶寺遗址位于山西省襄汾县城东北约7千米的陶寺镇中，目前确认了陶寺

图一〇　郑州西山遗址平面图

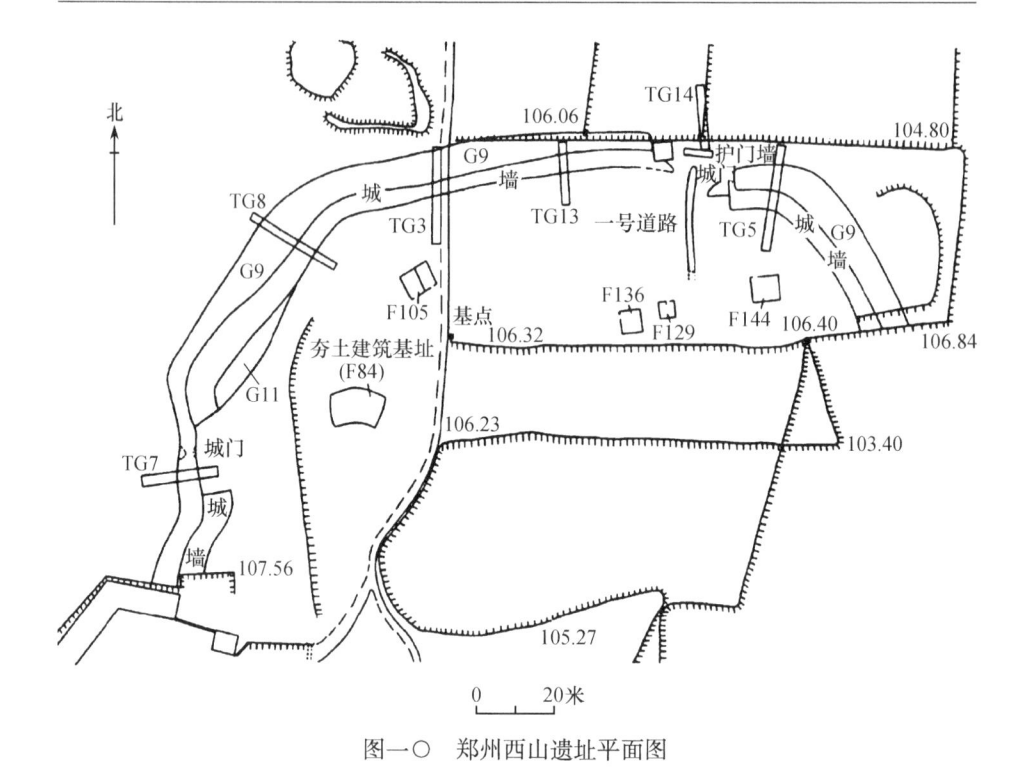

早期城址为56万平方米，中期城址为280万平方米，属于陶寺文化的都邑遗址①（图一一）。

早期城址位于陶寺遗址东北部，平面呈椭圆形，大致呈西北—东南向，东、西墙方向约为北偏西45°。东、西墙较长、较直，间距约560米；南、北墙较短，间距约1000米。城内面积约56万平方米。

陶寺中期城址北、东、南三面城墙已经确定，城址平面为圆角长方形，方向北偏西45°。北墙与内道南墙之间长度约1800、城内宽度约1500米，城内面积约270万平方米，另加上两道南墙之间的中期小城面积约10万平方米，陶寺文化中期城址总面积约为280万平方米。已发现东、南、北墙②。

---

① 中国社会科学院考古研究所山西队、山西省考古研究所、临汾市文物局：《山西襄汾陶寺城址2002年发掘报告》，《考古学报》2005年第3期。
② 牛世山：《陶寺城址的布局与规划初步研究》，《三代考古》（五），北京：科学出版社，2013年，第49页。

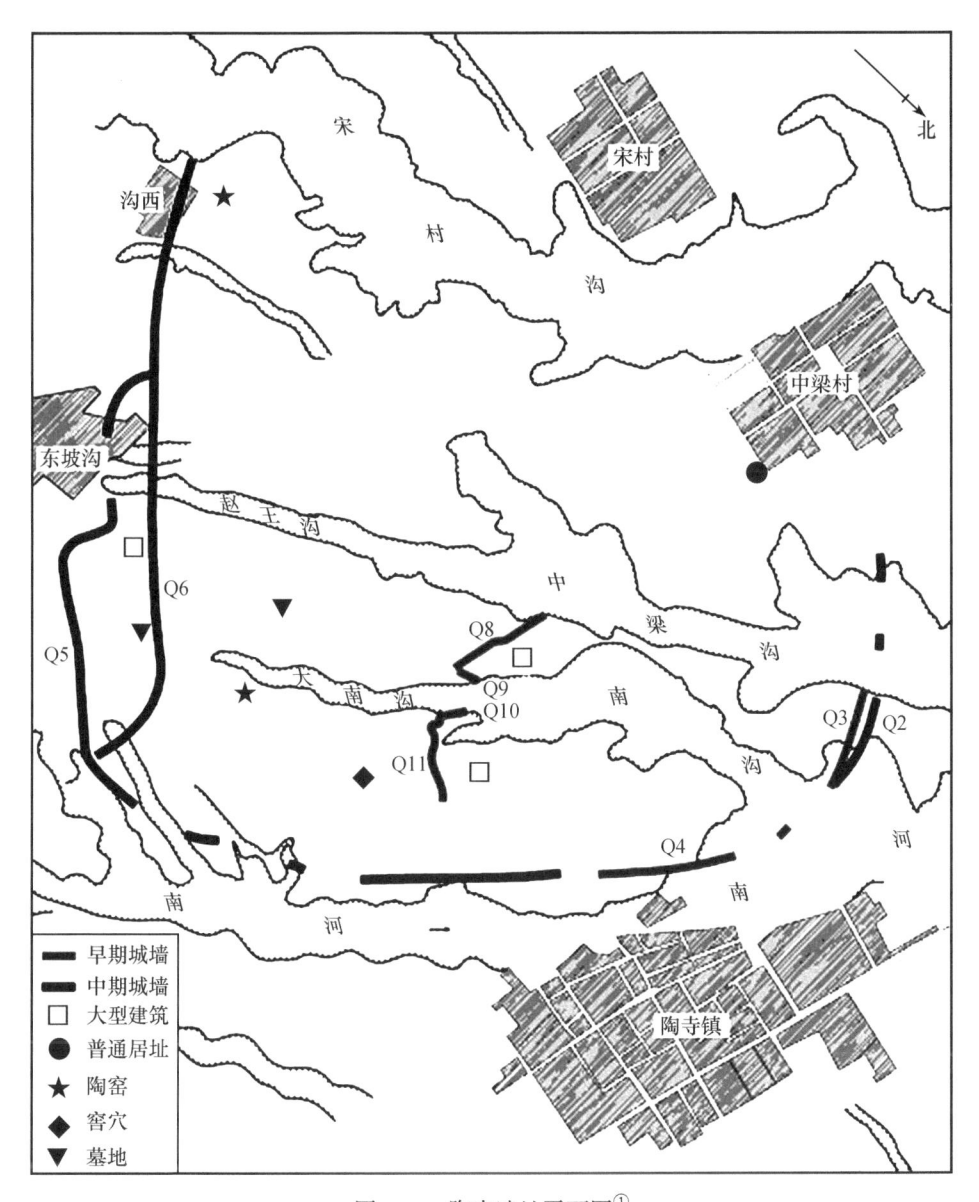

图一一　陶寺遗址平面图[1]

陶寺城址的出现，对研究中华文明起源有着重要的意义，同时对这一城址的防御设施做考察，有助于我们理解早期城址的军事防御功能。陶寺遗

---

[1]　中国社会科学院考古研究所山西队、山西省考古研究所、临汾市文物局：《山西襄汾陶寺城址2002年发掘报告》，《考古学报》2005年第3期。

址是北方中原地区发现的较成熟的都邑遗址，在中华文明的发展史和古代都城筑造史上具有重要地位。而大致与其同时期的南方地区也分布着不同文化的城址，它们交相辉映，构成了龙山时代中华文明的几大文明中心。这一时期，南方地区的石家河文化、良渚文化在文化面貌、繁荣程度上都不逊色于陶寺文化，二者的文化中心——石家河城址与良渚城址则是南方地区文化鼎盛的代表之作，也是具有独特军事防御特征的城防遗存。

石家河古城是迄今为止湖北省发现的分布面积最大、保存最为完整的新石器时代古城。城址平面略呈长方形，南北长约1000、东西宽900余米，面积120万平方米（图一二）。1990年，考古工作者对该遗址进行了详细的调查。就调查资料看，石家河城垣是一项规模浩大的工程。其保存状况最好的西墙长1000余米，墙体南北笔直，至黄金岭的东墙的东西跨度亦接近此数。在地势最低洼的邓家湾和三房湾台地之间的低冲部位，墙基宽约50、上宽4～5、高可达6米，而原有高度当不止于此。三房湾西侧城墙剖面大约是墙体宽度的一半稍弱，墙土堆积分两大层，表明建造工序是分两次完成的。各大层又因土质土色不同还可再分出若干小层，小层薄厚不甚一致，基本为水平状堆积。墙体坡度甚小，仅25°左右，故而不是版筑，因此发掘者将其称为"堆筑"。石家河古城除东北部被周代的土城遗址打破外，其余的城垣范围基本上得以确认，整体呈不规则的长方形结构。至于是否存在城门等设施，尚需进一步的工作[1]。

在地势高的地段如邓家湾台地北面和三房湾台地南侧，建墙用土较少，反之如两个台地之间的低洼地带，用土就多，其结果形成一道宽窄不一的环墙壕沟。环墙壕沟外侧散布着一系列人工堆建的土岗土台，如杨家山、严家山、印信台、石板冲和昌门冲后的岗台皆是，这些台岗上也有状似城墙墙体的地层堆积。对于该城址的防御功能，调查者认为它的墙体坡度甚小，即使考虑到后期冲刷坍毁的可能，从三房湾的剖面分析，它的原有坡度也是比较小的。如果城墙的主要功能为防卫的话，则这样缓斜的墙体很难起到比较大的防御作用。环墙壕沟或许能在一定程度上弥补墙体形式所带来的不足，而城墙本身是否还有诸如木栅等其他附属设施也是应当考虑的[2]。

---

[1] 湖北省文物考古研究所、北京大学考古文博学院：《湖北天门市石家河古城三房湾遗址2011年发掘简报》，《考古》2012年第8期。

[2] 北京大学考古系、湖北省文物考古研究所、湖北荆州地区博物馆石家河考古队：《石家河遗址调查报告》，《南方民族考古》（第五辑），成都：四川科学技术出版社，1993年，第213页。

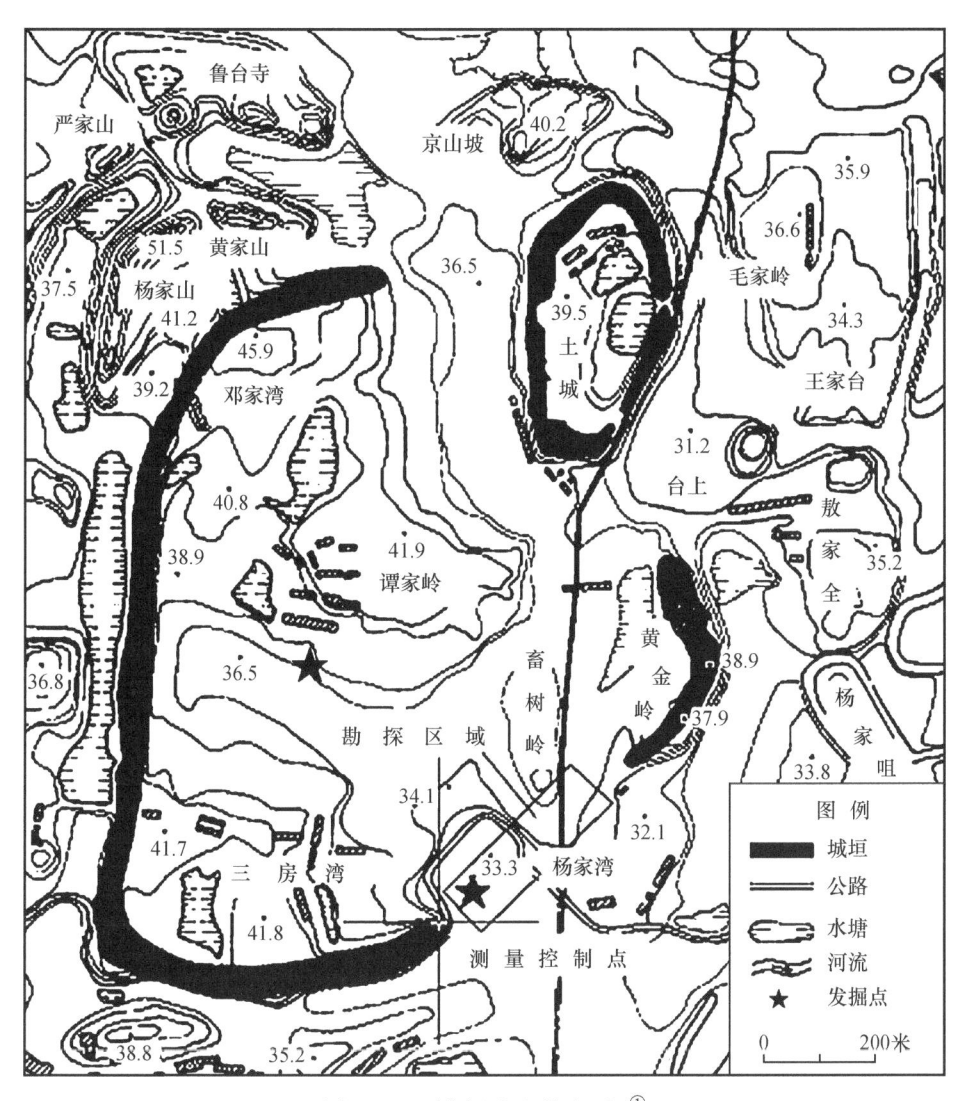

图一二　石家河遗址群平面图[1]

良渚古城是长江下游地区环太湖流域首次发现的新石器时代城址，可以说新石器时代这一地区已经存在"良渚古国"。该城址年代上限很可能是前2600年，下限是前2300年。根据调查和试掘的初步结果判断，良渚古城范

---

[1] 湖北省文物考古研究所、北京大学考古文博学院：《湖北天门市石家河古城三房湾遗址2011年发掘简报》，《考古》2012年第8期。

围南北长1500~1900、东西宽1500~1700米，总面积为290余万平方米（图一三）。其布局大致呈正南北方向，从保存较好的东南角看应为圆角长方形。城墙底部普遍铺石块作为基础，其上再用较纯净的黄色黏土堆筑而成，底部宽度在40~60米，城墙现存较好的地段高约4米。城墙内外均有壕沟水系，城外的北面、东面水域面积较宽，是沿自然水域的边缘修筑[①]。

良渚古城的发现将人们对早期城邑的认知重新定义，有学者认为："良渚古城、陶寺古城和二里头古都这3处大型中心聚落的发展变化，可以大致勾勒出早期中国文明的演进之路。"[②]其学术意义或可媲美殷墟，从良渚的城墙

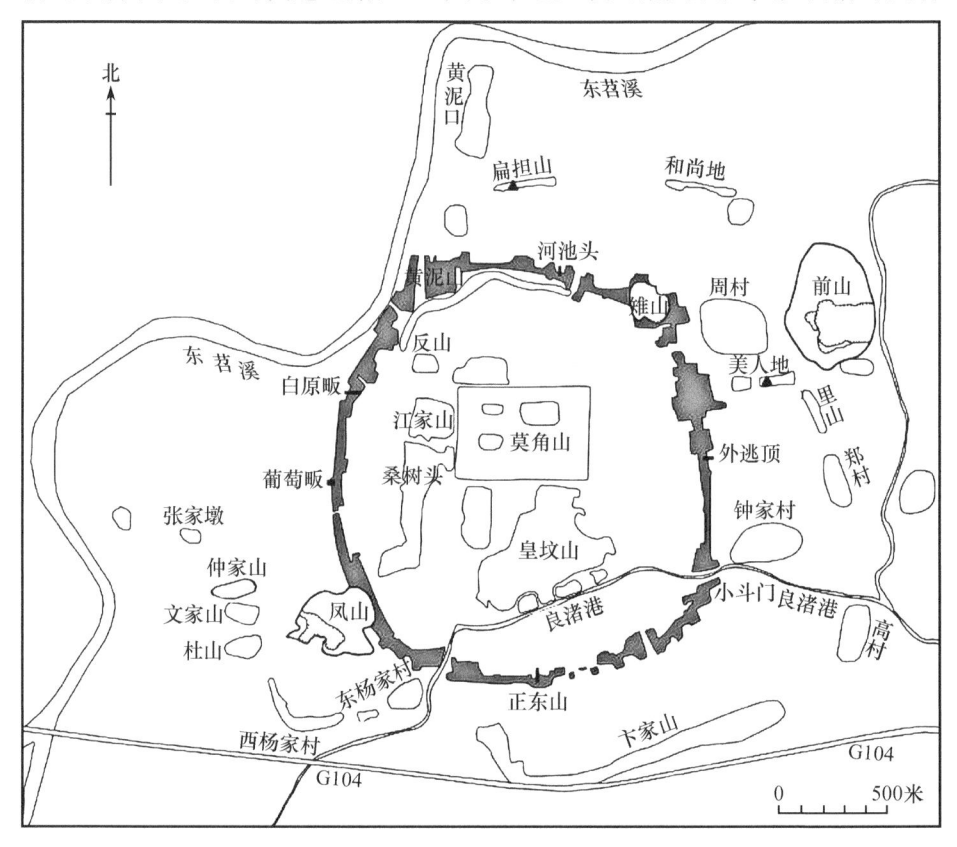

图一三　良渚古城平面图

---

① 浙江省文物考古研究所：《杭州市余杭区良渚古城遗址2006~2007年的发掘》，《考古》2008年第7期。

② 韩建业：《良渚、陶寺与二里头——早期中国文明的演进之路》，《考古》2010年第11期。

建筑我们也可对早期城址的军事防御有所研究，同时能够揭示早期文明的军事活动，推动对古代文明起源的认识。良渚古城是地处环太湖流域的城址，其构筑与周边地形、水文环境密切相关，在军事防御上也充分利用了水域作为其防卫的组成部分，构筑起严密的防御体系。而在北方地区，缺乏自然水系的帮助，城墙的功能则不断深化，石峁遗址的防御遗存就突出了城墙在城邑防御中的作用。

石峁遗址位于陕西省神木市高家堡镇洞川沟附近的山梁上，地处黄河支流秃尾河及其支流洞川沟交汇处。作为石峁遗址的主要组成部分，石峁城址是在2011年的区域系统考古调查工作中发现并首次确认的。2012年度石峁考古队对城圈结构和城垣走向展开了细致勘查，确认石峁城址由皇城台、内城、外城三座基本完整并相对独立的石构城址组成（图一四）。内城城内面积为210余万平方米，外城城内面积为190余万平方米，石峁城址总面积超过400万平方米。

皇城台位于内城偏西的中心部位，为一座四面包砌护坡石墙的台城，大致呈方形，石墙转角处为圆形，台顶面积8万余平方米。与内、外两城构筑方式不同的是，皇城台没有明显石墙，而均系堑山砌筑的护坡墙体，护墙自下而上斜收趋势明显，在垂直方向上具有层阶结构。

图一四　石峁城址平面图

内城将皇城台包围其中，依山势而建，形状大致呈东北—西南向的椭圆形。城墙大部分处于山脊之上，为高出地面的石砌城墙，现存长约5700、宽约2.5米，保存最好处高出现今地表1米有余。

　　外城系利用内城东南部墙体，向东南方向再行扩筑的一道弧形石墙，绝大部分墙体为高出地面的石砌城墙，现存长度约4200、宽度亦约为2.5、保存最好处高出现今地表亦有1米余。

　　另外，值得注意的是在皇城台和内、外两城城墙上均发现了城门，内、外城城墙上发现了形似墩台的方形石砌建筑，外城城墙上还发现了疑似"马面"的建筑。据考古学家初步认定石峁城址最早建筑（皇城台）当修建于龙山中期或略晚，兴盛于龙山晚期，夏时期毁弃，属于我国北方地区一个超大型中心聚落。规模宏大的石砌城墙与以往发现的数量庞大的石峁玉器，显示出石峁遗址在北方文化圈中的核心地位。石峁石城面积在400万平方米以上，其规模大于年代相近的良渚遗址、陶寺遗址等已知城址，当是目前所见中国史前时期最大的城址[①]。其对中国早期文明的探索有着重要意义，同时也是史前城址的军事考古学所要研究的重要对象。

　　史前时期是中国文明的奠基阶段，很多物质文明都处于初步发展阶段，城防作为城邑发展的产物，而且"城"的出现，与军事活动密切相关，在一定意义上，"城"与军事相辅相成，互相促进。这一时期的城防设施主要有城垣、城壕、城门（包括寨门、水门）、门槛、门垛、门卫房、护门墙、护城坡、护坡、障墙、瓮城、哨所、望楼、瞭望台、马面、瓮城、角台、墩台、架设板桥的半圆形生土台、门卫设施建筑等。其中，以城墙和环壕为主。因受自然环境的影响，北方农牧交错地带的石峁、老虎山等城址城墙多是石砌或土石混筑的；中原海岱区的西山、陶寺等城址的城墙基本为夯土墙；长江流域的石家河、良渚等城址的城墙以土筑墙为主。无论是北方农牧交错地带、中原海岱地区还是长江流域的史前城址，其主要的防御精髓均被古人所传承，并且推动了后世的城防技术的发展。

---

① 王炜林、孙周勇、邵晶等：《2012年神木石峁遗址考古工作主要收获》，《中国文物报》2012年12月21日。

二、古代都城的军事防御遗存

都城是历史时期国家政治、经济、文化中心，都城的防御设施在规模、等级、强度等方面是同时期城址中最坚固的。从一定角度来看，都城的防御设施是一个时期城市防御设施的"标准"，具有较强的时代特征，能够为这一时期其他等级较低的城市提供构筑的模板。在考古学的研究上，掌握都城的防御遗存状况，能够对这一时期其他城址防御遗存的研究给予借鉴。

（一）先秦时期都城的军事防御设施

都城有别于早期部落中心城址，我国历史上真正意义的都城应当从夏文化遗留的城址中寻找。夏王朝建立后，歼灭了与夏对抗的有扈氏，平定了叛启的武观等，基本上稳定了统治。当时夏王朝直辖的军事力量，远远超过其他任何一个方国的武装力量，不存在被攻击的忧虑，所以很少新建有防御设施的城市。又由于夏王朝的王都经常迁徙，据古文献记载的不完全统计，从禹至桀17王，共变更王都13处，所以夏王朝都城规模不可能很大。从考古发掘的成果看，基本上沿用先夏时筑建的城堡，或在其旧址上重修及修葺。即使其后期建造的王都，也仅筑有围墙宫城，而没有高厚的城墙。

位于洛阳市偃师区二里头村的二里头遗址是我国目前发现的较早的都城遗址，有学者认为是夏桀所居的都城斟鄩[①]。该遗址南临古洛河、北依邙山、背靠黄河，有关遗址面积的说法不一，各说法范围为1.5~9平方千米。外围没有城墙，仅在遗址中心区域发现围墙的宫城（图一五）。二里头遗址是迄今可以确认的最早的具有明确规划且与后世中国古代都城的营建规制一脉相承的都邑，二里头遗址的布局开中国古代都城规划制度的先河。二里头遗址宫城是迄今可确认的我国最早的宫城遗迹[②]。

[①] 方酉生：《偃师二里头遗址第三期遗存与桀都斟鄩》，《考古》1995年第2期。
[②] 中国社会科学院考古研究所二里头工作队：《河南偃师市二里头遗址中心区的考古新发现》，《考古》2005年第7期。

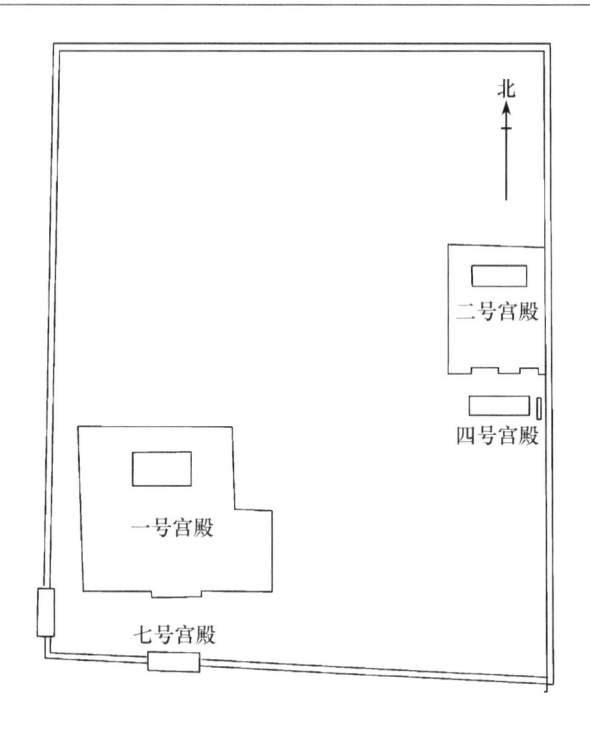

图一五　二里头宫城遗址平面示意图[①]

从军事上看，高宫墙只能起到遮蔽、隐蔽及障碍作用，不能登上城墙进行战斗，其防御功能较弱，或有较强的等级差别含义。但我们不能忽视其在中国古代城市史的地位，其类似宫城墙的设施，一直沿用到明清时期的紫禁城，从功能分区及军事防御上都有开创意义，是研究古代都城发展的重要资料，对于认识中国早期文明的军事活动也有参考价值。

夏文化的许多情况我们并不是很清楚，相较而言，商王朝的都城及其他方面的文化面貌在考古发现中得以揭露。关于商王朝建立以后的都城，文献记载有5个：亳（《墨子·非命上》："古者，汤封居亳。"）、嚣（《史记·殷本纪》："帝中丁迁于嚣。"）、相（古本《竹书纪年》："河亶甲迁相。"）、邢（《殷本纪》："迁于邢。"）、殷（《尚书·盘庚》："盘庚迁于殷。"）等。而古本《竹书纪年》的记载与以上文献略有不同，载"南庚更自庇迁于奄"，在"邢"与"殷"之间当有"奄"都，如此才能

---

① 杜金鹏：《偃师二里头遗址4号宫殿基址研究》，《文物》2005年第6期。

符合商都五迁的说法。目前被学界公认的商代都城遗址有商代前期的郑州商城、偃师商城、洹北商城和商代后期的安阳殷墟。而郑州小双桥遗址是否属都邑性质，学界仍在讨论中。

从目前的考古资料来看，这几座城址都有着较丰富的军事防御设施遗存，包括城墙、护城河、护城坡等（表一）。

商代都城的城墙和护城河的构筑方法较前期有了明显的进步。例如，郑州商城城墙采用分段版筑法逐段夯筑而成，每段长3.8米左右，夯层较薄，夯窝密集，相当坚固。同时，在城墙内侧或内外两侧往往发现夯土结构的护城坡。郑州商城商代外郭城墙的筑法，基本和郑州商城夯土城垣（暂定为内城）相同，也是先在拟筑的夯土城墙底部先挖出一条与城墙相平行的口宽于底的斜壁平底基础槽，然后在基础槽内填土夯实。基础槽内夯土层的厚度和每层夯面上的圆口尖底或圆口圜底的夯杵窝形制与大小都和郑州商城（即内城）相同。只是没有发现残存在地面之上的外郭城墙痕迹。从外郭城墙的筑法、夯土层内包含的商代二里冈期陶片来看，其时代也应和郑州商城是同一时期的[①]。

城墙与护城河组合的城防设施，一直是中国古代的大中型城市的重要防御手段。除了墙壕结合的防御手段，从目前商代都城考古资料来看，殷墟则不见城墙设施，洹北商城发现"城墙基槽"，但未见护城河。但是，从防御的手段来说，商代的都城有着明显的进步。在郑州商城的南部与西部之外600～1000米的地方，又修筑了半圈左右的"郑州商代城垣外郭夯土城墙"（图一六）。商代外郭城墙从郑州商城东南角外约850米处的凤凰台起向西南延伸，沿着二里冈脊高地至郑州商城正南约800米的南关外高地处又折向西北拐去，暂称为"南外郭城墙"。当延伸到郑州商城西南角外约700米处又成钝角形向西北方向拐去，暂称为"西外郭城墙"。现发现的西外郭城墙已延伸到福寿街与解放路西段相交接处。总计已发现商代外郭夯土城墙约3000米。这两道外郭城墙是郑州商城的第二道防御设施。郑州商城是商代早期都城已经在学界有较大的共识，其防御手段较二里头城址有着明显的进步，这是早期军事活动发展的体现。

[①] 河南省文物考古研究所：《郑州商城：1953～1985年考古发掘报告》，北京：文物出版社，2001年，第1021页。

表一 商代都城的城防设施遗存信息表

都城	位置	时代	规模及形制	城墙	护城河	附属防御设施
郑州商城	河南省郑州市区偏东部的郑县旧城及北关一带	城墙始筑于二里冈期下层，使用到二里冈期上层，东墙夯土层内木炭的放射性碳素断代并经校正的年代为距今（3570±135）年，据此可知，其上限当在前1620年前后	郑州商城的夯土城垣可以区分为郑州商城（也称"内城"），外郭城和宫城三部分，内城平面为长方形，城垣周长6960米	内城南墙与东墙各长约1700，西墙长约1870，北墙长约1690米。墙基最宽处达32米，地面上残留最高有5米左右。城周共缺口11个，有的周可能是城门	城墙四周挖深、宽各为5～6米的外壕一条	郑州商代城垣外郭夯土城墙
偃师商城	河南省洛阳市偃师区城关镇	建于前1600～前1400年	总面积约2平方千米。城址平面略呈方形，南北长约1700、东西宽740～1215米，包括大城、小城、宫城三重城垣	大城周围筑有夯土城墙，墙基部宽度一般在17～19米，有的地方超过20米，最宽处达28米	整个大城的外围环绕有宽而深的护城河，其上口宽20、深6米。护城河与城墙之间有宽约12米的平坦空地。北城墙外的护城河，很可能利用了自然河道，至少是与城北部的河流相通	城墙内还有一条与城墙平行的顺城路和排水沟；西三城门有类似后世瓮城的遗迹①；城墙内侧有护城坡；小城外围存有壕沟，小城北城墙与东城墙有类似马面设施
洹北商城	河南省安阳洹北花园庄一带	该城的修建和使用年代早于商王武丁时期而晚于郑州商城白家庄期	城的平面近方形，四面城墙的长度都在2000米以上，城的总面积超过400万平方米	南北向墙基槽长约2200、东西向城基槽长约2150米		
安阳殷墟	河南省安阳市的洹河西北两岸	商代后期	东西长约6千米、南北长通5千米，总面积约30平方千米	不见围绕宫殿区的城墙设施	小屯村西、南，有宽7～21、深3～10、总长约1700米的壕沟，与洹河河湾一起组成方形防御设施	

① 中国社会科学院考古研究所河南第二工作队：《河南偃师城北隅发掘简报》，《考古》1998年第6期。

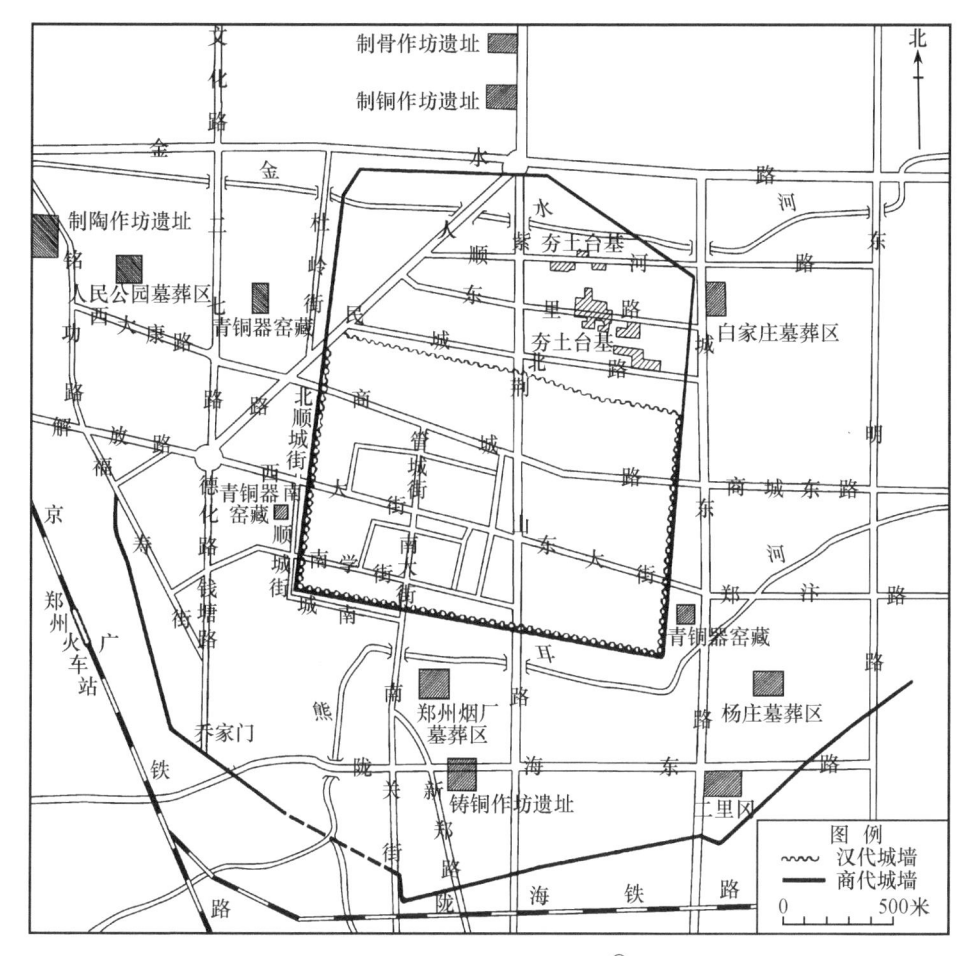

图一六　郑州商城平面图[①]

除了城墙和护城河，一些新的防御设施也在这一时期出现，对后世有着重要的影响。例如，偃师商城西三城门形制与西城墙上的西一城门和西二城门不同，西一城门和西二城门是直接修筑在南北呈直线状的大城城墙上，而西三城门所在位置的城墙则呈"凹"字形，使得西三城门的整体形制类似后代的瓮城，表现出在城门设置方面的进步[②]。该城址中小城的北城墙和东城墙

---

① 河南省文物考古研究所：《郑州商城：1953～1985年考古发掘报告》，北京：文物出版社，2001年。
② 中国社会科学院考古研究所河南第二工作队：《河南偃师商城西城墙2007与2008年勘探发掘报告》，《考古学报》2011年第3期。

有直角拐折现象，犹如后世城墙的"马面"设施，后来进一步证实小城的西城墙，甚至大城的西城墙、东城墙等，也存在同样现象①。

而在新郑望京楼城址也同样发现了早期瓮城遗存。望京楼二里冈文化东一城门是目前发现的商代最完备的城门之一，该城门平面呈"凹"字形，且门前有附属建筑设施（图一七）。其城门结构复杂，门前护城河防御严密，具有浓重的军事色彩，所以，望京楼二里冈文化城址可能是郑州商城南部的一座军事重镇②。

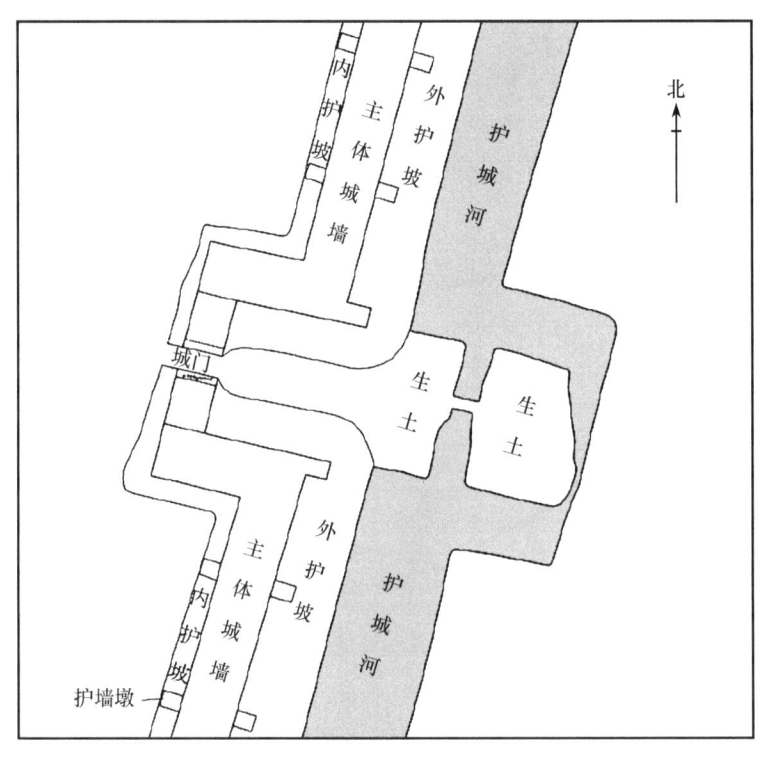

图一七　新郑望京楼城址东一城门平面图

有学者对商代的都城防御进行了深入的研究，认为"这个时代在都城的军事防御方面，存在着城郭之制和守在四边之制两种制度"③。这两种制度基

---

① 杜金鹏、王学荣：《偃师商城近年考古工作要览——纪念偃师商城发现20周年》，《考古》2004年第12期。

② 郑州市文物考古研究院：《河南新郑望京楼二里岗文化城址东一城门发掘简报》，《文物》2012年第9期。

③ 张国硕：《夏商时代都城制度研究》，郑州：郑州大学博士学位论文，2000年。

本解释了商代都城不同的防御措施，如安阳殷墟践行的是守在四边之制，其本身没有大型的城垣设施进行防御。但是偃师商城则明显不同，它有着多重城垣，能够凭借这些城垣独立保护王都。随着历史的发展，这两种制度也成了后世朝代都城防御的模板。

根据目前的考古资料，我们发现在西周的王畿之地，包括周原、丰镐、洛邑遗址，都未发现筑城的遗迹。因此，有学者就认为"除了商代前期这一特殊历史阶段的城郭形态，'大都无城'是广域王权国家时代都邑制度的主流"[①]。但最新的调查在周原遗址发现了一座平面呈近长方形城址。其东西长约1510、南北宽约640米，总面积约90万平方米，其时代为西周晚期遗存[②]。

商代都城大多建有以城墙为主的完整严密的防御设施，而在安阳殷墟却受到地形和水系的影响不得已放弃城墙防御。在商代发展到相当高程度的城墙设施，在西周突然衰落，并非技术的退步或者因为强盛而放弃筑城。其原因，一方面因为当时以车战为主的作战方式，重视野战，轻视城邑的攻防战；另一方面则是当时分封制和守在四夷的都城防御思想所致。这样的都城防御思想一直延续到了春秋战国时期，甚至秦咸阳城的营造也受到这一防御思想的影响（表二）。

表二 春秋战国时期主要都城一览表

遗址	地点	平面形状	规模	时代（国别）
洛阳王城	河南洛阳	不规则正方形	东残1000、西3200、南1000、北2890米	春秋（周）
新田	山西侯马	组合式	8城4000万平方米	春秋中—战国早（晋）
曲阜	山东曲阜	不规则长方形	东西3700、南北2700米	春秋—战国（鲁）
齐故城	山东淄博	长方形	大城：东西4500、南北4000米；小城：东西1400、南北2200米	大：春秋战国 小：战国
郑韩故城	河南新郑	西：长方形；东：不规则	西：东4300、北2400米；东：5100、南2900、北1800米	春秋：郑 战国：韩

---

① 许宏：《大都无城——论中国古代都城的早期形态》，《文物》2013年第10期。
② 陆航：《陕西周原遗址发现九座大墓，确认发现西周晚期周城遗址》，中国社会科学网，http://www.cssn.cn/zx/201401/t20140113_941499.shtml。

续表

遗址	地点	平面形状	规模	时代（国别）
纪南城	湖北荆州	长方形	东西4500、南北3500米	春秋晚—战国（楚）
邯郸	河北邯郸	长方形	1900万平方米 大：东西3240、南北4880米； 小：505万平方米	战国（赵）
木渎古城	江苏苏州	不规则扇形	东西6700、南北6800米	春秋晚（吴）
安邑	山西夏县	梯形	小城75万平方米	春秋晚—战国早（魏）
燕下都	河北易县	不规则长方形	东：东西4500、南北4000米；西：东西3500、南北3700米	战国（燕）
商丘宋国故城	河南商丘	平行四边形	东西3000、南北3000米	春秋—战国早（宋）
灵寿城	河北平山	不规则	东西4000、南北4500米	战国（中山）
栎阳	陕西临潼		西残1420、南残1640米	战国（秦）
寿春城	安徽寿县	长方形	东西4250、南北6200米	战国（楚）
咸阳	陕西咸阳			战国（秦）

东周时期，为了加强自身的生存能力，各国竞相构筑城池或增修城池。不仅如此，各大国的卿、大夫等，也纷纷在自己的采邑构筑城池，于是掀起了大规模构筑、增筑城池的高潮。西周王室规定的那些筑城规模的条条框框，当然也就被突破，各国都按照自己的需要和可能来修建自己的国都。而降至战国时代，"城郭的规模分化为两类。一类是像易县、临淄、邯郸这样的强国的国都，它们比春秋时代更加巨大。另外，是占绝大多数的中小型城郭，它们普遍都比春秋时代列国的国都要小。它们的共同特点是：城墙逐渐增高加厚，而且由于附加了护城坡而使城墙更厚，更难以破坏。可以看出，与春秋时代相比，城墙所具有的军事机能被强化了"[①]。春秋战国时期的都邑城址，现存颇多，各大国的都城，差不多都有遗迹可寻。

中山国的灵寿故城在军事防御上极具特色。灵寿古城址位于现河北省石

[①]〔日〕佐原康夫撰，赵丛苍摘译：《春秋战国时代的城郭》，《文博》1989年第6期。

家庄市辖区内西部的平山县三汲乡境内,古城建在北高南低的滹沱河北岸台地上,北倚东陵山、牛山,南临水流湍急的滹沱河。城外东西两侧为高坡。东西城垣外有源自陵山的自然河沟,自北向南弯弯曲曲流入滹沱河,河沟起到了护城的作用(图一八)。研究表明古灵寿城是充分利用自然地势,就长避虚构筑外围城垣,不同于中原列国规矩的都城外形,城内宫殿、大型夯土建筑群、手工业作坊、"市肆"也是利用地形、河沟做出布局。为了依托有利地势进行防御,还在城外东面的高台上修筑了一座屯兵的卫城,除了抗敌预警外,还可以从正反两个方向攻击来袭的敌人,起到阻敌、扰敌的作用,反映了中山国战事的频繁和鲜虞人高超的作战技巧。"古城周围地理形势较为险要,它以太行山脉为屏障,其南、西、北十多千米处均为太行山的群山,向东侧为冀中大平原,因此如临战争,退可入太行山,进可直下大平原。"[①]

总的来看,春秋战国时期都城在防御体系上有以下三个特点。

其一,受到频繁军事战争的影响,重视实用性和军事安全性,从都城形状来看这个时期选址临近自然河流,而筑城时配合自然环境以强化防御。从

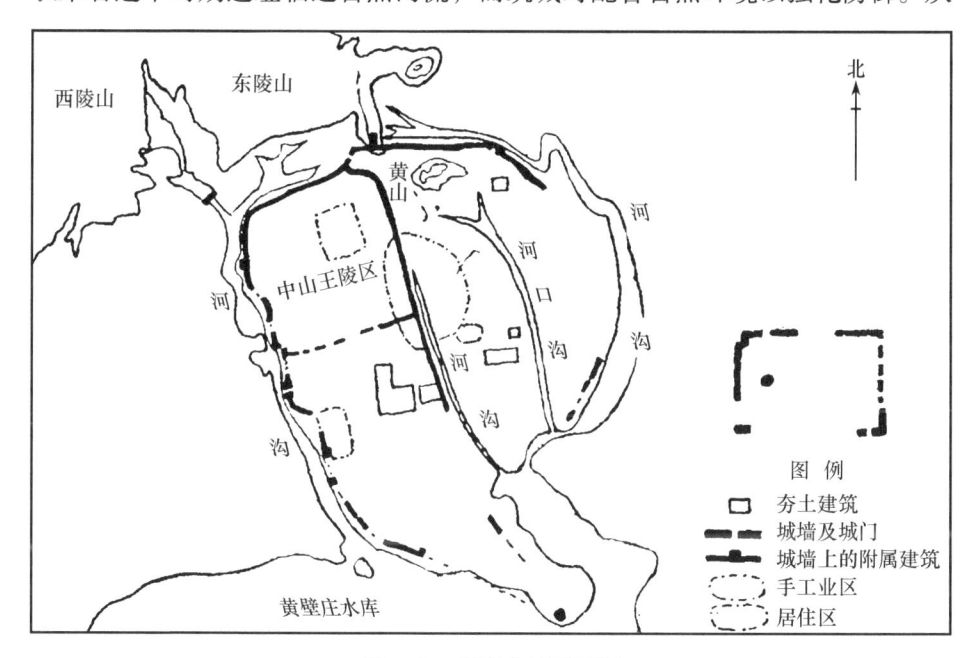

图一八 灵寿古城平面图

① 河北省文物研究所:《战国中山国灵寿城——1975~1993年考古发掘报告》,北京:文物出版社,2005年,第10页。

平面上来看，显得城很不规则。这一方面是朴素价值观的影响，另一方面也继续影响了中国随后很长一段时间的各代都城防御体系。

其二，战国时期东方各国统治者受到春秋晚期"公家"与"私家"的争斗影响，对于宫城防御的高度重视，宫城建立了独立的防御体系。多采用宫城、郭城并立甚至完全独立的布局。东汉赵晔的《吴越春秋》有言："鲧筑城以卫君，造廓以守民，此城廓之始也。"春秋晚期，争霸战争规模日益扩大，逐步向兼并战争演变。与此同时，各国国内形势也出现不同程度的恶化，这一点主要反映在公室与私家的矛盾之上。正所谓祸起萧墙之内，当政治上的矛盾演化成为军事斗争之后，郭城对于保护内斗的双方显然作用不大，公私双方的血腥厮杀则加剧了统治者对自身安危的担忧，如此一来宫城的建设就势在必行。

其三，都城防御体系逐渐完备，建立了以都城为中心的多层次防御体系。建立了除了单一都城外，两都甚至多都的陪都制度，如燕国在武阳设下都，齐国有五都，楚国则设置有众多别都，秦国九都八迁等。

此外，在都城附近交通要道上设立防御性设施，有卫城、烽燧、瞭望台等。燕下都东城外发现的夯土建筑基址，被发掘者称为"防护建筑"，其中两座位于东城北，三座在东城东南，一座在东城东北。其间还有道路相通，道路之上均有建筑材料及红烧土残留，而位置分别处于下都通往紫荆关、上都以及齐、赵交通线附近。应当为拱卫燕下都防御性设施。

（二）秦汉魏晋时期都城的军事防御设施

秦汉时期是我国历史上第一个大一统时期，其都城营造上承先秦，下启魏晋，具有划时代的意义。秦咸阳城的营造虽然是战国时期的事件，但咸阳城明显已经超越了战国诸侯国国都的意义，具有了"天下"的意味，它的修建是开启一个新时期的标志。

秦咸阳城的考古工作已经进行了数十年，但仍未发现城墙的遗迹，咸阳城的防御情况也不甚明了。对此考古学界有两种不同的认识，一是认为秦咸阳城并不存在城墙设施，它继承了周原、丰镐等"大都无城""守在四边"的思想，咸阳地处关中核心，关中四面都有天然地形屏障，易守难攻，从战国时起就有"四塞之国"的说法，依靠函谷关、武关等关隘即可阻挡山东六国对秦国的入侵。另一种认识则认为秦咸阳城存在城墙设施，只是目前的考古工作还未能将其揭示出来。刘庆柱认为,"从考古材料看,就关中地区而言早于秦咸阳城的秦雍城和栎阳城,晚于秦咸阳城的汉长安城,它们均有夯筑的城墙(即大城城墙)。与秦咸阳城同时的战国时代各诸侯国都城也均筑有郭城城墙。因此,不论从地域文化的纵向沿袭发展来看,还是就战国时代同时期横向的列国文化相互影响而言,秦咸阳城都应筑有大城城墙"[①]。

秦汉之后的都城已经与先秦时期的都城有了明显的进步,其功能、规模、运转方式都发生了剧烈的变化。如果将视野扩大,都城的军事防御手段应当不仅仅是单纯城墙、护城河等设施,周围的关隘、交通、仓储等设施也应当纳入大都的防御体系之内。经过秦末的农民战争和楚汉之争,汉代的都城同样选择营造于富庶的关中平原,但是汉长安城的营造有一个过程,根据历史记载及考古发现来看,汉长安城的形成并非一次规划,其城垣的构筑是根据城内布局及地形地貌特征形成的,并且在城内还设置武库等军事设施,加强了都城的防御力量。

汉高祖刘邦在位时(前206～前195年),将秦始皇的离宫(兴乐宫)改建为长乐宫,在长乐宫西又修建了未央宫,并在两宫之间修筑了武库。汉惠帝在位时(前194～前188年),才开始在周围构筑外城城墙及护城壕等。至汉武帝在位时(前140～前87年),于长乐、未央两宫之后,又修建了明光宫、桂宫及北宫,于城西修建了建章宫,并扩建了上林苑,开凿了训练水军的昆明池。至此,汉长安城的修建全部完成。

据实测,东城墙长约6000、南城墙长约7600、西城墙长约4900、北城墙长约7200米,四边总长25700米左右,合汉代62里,基本上与《史记索隐》引《汉旧仪》所记长安城周围63里相符。城墙剖面下宽上窄,全部用黄土夯筑而成,城墙外侧有壕沟围绕,城门处的城壕稍向外部凸出,城壕上架有木桥,以便出入。长安城每面有3个城门,四面共12个城门。未央宫前殿基台,南北长约350、东西宽约200、北端最高处在15米以上,是全城的制高点。

顺应地势在汉城的修筑过程中始终坚持,汉长安城的北城垣曲折,紧靠渭河,利用渭河天然屏障构筑了一道防御线,减轻了汉长安城北部的防御压力。这样的选址方案一直贯穿于历代都城的修建,东汉洛阳城也是利用了邙山、洛河等天然屏障。

东汉、曹魏、西晋、北魏的都城洛阳城,在现河南省洛阳市东约15千

---

① 刘庆柱:《论秦咸阳城布局形制及其相关问题》,《文博》1990年第5期。

米。西周初在此筑城，称成周。因在洛水之北，称洛阳。始建于西周初年，废弃于唐初，前后延续使用近1600年。东周、东汉、曹魏、西晋、北魏等朝代先后以此作为国都，都城史有540年以上。

汉魏洛阳城北靠邙山，南临洛河，不仅有天然屏障，而且扼交通要冲。东汉光武帝刘秀建国之初，被选作国都，并逐渐扩大城池的范围，增筑城墙，大约在汉元帝建昭元年（前38年）前后，城墙及城门的修建工程方才告竣。全城平面略呈长方形，南北约汉代九里，东西约汉代六里，故称"九六城"。

现存平面为长方形，南城墙因洛河北移被水冲毁。北、东、西三面城墙保存较好。包括西北隅金墉城在内，北墙全长约3700、宽25~30米；西城墙残长约4290、宽约20米；东城墙残长约3895、宽14米[①]。城墙夯土版筑，版筑夹棍眼的痕迹犹存。在部分城墙上还发现了向城外凸出的墩台，西墙北段有4座，北墙东段有3座，类似后世城墙所筑的"马面"。在城墙外侧均发现了护城河遗迹。北魏外郭城破坏殆尽，现存南郭城少量夯土垣墙残段。全城共设12个城门。太仓和武库都在城的东北隅[②]（图一九）。

洛阳本是东汉王朝的国都。汉献帝初平元年（190年），关东各郡军阀联合进攻当时专权的董卓时，董卓挟汉献帝迁都长安，强令洛阳及邻近各县数百万民众随行并放火焚烧洛阳城及附近各村庄，遂使洛阳城池毁废，成为空城。220年，曹丕在许昌迫使汉献帝禅位后，自己做了皇帝，改国号为魏，又将国都迁回洛阳，在废墟上重新修建了新的城池，其规模不超过东汉（图二〇）。西晋时城的形制和布局亦无多大的改变。但是，魏明帝曹叡仿效其祖父曹操在邺城西北部筑铜雀台等"三台"的经验，在洛阳城的西北角也建筑了金墉城。它实际上是军事性的城堡，由于北依邙山，地势高亢，可俯瞰洛阳全城，具有制高点的作用，在西晋末年"永嘉之乱"的洛阳争夺战中，是双方必争之地，当时称为"洛阳垒"。

按照邺城模式，金墉城所在位置地势高亢，背倚邙山，俯瞰城区，是全城的制高点。金墉城由三座南北相连的小城组成，彼此有门可通。城的平面呈"目"字形，据勘探，金墉城南北约1080、东西约250米，总面积约26万平方米。分隔为三部分，各有门道相通。城墙为夯筑而成，异常坚实。墙宽为

---

① 徐金星、杜玉生：《汉魏洛阳故城》，《文物》1981年第9期。
② 段鹏琦：《汉魏洛阳故城》，北京：文物出版社，2009年。

12～13米，高度已难详知。根据现存墙宽及一般筑城高宽比估计，墙高当在12米左右。

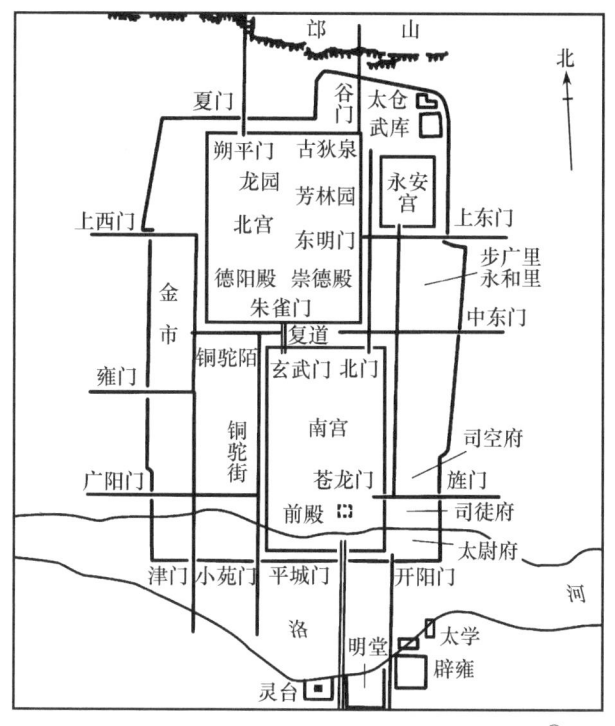

图一九　汉洛阳城南、北宫平面布局复原示意图[1]

洛阳大城及金墉城城墙，均筑有墙台，即马面，有不少至今尚存。勘探和研究证明，由于魏晋时战乱频仍，出于军事上的需要，在洛阳城的西北城墙外壁和金墉城的外壁设置了许多墩台——"马面"，这是中国古代城制上的一个创举。马面墙台均为长方形，与墙体一样夯筑而成，面积大小不等。它们是我国内地城池中出现最早的马面墙台实物[2]。

---

[1] 钱国祥：《由阊阖门谈汉魏洛阳城宫城形制》，《考古》2003年第7期。
[2] 中国社会科学院考古研究所：《新中国的考古发现与研究》，北京：文物出版社，1984年，第518页。

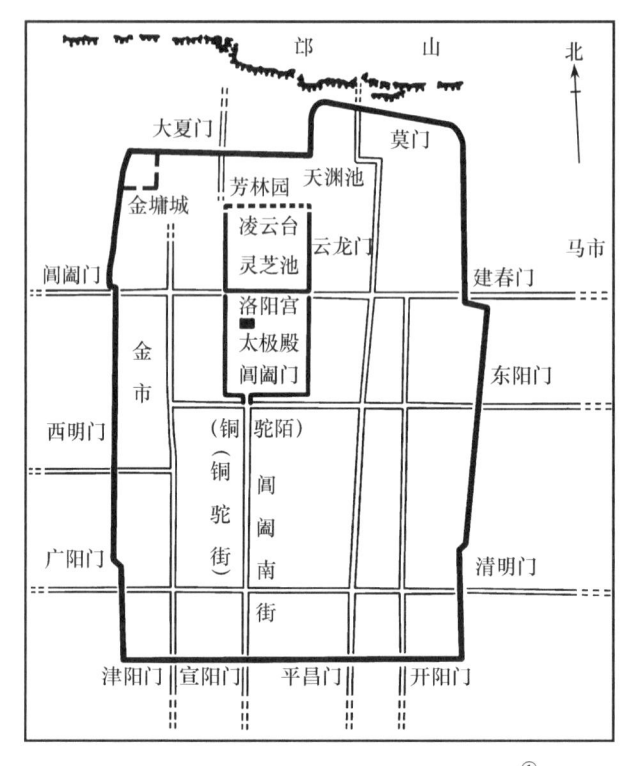

图二〇　魏晋洛阳城平面布局复原示意图[①]

洛阳城的延续时间较长，而且历代均有改建，特别是曹魏时期的洛阳城修筑吸收了邺城的布局和防御特色，增强了洛阳城的军事防御功能。虽然邺城并非真正意义上的都城，但其在东汉末年一定时期发挥着北方政治、军事中心的作用，并且曹魏修筑的邺城在许多方面都具有开创意义。

秦统一到隋重新统一，王朝更迭，但都城的营建却不是很频繁，即便是南北朝时期，长安、洛阳也被作为国都使用。在一定程度上，正是由于分裂割据，战争频仍，历代均未能有集中的财力、人力、物力如同秦汉一样重新修筑都城，大都沿用前代都城或郡治进行小修小补。同时，我们还能看到，马面、武库等防御设施逐渐成熟，利用地形地势修筑更加巧妙，城墙构筑方式上出现包砖或包石的情况，并且发挥了外围防御工事的作用，积极利用关隘等设施拱卫都城。城郭形态丰富多样，由汉长安城的多宫制向魏晋洛阳城单一的宫城制转变，再到北魏洛阳城宫城、内城和外郭城三重城垣的都城形制，既是专制主义中央集权加强的体现，也是都城防御工事更为严密的体现。

---

① 钱国祥：《由阊阖门谈汉魏洛阳城宫城形制》，《考古》2003年第7期。

（三）隋唐时期都城的军事防御设施

隋代结束了南北朝战乱动荡、分裂割据的局面，重新建立了统一的中央集权王朝。但是隋朝国祚甚短，其后取而代之的大唐王朝迎来了我国封建社会的鼎盛时期，极盛时期势力所及东北至朝鲜半岛，西北至葱岭以西的中亚，北至蒙古国，南至中南半岛，是当时世界上最强盛的封建帝国。同时，唐代又是一个开放的社会，在思想意识形态领域实行开放政策，对外经济和文化交流异常活跃，民族融合空前加强，这些都决定了唐代文化的多元化特点。陈寅恪对唐代社会风气有一段精辟的论述："取塞外野蛮精悍之血，注入中原文化颓废之躯，旧染既除，新机重启，扩大恢张，遂能别创空前之世局。"[1] 盛唐时期包容万物的气势，铸造了灿烂辉煌、举世瞩目的唐文化，而且这一时期所构筑的都城都是中古中国的高峰。向达在《唐代长安与西域文明》中所说："李唐一代之历史，上汲汉、魏、六朝之余波，下启两宋文明之新运。而其取精用宏，于继袭旧文物而外，并时采撷外来之菁英。"[2] 唐长安城更是世界上第一个人口超过百万的城市，在当时具有极高的国际地位。

隋大兴城，始建于隋文帝开皇二年（582年），隋称大兴。唐朝建立后仍以此为都城，称长安城，并不断修建和扩充。长安城在平面布局上吸收了北魏洛阳城和东魏北齐邺南城的优点，利用了当地"六坡"地形特点，由外郭城（罗城）、宫城和皇城三部分组成。

隋唐长安城由外郭城、宫城、皇城和各坊、市等构成。宫城和皇城位于外郭城北部的中央，各坊分布在宫城、皇城的左右和皇城以南，东西两市分别在皇城的东南和西南，东西对称（图二一）。整个都城规划整齐，布局严密，是中国里坊制封闭式城市的典型。外城平面为长方形，东西宽4721、南北长8651.7米，周长约36.7千米。城墙为夯土筑成，墙外侧距墙3米许，有宽9、深4米的城壕。皇城及宫城位于外城内北部正中。宫城，隋名大兴宫，唐称太极宫，前连皇城，背靠禁苑，整体作长方形，四周宫墙夯筑。皇城为中央衙署及其附属机构所在地，在宫城之南，东、西、南三面有夯筑城墙，

---

[1] 陈寅恪：《金明馆丛稿二编》之《李唐氏族之推测后记》，北京：生活·读书·新知三联书店，2001年，第344页。

[2] 向达：《唐代长安与西域文明》，石家庄：河北教育出版社，2001年，第3页。

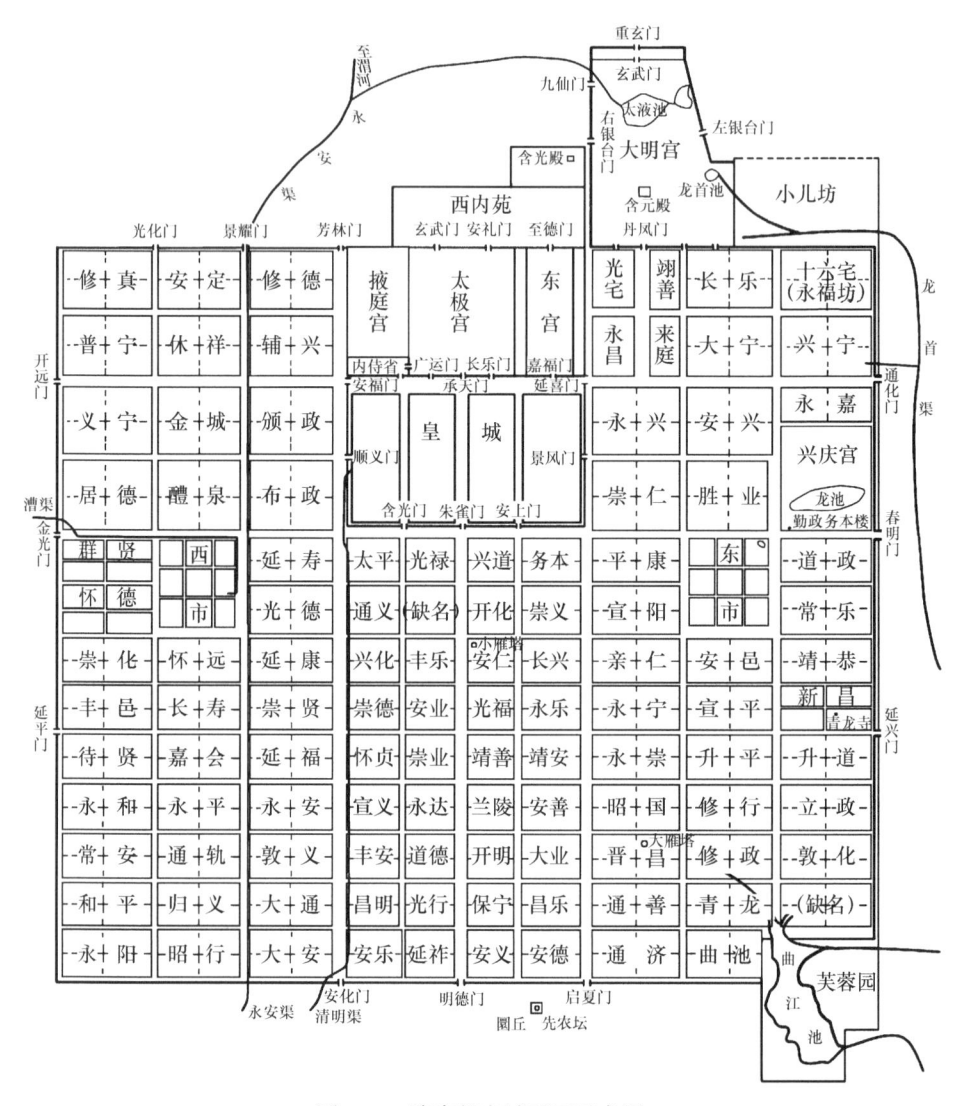

图二一　隋唐长安城平面示意图

宽、高与宫城相等。北面无墙，以一条宽220米的横街将其与宫城隔开。唐贞观八年（634年），唐太宗李世民又在宫城东北的龙首原高地上，修建了大明宫，四角城墙上有角楼建筑。至唐代后期，又在大明宫北部城墙外侧增筑了重城，重城城墙也是夯筑。

开元十四年（726年），唐玄宗李隆基在扩建兴庆宫的同时，在外城东墙之内，又修筑了一条由大明宫至兴庆宫的重城。开元二十年（732年），修建了从兴庆宫至曲江池一段的重城。这样从大明宫至东南城角的曲江池，整个外城东城墙，成为双重城墙，两重城墙之间成为一条两侧有高墙、宽约23米的复道。这条重城的修筑，既便于禁军的秘密机动，也利于守城战斗。大历五年（770年）前后，唐代宗李豫在太极宫东、西两角，修建了钟、鼓楼，平日可以报时，战时用以报警，并可作为指挥信号。

隋唐长安城是国际性的大都市，气势恢宏，城墙坚固，其军事防御是一个完整的系统，包括了关中地区的诸多关隘等军事设施，这些完备的军事设施将隋唐长安城的防御功能发挥到了一定的水平，而且其宫城的防御手段也是较前代有所进步[1]。

隋唐时期，除了长安长期作为国都之外，洛阳城也是重要的政治、经济、文化中心，与长安并称两京。

隋唐洛阳城遗址位于洛阳市区及近郊。隋唐洛阳城是宇文恺设计建造的，营建于隋大业元年（605年），其规模仅次于都城大兴城。唐代略有增建。隋唐洛阳城包括城壕、外城、宫城、皇城、东城和含嘉仓城（图二二）。隋唐洛阳城是仅低于长安城一等的东都，其洛河穿城而过，在历代都城中少见，这一特点造就了其不同于传统密闭都城的军事防御手段。

外城平面近似方形，南宽北窄，城墙为夯土筑成，基宽5米余，高5米余，顶宽3米余。皇城在外城内西北隅，位置与金墉城相同，但范围要大得多。城墙为夯土筑成，内外两侧均被覆有青砖[2]。

宫城在皇城中间偏北，北城墙与皇城北墙共用一墙。城墙亦为夯筑，内外亦被覆以青砖。宫城平面呈方形，南墙正中有向南凸出部分，由于东、西两墙与皇城墙相距不过300余米，所以形成双重重城。东、北、南墙各有三座城门，有可能参照了《周礼·考工记》。皇城之北紧邻曜仪城，再北为圆璧城，曜仪、圆璧二城及东城，实际上是皇城、宫城的卫城，和紧邻皇城之西的禁苑（也有围墙）同为驻屯禁卫亲军的据点，"为了加强北面防御而设的重城"[3]。

---

[1] 宿白：《隋唐长安城和洛阳城》，《考古》1978年第6期。
[2] 中国社会科学院考古研究所洛阳唐城队：《隋唐洛阳城城垣1995~1997年发掘简报》，《考古》2003年第3期。
[3] 傅熹年：《隋唐长安洛阳城规划手法的探讨》，《文物》1995年第3期。

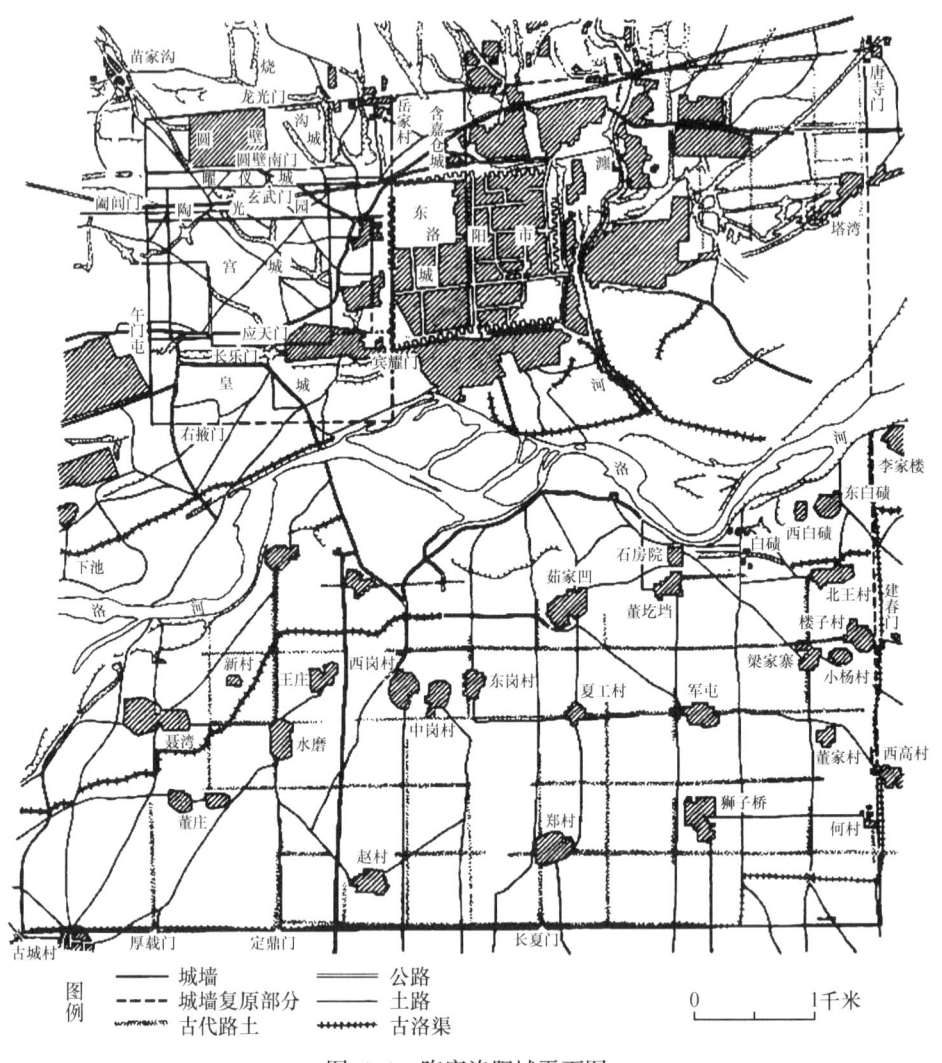

图二二　隋唐洛阳城平面图

　　隋唐时期的都城就此两座，而且考古发掘已经较为清楚地揭示了其防御设施，通过对长安、洛阳两都的军事防御比较，我们可以发现，两都因地位不同，所处地理环境不同，有着不同的防御手段。并且洛阳城继续沿用了汉魏洛阳城的部分基础，与新建长安城在布局上也不相同，洛阳城重视西北隅宫城的防御，而南面的里坊防御能力较差，与长安城整体布防有所差异。

（四）宋辽金时期都城的军事防御设施

宋夏金辽是一个分裂时期，各个政权交错存在，而且各政权的政治中心也在不断地发生着变化。其在都城营造方面继承了历史传统，同时在技术、工艺、规模等方面都有着超越前朝的成果，而辽（契丹）与金（女真）均为少数民族政权，虽然吸收了汉文化的传统，但都城防御仍然存留有明显的游牧部族色彩及民族分治特色。这一时期的主要都城：北宋东京城（开封）、南宋临安城、辽五京（即上京、中京、东京、南京和西京）、金六京（即上京、北京、东京、南京、西京和中都）。

北宋结束了五代中原纷争的局面，由于战乱破败不堪的长安和洛阳已不具备帝都的繁华，综合政治、军事、经济等因素考虑，北宋在后周都城开封的基础上改造而形成东京城（图二三）。

开封原为后周都城，后周世宗显德二年（955年）修建。北宋又在后周筑建的基础上，多次改建、扩充，其坚固和范围较前有所增强和扩大。开封称为东京，是和西京（洛阳）、南京（河南商丘）、北京（河北大名）相对称。

经过多次重建的东京，共有城墙三道，加强了防御纵深，范围也由原来的48里223步扩大到50里165步（实测为264米多）。宋神宗年间重修外城，又称新城或罗城，并加筑瓮城和敌楼，城防工事非常坚固。其军营以防北为主，故多设在城北部。所建汴州城，周长只有10千米155步，筑有10个城门。外城在军事上是开封的主要防线，主要防御设施由城墙、城门、瓮城、马面（敌台）、钟楼、鼓楼、望楼、库房和城壕等构成。外城共有城门12个，水门7个。城门除利于平时交通外，更着眼于战时的防御，因城为土筑，城门都采用过梁式木制，为防火攻，包以铁皮。各水门都跨河设有铁栅闸门，入夜即放闸关栅，以防敌人由水门潜入。水门出口两岸筑有城墙，可据以发射火器、弓弩，以掩护水门，称之为拐子城。外城沿城墙每隔120~150米构筑马面1座。从宋开始，为提高城墙的防守功能，中原都城及重要城池也在城墙上构筑马面（敌台）。城墙内广设城防仓库，储存兵器和火药，每库相距约百步。为了增强城墙的防护力，环绕全城构建宽约30、深约7.5米的护城河，两岸增植柳、榆等树，禁止人马通行。

·118· 军事考古学

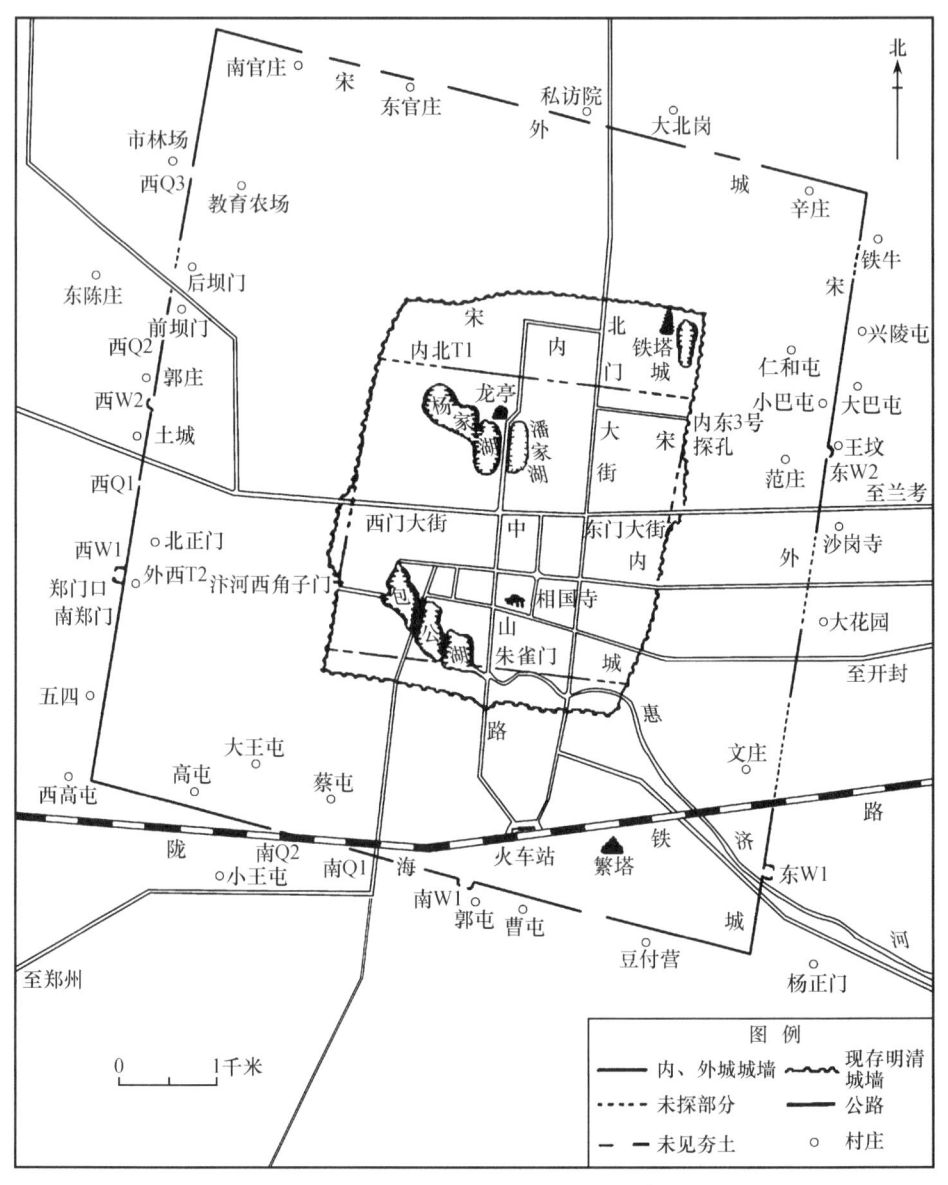

图二三 北宋东京内城平面实测图①

①　开封宋城考古队：《北宋东京内城的初步勘探与测试》，《文物》1996年第5期。

里城之内筑有皇城，通称为"大内"，周长只有2.5千米。共设城门10座，门上有楼，城外也绕以护城壕，结构大体上和外城相同，但没有马面和瓮城的设施。宫城设城门4座，门上有楼，环城周围有护城壕[1]。

北宋开封城是我国古代都城逐步东进和南移的产物，其显示出北宋时期放弃了汉唐以来以长安、洛阳为都的传统，另辟蹊径营建起繁华的都市。根据历史学家和考古学家的研究，北宋开封城有着活跃的都市生活，在中国古代都城史上有着重要的地位，而且随着这一时期火器的使用，都城防御功能也发生着一些转变，而宋都开封就为我们提供了这一转型时期的研究材料。

南宋偏安江南，以隋唐杭州城、吴越西府和北宋杭州城为基础几经扩建而成临安城。临安城平面近似长方形，南跨吴山，北达武林门，左临钱塘江，右傍西湖，气势宏伟壮观。城区南北长约14里，东西宽约5里，面积约为60平方里（图二四）。城四周开有十三座旱门、五座水门。十三旱门中城西四门，即钱湖门、清波门（暗门）、丰豫门（涌金门）、钱塘门，城东七门，即便门、候潮门、保安门、新开门、崇新门（荐桥门）、东青门（菜市门）和艮山门，城南嘉会门和城北余杭门（北关门）[2]。

临安城是为数不多的地处南方的都城，南宋选址杭州也是对自身都城安危的考虑，其最大的特色是利用了南方发达的水系进行都城的防御，城门有水旱之分，并且东西两面都有水域天险。

与北宋、南宋相较，辽、金的都城则因其不断南扩和政治斗争而不断变更，916年，契丹首领阿保机称帝，建立政权，国号初称契丹，后改称辽国。两年后开始在现内蒙古巴林左旗南波罗城兴筑"西楼"，作为皇都。为加强统治和防御外族侵犯，先后建了上京临潢府、东京辽阳府、南京析津府、中京大定府和西京大同府5个都城，而辽上京为辽代五京之首而极具特色。

辽上京位于内蒙古自治区巴林左旗林东镇南。辽太祖耶律阿保机于神册三年（918年）开始兴筑，初名皇都，天显元年（926年）扩建，会同元年（938年）改称上京，并设立临潢府，是辽圣宗以前的统治中心，为辽代五京之首（图二五）。城址由皇城和汉城两部分组成。平面略呈"日"字形，由

---

[1] 丘刚：《北宋东京外城的城墙和城门》，《中原文物》1986年第4期；开封宋城考古队：《北宋东京内城的初步勘探与测试》，《文物》1996年第5期；开封市文物工作队：《北宋东京城外城城壕护坡勘探简报》，《华夏考古》2007年第3期。

[2] 唐俊杰、杜正贤：《南宋临安城考古》，杭州：杭州出版社，2008年，第9页。

南北二城组成，北为皇城，南为汉城。皇城城垣平面呈不规则六边形，宫城位于皇城的中北部。皇城是契丹统治者居住区域，也是初筑的皇都。

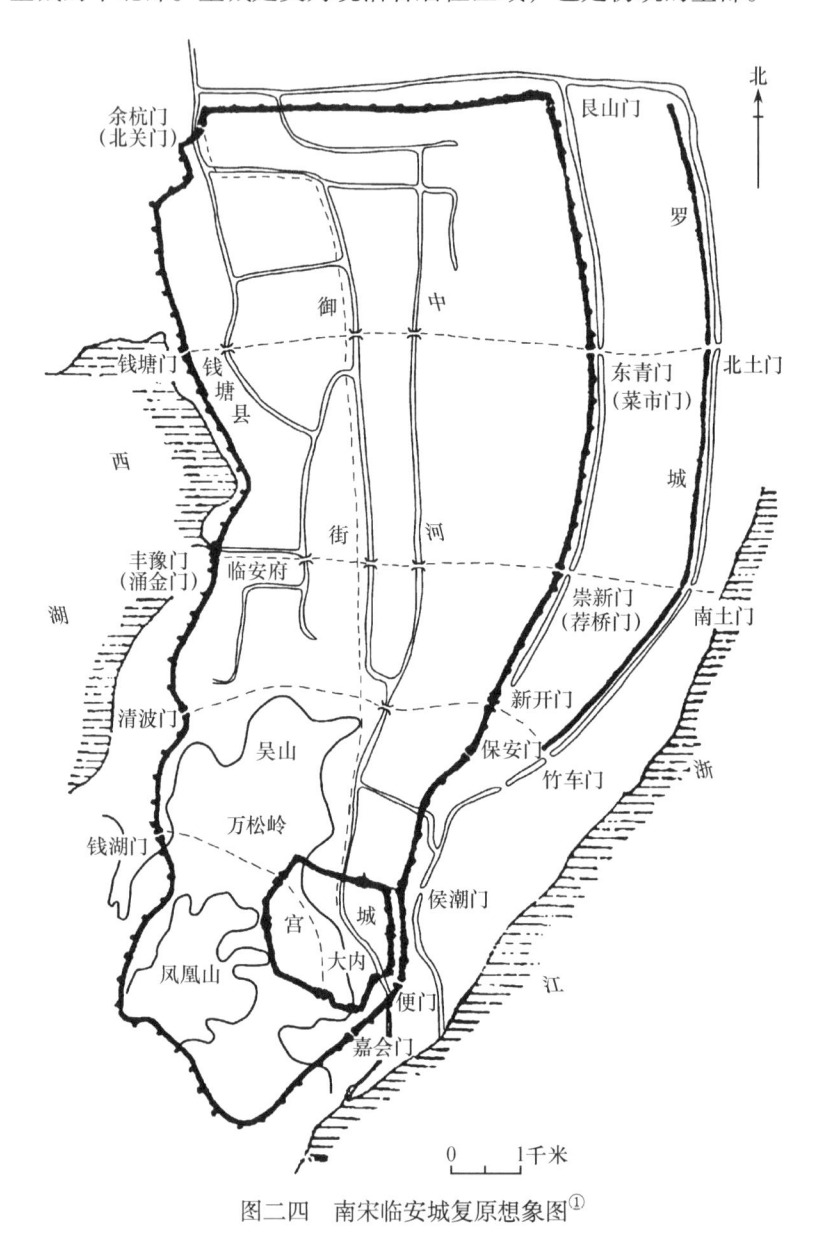

图二四　南宋临安城复原想象图①

---

① 唐俊杰、杜正贤：《南宋临安城考古》，杭州：杭州出版社，2008年，第9页。

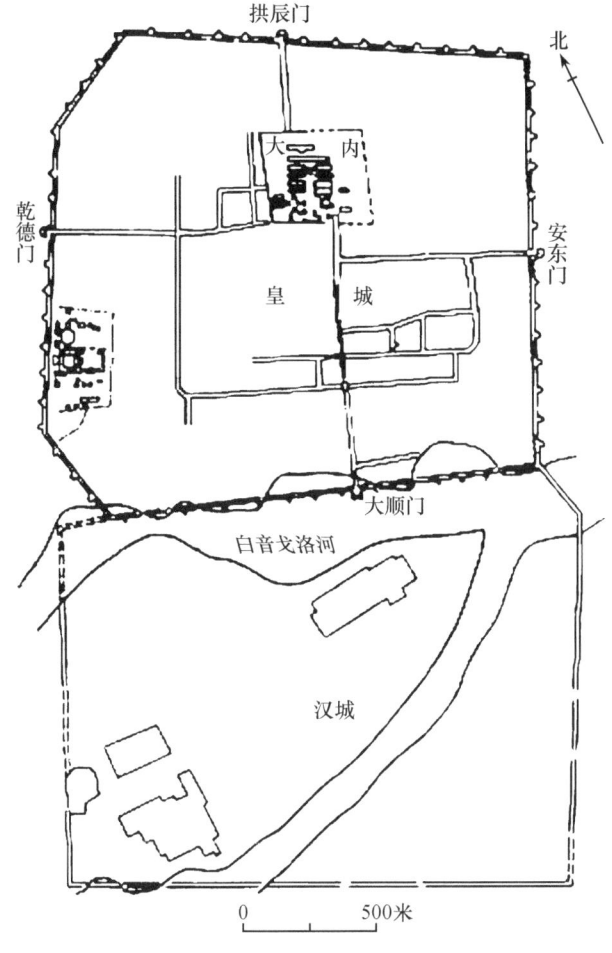

图二五 辽上京遗址平面示意图

上京城的城墙为夯土版筑。皇城城垣一般高出地面6～9米，与《辽史》载"皇城高三丈"基本吻合。辽上京城的外轮廓，汉城和皇城（不含皇城南墙）总周长为8838.63米。皇城东、西、北三面城墙外侧均有马面，共45个，每两座马面之间约相距110米。现存马面最高约13米。皇城的四面墙中，东墙长1467米；北墙长1485.8米；西墙不是直线，两端向内斜折，北段斜折墙长422、南段斜折墙长359、中段直墙长1063.1米；南墙应长1601.7米。总计皇城周长6398.6米。东、西、北三墙中部残存有门址，并加筑瓮城。西墙内的山冈顶部，有一组东向的建筑址，应是早期的宫殿遗迹，在此可以俯览全城。大内位于皇城中央部位，宫墙墙基已残毁，大致探明约为长方形，周长约2000

米。内有宫殿、门阙、仓库等建筑基址，其中有两座大型宫殿，建筑在高约4米的台基上。

汉城位于南部，是汉、渤海、回纥等族居住区域，其北墙即皇城南墙，东、南、西三墙系扩建。汉城城墙高2～4米，不见马面和瓮城等设施。东墙长1290、西墙长1220、南墙长1610米，三面共长4120米。

发掘者认为皇城外侧，有一条近似护城河的城壕。皇城拱宸门北侧较清楚，距马面外约3、壕宽约14、深2.5～3.6米[①]。

辽是契丹族建立的政权，具有浓厚的游牧民族特色，反映在都城上即将汉人与契丹人分区居住，而且从考古发现来看，契丹人所居住的皇城其军事防御程度明显强于南部的汉城，这也是对汉人区别对待的体现。这样的特色在中国古代都城中并不多见，所以对辽上京城址的军事考古学研究，甚至是对辽金时期的其他都城的城防设施分析，必须要联系其民族特征，将政治、文化、军事等各方面的因素综合考虑（表三）。

表三　辽金部分都城城防设施一览表

都城		位置	形制及规模	城墙	护城河	其他防御设施
辽	上京	内蒙古自治区巴林左旗林东镇南	平面略呈"日"字形，由南北二城组成，北为皇城，南为汉城	北城墙基宽15、残高8.5米	北城墙外发现有宽14、深2.5～3.6米的护城河，南城墙没有护城河	城墙马面每个间隔约110米，残存的东、西、北三门有瓮城门，南城墙没有瓮城门及马面
	中京	内蒙古自治区赤峰市宁城县	外城居住汉人，内城居住皇族			两城城墙都有马面遗迹，外城正南朱厦门残留瓮城门址，门址以北中心大道上发现了土包，可能是"市楼"

[①] 内蒙古文物考古研究所：《辽上京城址勘查报告》，《内蒙古文物考古文集（第一辑）》，北京：中国大百科全书出版社，1994年；董新林：《辽上京城址的发现和研究述论》，《北方文物》2006年第3期。

续表

都城		位置	形制及规模	城墙	护城河	其他防御设施
金	上京	黑龙江省阿城区旧城南	由南北两城构成，北城为工商业区，南城为贵族居住区			两城外城墙上修筑马面、角楼和瓮城门，城墙外还有护城壕，调查中还发现南北城隔墙上有南向瓮城门
	南京	即北宋开封				
	中都	明清北京城外西南		扩展了辽南京外城东、南、西三墙，并将辽南京旧子城分为南北两城		

（五）元明时期都城的军事防御设施

元明时期是我国第三个统一时期，两朝都城都经过细致规划，气势磅礴。明代初年短暂定都南京，经靖难之役之后迁都北京，其军事防御也有抵御鞑靼的考虑。而且这一时期热兵器得到了广泛的推广，都城的防御手段在战略及战术上都发生了变化。

至元八年（1271年），蒙古统治者改国号为大元，次年改中都（燕京）为大都，从上都（开平府）迁都于燕京。新建的大都，在原燕京城东北郊，分为大城和皇城（图二六）。元大都城防体系包括城墙、城门、护城河。大城为方形，周围长约30千米，城墙是夯土筑成。筑城时采用宋代旧法，即在墙内先设永定木，然后再加横向的纤木，然后加土夯筑。大城内为皇城，皇城以万岁山、太液池为中心，池东有周长九里的宫城，是帝后居住的所谓大内。起初无城墙，仅为军士环列守卫，后来以砖石修了一道长10千米的围墙，名肖墙，俗称红门阑马墙，就是皇城。元大都城门门道沿用宋金时代的旧做法，为大木过梁式方门。由于元初以武力平定天下，无外来威胁，因此未构筑瓮城。至元朝末年，农民起义蜂起，方修筑十一门瓮城。城门外设木

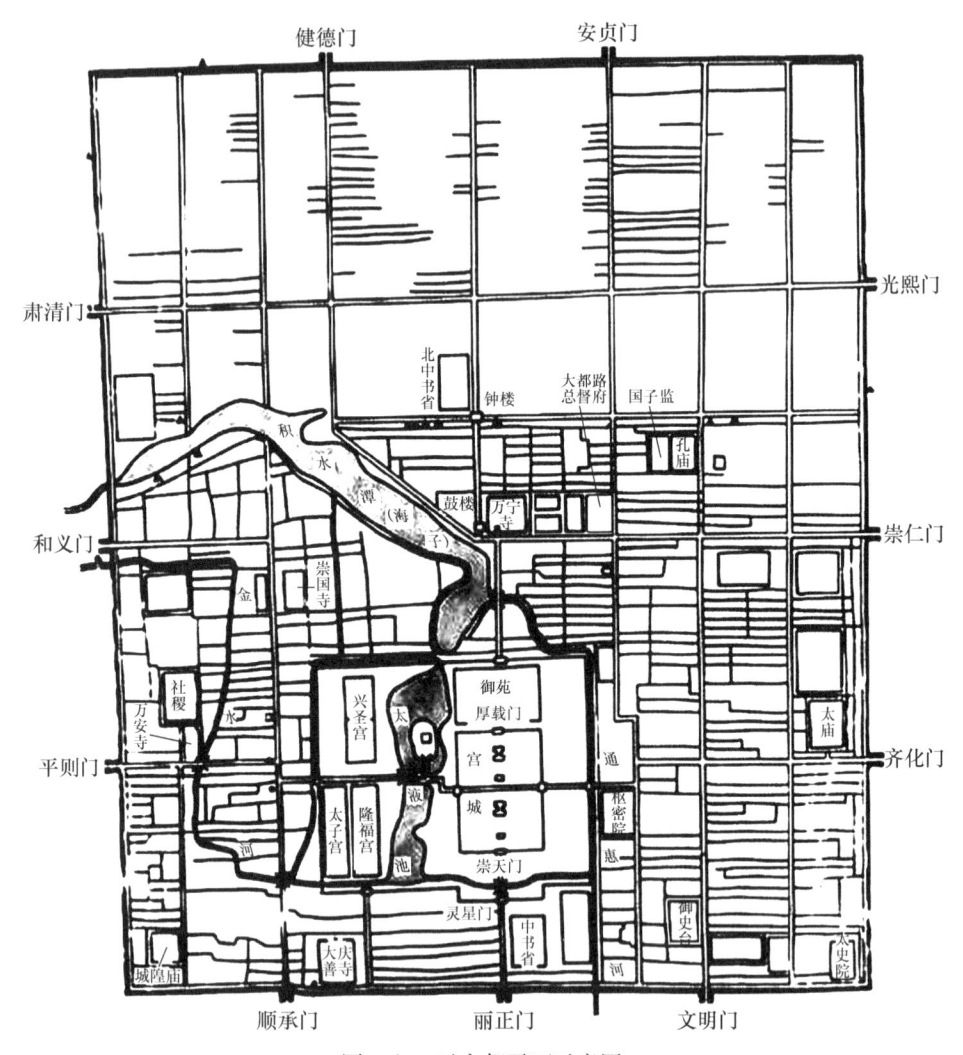

图二六　元大都平面示意图

制吊桥，以跨越护城河[①]。

元统治者将全国制兵器、制火药、制船的工匠集中到大都落户，成为军事工业和造船业中心，并开凿通惠河。至正二十八年（1368年），朱元璋派大将徐达北伐，兵临大都城下，元顺帝不战而逃，放弃大都，大都遂为明军

---

① 中国科学院考古研究所元大都考古队、北京市文物管理处元大都考古队：《元大都的勘查和发掘》，《考古》1972年第1期。

攻占。元朝修筑的大都成为明清北京城的发展基础,其筑城技术及防御手段也在明清北京城的构筑中得到了借鉴。

明军攻占元大都后,朱元璋命大将军徐达于洪武四年(1371年)修复元大都城垣,改名北平。靖难之役后,朱棣为了巩固对北方的防御,于永乐元年(1403年)改北平府为顺天府,改北平为北京。永乐五年(1407年)开始营建北京城和宫殿、庙坛,并改土城为砖城。到永乐十九年(1421年)才全部完工,并正式迁都北京。明朝中叶后,开始修筑外城,嘉靖三十二年(1553年)完工。明代的北京城由紫禁城(又称宫城)、皇城、内城和外城组成(图二七)。

紫禁城呈南北向的长方形,又称故宫或宫城。城墙周长3400余米,南北城墙长961、东西宽753米,城墙四角上筑有角楼。午门是紫禁城的南门,也是正门,平面呈"凹"字形。在正面和左右两侧部署兵力和火器,能严密控制午门的开阔广场和通道。皇城在紫禁城外面,周围长9千米以上,共设4门,门上构筑了城楼,其作用是护卫紫禁城和支援内城作战。内城构筑的设施主要包括城墙、城门、敌台、角楼、钟鼓楼及护城河等,实际上就是明朝前期的北京,是因为构筑外城才有的,在墙顶外侧构筑雉堞共11038个。全城按城墙分段构筑了9个掩蔽库,90座火药库,135个存放各种军用作战物资的储备库。内城墙之外约50米处,结合地势,环城构筑一条宽30、深5米的护城河。护城河环绕的9座城门外均筑了石桥,凡有水道通过城墙之处,在城墙下跨水道设置水关,水关是内外三层,每层都护以铁栅,以防止敌人由水栅潜入城内。仅南郊外有外城,周长为15千米,城墙高6.5、城底部宽6.5米,顶部构筑雉堞9487个,每座城门上都筑了城楼,城门外都以半圆形外瓮城加强回护。瓮城门上都构筑箭楼。在外城城墙的四角城顶上均构筑角楼,整个外城城墙上构筑敌台60座。

明代北京城是我国古代筑城史上的高峰,是古代都市设计的集大成者。并且作为帝国都城,军事防御功能也十分突出,运用了前代积累的各类防御工事,如瓮城、护城河、马面、角楼、水关、武库等。同时,定都北京也体现着"天子戍边"的思想,其与京城远郊的昌平城、拱极城和内长城等防御设施一同构成了庞大的都城防御体系。

我国古代都城的军事防御是不断进步的过程,都城作为君侯天子的驻跸之地,是一朝、一国的最高核心,完善都城的军事防御过程是对王权的巩固。因此,历朝历代都将都城的营造视为一项重大的任务,往往举全国之

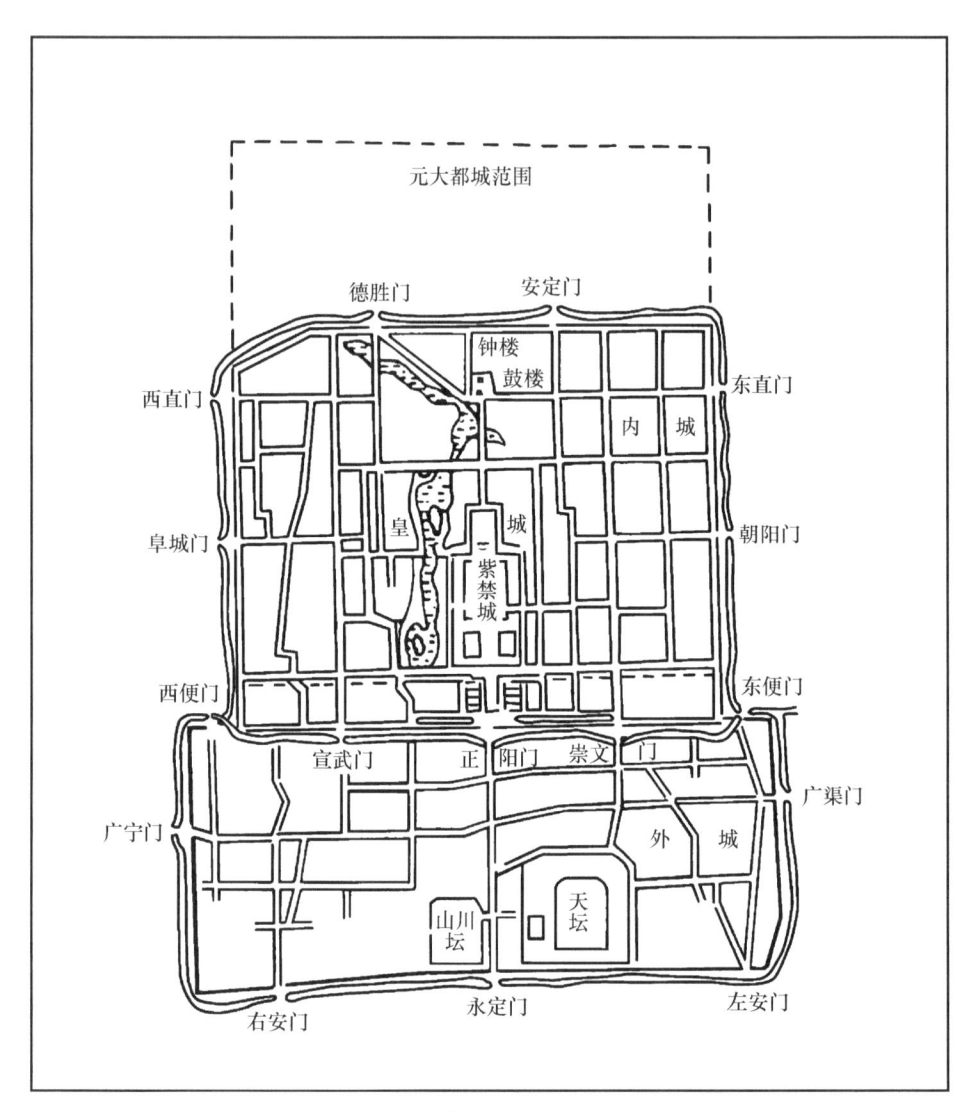

图二七　明代北京城平面示意图

力，利用最先进的筑造技术，采取更完善的驻防思想，打造固若金汤的都城。但是，再坚固的堡垒也有被攻陷的一天，朝代更迭，王权轮转，城墙、护城河等基本的城市防御设施也走向了消亡。

三、古代内地城址的军事防御遗存

古代每个朝代都有不同的行政建制，如西周分封制、秦郡县制、汉州郡制、唐府州制等。每一级的行政中心都是依托固定的城池而运转的，因此在等级上此类城址与都城有所区别，但往往受到前代该城址及都城防御方式的影响。

内地在一定意义上是政治稳定、远离战乱的代名词，但战乱及其他因素也促使其修筑城墙、护城河的传统未曾衰落。目前，通过考古发现的历代城池数量众多，结合历史文献，我们基本能够掌握其军事防御设施的信息。从根本上来讲，这些城池的军事防御设施并未有本质的变化，城墙在不断利用新的技术加固，马面、瓮城等设施也不断更新，而且一般中小型城池大多是沿用的前代城池，其创新之处并不明显。

"古者天子守在四夷"，这是中国古代统治者的一种重要的军事防御观念。研究表明，殷商国家十分注重"守在四夷"的军事防御观念，在周边地区设立一系列军事重镇，抵御敌人的侵犯和国都的安全。商王朝在北境现河南北部和山西南部，自东向西建立了焦作府城[1]、沁阳商城[2]、垣曲商城[3]和夏县东下冯商城[4]等多座军事重镇，形成了殷商王朝的北方防御体系。在南方，商王朝在长江沿岸建立了黄陂盘龙城[5]等军事重镇。在西方，商王朝在现陕西西安市老牛坡[6]等地建立起镇抚西边的军事重镇。因为与东夷有联盟的关系，所以除了东方，其他地区都建立了军事重镇，构成了殷商国家军事防御体系。

商代内地城址的防御设施比较简单，但城墙已经出现，而且对地形的

---

[1] 袁广阔、秦小丽：《河南焦作府城遗址发掘报告》，《考古学报》2000年第4期。
[2] 郑杰祥：《郑州商城和偃师商城的性质与夏商分界》，《中原文物》1999年第1期。
[3] 中国历史博物馆考古部、山西省考古研究所、垣曲县博物馆：《垣曲商城——1985~1986年度勘察报告》，北京：科学出版社，1996年。
[4] 中国社会科学院考古研究所、中国历史博物馆、山西省考古研究所：《夏县东下冯》，北京：文物出版社，1988年。
[5] 湖北省文物考古研究所：《盘龙城——1963~1994年考古发掘报告》，北京：文物出版社，2001年。
[6] 刘士莪：《老牛坡》，西安：陕西人民出版社，2002年。

利用也较为成熟。以府城遗址为例，其位于焦作市西南郊距市中心约10千米的府城村西北部台地之上，遗址北距太行山约15、南临沁河约20千米，经考证，府城遗址是一处商代早期军事重镇。遗址北部自西向东有一条小河流过，平面形状呈方形，面积近10万平方米。南北长约300、东西宽约310米。在府城遗址中部发现商代早期城址、夯土基址、房基等文化遗存。西城墙现存高约2、长300、宽4~8米，北城墙保存长约300、高2~3米。东城墙复原长度约300米。南城墙仅有地下部分的基槽（图二八）。城墙的建筑方法是先挖基槽。基槽宽约15、深0.9米，然后加板夯筑而成。从发掘情况看，城墙是用比较小的集束木棍夯砸而成的，每捆由15~20个小木棍组成[①]。

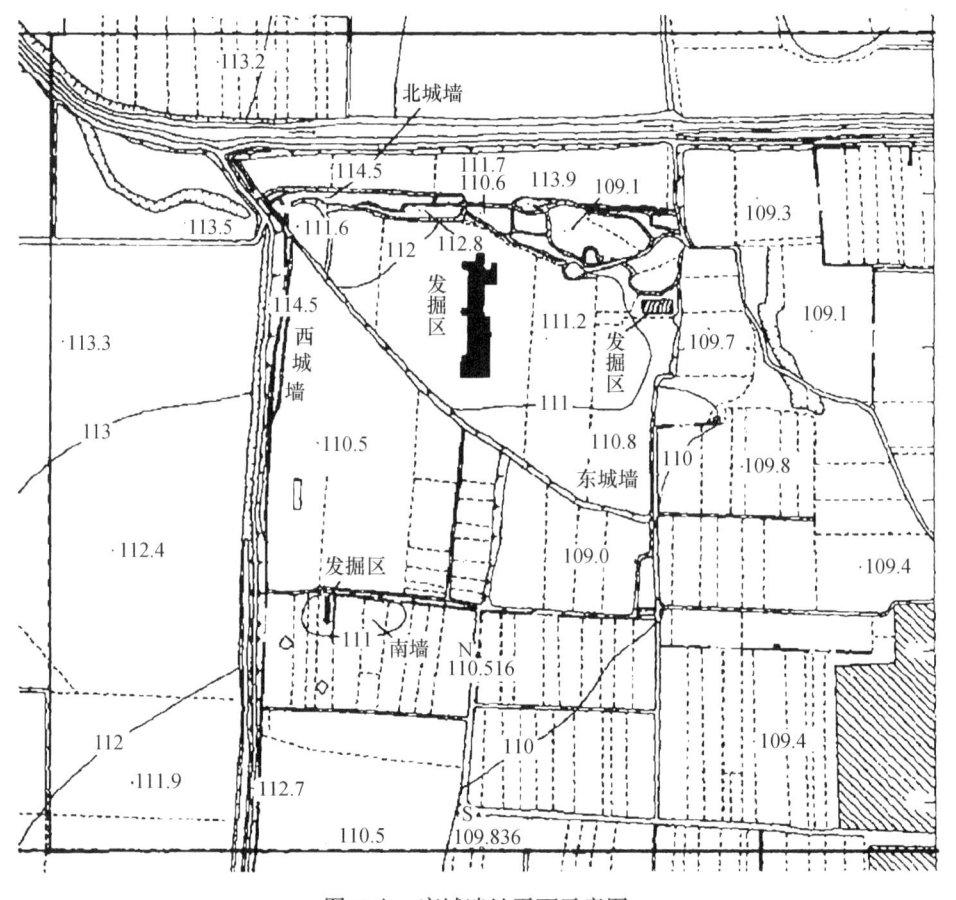

图二八　府城遗址平面示意图

---

① 袁广阔、秦小丽：《河南焦作府城遗址发掘报告》，《考古学报》2000年第4期。

西周王朝推行"宗法制"与"分封制",并以礼治来加强。"宗法制"就是以血缘关系为基础,利用大、小宗的传嫡制来巩固统治阶级内部的等级制度,以加强王权及各级奴隶主贵族的专制统治。"分封制"就是将周王子弟、同姓贵族、有功或臣服的异姓贵族,封为公、侯、伯、子、男等不同等级的诸侯,分配在全国各要地,建立军事据点性质的城邑,以统治当地民众,藩屏西周王室。这些大国,是西周王朝统治的支柱。它们不仅拥有自己的常备性质的军队,而且修建了保卫自己的城池。因而,就形成了疏散分布于全国各要地的城池网络。目前所发现的封国城邑主要有三门峡李家窑城址[①]、曲阜鲁国城址[②]、滕州滕国故城[③]、荥阳娘娘寨城址[④]、汉魏洛阳故城下西周城[⑤]、周公庙遗址[⑥]、凤翔水沟城址和宝鸡蒋家庙城址[⑦]、邢台南小汪-葛家庄邢国遗址[⑧]、山东青高陈庄[⑨]以及在荥阳官庄发现的两周时期的大型环壕聚落[⑩]等十余处西周时期的城址遗存。在这些设防完备的封国城邑,根据各自的地理、军事情况,建设与之适应的防御体系,共同拱卫了王都的安全,开

[①] 李家窑遗址考古发掘队:《三门峡发现虢都上阳城》,《中国文物报》2001年1月10日;李家窑遗址考古发掘队:《南虢都城上阳重见天日》,《中原文物》2001年第1期;魏兴涛、史智民、李胜利:《三门峡虢都上阳城发现大型宫殿性建筑基址》,《中国文物报》2002年1月25日。

[②] 山东省文物考古研究所、山东省博物馆、济宁地区文物组等:《曲阜鲁国故城》,齐鲁书社,1982年。

[③] 中国科学院考古研究所山东工作队:《山东邹县滕县古城址调查》,《考古》1965年第12期。

[④] 张松林、张家强、黄富成:《河南荥阳娘娘寨遗址发掘出两周重要城址》,《中国文物报》2009年2月18日;郑州市文物考古研究院:《河南荥阳娘娘寨城址西周墓葬发掘简报》,《文物》2009年第9期。

[⑤] 中国社会科学院考古研究所洛阳汉魏城队:《汉魏洛阳故城城垣试掘》,《考古学报》1998年第3期。

[⑥] 徐天进:《周公庙遗址的考古所获及所思》,《文物》2006年第8期。

[⑦] 徐天进:《周公庙遗址的考古所获及所思》,《文物》2006年第8期。

[⑧] 河北省文物研究所、邢台市文物管理处:《邢台南小汪周代遗址西周遗存的发掘》,《文物春秋》1992年增刊。

[⑨] 山东省文物考古研究所:《山东高青县陈庄西周遗址》,《考古》2010年第8期。

[⑩] 韩国河、顾万发、赵海洲等:《河南荥阳官庄发现两周时期大型环壕聚落》,《中国文物报》2012年12月21日。

发了四方的土地，扩大了国家的疆域。

陈庄西周城址为西周时期非封国都城的城池，通过考古发掘，确认该遗址为西周时期的一座城址，时代为西周早中期，城址四周普遍有壕沟、城墙等防御设施（图二九）。其性质有陵园说[1]、营丘说[2]、丰邑说[3]、军事城堡说[4]及西周诸侯国之别都、辅都说[5]等。该城位于淄博市高青县花沟镇陈庄村东，坐落于陈庄和唐口村之间的小清河北岸，东北距县城约12、北距黄河约18千米，周围属地势平坦的黄河冲积平原。遗址中部被一条南北向的水渠破坏，将遗址分成东、西两部分。

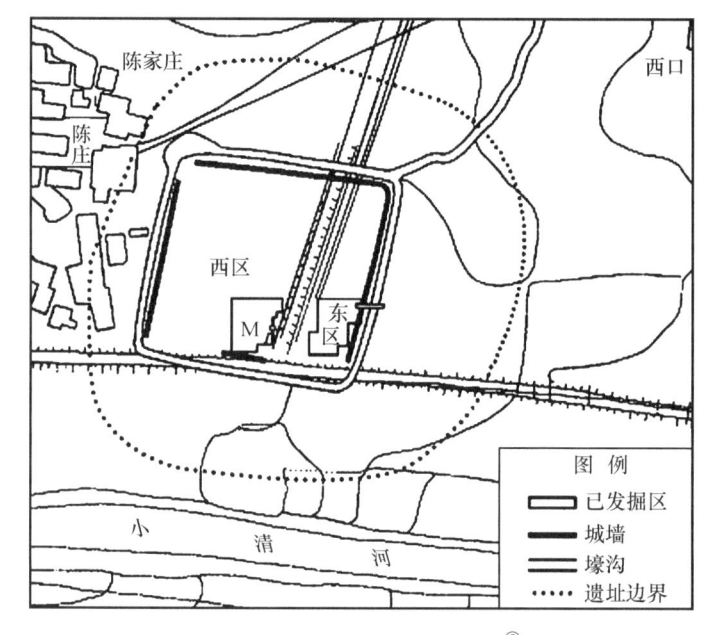

图二九　陈庄遗址平面示意图[6]

---

[1]　任相宏、张光明：《高青陈庄遗址M18出土丰簋铭文考释及相关问题探讨》，《管子学刊》2010年第2期。
[2]　王恩田：《高青陈庄西周遗址与齐都营丘》，《管子学刊》2010年第3期。
[3]　方辉：《高青陈庄铜器铭文与城址性质考》，《管子学刊》2010年第3期。
[4]　魏成敏：《陈庄西周城与齐国早期都城》，《管子学刊》2010年第3期。
[5]　徐学琳：《高青陈庄西周城址性质探讨》，《管子学刊》2011年第1期。
[6]　山东省文物考古研究所：《山东高青县陈庄西周遗存发掘简报》，《考古》2011年第2期。

此城址城内面积约40000平方米，城址近方形，城内东西、南北各180余米。其中东、北两面城墙保存较好，西城墙大部分尚存，南墙基本被大水冲掉，局部残存墙体的底部。墙体皆用花土分层夯筑而成，夯层厚5～8厘米，夯窝圆形圜底，为使用单木棍作为夯具夯筑而成。在南墙中部应有一个城门，城内有宽20～25米的道路通往南墙中部，但揭露后发现城门已被唐代的砖窑完全破坏，其余三面城墙经密探后没有发现缺口。

城墙四周有壕沟环绕，与城墙间距2～4米。从发掘情况判断，壕沟经多次开挖、清淤、拓宽，从内向外可分为4条壕沟。从出土遗物分析，这几条沟分属西周、春秋与战国时期[①]。据发掘者推测，城址的使用期应不晚于西周中期，可能始建于西周早期阶段[②]。

春秋战国时期诸侯间征伐不断，除了诸侯的都城之外，其他军事城堡也是攻城略地的重要对象。并且有些小国被大国所兼并，其国都则成为大国的一座城池，地位发生了变化，但因其往往地处战略要地，其军事防御功能并未被削弱。淹城遗址原为西周时期的淹国国都，春秋时期为吴兼并，淹城就变为吴国的一个军事城堡（图三〇）。

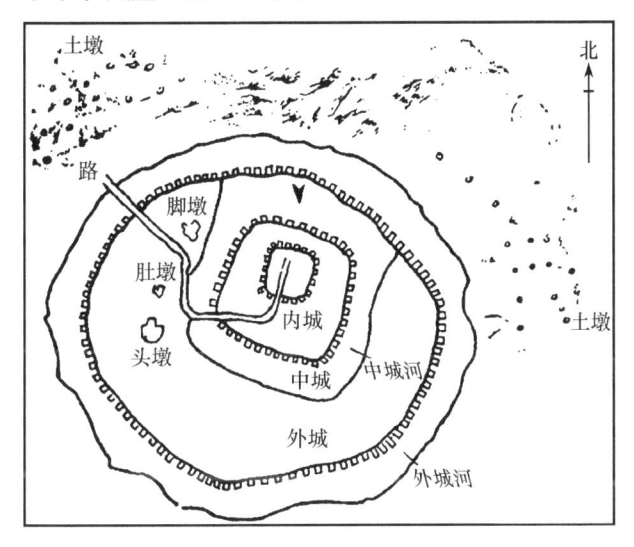

图三〇　淹城城址平面图

[①] 郑同修、高明奎、魏成敏等：《山东高青陈庄西周遗址考古发掘获重大成果》，《中国文物报》2010年2月5日。

[②] 山东省文物考古研究所：《山东高青县陈庄西周遗存发掘简报》，《考古》2011年第2期。

该城址位于江苏常州西南7千米处,有内、中、外三道城墙,内城呈方形,周长约500米;中城也是方形,周长约1500米;外城为不规则的圆形,周长2500米。每道城墙只有一座城门,而且不在同一方向上。内城门在南墙正中,中城门在西墙偏南端,外城门在西北面。三道城墙外均有城壕。内城壕已湮没,中城及外城壕宽45~50、深约9米,长年不干。内城地势隆起,城墙高距地面约6米,中、外城紧挨城壕,墙高距水面约10米。三道城墙的厚度,均在2米左右,为堆土筑成。中城城壕不与外界相通,但曾于壕底出土铜镞、铜剑等兵器及4只西周时期建造的独木舟。从城门方向看,当是吴国向东方防御的军事要点。有学者就认为,淹城遗址"同吴国境内诸多城池一样,淹城三城三河相套的古城应是春秋晚期吴国统治者以国家名义统一调集民力而有计划筑造的,其目的主要也应是着眼于政治和军事上的考虑,特别是用来作为军事防御目的,既可抵挡防御西来的楚国的东进,又可备作东南越国进犯而退却固守的基地"[①]。

春秋战国时期,人们对水运的认识有了明显进步,大量水利设施在这一时期修筑,围绕水利设施也产生了新的城池,吴国邗城即为此例。吴王夫差为了争霸中原,修筑了邗沟,并筑建了邗城,以作为屯军之用。该城位于江苏扬州西北2.5千米处的蜀岗之上。平面略呈方形,总面积约2.6平方千米。东、西、北三面有版筑夯土城墙,南面利用蜀岗断崖。四面均有城壕(护城河),西、北、南面壕宽达100米,均与邗沟相通。东面城壕较窄,为20~40米,但在城壕外面,即为平行的邗沟。东、北、西城墙,各有城门一座,城门外均有瓮城遗址,城东北角有城楼遗址。另外在北、东两面,还各有水门一座,船舰可由邗沟进入城中。这是一个作为屯兵、积粮的前进战略基地、纯军事性质的城池。

秦郡县制、汉州郡制的实施,使秦、汉城址数量众多,遍布于河北、河南、山东、山西、湖南、湖北、江苏、江西、安徽、浙江、福建、广东、广西、新疆、内蒙古及辽宁等各地。这些城池,或沿用或改建战国时期的旧城池,或在前代居民点上发展起来的新城市的外围建筑城墙、外壕等防御工程而新立的城池,或在被平毁的战国城址附近,另建新的城墙,置建郡县。目前考古发现的有河南武陟东张村古城(河内)、禹州阳翟故城(颍川),

---

① 彭适凡、李本明:《三城三河相套而成的古城典型——江苏武进春秋淹城个案探析》,《考古与文物》2005年第2期。

山东巨野昌邑故城（山阳）、诸城古城子村古城西（西汉琅邪郡）、昌乐古城村古城（西汉北海郡）、章丘东平陵故城（济南郡、国）、平原县平原故城（平原郡），河北临漳邺北城（魏郡），河南南阳宛县故城（秦汉南阳郡治），江苏苏州古城（秦、西汉会稽郡治吴城）、镇江铁瓮城（孙权临时京城），安徽寿县寿春故城（秦汉九江郡治、西汉初淮南国都）、六安西古城（汉六安国都六县），湖北云梦楚王城（西汉江夏郡治）、江陵郢故城（秦南郡治安陆），湖南长沙临湘故城（汉长沙国、长沙郡治）、鼎城索县故城（汉武陵郡治），河南商丘睢阳故城（梁国）、河北邯郸大北城（赵国）、献县乐成故城（河间国）、石家庄东古城（西汉真定国），山东临淄齐国故城（齐国）、曲阜鲁国故城汉城（鲁国）、寿光剧县故城（西汉淄川国）、东平须城村古城（东平国）、高密城阴城（西汉胶西国、高密国）、临沂开阳故城（东汉琅琊国），江苏泗阳凌城故城（泗水国）、扬州蜀岗古城（广陵国）、睢宁下邳故城东汉（下邳国）等郡国城。湖北宜城楚皇城、蕲春县蕲春故城、赤壁土城村古城，湖南龙山里耶古城等县邑城。

三国、两晋南北朝时期的城池，在主体工程、城墙的构筑上，较前又有了进一步的发展：在已有城堞、瓮城的基础上，较普遍地修建了角楼和城楼；而且较普遍地修建了马面墙台；或利用自然高地，或修建夯土高台，较普遍地在城内构筑了能控制全城的支撑点核心工事；有的采用当时最先进的材料——三合土夯筑城墙；开始在城墙马面中修建仓库，储存军粮、军械等。例如，曹魏邺城的修建就有许多开创性的成就，并被后赵、冉魏、前燕、东魏、北齐五朝作为都城，居黄河流域政治、经济、军事、文化中心长达四个世纪之久。

邺城，系汉冀州魏郡的治所。原为袁绍集团的根据地，曹丕代汉建魏后定都洛阳，但将长安、谯、许昌、邺城、洛阳定为"五都"，足见邺之重要。

建安九年（204年），曹操围攻邺城。曹操遂以邺城为战略根据地，由于城防工事及设施，在攻守作战中已大部损坏，邺城作为作战基地亟待恢复和发展。据《水经·浊漳水注》说，曹操在削平割据势力，统一北方的过程中，又重新规划，再建了邺城城池（图三一）。

从防御工程上说，它继承先秦以来已有的、在城内构筑高台以控制全城的传统，并予以发展，在宫城之外、城的一隅构筑类似核心工事的高台工事三座，可以相互支援，以加强防御的稳固性与韧性。邺城城墙西北角，曹操所建金虎、铜雀、冰井三台，尚有遗迹可寻。金虎台遗址南北长约120、东西

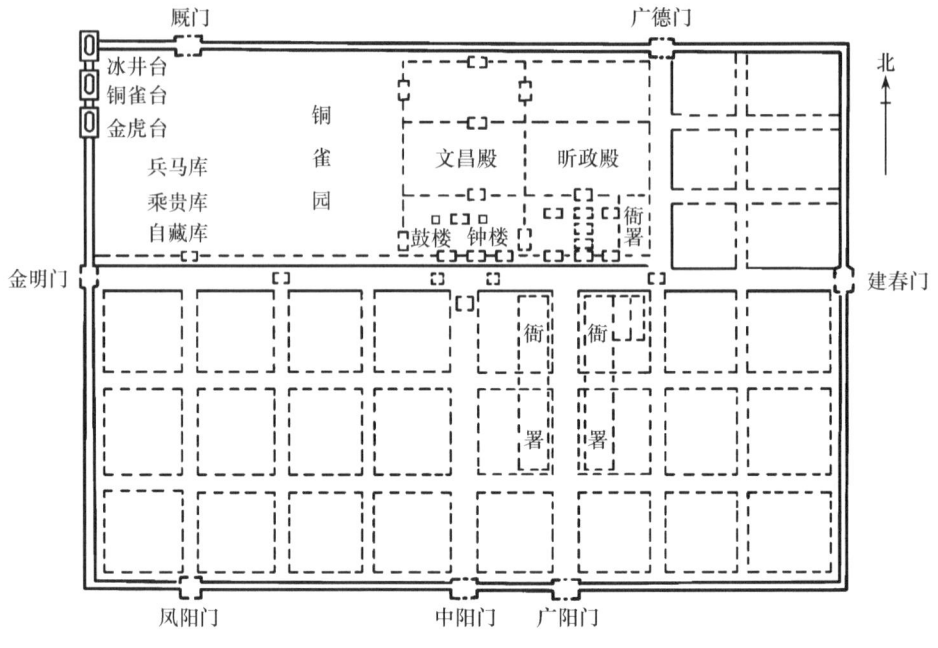

图三一　曹魏邺都北城平面复原略图

宽约70、高约10米，至今顶部尚有原建筑物的瓦砾堆积层70~80厘米。距金虎台北85米为铜雀台遗址。连接两台的城墙遗址，其宽度高达50米[①]。

邺城是我国历史上都城发展的转折点，其对于城墙的防御功能开发有着积极意义，金虎、铜雀、冰井三台的军事防御意味浓厚，在三国争霸及南北朝分裂割据时期发挥着重要的军事意义。

隋代周而一统，短暂的隋朝在全国各地都沿用、改建、新建了诸多的城市，大都如大兴城，地方城市如扬州城、晋阳城等。隋唐扬州城是继西京长安和东都洛阳之后规模最大、最为重要的地方城市，也是隋唐时期中国对外交往的重要港埠，在中国城市发展史上具有重要的意义。从军事考古学的角度考虑，隋唐扬州城的城防与其地形及河流走向有着密切关系，作为隋唐时期江南地区大型城市，它的军事防御与北方地区长安、洛阳等防御方式有着不同的特征。

隋唐扬州城即现扬州市区和北郊，位居长江下游北岸，地当长江两岸南北交通之要冲。唐代扬州城由子城和罗城两部分组成（图三二）。子城为

---

① 俞伟超：《邺城调查记》，《考古》1963年第1期。

官府衙署区，利用隋江都宫城、东城修筑，平面呈不规整的多边形，局部城垣保存高度约10米。城垣为土筑，城门及城墙转角处有包砖，城外有城壕。罗城建在蜀岗之下，为商业、手工业和居民区，唐代中期扩建，平面呈长方形，南北长4200、东西宽3100、城墙厚约9米①。

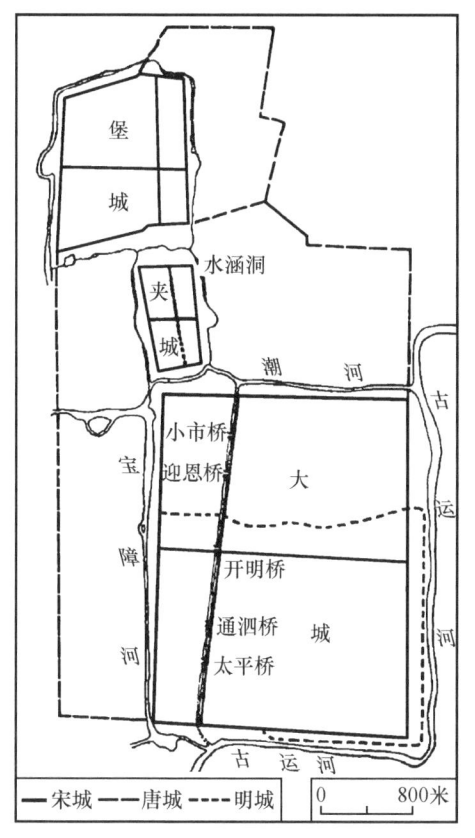

图三二　扬州城平面图②

宋元明时期，军事城防的发展已经达到了较为成熟的水平，相关设施也渐趋稳定，没有太大的变化。但宋元交替之际，为抵御蒙古南侵，南宋在西南地区掀起了修筑寨堡的热潮，构筑了钓鱼城、海龙囤等军事城堡。明清以来，海防成为国家新的战略思考，因此也出现了为防御海寇的城池。

① 中国社会科学院考古研究所、南京博物院、扬州市文物考古研究所：《扬州城：1987～1998年考古发掘报告》，北京：文物出版社，2010年。
② 李裕群：《隋唐时代的扬州城》，《考古》2003年第3期。

韩信城在北宋时期为淮东转运枢纽，金元时期为军事重镇。根据钻探试掘，可以基本确认韩信城遗址外城郭为元代建筑，内城垣为宋时建筑。该城位于淮安市清浦区城南乡西境，北濒里运河与京杭大运河交汇处。

经调查钻探，韩信城四周城墙分内外两道，平面呈"回"字形，与清咸丰《清河县志·图说》描绘的形制相符（图三三）。两城垣平行对峙，间距相等，相隔80米左右。内城外有一条护城河，宽度为8米左右，深约4米。内城墙尚有东、南、西三面残垣，以南垣保存较好。内城垣里外两侧，距地表3米左右普遍发现包砖墙，墙体内下扎众多的木桩。南外垣与内城东西二垣均发现了城门（北城门覆盖在河堤下），门道宽度为15～20米。从东、南、西三处城门所在位置看，城门不是设在城垣部位[①]。

韩信城是宋金对峙的前线，反映了这一时期城防建设是围绕政权之间战争所开展的，而蒙古崛起之后，以强大的军事能力消灭了金，其后与南宋对峙数十年。为了抵御蒙军南下，南宋在西南地区构筑了一套严密的寨堡防御体系，并取得了积极的作用，钓鱼城和海龙囤就是其中的代表。

钓鱼城古城遗址位于重庆市合川区东城半岛的钓鱼山上，其地雄关高峙，上扼嘉陵江、渠江孔道，下控嘉陵江、渠江、涪江入汇长江要津，乃循

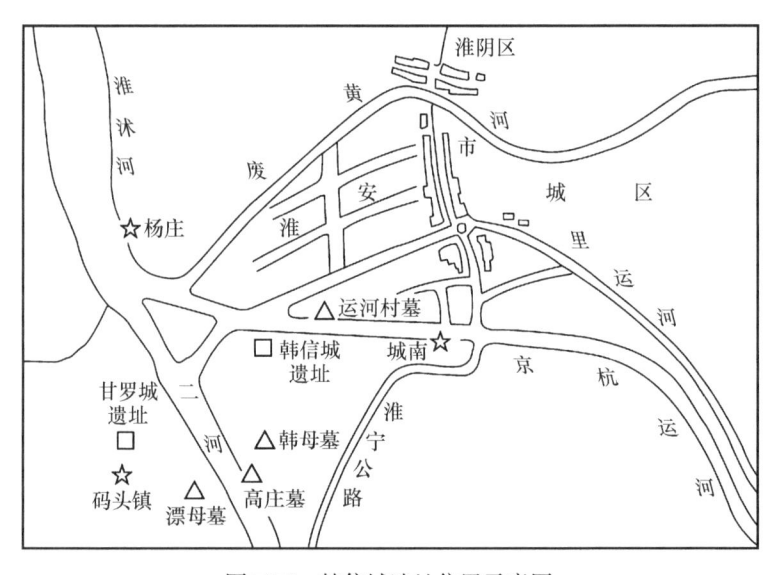

图三三　韩信城遗址位置示意图

---

① 淮安市博物馆：《江苏淮安韩信城遗址调查试掘与文化性质再认识》，《东南文化》2009年第4期。

江直达重庆的锁钥门户、军事要地。在13世纪的抗蒙（元）战争中，合川钓鱼城作为川渝地区山城防御体系的重要组成部分。从1243年建城抗击蒙古军犯境始，至1279年守将王立以城降元止，共坚持守土抗战36年，经大小战役200余次[①]。

该遗址由钓鱼山山顶环城，南、北一字城墙及南、北水军码头共同组成，另有连接南水军码头的城墙一道。现存遗址有沿山南宋所建城垣6500余米，从顶直贯嘉陵江心的"一字城墙"1500米。环山城墙沿钓鱼山顶部山崖分布，连接镇西门、始关门、小东门、新东门、菁华门、出奇门、奇胜门一周，城墙中散布小型马面及排水孔多处，全长约5810米；南一字城墙，起筑于山南飞檐洞以东40余米的峭壁之下，止于嘉陵江边，全长约400米；南水军码头城墙，西距南一字城墙400米，起筑于山南始关门西侧90余米的峭壁之下，缘山脊而下，向南与嘉陵江边的南水军码头相接，全长约260米；北一字城墙，起筑于山北出奇门下，顺山势北下，绕经大龙潭，穿越小龙潭溪沟后止于嘉陵江边，与北水军码头相接，全长约850米；北水军码头，位于钓鱼山北部小龙潭溪沟与嘉陵江交汇处，坐南朝北，西、北两面临江，东为小龙潭溪沟。新东门侧悬崖间所凿抗蒙所用的出入城池地道犹存，后人称"皇洞"。新东门正对面的山堡脑顶坪，有当年蒙哥大汗所筑瞭望台的遗址。距钓鱼城正东1500米处的石子山上，有蒙哥大汗驻跸的御营遗址。城南隔嘉陵江相峙的炮台山，有蒙古丞相史天泽驻军营地遗址；城北面渠江岸边的马鬃山，和嘉陵江岸屹立的虎头山，系当年钓鱼城守将张珏出奇攻陷蒙古军屯兵据点，现遗址仍存。现合川区城北纯阳山一线，有张珏所筑、与钓鱼城构成军事掎角的宜胜山城遗址。另外，在钓鱼城新东门和镇西门外，各有一小山堡，皆名"喊天堡"。

在遗址西北部城墙外（奇胜门以北约100米）调查发现了古地道一处，距地表约5米，由主通道、六条短支道及竖井组成，总长度约35米。主通道平顶，直壁略弧，凹形底，横剖面略呈倒"凸"字形。隧道内填满石块，出土大量檑石、铁弹片、铁钉及少量宋代涂山窑瓷碗、盏残片。根据发掘结果，初步断定该地道是蒙军为攻克钓鱼城而开凿的一条直通城墙下（或城内）的进攻地道，废弃原因可能是被钓鱼城守军发现后填埋[②]。

[①] 唐唯目：《钓鱼城古战场遗址》，《四川文物》1989年第6期。
[②] 袁东山、蔡亚林：《合川钓鱼城古战场遗址取得重要发现》，《中国文物报》2010年2月5日。

总的来说，内地普通城池的城防设施发展与同时期的都城基本类似，或延续了较早时期的城防遗存，只是在其基础上进行加固和改进。与都城不同的是其受到战争影响较大，有的城池因战争而营造，有的城池因战争而改建，有的城池因战争而覆灭，这一特点在分裂时期尤为突出。因此，战争是城防发展的动因之一，反之，城防的不断进步，也促使了战争的残酷性不断加深。

四、古代边疆城址的军事防御遗存

边疆筑城往往与边防有着密切联系，但其作为城池，也有着基本的城防功能。我国古代疆域不断变化，新的王朝往往在边境地区修筑了小的城池，这些城池既肩负了守疆卫边的职责，又对城池内的官署、民众有着保卫功能，所以边疆城池与内地城池的军事防御也存在差异。从概念上说，我国古代"边疆"是一个动态的存在，历朝历代对边疆的定义都有所不同，这就使得对边疆城址的界定因时而异。而且边疆筑城也不是传统意义上华夏族（汉族）的专利，根据目前的考古发现，许多少数部族也在边疆地区筑有城池。同时，我国是一个大陆国家，但也有着漫长的海岸线，因此，东北、西北、西南有着诸多的陆防城址，而进入宋元之后，海疆筑城也成为一种军事需求。

夏商时期，边疆概念较为薄弱，大型城池多集中于统治中心，考古所发现的边疆城址数量有限。进入西周以后，严密的宗法制和分封制形成了明确的疆土概念，封国之间、封国与外族之间存在着比较明确的界限，所以为了抵御外族入侵，边疆就营造了较多的城址，作为拱卫王师，安疆拓土的基地。

琉璃河城址是西周时期诸侯国都城，是分封制与宗法制的见证，而且其地处西周的边缘地带，是与北方草原民族对峙的前线，其城市防御手段具有一定的地方性特色。该城址位于北京市房山区琉璃河镇北部，地处属太行山脉的西山东麓的山前平原。现在城址的北半部尚保留了大部分墙基，南部城垣迄今未发现，可能已被大石河冲毁。已知北城墙全长829、东西城墙各残长300余米。根据已探明的部分，推测城的平面略呈方形或长方形。夯土城垣分段版筑而成，墙体内外侧有护坡，夯筑质量较主墙稍差。外坡直通城外护城河的底部，护城河的情况不是很清楚，根据1996年清理的一段护城河来看，"这段护城河的形状相当的不规矩，靠近城墙的护城河南岸坡度也并不陡峭。它的深度亦相对较浅，最深处距城墙基底部平面也不过3米，而且这部分的宽度只有3米多一点。其余大部分的深度都在2米左右。显然，作为城市一道防卫设施，其功效较其他商周时期城市的同类设施要低一些。当然，这里的水面较宽，探沟内已露出的部分就已超过20米，或可弥补其深度的不足"[1]。该城始建年代应在西周早期，废弃年代不晚于西周晚期[2]。

西周时期，对西周最大的外部威胁应当来自北方的戎狄部落。陕西清涧县李家崖古城，年代约为商代晚期至西周早期，可能是当时活动于陕北、晋西北地区的部族方国的筑城。该城址位于陕西清涧县高杰乡李家崖村西，平面呈不规则长方形，东西长495、南北宽122～213米，城内面积67000平方米（图三四）。

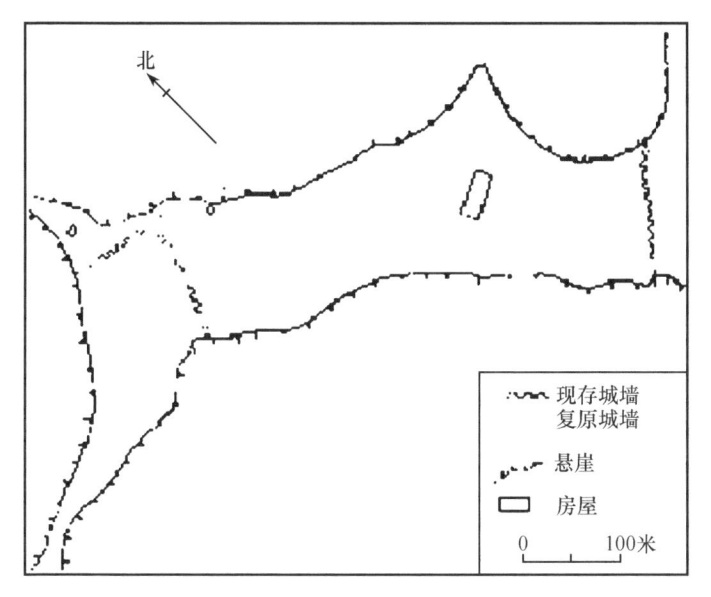

图三四　李家崖古城址平面图[3]

---

① 琉璃河考古队：《琉璃河遗址1996年度发掘简报》，《文物》1997年第6期。

② 中国社会科学院考古研究所等琉璃河考古队：《琉璃河燕国古城发掘的初步收获》，《北京文博》1995年第1期；赵福生：《西周燕都遗址（琉璃河商周遗址）》，《北京文博》1995年第1期。

③ 张映文、吕智荣：《陕西清涧李家崖古城址发掘简报》，《考古与文物》1988年第1期。

发掘者认为，李家崖古城址文化遗存的时代上限约相当于殷墟商文化分期的第二期①。古城南、西、北三面环水，东西筑有城墙，南北是利用了深至百米的无定河河道的悬崖峭壁为防御屏障。城墙为土石结构，先筑外壁，后筑内壁。外壁是在一层石块上敷一层土，土层经过乱夯，层层往上砌，砌墙用的石块经过加工，大小基本相同，砌成的外墙面紧密平整，内侧凹凸不平。城墙的外侧还有土石结构的护城坡。外壁加内壁加护城坡的底部总宽7.4～8.95米，城墙现存高3.1，顶宽1.25～1.45米。晚期又在城墙外侧下部修筑加固墙，以防城墙向外倒塌。

李家崖古城址，是我国北方地区首次发现的一座古城址。这座古城墙为土石结构，这在我国目前发现的早期古城中尚属首见。该古城址的发掘，对研究我国古代城市的起源、国家的形成和早期军事发展提供了有价值的资料，特别是对研究商周时期居住在我国北方地区少数民族的文明发展史有着极为重要的价值和意义。

秦人的发展史也与商周之际抵御西北地区戎狄部落有着密切联系，史载商代晚期，秦先祖中潏"在西戎，保西垂"；西周中期孝王时，非子因养马有功，被"分土为附庸"。"邑之秦，使复续嬴氏祀，号曰秦嬴"，始有"秦"之称。近些年的考古发掘也揭示了早期秦文化的诸多遗存，如西山城址、大堡子山城址与山坪城址等。

礼县西山遗址时代最晚为西周晚期②。城址所处的位置是早期秦人活动中心聚落的中心遗址，位于礼县县城西侧的山坡上，顺着山势，依山而建，呈不规则的西窄东宽的形状（图三五）。夯土筑成，面积约10万平方米，夯土横断面光滑平整。

西山城址的发现，对于早期秦人的城市布局、结构、功能与特点等方面的研究，是难得的重要资料，同时也为了解与研究早期秦人的都邑军事防御提供了宝贵的信息。

大堡子山城址位于西汉水北岸，依山坡而建，夯土筑成，平面呈不规则的长方形，东、西城墙断续长约1000米；北城墙长约250米，西城墙的正

---

① 张映文、吕智荣：《陕西清涧李家崖古城址发掘简报》，《考古与文物》1988年第1期。

② 赵丛苍、王志友、侯红伟：《甘肃礼县西山遗址发掘取得重要收获》，《中国文物报》2008年4月4日。

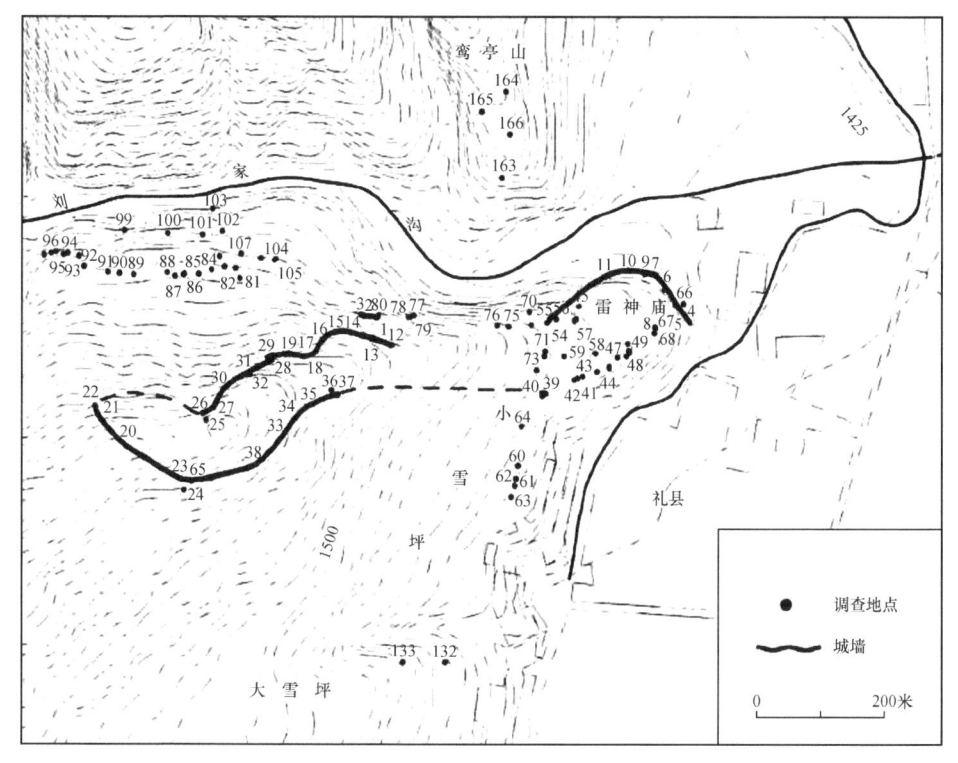

图三五　西山城址平面示意图

中有小路横贯城址，形成的缺口可能和城门有关，面积约25万平方米（图三六）。

山坪城址与大堡子山城址隔河相望，目前只在山顶和山腰发现了长300多米的夯土城墙，在山腰发现寺洼文化墓地和周代居址，由于此遗址除周代遗存外只有少量齐家文化遗存，可以初步判断这里也有一座周代城址[①]。

春秋战国时期，为了抵御北方戎狄的南侵，秦、赵、燕等国通过修筑长城来加强防御，在长城沿线筑有大小城池作为军事据点。而与中原地区大致同一时间的新疆地区也出现了早期城址，但由于缺乏文献记载的支持，这些城址的性质还需深入探讨，如哈密焉布拉克古城。

哈密焉布拉克古城遗址为一夯土、土坯结构的城堡式复合建筑遗迹，与哈密焉布拉克墓地共存，分别属于同一个聚落遗址的居住区和墓葬区。位于

---

① 早期秦文化考古联合课题组：《甘肃礼县大堡子山早期秦文化遗址》，《考古》2007年第7期。

焉布拉克墓地分布区东南侧一椭圆形黄土岗上，土岗高出地表约半米，附近有泉水。1958年黄文弼主持了调查与发掘，但现在地表已不存任何迹象。

遗迹整体略呈长方形，长60、宽50米。四周有夯土围墙，北墙与东墙已倒塌，西墙和南墙保存较好，最高处达5、基宽3米左右。南墙外紧邻墙体还有2个相连的小房子，均为方形，皆保留了土坯墙体。门开在东边房子东墙北端。两房之间有缺口，可能是相通的门道①（图三七）。

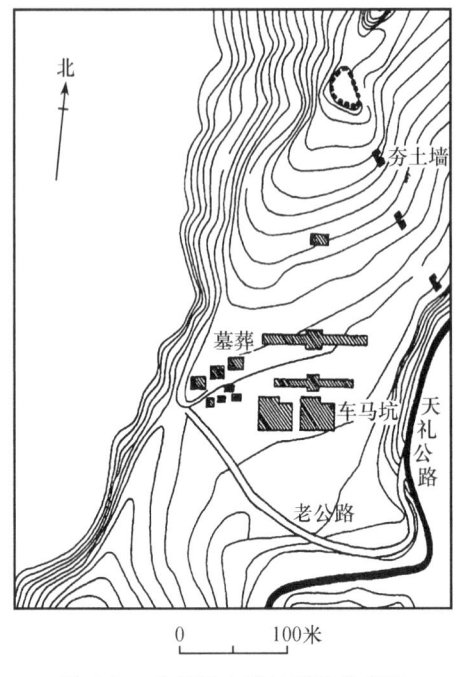

图三六　大堡子山遗址遗迹分布图

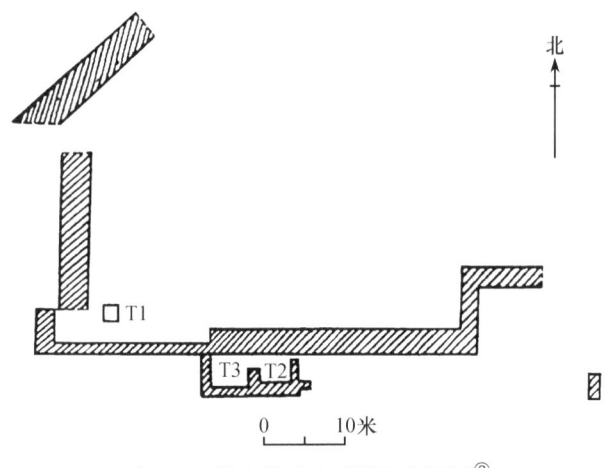

图三七　焉布拉克古城遗址平面图②

---

① 黄文弼：《新疆考古发掘报告（1957~1958）》，北京：文物出版社，1983年。
② 黄文弼：《新疆考古发掘报告（1957~1958）》，北京：文物出版社，1983年。

第五章 古代军事遗迹

先秦时期，边疆城邑的规模较内地明显偏小，这些城邑地处战争前线，与大型都邑相比，其防御强度并不占有优势。在一定意义上，它们是单纯的军事堡垒，军事性是其主要特性。而且先秦的边疆城址也奠定了我国古代疆防的主流，即北方是主要的防御区域。秦汉以降，随着丝绸之路的开通，这一特点更加明显。

西汉时期，北方匈奴对中原构成了极大的威胁，汉王朝在战国、秦防御设施的基础上，不断加强对北方游牧部族的限制，多次与匈奴进行战争，稳定了边疆。有学者指出，秦汉时期的边城，大部分位于秦汉长城沿线内侧，主要分布在现内蒙古中西部、内蒙古东部、辽宁西部、陕西北部，甘肃和宁夏也有一部分。在黄河以南的北方各郡县，即现在的山西、河北等地，也存在边城性质的古城。这一地带（北方长城地带）发现城邑150余座。主要有磴口补隆淖古城（朔方郡治）、包头麻池古城（九原郡治）、古城村古城（云中郡）、和林格尔土城子古城（定襄郡）等[①]。例如，幽州右北平郡，是西汉北方的军事重镇，自古以来，这里就是我国北部草原牧区通往内地的交通要道，郡治即现宁城县黑城古城。该城位于老哈河上游北岸、老哈河两条支流——黑里河和五十家子河汇流处的三角地带。

这座城址，从现存情况看比较复杂，共有大、中、小三城，其间并有互相借用或打破的关系。因此可知不是同一时期建成，它们应是几个不同时期的遗迹。对其名称，当地群众有约定俗成的说法，因大城在最外面，就叫作"外罗城"；中型城址墙壁高大完整，筑城因系用含有大量文化遗物的腐殖质土，颜色灰黑，就叫它为"黑城"；小城在大城的后外部，由于较小，认为是大城的花园，就叫它为"花城"（图三八）。根据目前所掌握的资料，尚无法判定黑城为汉代城址，但花城应为战国燕的军事堡垒，外罗城为西汉时期右北平郡及其治所平刚县。

外罗城平面为长方形，东西较长而南北较短。城壁保存不好，有的地段只可看出形迹。西墙南段保存较好，墙虽颓坍，但仍作岗状隆起，墙外现是乡道。南墙西段情况较为明确，隆起墙基现宽10.7、存高1.5米；墙基外部地面较平，15米处开始低洼，呈壕沟状，应是护城河遗迹，但有的地方已为黑里河冲毁。南墙为河水冲毁，已无明显痕迹。东墙北段保存较好，直到东北

[①] 徐龙国：《秦汉城邑考古学研究》，北京：中国社会科学出版社，2013年，第149页。

城角，仍清晰可见，现坍后墙宽达15、高出地表仍有1.6米，可见原来城墙是很高大雄伟的；在墙外也有如西南城角护城河的壕沟遗迹。城墙用土较纯，不含有遗物，墙为夯筑，夯层厚8厘米。

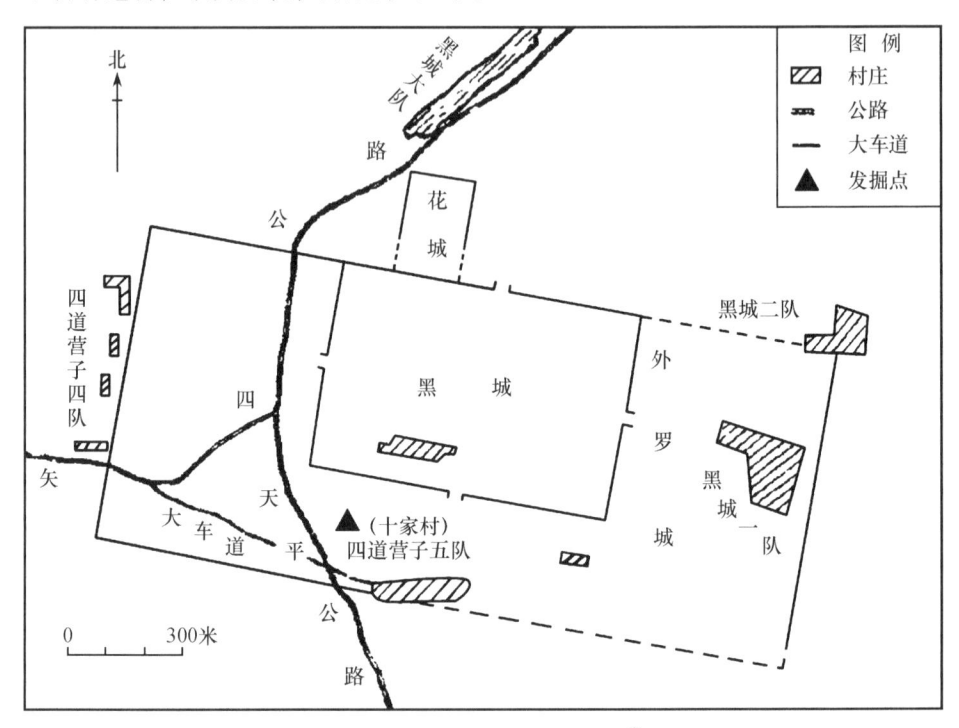

图三八　黑城城址平面示意图①

黑城是在这三座城址中保存最为完整的，四壁城垣未遭大的破坏，大体保存原来的结构，这在现存的古代城址中是不多见的。黑城平面作长方形，东西长810、南北宽540米。城壁保存较好，只西、北两壁略有颓坍，东、南两壁仍然壁立如削。城有四门，门外接筑瓮城。城壁外侧筑有马面，四角并有角台；马面、角台均高出城壁之上。城墙外面四周围城有护城河②。

秦汉时期众多边城地处交通要道，扼守军事要冲，盛行"回"字形的防御布局。目前所见到的资料中，边城的平面形制大致有长方形、方形、"回"字形、曲尺形、"吕"字形、"品"字形、五角形和不规则形几

---

① 冯永谦、姜念思：《宁城县黑城古城址调查》，《考古》1982年第2期。
② 冯永谦、姜念思：《宁城县黑城古城址调查》，《考古》1982年第2期。

类。长方形和方形城址数量较多，其次是"回"字形的城址，其他几种都比较少见[①]。

汉唐时期，北方边疆最大的变化莫过于丝绸之路的繁荣与兴盛，因此，这一时期北方边疆的筑城运动往往是围绕丝绸之路开展的，如骆驼城、锁阳城、交河故城等。

交河故城有文献可考的历史至少可以追溯到公元前2世纪。据《汉书·西域传》记载，西汉时它是车师前部王都，因"河水分流绕于城下"而得名，西汉元帝初元元年（前48年），交河设戊己二校尉，驻交河城屯田。魏晋时期，设交河郡。唐设交河县，曾一度为安西都护府的驻节之地。8世纪末交河陷于吐蕃，9世纪中叶后，设交河州，属回纥管辖。13世纪下半叶，西北蒙古贵族集团的海部、都哇发动战乱，交河故城屡屡受祸，破坏严重。明朝永乐年间（1403~1424年）该城已废。

交河故城的建筑布局由三个部分组成：贯穿南北的一条中心大道把居住区分为东、西两部分，大道北端是一座规模宏大的寺院，以它为中心构成了北部的寺院区，建筑多是长方形院落，院落门向着所临街巷（图三九）。从每所院落的平面布置来看当为寺院，尤其是主室里都有一个方土柱，应是神坛或塔柱；大道东区南部为大型民居区，北部为小型居民区，中部为官署区；大道西区除大部分为民居外，还分布了许多手工业作坊。城中大道两旁皆是高厚的街墙，临街不设门窗。大体南北、东西向垂直交叉、纵横相连的街巷把36万平方米的建筑群分为若干小区，颇似中国古代城市的坊、曲。城门两个，南为主门，但已毁。东门保存较好，东城门系用减地留墙法挖出的半圆形瓮城，瓮城内中部和北部有2个长条状门道。瓮城南壁开龛状住室，瓮城中和东侧分散和集中分布6眼古井，瓮城与内侧的巷道间有2门，中间大门西侧巷道立壁上有一龛状房址。整个瓮城被包容在交河故城整体布局之内，这一点与中原地区古代城市结构中常见的在城门之外另加筑小城（方形或圆形）以增加城门和城市防护能力的瓮城相比，虽形式上有所不同，但在功能上显然是一致的。这是交河故城古代劳动人民因具体地形、地势的一种创造发明。F1、F2、F3应该是一组纯军事性设施，它围在瓮城内侧主门内外，严密监视出入者的行动。F1、F3为固定哨。F2则很可能是守城兵士临

[①] 徐龙国：《秦汉城邑考古学研究》，北京：中国社会科学出版社，2013年，第178页。

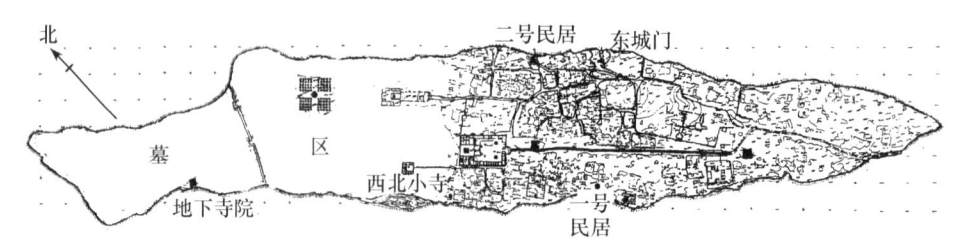

图三九 交河故城平面示意图

时休息的地方[①]。

丝绸之路不仅是一条对外交流的通道，更是中古中国政治、经济、社会等各方面发展的重大事件，围绕丝绸之路所开展的军事活动在中古中国有着重要的影响，丝绸之路的开拓、发展及消亡都与军事活动密切相关，开展对丝绸之路的军事意义考察，将会推动对丝绸之路认识的深化。

除了丝绸之路沿线的城防建设，中古时期，北方草原地带的战事频繁，魏晋南北朝时期，燕云地区是重要的争夺对象，通过考古发现，证实了这一时期该地区的军事防御状况。

朝阳城始建于341年，历史上称作"龙城"，是两晋十六国时期前燕、后燕、北燕（简称"三燕"）的都城，唐朝（618~907年）时是东北的军事重镇，一直是东北亚地区的中心城市。直到元朝（1206~1368年）被废弃。2003年7月至2004年12月，辽宁省文物考古研究所对朝阳北大街进行考古勘探和发掘工作，在古城中部偏西北，发现了上自前燕，下到辽代一直沿用的三燕宫城城门建筑基址，这处宫城城门遗址位于朝阳市老城区的南北轴线上，门址有三个门道（图四○）。按中国古代的等级制度规定，只有都城的城门才允许开设三门道，据此推测，这段城门是前燕始建龙城时建筑的南门。

北魏灭北燕后，于燕地设营州，领昌黎、建德等六郡，龙城为营州昌黎郡治所。龙城由都城降为州治，其宫城变为内城，具有都城象征意义的南门东西两侧门道亦随之被封堵，仅保留了中间门道。营州是北魏在东北地区所置唯一州级建制，负责联络、安抚东北地区各少数民族，为加强防务，不仅对营州内城的南门进行了封堵加固，对外城也进行了加固，北门还增筑了瓮城。隋唐时，尤其是唐代营州的军镇地位得到进一步强化，开元年间又设平

---

① 联合国教科文组织驻中国代表处、新疆文物事业管理局、新疆文物考古研究所：《交河故城——1993、1994年度考古发掘报告》，北京：东方出版社，1998年，第158页。

第五章 古代军事遗迹

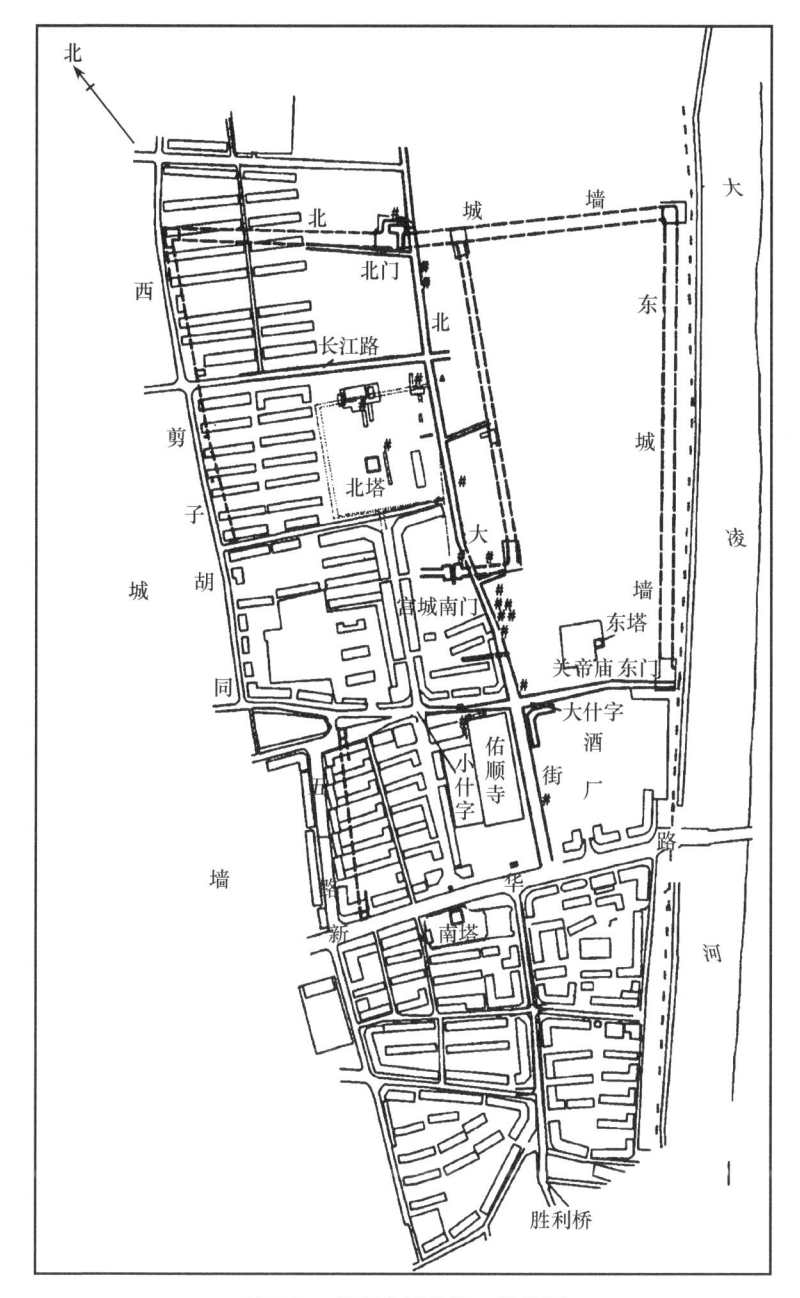

图四〇 朝阳古城发掘、勘探图

卢军节度使于营州，所以无论是内城还是外城，又得到大规模的增筑加固。辽金时期中原政权势力撤出东北地区，契丹、女真的势力达到华北平原的北部，与两宋对峙，辽西地区由中原经营东北地区的前沿变为辽金的腹地。朝阳古城作为兴中府的治所，成为区域行政、经济、文化中心，其军事防御功能大大降低[1]。

宋辽金时期，北方少数民族不断南下，军事斗争激烈，促使各个政权在边疆地区修筑各类城防设施，如八里城遗址。该城是我国东北边疆军事重镇，位于肇东市四站镇东八里村东八里屯西北雄踞松花江左岸一弓形台地上。八里城实测周长3761米，近3800米，合市制约八里，故俗称八里城（图四一）。东墙长922、西墙长943、北墙长911米。有四座瓮城，瓮城的北门与东门开在正中，西门与南门则偏左。城墙外缘附有马面60座，各马面之间距离不等，间距最长为67、最短为44米，四隅设角楼。八里城的城墙为夯土版筑，墙外10米处有一道护城河绕城一周。南壕最宽最深，西壕最浅。城壕外有土堤一道环护全城，高出地面1~1.5、宽12米左右。有很多丘状土墩附于墙之外缘，门有半圆形之瓮城，瓮城门有正有偏。这些特点皆与金都上京会宁府、金代乌尔科边墙附近的城堡形制类同。初步推断八里城应为金代遗址。这座城北依松嫩平原，南临松华江，与金都上京余宁府相距万米隔江相望，可能为金代的一个重镇[2]。

元明时期，西南地区少数民族地区时有叛乱，因此，当地部族和地方行政机构都筑有坚固的城防工事，加强对该地区的控制，防止出现部族叛乱。地处湘西南边陲的武冈古城即为代表。

武冈古城古称"都梁"，自西汉迄今，一直是"黔巫要地"的政治、经济、军事重镇。武冈古城墙是中国南方现存历史较早、规模最大的一座（内外皆石）县城城墙。始于汉桓帝派窦应明"伐蛮筑城"。北宋为"屯兵峙粮、控制蛮獠"，于"军署"治所夯土版筑城墙，总周长十余里，城门上建有"醮楼"。元末毁于兵燹。明洪武四年（1371年）朝廷派江阴侯吴良主持修建武冈城，改土城为石城，以数百上千斤乃至成吨重的方形青石砌筑墙

---

[1] 田立坤、万雄飞、白宝玉：《朝阳古城考古纪略》，《边疆考古研究》（第6辑），北京：科学出版社，2007年。

[2] 肇东县博物馆：《黑龙江肇东县八里城清理简报》，《考古》1960年第2期。

体，内外皆石，长774丈①，高2丈，顶阔8尺。嘉靖二十七年（1548年）岷康王朱誉荣增建"小王城"，长270丈；明隆庆元年（1567年）宝庆府同知段有学、武冈知州蒋时谟增筑外城，长736丈，高1丈，顶阔8尺，垛头高4尺。形成"内城"（含大、小王城）与"外城"三环相扣、城门十三及城楼多座、总周长5874米的全石构城墙。晚清于内城增设大小炮台52座以抵御太平军。武冈城墙今幸存城垣四段（内城二段、外城二段），总长1450米，墙体分墙基、墙垣、雉堞（垛子）三部分。墙基石深入地下0.5～2米。墙垣高6～6.6米，分四层砌筑，内外靠墒，城墙和马面上有女墙，墙上原有既能藏身又能瞭望、射击的凹口和方孔，均已毁。城门四座，即济川门、清渠门、迎恩门、庆城门。各城门分两层，城墙基址、城门保存完好，均为方条形青石砌筑②。

图四一　八里城城址平面图③

---

①　1丈≈3.33米。

②　曹砚农、萧时高：《湖南古代州县城墙建筑的代表作——试析武冈古城墙的历史功能及保护价值》，《中国文物科学研究》2010年第2期。

③　肇东县博物馆：《黑龙江肇东县八里城清理简报》，《考古》1960年第2期。

武冈古城现存全石结构四座城门，每座都有内外两道门，外层为铁闸门（千斤闸），内层为转轴铁门，具有坚固的防御作用；武冈古城在外、内城的中间有一道人工渠，自西向东穿城而过，成为护城的第二道屏障；其城墙基脚深入地下达2米，均用巨型方石砌筑，能有效防止敌方"穴地为道以攻城"。

宋元明时期，北方丝绸之路逐渐衰落，而海上丝绸之路成为中外交流的重要通道，促进了我国海域的开发，由此也带来了倭寇、海盗频繁侵扰海疆的恶果，促使东南沿海地区一些海防城池的构筑。

大鹏所城全称"大鹏守御千户所"，始建于明洪武二十七年（1394年），隶属南海卫，归广州府辖。大鹏所城从海路与东莞守御千户所一起扼守珠江口，是外敌入侵岭南重镇广州的必经之路。所城地势由北向东、西、南三面倾斜，东临龙头山，北靠排牙山，南相隔海对峙的七娘山构成了所城的屏障，所城坐落其中，若有敌船袭击，设在七娘山上的烽火台就可以迅速传递信息。大鹏所城在明清两代抗击外侮的战争中起到重要的作用，是岭南地区重要的海防军事要塞，也是我国目前保存下来比较完整的海防卫所城池之一。

所城平面呈不规则梯形，城四周设东、西、南、北四个城门，现东、西、南门保存完好。北城门外地势高于其他三面，只要高筑城垣，守城兵士居高临下，就可以从北城墙上观察到东西两边的敌情，只需坚守之，即可。即使盗贼越过东、西护山，但相距不远，又有高峻之城垣，城上守兵完全可以控制、预防偷袭。北门附近还设有火药局，因地势由北向南降低，设置在高处以利于防潮。

古城平面受地势条件影响，仅在东、西、南三面设护城河，并"掘河聚泥，复砌以石"，护城河的泥土挖出来后，复又用作城墙的填土，外以砖石包砌，这不失为一个省时省力的好方法。此外，在兵家冲突的要冲部位更是严加防范，加固城垣。有些文献及历史记载提到的大鹏所城曾建瓮城，目前无法考证[①]。

---

① 肖海博：《大鹏所城研究》，开封：河南大学硕士学位论文，2007年。

五、古代城防遗址的田野考古

如前所述，城防遗存是军事遗存中的重要组成部分，历代王朝、各个地区都有丰富的城防遗址存留，而这些城防遗址的田野考古工作又与聚落考古、都城考古有着密切的联系。以往的考古工作往往注重将城防遗址纳入整体聚落或者都邑进行田野发掘，这一工作方法已经较为成熟，将城防遗存作为聚落或者都邑的一部分进行调查和发掘，是城防遗址军事考古学研究的必由之路。

从考古学理论与田野考古工作原则上讲，我们不能忽视城防遗存在聚落或者都邑遗址中的地位，城防设施的产生和发展与聚落、都邑的形成有着密切联系。"聚落考古是以实际的聚落资料作为研究的基础，其考察对象应以完整的聚落遗址为最基本的单位。它由一系列以特定方式被遗弃于特定的时空范围的文化遗物及其存在背景构成，是一个考古学可以处理的经验性实体。"[1]城防遗存则能够被纳入这个经验性实体之中，并且能够结合自身特点，在聚落考古和都城考古的田野方法之上，形成一套军事考古学的城防遗存田野调查与发掘的工作方法。

（一）城防遗存的考古调查

城防遗存是聚落、都邑遗址的组成部分，所以城防遗存的考古调查与聚落、都邑遗址的考古调查有着相通之处。考古调查的目的在于掌握和了解某一遗址的物质遗存的分布及保存状况、分布范围等基本信息，城防遗存的考古调查往往是随着对与之相关的聚落或都邑的考古调查而进行的。

如为了确定宋代黄州城遗址的地理位置、明确城址的范围、建筑与废弃年代，湖北省文化厅、湖北省文物局安排湖北省文物考古研究所与黄冈市博物馆、黄州区博物馆组成宋城遗址考古论证课题组，于2011年6月15日至7月16日对黄州宋代城遗址进行了考古调查和钻探，同时对相关的禹王城、明清黄州城进行了实地踏勘。通过田野考古工作，确定了宋城的具体位置，探明了城墙的四至、范围和城内文化层堆积的厚度，辨明了城墙的建筑方法与结

---

[1] 贾腊江、赵丛苍：《聚落考古及其在实践中若干问题的思考》，《西安交通大学学报（社会科学版）》2009年第3期。

构特征，断定了城址的筑建与废弃年代（图四二）[①]。这次考古调查获得了宋代黄州城的城防遗存的主要遗迹——城墙的基本信息，在其调查报告中，调查人员详细介绍了他们的调查内容：

（1）今黄州城区的整体地貌特征与人文环境；

（2）城周围地貌特征与人文环境；

（3）城垣的形状、四至及范围；

（4）城垣缺口的形状、宽度与城门的关系；

（5）护城壕沟遗迹的地面形状、流向及现存地面的宽度；

（6）城内文化堆积与当时建筑遗迹的分布状况；

（7）城外墓葬与遗迹的分布状况；

（8）城址的始建、使用、废弃年代；

（9）明清黄州城以汉川门城墙、胜利南村城墙、市幼儿园城墙地段为代表的砖砌城墙的建筑年代、分布范围；

（10）宋代黄州城与明代黄州城的关系。

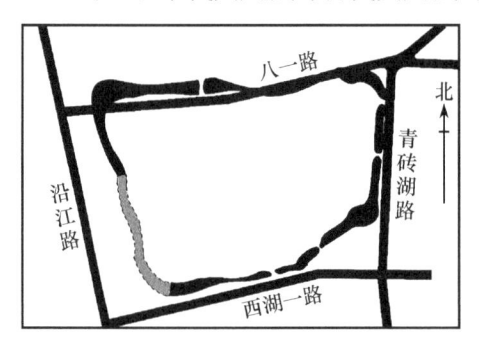

图四二　宋代黄州城平面示意图

从上述10条调查内容来看，这次调查就是围绕城墙遗存所展开的，又因城防遗存是历史时期城址保存较好的遗迹现象，所以为了调查清楚历史时期城址的基本状况，城防遗存必将是重中之重。

军事考古学视野下的城防遗存考古调查有着不同于传统考古调查的特点，我们将其初步总结如下。

首先，在掌握详尽的背景资料的基础上制订科学有效的调查计划。城防遗存所依附的遗址主体是城址，某一城址从构筑到废弃有着一个历史过程，短则百余年，长则数百年。这些古城址或多或少都会在历史文献中有所记载，掌握这些历史文献的记载将会对我们的调查工作极有帮助。

除了历史文献的记载，口述史料也是我们应当关注的资料。通过对遗址周边的居民进行口述史料的搜集，可以获得更多传统历史文献上缺失的记

[①] 湖北省文物考古研究所、黄冈市博物馆、黄州区博物馆：《湖北黄州宋城遗址考古调查报告》，《江汉考古》2012年第4期。

载。有些民间传说就是基于一些历史现象演化而来的，这些资料是进行城防遗存调研不能忽视的。

在历史文献与口述史料的基础上，对城防遗址的调查还必须掌握考古学的学术背景，即所调查遗址的学术史。没有对学术背景的掌握，学术研究将阻力重重，前人的结论和经验将对我们的工作有一定的借鉴意义，如俞伟超在对邺城进行考古调查时就掌握了大量的背景资料，我们能够从《邺城调查记》中看出俞伟超对历史文献及考古资料的熟悉程度。

以上这些是考古调查最基本的准备工作，许多学者已经有了详细介绍[①]。将其放诸城防遗存的考古调查中则需要关注一些与军事活动相关的信息，这些信息包括所调查城防遗存的历代形制演变、修补及改建记录、战争状况、军事将领、山河地形变迁、民间传说等。这些信息必须进行筛选，择其可靠而用之，不能单纯求其全而不求其精。在筛选历史记载的时候，可以参考历史学、历史地理学、军事学等其他学科的研究成果，这样会使我们对资料的掌握更具目的性和科学性。

其次，在田野踏查中要注意夯土、淤土等特殊土质及特殊地形的痕迹。城防遗存一般以城墙和壕沟为主，在进行田野踏查时，就需要十分注意这些遗迹现象。早期的城墙一般都是夯筑而成，包砖的城墙在唐代之后才逐渐流行，所以夯土就成为寻找城防遗址的一个重要的线索。史前聚落大多都是以环壕作为其防御设施，发展到后期，一般等级较高、规模较大的城址不仅有城墙，还在外围修筑护城河进行防御。一般来说，护城河内堆积的淤土较多，而且有些地段可能出现下陷的现象，比周边地势较低。这些特殊的土质及地形是我们辨识城防遗存的重要信息，是考古调查中必须得到重视的线索。

再次，引入现代科技手段进行科学踏查和记录。从本章第一节所介绍的城防遗存来看，城防遗存大多规模宏大，地层埋藏复杂，传统的踏查、记录的方法和工具已有所局限，这就需要利用先进的科技手段对遗存进行踏查和记录。近年来，随着全站仪、GPS等现代测量技术在田野考古中的应用，使得获取遗址本体矢量化地图成为可能，这一技术就被应用到河南新砦遗址的调查当中。中国社会科学院考古研究所河南新砦队联合郑州市文物考古研究院在河南新密新砦遗址进行了拉网式调查。2009年末，首先组织测绘人员，使用全站仪配合高精度GPS手段，对新砦遗址进行了整体测量，获得新砦遗

---

① 夏鼐：《考古调查的目标和方法》，《考古通讯》1956年第1期。

址及其周边1∶2000的矢量化电子地图。测量范围东西长约1860、南北宽约1500米，总面积约278万平方米。这种利用全站仪等仪器获取的矢量化地图，可以任意放大和缩小，因此可以使遗址及其周边每一块耕地、每一个测量点都能相当精确地在地图上找到相对位置，从而为准确标示任何一个测量点提供了可能性[①]。

最后，全面钻探，重点试掘。在考古调查中，钻探和试掘也是了解遗迹堆积情况的重要方式。由于城防遗存特别是环壕、城墙等设施规模较大，考古调查需要初步掌握其四至及构筑方式，这时就需要采取全面钻探、重点试掘的方式对遗址进行调查。全面钻探能够帮助了解城墙或环壕的分布情况，获得城址的大致布局；重点试掘可以获得部分深埋地下的遗迹信息，如环壕的深度、环壕内堆积情况、环壕的形制等内容。随着考古技术的发展，除了传统的钻探方式之外，还出现了物探方法，如新砦遗址的西南部地块基本上全被高压线所覆盖，磁干扰、电干扰都很强烈，其他方法都不能用，但是使用高密度电法勘探还是比较成功的。考古工作者用高密度电法在这里共做了11条剖面，其中，南北向7条、东西向4条，红色代表可能有城墙或夯土，黑色的地方就壕沟或和壕沟有关的东西，壕沟的电阻低些，所以是黑色的。有的完全可以和实地钻探图对得上。这样的方法值得在大型城防遗存的调查中推广。

总之，对城防遗存的考古调查既要遵循考古调查的一般方法，又要对具体遗址进行具体分析，结合各学科及现代科学技术进行细致的踏查和记录，对踏查不清的遗存还可进行深入的探查和试掘。

（二）城防遗存的田野发掘

从近些年对城防遗存的调查和发掘来看，单一城防遗址的规模是十分庞大的，我们无法对其进行全面发掘揭露。因此，如同城防遗存的考古调查一样，城防遗存的田野发掘也有着自身的特点。

首先，城防遗存的田野发掘要遵循考古学的基本发掘原则。城防遗存也是古代物质文化遗存的一部分，虽然城防遗存有着自身的特点，但对其进行

---

① 中国社会科学院考古研究所聚落考古中心：《大型聚落田野考古方法纵横谈》，《南方文物》2012年第3期。

考古发掘需要在考古学发掘原则指导下进行。因为在绝大多数的情况下，城防遗存的发掘一般是配合着大型聚落、城邑的考古工作而进行的，脱离了这一背景而强调城防遗存的独特性是不科学的。只有在这一背景下，城防遗存的考古发掘才是可控的，否则将从遗址本体上失去其主体内涵。而聚落（城址）的考古发掘则是一项系统的发掘过程，遵循田野操作规范是进行考古发掘的基本要求。城防遗存的田野发掘同样需要在田野操作规范的指导下进行，将所有可以获得的田野信息都科学、可靠、完整的揭示，为考古学的研究提供有效的研究资料。

其次，把握重点部位的发掘，解决具有学术价值的问题。我们已经多次提到，城防遗存的主要形式是城墙和环壕，以及与之相配套的各类防御设施。这些遗存在漫长的历史长河中构筑方式及形态演化都是比较缓慢的，而且一座城址的各处城墙遗迹的构筑方式和结构一般情况下一致，所以就需要我们有选择性地对其进行发掘，而不能不计成本地进行全面揭露。以城墙为例，城墙及城门、马面、瓮城、垛口等关键部位应当是我们重点关注的。例如，西安唐大明宫丹凤门遗址在20世纪50年代就进行了考古调查，在近些年，配合着基本建设而对丹凤门遗址进行了重点发掘，这次全面考古发掘揭露出丹凤门为五门道的形制，修正了以往考古钻探的初步结论，证实了相关历史文献的记载，最终解决了有关丹凤门形制的学术争议[1]。这样的发掘是具有科学价值的，同时也为大遗址保护提供了可靠的依据。

最后，城防遗存的田野发掘要关注附属防御设施的迹象。城防遗存是以城墙和环壕等为主体，与周边附属防御设施共同构成的遗存。考古发掘不能单单关注城址的城墙及护城河等设施，需要将视野放得更加宽阔，对周边的各类文化堆积都要做以科学判断，有必要的话则需要对其进行清理。例如，在新郑华阳古城就发现了防御墙和防卫坑。防御墙建于华阳城护城河内沿岸上，挖槽筑基夯打而成，发掘长68、宽1.8～2、残高0.8～0.9米。发掘区内对着马面的防御墙有宽30余米的缺口。勘探证明，防御墙仅城西部分尚完整保存。防卫坑（H4），系修建马面时就近取土的取土坑，位于马面与防御墙的缺口之间，打破城壕（G2），呈长条形，长约80、宽12、深5.7～6.2米。取土坑正好封堵住防御墙的缺口，应是规划的防御体系的一个组成部分。因此可

---

[1] 中国社会科学院考古研究所西安唐城队：《西安市唐长安城大明宫丹凤门遗址的发掘》，《考古》2006年第7期。

知，华阳城的修建分为前后两个时期：城墙、城壕是其前期，城防设施比较简陋单薄；后期是将城壕填平重新规划营建了由城墙、马面、防卫坑、防御墙、护城河组成的城高池深、配套严密的城防体系[1]。因此，我们必须从宏观上对城址周边有所掌握，扩大调查范围，对可疑遗迹进行深入的分析研究，从而获得更加详细的城防遗存资料。

古代的城防遗存十分丰富，随着现代考古技术的发展，我们已经获取了许多丰富的田野资料，对这些资料的发掘是一个不断进步的过程，从对城墙、环壕的认识，到对附属防御设施的关注，田野考古学对城防遗存的揭露具有积极的作用。脱离田野考古的城防遗存研究是缺乏材料支撑的，因此推动城防遗存的田野考古发展是军事考古学应当肩负的责任。同时，田野考古工作是我们认识古代城防遗存的重要途径。

第二节 古代战争遗存

中国古代历史上曾经发生过无数次的战争，其中许多著名的战争事件被古籍文献记载而世代流传。根据考古资料可知，中国古代战争遗存包括古战场遗存、军事指挥遗存、战争遗尸遗存、兵器遗存、关于古代战争的出土文献等[2]。有些战争遗迹一直保留至今，为人们所熟知，成为凭吊怀古的胜迹。还有一部分战场遗迹却暴露荒野，为人们所遗忘，只有大地默默地回忆着在此发生的血雨腥风。此外，大量的古代文献记载佚缺或不详的战争，其遗迹有待于更多的考古发现来认识。

一、古战场遗存

根据目前的考古发现，可知虽然古代战争频发，但具有集中爆发的特点，特别是在分裂割据时期、朝代更迭时期战争发生的频率明显较高，如春秋战国时期、楚汉争霸时期、三国时期、南北朝时期、宋元时期等；而且许

---

[1] 郑州市文物考古研究院、新郑市旅游文物局：《河南新郑市华阳城遗址的调查简报》，《中原文物》2013年第3期。

[2] 赵戈、冉万里：《古代战争遗存的考古学研究现状与思考》，《西北大学学报（哲学社会科学版）》2016年第1期。

多战争都具有深远的历史意义，在一定时期影响着历史发展的方向。同时，有些古战场具有一定的延续性，成为古代历史上战争多发之地，历朝历代都有许多战争在此上演，如函谷关遗址。

（一）史前战争遗存

远在旧石器时代，考古学家就已经发现晚期智人有相互杀伐的行为[1]。偶尔会出现规模偏小的群体冲突，即便如此，也不能说明战争已经存在了。但从蛛丝马迹中我们可以捕捉到战争的痕迹，比如墓葬、人骨坑中可见到的武器致伤致死的证据，展现了正面攻伐的残酷。

上海马桥遗址[2]良渚文化墓葬IM5墓主为一中年女性，人骨左胸部有1件石镞，镞锋斜插入肋骨，死因当与此有关。云南元谋大墩子遗址也发现一些械斗中死去的氏族成员墓葬，死者大多为青壮年，墓中断肢、大石压身和身中石镞的比例很大[3]。山东三里河遗址[4]98座墓葬中，无头骨墓葬9座，缺失肢干骨墓葬25座。M2107死者骨架可见被刀砍的遗迹，M2110人骨头端放置着鹿角刺、骨刺、骨矛、石镞等武器。这些迹象可能与当时的战争有关。湖北中堡岛遗址一个大溪文化的乱葬坑（M3）中埋7具成年男性个体，人骨相互叠压，埋葬错乱无序，均系非正常死亡所进行的埋葬[5]。陕西宝鸡北首岭遗址M17为成年男性，用一件绘黑彩符号的尖底陶器替代失去的头颅，膝部陶罐下压着整排的骨镞。另一墓葬M4中，墓主身旁也放置一束骨镞，达80枚之多[6]。

---

[1] 贾兰坡、黄慰文：《周口店发掘记》，天津：天津科学技术出版社，1984年，第108页。贾、黄认为山顶洞人互相杀害，剖弃四肢，将人头积存洞里。
[2] 上海市文物管理委员会：《马桥》，上海：上海人民出版社，2003年。
[3] 阚勇：《元谋大墩子新石器时代遗址的社会性质》，《文物》1978年第10期；黄家祥：《元谋大墩子新石器时代遗址的思考》，《考古》2003年第10期。
[4] 中国社会科学院考古研究所：《胶县三里河》，北京：文物出版社，1988年。
[5] 国家文物局三峡考古队：《朝天嘴与中堡岛》，北京：文物出版社，2001年。
[6] 中国社会科学院考古研究所：《宝鸡北首岭》，北京：文物出版社，1983年，第86页。

（二）夏商西周古战场遗址

夏商西周漫长的历史时期，正处于从史前时期原始氏族部落冲突到历史时期国家征战的巨大历史变革中，以政治争斗、内外经略为主题的战争贯穿这一时期的始终。

根据史料记载，夏代战争基本包括益启之争、甘之战、武观之乱与太康失国、夏王朝的重建等；商代战争比较重要的有伐有易之战、鸣条之战、武丁伐鬼方及对南土的经略、康、武、文前后对羌人的战争、帝乙帝辛伐夷方等战争；西周时期战争有周人建国时期的武王灭商、周公东征等战争，又有至西周中期建立的以成周为中心，分布众多诸侯国的军事防御体系下的战争。

夏商西周时期有史可稽的战争主要存在于以黄河、长江中下游为中心的广大地区。先是华夏集团内部的阪泉之战；华夏、东夷集团之间的涿鹿之战；华夏、东夷集团与苗蛮集团的战争，其间穿插着四方部落逐鹿中原。而后夏启伐扈的甘之战、汤灭夏的鸣条之战、武王克商的牧野之战及平定武庚之乱的周公东征等，都是上古时代决定历史命运的关键之战。但由于考古材料与文献资料结合存在较大的难度，这一时期的战场遗址还未能得到确认，有待相关研究的进一步深入。

（三）春秋战国时期的古战场遗址

春秋战国时期，诸侯国之间的争霸兼并，战争空前频繁，发生了马陵之战、桂陵之战、长平之战等经典战役。从长时段的视野来看，春秋战国时期的战场在后世也为兵家必争之地，历来就是兵家所研习的经典战役，其对战场的选择影响着中国数千年的战争选址。通过近些年的考古工作，这一时期的许多经典战役发生地，即古战场遗址得以发现，揭示了古代战场的诸多信息。

1. 城濮之战古战场遗址

城濮之战发生于前632年，它是春秋时期晋楚两国为争夺中原霸权而进行的第一次战争。据《左传·僖公二十八年》记载："夏四月戊辰，晋侯、宋公、齐国归父、崔夭、秦小子憖次于城濮。楚师背郤而舍，晋侯患之。"① "晋车七百乘，靶、勒、靰、鞴。" 参战双方分别是晋国、宋国、齐国、秦国组成的战线联盟，楚国、陈国、蔡国、许国、郑国组成的联军。此次战争的胜利，为晋国夺取霸主地位奠定了良好的基础。

城濮之战古战场遗址位于山东省菏泽市鄄城县西南临濮集，与河南濮阳市毗邻。在河南濮阳西水坡遗址发现城濮之战的遗尸及战俘遗存。发现的墓葬多为竖穴土圹墓，单人葬，多数墓中有二层台，个别还有腰坑，少数墓中随葬少量陶器。大型排葬坑有30余个，位于遗址的东南角，东西4排，南北2排，每个排葬坑中多数有18具人骨，少则有2具，多则40余具（图四三）。排葬坑中的死者都是男性青年，年龄在20~25岁，有不少骨架上有射进的箭头，骨头上遗留着兵器砍伤的痕迹，显然这些死者属于非正常死亡。丁清贤、张相梅等人认为可能是在大的战争中阵亡的士卒。西水坡遗址位于濮阳县城的西南隅，在晋楚城濮之战的范围之内，且与郑晋"铁丘"之战的中心地区铁丘相距仅2.5千米。因此，这些排葬坑中的死者，很有可能是这两次战争某一次某一方死亡的士卒②。

图四三 东周排葬墓M175平面图

2. 马陵之战古战场遗址

周显王二十八年（前341年），魏发兵攻韩，韩向齐求救。齐应允救援，以促韩竭力抗魏。但鉴于战事初起，魏、韩双方实力未损，过早出兵对齐不利，直到韩军五战俱败，情况危急，魏军也十分疲惫，才发兵相救。齐威王以田忌为主将，田婴、田盼为副将，孙膑为军师，率军直趋魏都大梁（现河

---

① 杨伯峻：《春秋左传注》，北京：中华书局，1981年，第458页。
② 濮阳西水坡遗址考古队：《1988年河南濮阳西水坡遗址发掘简报》，《考古》1989年第12期。

南开封），诱使魏军回救，以解韩围。这次战役中孙膑利用庞涓的弱点，制造假象，诱其就范，始终居于主动地位。此战是中国战争史上设伏歼敌的著名战例。

马陵之战古战场遗址位于山东省临沂市郯城县泉源乡庞涓沟，庞涓沟附近马陵山区古道，出土了大量的与齐魏马陵之战相关的文物。自1958年，共出土了400～500枚铜箭头，庞涓沟附近马陵山出土了数千枚铜箭头、三棱式铜镞，数百个锅灶炕，以及青铜剑、青铜刺、青铜戈等战国时期的青铜兵器。一件带铭文的铜戈，名曰"郘氏左"。据李学勤考证，该戈是魏军的兵器，年代也能与马陵之战相吻合[①]。

3. 桂陵之战古战场遗址

桂陵之战是战国时期的一次著名战役，发生于前354～前353年。战争的起因是：魏出兵攻取赵邯郸，赵求救于齐，齐以田忌为将、孙膑为军师出兵救赵。按传统说法，孙膑设围魏救赵之计，大获全胜。然《史记》对此次战役的记载过于简略，且和马陵之战搅混在一起，今人莫得穷其究竟。田昌五依据史料及临沂汉墓出土的《孙膑兵法》考证，双方战地当在现山东菏泽东北郊之桂陵[②]。菏泽之桂陵至今有春秋战国时期的陶片等。20世纪80年代，当地村民兴修水利打井时，无意套在了旧井口（距地面10米左右）上，淘井民工淘出了不少盆罐和古代兵器。在菏泽西北约500米处的一个堌堆上，考古工作者曾多次采集到春秋战国时期的大板瓦、绳纹瓦、灰陶豆等[③]。但是，到目前为止，有关的科学考古工作还未开展，相关研究还只是停留在依据传世史料的推断层面。并且，当地散见的陶片、兵器并无十足把握作为认定其为桂陵之战战场之依据。

4. 长平古战场遗址

长平之战遗址位于山西省高平市城北10千米的长平村，西起骷髅山、马鞍壑，东到鸿家沟、邢村，宽约10千米；北起丹朱岭，南到米山镇，长约30

[①] 李学勤：《郘氏左戈小考》，《缀古集》，上海：上海古籍出版社，1998年，第130～132页。

[②] 田昌五：《谈桂陵之战及其相关诸问题》，《文史哲》1991年第3期。

[③] 孙世民、张存俭：《桂陵之战故址论证会述要》，《东岳论丛》1988年第5期。

千米，东西两山之间，丹河两岸的河谷地带。古长平在现高平市城北10千米的长平村。高平，春秋时称泫氏，战国时改为长平。战国晚期，秦国开始实施统一六国的计划。前266年，秦相范雎提出了"远交近攻"的战略思想，前262年，秦国发动了攻打韩国的战争，前260年，开始了长平之战，战争经过了上党归赵、廉颇与秦坚壁对垒、秦使反间计、赵孝成王换将易帅、白起暗使长平、赵括被围等几个阶段，最后以秦胜赵败而结束。秦将白起坑杀赵卒40余万，尸骨遍野，头颅成山，血流成河，成为古今中外战争史上最为残酷的杀害战俘的一次战役。

（四）秦汉之际的古战场遗址

秦汉是我国历史上第一次大一统时代，前221年秦一统六国，但嬴秦国祚甚短，始皇之后，纷争不断，直至刘邦建汉才正式进入了大一统的时代。而秦汉之际，陈胜吴广起义、楚汉之争延续不断，社会动荡，战争频仍，留下了许多古战场遗址。

1. 广武古战场遗址

广武古战场遗址位于河南省荥阳市广武镇东北的广武山巅，北靠黄河，此地的荥阳关、虎牢关、黑石关、函谷关、潼关，是通往关中咽喉要道的前线阵地。前205～前202年，楚汉之间爆发荥阳大战，此役是楚汉之争决定胜败的关键之役。汉军驻扎在荥阳，修筑了一条甬道直通广武山上的敖仓（原秦之粮仓），不断搬来粮食作军需，项羽多次派兵破坏甬道、拦劫运粮的汉军。双方几经交战，汉军于前203年退守广武汉王城，楚军也进兵霸王城，开始了长达岁余的广武山之战。《史记》载："当此时，彭越将兵居梁地，往来苦楚兵，绝其粮食。田横往从之。项羽数击彭越等，齐王信又进击楚。项羽恐，乃与汉王约，中分天下，割鸿沟而西者为汉，鸿沟而东者为楚。"[①]

于是，汉王筑城于西山头，霸王筑城于东山头，两城合称为汉霸二王城，又称汉王城、楚王城（图四四）。《后汉书》注："山上有二城，东者曰东广武，西者曰西广武，各在山一头，相去二百余步，其间隔深涧，汉祖

---

① （西汉）司马迁：《史记·高祖本纪》，北京：中华书局，1959年，第377页。

与项籍语处。"①此涧即著名的"鸿沟",如今沟宽800余米。汉楚二王城均为方形。由于年代久远,黄河向南滚移,致将二城的北端大半部冲塌入黄河水中。汉王城比楚王城面积略大,东西长1200、今日南北方向仅存留300米。楚王城东西长为1000、南北残留400、城墙墙身宽约26、城角部分宽约70米。从塌落的断面来看,城墙均用黄土逐层分段夯实,夯层十分明显,夯窝犹有印痕。二城的城门位置无迹象可寻,亦无文献可考,不能确实查知。据霸王城村农民说,每年耕作时,常常在二王城里外拾到一些铜镞,为三棱尖体,棱角锋锐,呈青绿色②。

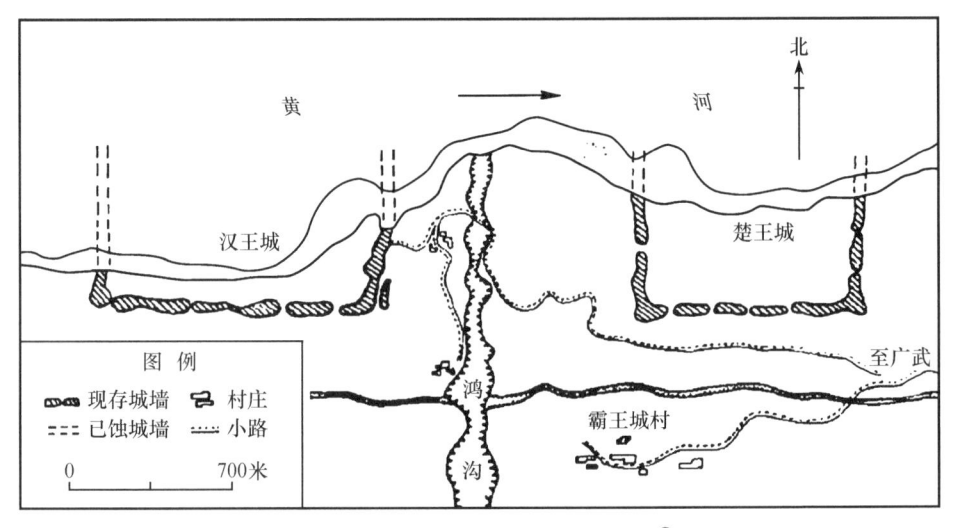

图四四　汉王城与楚王城城址示意图③

2. 垓下之战遗址

前202年,楚汉之争后期,项羽率十万大军退至垓下,与刘邦展开了历史上有名的垓下之战,汉军夜唱楚歌,使得楚军军心离散,导致兵败。垓下之战,是楚汉相争中决定性的战役,奠定了汉王朝400余年基业。

垓下之战的古战场遗址目前还存在有颇多争议,主要有现安徽灵璧东

---

① (南朝宋)范晔著,(唐)李贤等注:《后汉书·郡国志》,北京:中华书局,1965年,第3392页。
② 张驭寰:《汉王城、楚王城初步调查》,《文物》1973年第1期。
③ 张驭寰:《汉王城、楚王城初步调查》,《文物》1973年第1期。

南、沱河以北说；河南鹿邑县说；垓下即濠城，在现安徽固镇濠城集北、沱河南岸说；"垓下"为"陈下"讹误，在河南淮阳城下，即古代陈城之下（简称"陈下"）等四说。最近的考古发现证实濠城古城址为汉县城遗址而非一聚落，进一步排除了濠城为垓下聚落的可能性[①]。而位于安徽省灵璧县东南沱河北岸的韦集镇垓下村是目前学界的普遍看法，该地俗称"霸王城"，而今仍然遗留着许多当年战争的遗迹。遗址四周在20世纪三四十年代有凸起的城墙，后因战乱和农田改造，大多已被平毁。现在，地表上还散布着大量的红烧土和秦汉时期的筒瓦、板瓦及陶片等。当地出土的铜箭镞、铁箭镞、楚蚁鼻钱等文化遗物符合秦汉之际的特点，从考古方面佐证了这一历史事实。

但是，学界对于垓下的具体位置还未有定论，相关的考古工作还未能深入开展，如果能够通过考古学的方法对垓下遗址进行判定，将会大有益处。

3. 汉函谷关遗址

新安函谷关遗址位于河南省洛阳市新安县城关镇，北距黄河25、东距洛阳市区23千米。遗址核心区域面积约为7.5万平方米。新安函谷关是公元前2~公元3世纪西汉、东汉王朝设在长安、洛阳之间的著名关塞。

函谷关年代久远，它的历史可以追溯到先秦时期，是我国古代最早和最重要的关隘。它的雏形是位于河南省灵宝市的桃林古塞。桃林古塞之后，先后延续了三个关，即秦函谷关、汉函谷关和曹魏函谷关。秦关、魏关在现河南省灵宝市境内，汉关在现新安县境内。为了区别灵宝的秦代函谷关，新安函谷关史称汉函谷关，简称汉关。

通过考古工作，确定了汉代函谷关遗址的总体布局：它是一处内、外城结构的小型城邑。内城平面为长方形，东西长约160、南北宽约110米；外城东墙与南北两侧山上的长墙相连接，完全控制了峡谷之中的东西交通；关城南侧、皂涧河北岸是主要的生活区。关城内发现两条道路，一条是早期的，在建关时即行废弃；另一条是西汉时期开始出现的，贯穿关城的中部东西，是唯一的通关道路[②]。

---

① 陈立柱：《垓下遗址方位研究评议》，《宿州学院学报》2011年第3期。
② 洛阳市文物考古研究院：《新安函谷关遗址考古调查发掘获得重大收获》，《中国文物报》2013年10月25日。

（五）三国时期的古战场

如果以曹丕称帝（220年）和西晋灭吴（280年）为起讫，那么三国时期仅有短短的60年，与汉、唐、明、清等统一王朝的存续时间相比，不可不谓短暂。但魏、蜀、吴三国鼎立这一政治局面的形成，历经了发展、巩固和走向统一的过程，张大可提出，作为一个有始有终、因果相连的历史时期，三国纷乱的历史应起于190年的军阀混战，迄于280年的西晋灭吴，前后历经90年①。三国时期的历史是汉末军阀割据混战的延续，也是中国古代历史上形成中央集权统治后第一次大分裂格局的开端。这一时期的战争进入了新的阶段，出现了如赤壁之战、街亭之战等经典战役，是古代军事思想发展的一个新的高潮，而且通过近些年的考古工作，一些悬而待决的问题也逐渐清晰。

1. 赤壁之战古战场

东汉末年，孙权、刘备联军于建安十三年（208年）在长江赤壁（现湖北省赤壁市西北赤壁山）一带大破曹操大军，史称"赤壁之战"。由此，奠定了三国鼎立的基础，而此役也是以少胜多、以弱胜强的著名战役。

1970年以后，蒲圻市（现赤壁市）赤壁山及长江对岸的乌林连续出土了大量东汉时期的文物，包括1973年出土的铜马镫、"建安八年"（203年）字样的瓦砚，1976年赤壁山下土层中的沉船遗址、赤壁山上的各式汉朝带钩，1987年开探的墓室中诸葛亮设计的铜弩机、东汉通行的五铢钱等，而其中一件铜弩机上有铭文"上大将军吕候都尉陈文和弩口"字样。有学者分析指出，东吴重要将领吕岱受封上大将军是在赤乌九年（246年），即赤壁之战38年后，而都尉大体相当于今天的师长级军官。在赤壁之战如此长时间之后，东吴仍以高级将领统帅重兵驻屯于此，亦从另一角度证明了赤壁确为一兵家不可不争的战略要地②。

2. 街亭之战遗址

街亭，西汉时称街泉县，《后汉书·郡国志》载："略阳县有街泉

---

① 张大可：《三国史研究》，兰州：甘肃人民出版社，1988年，第4页。
② 姜洪：《湖北考古学家考证赤壁遗址真伪》，《中国历史地理论丛》1992年第2期。

亭。"①东汉时街泉县降为亭,并入陇县(现张家川回族自治县城南胡川附近),称为街亭,后历三国、魏晋南北朝、隋唐各代,街亭之名相沿未改,宋代改街亭为弓门寨。现街亭旧址位于张川县东恭门乡上城子村。街亭山高谷深,地势险要,为历史上重要军事关隘、兵家必争之地,进可攻关中,退可守陇右。建兴六年(228年),诸葛亮采取声东击西的战略战术,一面派赵云出兵斜谷佯攻关中,一面亲率兵马突破祁山、陇右各地,屯兵上邽(现天水)芟麦安营自固,并遣马谡督诸军据守军事要地街亭,以断魏军经陇山通道而西上,使曹魏朝野恐惧。但因马谡战术失误,街亭之战,蜀军大败。

凤凰山(即当年马谡所守之南山)间尚存宽3米的古道,在古道附近残存烽火台。街亭古城址依山而建,东西长600、南北宽550米,城内散布着大量汉代绳纹砖瓦、陶器残片,曾出土汉代铁铧一件,城北500米处分布着汉墓群②。

目前,街亭遗址还未有正式的发掘工作开展,所以我们对于此处的文化遗存还掌握得不是很清楚,或许由于此场战争太过迅速,战场遗存单薄,能够为我们提供的参考资料也不甚丰富。

(六)南北朝时期的古战场遗址

南北朝时期是我国古代历史上的又一个分裂时期,政权间的斗争与民族间的融合是这一时期的主题。因此,这一时期的战争也较为频繁,但由于考古学自身的局限及文献记载的丰富性,削弱了这一时期古战场遗址的考古学研究,经过调查和发掘的遗址也少之又少。

玉壁大战遗址。北朝时期的玉壁之战是围绕争夺河东战略高地峨嵋塬的东魏、西魏间的倾国决战,由于此役西魏赢得全胜,对于中古中国的历史走向产生了深远影响。542年、546年东魏和西魏爆发了两次玉壁之战,玉壁之战后,原来最弱小的西魏国力、军力后来居上,奠定了北周、隋的强盛基础。

玉壁古战场,以峨嵋塬北缘即现稷山南6千米玉壁故城为中心,含汾南、

---

① (南朝宋)范晔著,(唐)李贤等注:《后汉书·郡国志》,北京:中华书局,1965年,第4517页。

② 乔楠、唐晓军:《丝绸之路上的三国遗址》,《丝绸之路》1995年第3期。

汾北双方隔河对峙的4条偌大防线。这一地区地势高亢，人迹罕至，这些历经千余载的攻防工事，迄今依然依稀可见，保存完好，蔚然壮观。

据《元和郡县图志》载："玉壁故城，在县（稷山县）南十二里。后魏文帝大统四年（538年），东道行台王思政表筑玉壁城，因自镇之。八年，高欢寇玉壁，思政有备，攻不克。周初于此置玉壁总管，武帝建德六年废总管。城周回八十里，四面并临深谷。"[1]据调查，遗址的北城垣经汾河冲刷崩塌，大部已不存在，南部为黄土冲沟切割，南垣破碎，仍有150米墙体保存尚好，底宽11、高1~3米，夯层10厘米；东、西两面亦为巨大冲沟，流水侵蚀，沟崖崩塌，东城垣有30米残存。东城墙外沟中犹有当年玉壁之战古地道残存。地道直通城下，大体呈圆券形，入口处多塌土，迄今弯腰可进，地道径宽约2、残存高1.2~1.8米。西城墙外的断崖处有白骨遗迹，或可印证"顿军五旬，城不拔，死者七万人，聚为一冢"的记载，当地人称之为"万人坑"；西城墙南北城角犹有烽火台残墩，依旧矗立[2]。

（七）隋唐五代古战场遗址

隋唐时期是我国的大一统时期，但是一部分地方军政长官据地自雄，形成藩镇割据，使得中央与地方间的战争不断。五代十国是中国历史上的一段大分裂时期。后梁、后唐、后晋、后汉、后周、前蜀、后蜀、吴、南唐、吴越、闽、楚、南汉、南平、北汉等政权更替，军事冲突多发，战争频繁。但考古学发现的战场遗址却较少。

城子山山城古战场遗址。城子山山城位于辽宁北部，是东北地区保存最完整的最大的石城。

古城在距西丰县城南27千米的城子山中，山势险要，扼据交通要冲，古时为兵家常争之地。城池修筑在山西坡一道山谷中，皆用山中花岗岩石砌成。城周长近4千米，东高西低、上窄下宽呈簸箕状（图四五）。东城建在海拔749米山脊峭壁顶上，下为幽深峡谷；南北城皆依谷脊而修，高低曲折不一，西城横亘山谷之中。今存城高5、宽7米，城上垛口、土坑等瞭望、防御

---

[1] （唐）李吉甫撰，贺次君点校：《元和郡县图志》卷12《河东道》，北京：中华书局，1983年，第335页。

[2] 靳生禾、谢鸿喜：《玉壁之战古战场考察报告》，《中国历史地理论丛》2000年第3期。

图四五　城子山山城平面图

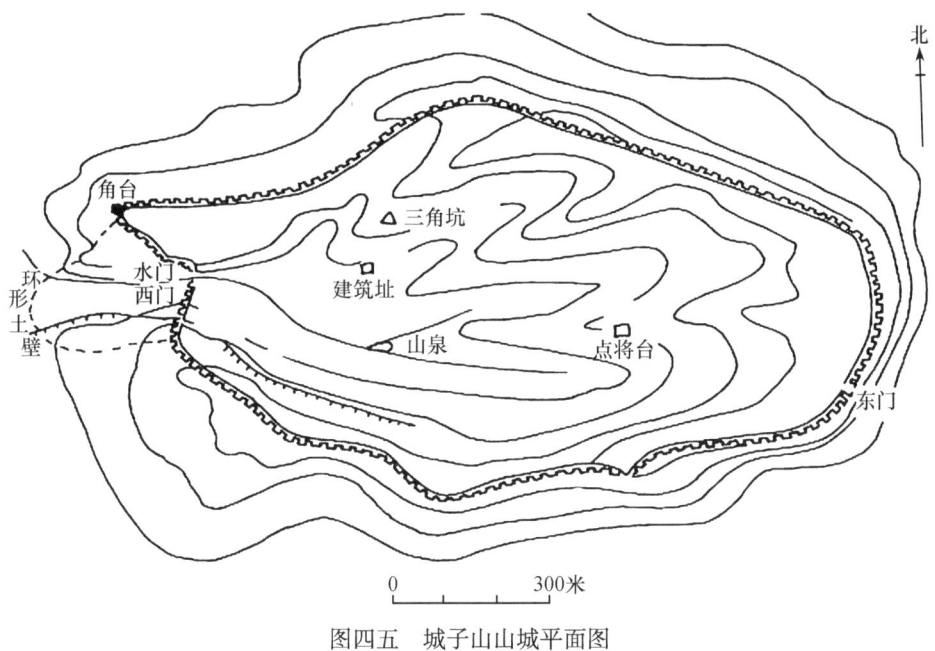

设施遗迹尚存。西城有城门两座，北门是贮水御敌泄洪闸，南门是石城唯一进出门户。

石城外尚有土城，两城之间有宽平马道，虽为树木掩没，还能辨识当年路貌。石城中山中部有一处水源，泉水清澈，冬夏不竭，可供千军万马饮用。水泉附近有古贮水池遗迹。贮水池东有一处摩崖石刻，为阳文高句丽文字。城西北部有3处古代建筑遗址，其中一处为长方形石筑遗址，由12层花岗岩石逐级收缩砌成，当地人称古点将台。

考古工作者和当地群众曾在内城外发现唐、宋、辽、金时期绳纹瓦、方格瓦、莲花纹瓦、陶片、铁镞、铁盔、铜蹬、铜钱、铜碗、铜佛、石臼等古物和古代战争遗址[①]。

（八）宋元以降的古战场遗址

宋元时期，北方游牧民族不断南迁，宋、辽、金、夏、元之间互相征

---

① 吴长山：《西丰城子山山城》，《辽宁大学学报（哲学社会科学版）》1989年第4期。

伐，形成了诸多的古战场遗址，而且许多著名的战役遗址均得以保存，特别是宋元对峙期间在四川等地的战场均有重大发现。明清时期，国家统一，明末清初的诸多战役的考古学意义并不显著，而留存的中央王朝对西南、西北少数民族地区的平定战役遗址则有着重要的考古价值。

1. 南宋神臂城遗址

神臂城，位于四川省合江县城北30千米的白沙区焦滩乡老泸村神臂山上，俗称"老泸州"。1235年，蒙军入侵南宋，四川西北失陷，为了防御，泸州军民修筑了神臂城。神臂城沿山凭险修筑，整个城池东西长1200、南北宽800米，周长3365米，地势东高西低（图四六）。城四周除悬崖外，均有高低不一的石城墙，现在保存较好的东门一带城墙长596、高度在5.12~6.5米。设城门五座，分别为神臂门（又名进远门）、东门、西门、小南门、黄泥巴坡门。在东门外150米的坡地筑两道护城石垣（俗称耳城），与东门平行，一道长396、另一道长160、高2~3米，耳城左右两端为炮台。在距耳城200米的小路两侧有护城池，北面叫红菱池，南面叫白菱池，面积为30亩[①]。构成城外筑"城"（耳城），城下凿池，层层设防的布局。红菱池南面100米处的

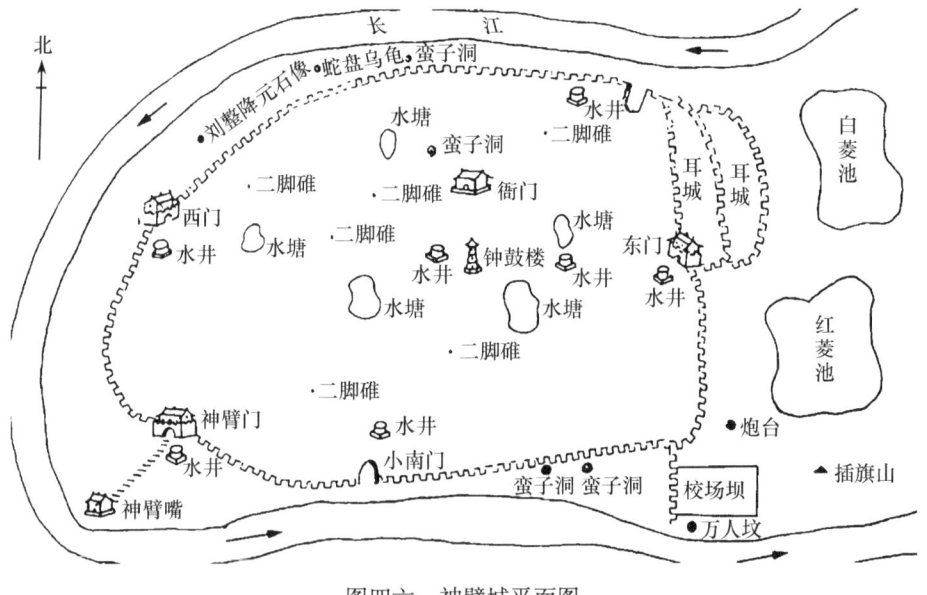

图四六　神臂城平面图

---

① 1亩≈666.67平方米。

猫嘴岩下城外厢有一座炮台。炮台下面有面积为20亩的校场坝。紧靠校场坝西面有一堤长为121、高12、宽5～7米的"一字城"（又称夺水城）。此外还有地下坑道3处，其中两处在"一字城"西北400米处瓦厂岩，另一处在沙帽岩下。坑道是当年宋兵藏兵运兵、沟通城内城外的秘密进出口。神臂城从淳祐三年（1243年）泸州迁治于此，到景炎三年（1278年）神臂城最后失陷，宋元双方在神臂城争夺34年，五次易手，为合川同时代的10多座山城中所仅见，在保卫川东重镇重庆、延缓南宋的覆灭，与合川的钓鱼城起到同样重要的作用[①]。

2. 宋元崖门古战场

崖门古战场遗迹，位于广东新会区南端，距会城镇约5千米，屹立于南海与银洲湖的相接处，因东有崖山，西有汤瓶山对峙，延伸入海，就像一对半开半掩的大门，故名崖门。祥兴二年（1279年）二月，元军都元帅张弘范与副帅李恒率领元兵包围崖山，张世杰指挥战船与元军大战于银洲湖上，双方共投入兵力20多万、1600多艘战船和1000多艘民船，历时23天，战况异常激烈。最终宋军力战不胜，浮尸十万。宋少帝与丞相陆秀夫殉国于崖山奇石之下，宋朝最后覆亡。

从1991年开始，中国历史博物馆水下考古学研究室就在崖门内海地区开始了水下考古工作，并发现了疑似沉船遗址一处。1992年3月27日至4月3日，中国历史博物馆水下考古学研究室会同广东省文物考古研究所，对沉船疑点进行了为期一周的正式调查。调查采用了声呐探测和潜水探摸相结合的方法，在崖门水域发现一处沉船遗址，并采集了一块船板，经^{14}C年代测定，证实船板年代为距今690年±60年（北京大学考古实验室测定，未经年轮校正），和史书所载元灭南宋大海战的年代基本符合[②]。

海战遗址的发掘在我国尚处于起步阶段，随着水下考古工作的深入开展，我国古代近海海战遗址、河湖水战遗址或许会有更多的发现。

3. 甘南曲麦洒桑古战场遗址

曲麦洒桑古战场遗址位于甘肃省甘南藏族自治州玛曲县阿万仓乡。据当

[①] 王庭福、罗萍：《南宋神臂城遗址》，《四川文物》1993年第1期。
[②] 石俊会：《广东水下考古的发展》，《四川文物》2006年第1期。

地群众讲，自1959年开垦曲麦洒桑至20世纪90年代末，这里每年都有文物出土，有瓷器、铁器、玉器、铜器、钱币（宋、元）及少量金银器。近年来，由于文物走私猖獗，当地一些群众为图暴利，于2001年8月利用金属探测仪在曲麦洒桑遗址进行了猖狂的盗掘，遗址地面被翻腾数遍，狼藉一片，其损失无法挽回。

2001~2002年甘南州博物馆对该遗址进行了两次考古调查，采集标本主要以铁质马具和炊具为主。马具有绊马器、地插（呈矛状，专用于固定旗杆的器物）等。炊具经整理能看出器形的有深腹平底釜、圜底釜、平底釜、圜底深腹铁鼎、侈口浅腹平底盆（大型器物上都有皮穿）、铜质侈口浅腹平底盆、铁质铠甲残片、铁勺等。出土文物比较多的是铜质马饰和铜质的装饰物，其次有银锭、铜镜、铜带钩、铜钩和宗教用品等。由于遗址破坏严重，未发现建筑遗迹[①]。从发现的遗迹遗物来看，调查者认为该遗址为宋末元初时期的古战场。

4. 江口明末战场遗址

江口明末战场遗址位于四川眉山市彭山区江口镇岷江河道内，北距成都市约60、南距眉山市约20千米。20世纪20年代起，遗址所在的岷江河道内陆续有文物出水。2016年，国家文物局批准四川省文物考古研究院、国家文物局水下文化遗产保护中心、眉山市彭山区文物保护管理所联合对江口明末战场遗址进行考古发掘（图四七）。出水文物数以万计，包括张献忠大西政权的金封册[②]、"西王赏功"金币[③]等，以及与明代藩王府有关的金银封册等。金册、库银这类属于藩王府和官府的器物出现在彭山江口的岷江河道内，可能与顺治三年（1646年）张献忠与前明参将杨展在此地发生过的一场战斗有关。

---

① 王军：《甘南州玛曲县阿万仓乡被盗遗址调查简报》，《丝绸之路》2003年增刊。
② 四川省文物考古研究院、国家文物局水下文化遗产保护中心、眉山市彭山区文物保护管理所：《四川眉山彭山江口明末战场遗址ⅡT0767发掘简报》，《文物》2018年第10期。
③ 四川省文物考古研究院、国家文物局水下文化遗产保护中心、眉山市彭山区文物保护管理所：《四川眉山市彭山区江口明末战场遗址2017年ⅡT1066发掘简报》，《四川文物》2018年第5期。

第五章　古代军事遗迹

图四七　江口明末战场遗址

5. 清代年扎遗址

年扎遗址位于西藏自治区那曲市那玛切乡七村年扎自然村背靠的尼热山。在第三次全国文物普查田野实地调查阶段，那曲普查人员在年扎遗址南山坡发现少量的铁制盔甲残片、箭镞、陶片、瓷片、铅弹及2个铁质拴马桩等实物，同时在一处暴露的耕土层断面发现马骨骼堆积。另在南山坡顶发现一处宽1~2.5米的石圈遗迹，南山山体边缘及山脚散落着大小不一、类似墙体残骸的泥沙混合石块。

2011年，有学者对该遗址进行了考古调查，除与第三次全国文物普查拾捡到类似的盔甲残片和马具残件外，在年扎遗址所在的尼热山南北两座山头和山鞍部发现7处大型壕沟遗址，其中南山头3处、山鞍部靠西1处；北山头3处；2个呈方形，5个呈圆形。

康熙五十六年（1717年），蒙古准噶尔军攻入西藏拉萨，烧杀劫掠，给西藏社会、人民生活和生产秩序带来了极大的灾难和混乱，康熙帝于次年（1718年）三月，派额伦特和色楞统领官兵分道进剿，这是清朝建立以来中央政府第一次在西藏用兵。由于对西藏高原的地理、气候及有关情况缺乏应有的了解，进军前的准备不足，加之两军指挥不和、战术配合失当、轻敌大意等因素，最终，全军于当年9月覆没在喀喇乌苏（现那曲市）地方自设的防御工事内。综合文献及考古资料来看，调查者认为，年扎遗址就是清康熙五十七年（1718年）额伦特、色楞率部抵抗准噶尔军进攻的营地遗址，同时也是一处反复拉锯战斗的战场遗址[①]。

二、战争埋葬遗迹

战争埋葬遗迹是指直接由于战争原因对具有军人身份者进行埋葬的各类遗迹。基本可分为三类。一类是对在战场死亡的本族或本集团战士的埋葬，一般以单人安葬或集体掩埋的形式；二类是对作战对方的敌人尸体一次性堆埋，规模一般较大，尸骨杂乱；三类是对战争所获俘虏作为祭祀活动的人牲，或为有战功者作殉葬，此类现象新石器时代即已出现，整个古代历史中都有不同程度的存在，对了解古代战争情况及其相关的研究具有一定价值。

第一类，本族或本集团战士埋葬。战争是两个或多个政治主体间的斗争，战后对尸骨的埋葬也应当有着明确的身份划分。但较之于敌对势力的埋葬情况，区分出本族或本集团战士埋葬遗存的难度往往较大，没有确切的证据是较难判断某一战争埋藏遗存的类别的。以燕下都的几个遗址为例，1974年发掘了燕下都南垣外约1.5千米处的14个人头骨遗迹中的1个（5号），共清理出人头骨1446个[②]。有学者认为，这14处人头骨遗迹可能是封积战场上阵亡士卒尸骨的"京观"遗迹[③]。还有学者认为，这些人头骨遗迹并非"京观"，而是"献首封祭"遗存[④]。但从根本上来说，人头骨埋葬遗迹与燕国末年的某次战争相关是无疑的。

同处燕下都遗址的44号墓，位于武阳台村西约200米处。此墓为一长方形竖穴土坑，坑壁笔直，坑底平坦，南北长7.8、东西宽1.46～1.64米。墓内现存人骨架22具，多密集在墓的中部和南部，北部有不少兵器，但人骨架只存有两具，主要是因墓的北部较南部破坏更为严重所致。墓内没有发现任何葬具

[①] 赵书彬、达娃：《康熙五十七年额伦特、色楞兵败那曲营地遗址考》，《西藏研究》2012年第4期。

[②] 河北省文物研究所：《燕下都》，北京：文物出版社，1996年。

[③] 赵化成：《"燕下都人头骨丛葬遗迹"性质刍议》，《中国文物报》1996年4月21日第3版。

[④] 石永士：《初论燕下都大中型墓葬的分期——兼谈人头骨丛葬的年代及其性质》，《辽海文物学刊》1996年第2期。

痕迹。人骨架虽然有些互相叠压，有的断首离肢，但并非扰乱所致，而是保持着原来埋葬时的情况。

墓内遗物以铁兵器和刀、布货币为主。大型兵器多集中在墓的北部和中部，货币则在南部较多。从兵器分布和放置情况看，无一定秩序，横竖均有，有的相互交叉叠压，长柲兵器多已折断，断失首茎或锋刃的亦不少。虽然无法判断这些兵器与各个人骨架之间的直接关系，但总可估计出它们大多应是死者生前使用的实用武器。在出土遗物中，又以兵器为主，计有剑、矛、戈、戟、刀、匕首、弩机、距末、箭镞、镈等十种共95件，其中铁兵器有剑、矛、戟、刀、匕首等六种62件，弩机、镞等两种20件为铁铜合制，铜兵器有剑、戈、镈和距末等四种13件。铁、铜两类兵器中，镈和距末实际上只是兵器的附件，如附件不计为一种兵器，则铁兵器有五种51件，铜兵器主要有剑和戈各1件，数量很少。

燕下都M44埋葬大批断首离肢的尸体，多有残断的兵器，分散成小批而数量不等的货币，可见埋葬时对尸体和遗物的处理与一般葬礼不同，显然要简单草率些。因此，这是一座武士丛葬坑，墓内的兵器和货币为死者生前使用过的武器和随身携带的财物。M44的年代应为战国后期，但不会晚到战国末年。墓中埋葬的死者，可能与一次战争或屠杀有关，到底属何性质，尚难确定[①]。

秦汉之后的战争多有文献记载，过程及性质也较为明确，本族或本集团的战士埋葬遗存比先秦时期性质较为清晰。但是，目前的考古发现较少，这一方面的材料还有待进一步的发掘。

第二类，敌对方尸体掩埋。此类遗存最为典型的遗址当属秦赵长平之战尸骨坑遗址。

1995年10月，考古人员发掘永录一号尸骨坑，宽5、长11米[②]（图四八）。通过射线测定法探测到一号坑的西侧，还有一个宽3～4、长55米的二号尸骨坑。长平之战一号尸骨坑的发掘，有力地印证了长平之战秦军野蛮屠杀赵国战俘这一历史事实。坑内许多尸骨上有遭砍、射的痕迹，还有的仅有躯干而无头颅，包括射进人的胯骨中的短箭头，均说明这些赵国士兵都是

---

① 河北省文物管理处：《河北易县燕下都44号墓发掘报告》，《考古》1975年第4期。
② 山西省考古研究所、晋城市文化局、高平市博物馆：《长平之战遗址永录1号尸骨坑发掘简报》，《文物》1996年第6期。

被杀死后掩埋的。坑中还出土了衣带钩。经鉴定，这些金属佩饰中只有少量是青铜质的，多数是铁质。特别是"铁头铜尾镞"箭头的发现，表明铁器在当时已经开始用于军事。此前，1989年，高平市北城区凤和村发现战国青铜兵器一批，其中有一件"三十八年上郡"戈当为秦国兵器，这也印证了秦赵之间的长平之战[1]。2011年5月，在高平市永录乡后沟村附近又发现一处尸骨坑遗址，随着近些年的考古工作的进展，在这一地区已经发现了十余处尸骨坑遗址，它们应当是长平之战的直接反映。

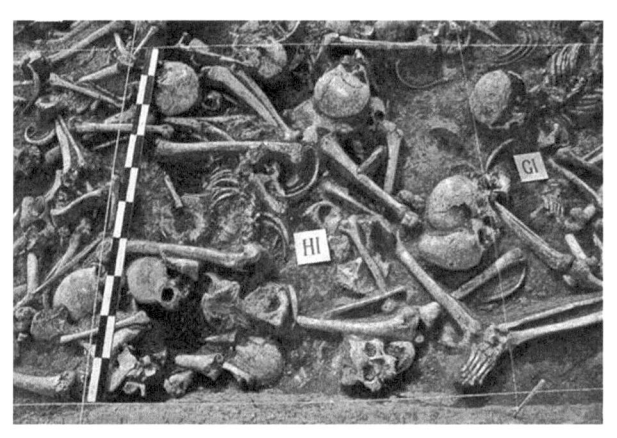

图四八　永录一号尸骨坑局部[2]

第三类，人牲、人殉。人牲、人殉是古代残酷的历史现象。人牲是为祭祀祖先（人鬼）、神灵或自然界万物而杀戮活人以为祭品；人殉是用活人为死去的人殉葬，被殉葬者多是死者的近亲、近臣、近侍，以及战争中的俘虏等。两者盛行于先秦时代，许多战俘充当了人牲和人殉，留有丰富的遗存。

在商代，人殉是为侍奉死后的社会或家族中某些特权者而从死的人，有陪臣、妻妾、侍卫和亲信，也有用作仆役的奴隶。人牲是祭祀时人像牛羊猪等牲畜一样被供奉给祖先的神灵，被杀者多为战俘和奴隶。人殉、人牲现象在原始社会末期即已出现，到商代发展到高峰，商代晚期以后逐渐衰退。商代早期的殉人墓有郑州白家庄M3、辉县琉璃阁商墓、藁城台西遗址中的

---

[1] 郎保利：《长平古战场出土三十八年上郡戈及相关问题》，《文物》1998年第10期。

[2] 山西省考古研究所、晋城市文化局、高平市博物馆：《长平之战遗址永录1号尸骨坑发掘简报》，《文物》1996年第6期。

商墓、盘龙城遗址中的李家嘴M2等。商代晚期人殉材料较多，各类墓葬殉人情况不同。大型墓都有人殉，部分有人牲，中型墓约半数有人殉，个别有人牲；小型墓极个别有人殉。大型墓墓道越多、墓室越大，人殉和人牲就越多，如侯家庄M1001有4条墓道，共有人殉人牲全躯者91个、无头躯体61个、人头骨73个。殷墟西区M701仅一条墓道，殉人12个，妇好墓殉人16个。

1997年四川大学考古系等单位于重庆云阳县李家坝遗址Ⅱ区共发掘了40座东周墓葬，墓葬分布密集，除M36、M45外，大体都呈南北向平行排列，但以略微偏东北西南向的为多，仅少量的为略偏东南西北向，头向除有1座西向，其余的均为北向。殉人的墓共有8座，其中殉葬一人的有4座墓（M34、M40、M54、M50），殉葬两人的有3座墓（M19、M31、M43），殉葬三人的有1座墓（M42），殉人在墓内一般是与陶器等随葬品一起放在脚下或头上，也有放在墓主小腿旁的（M40），发现的殉人骨骼一般是堆放在一起；有的则是肢骨等放在下面，头骨放在肢骨之上；还有的仅见一个头骨。根据遗骨观察，这些殉人可能在殉葬前是先作为人牲被杀祭，肢解成数段，然后再放入墓内殉葬的。

1998年度发掘的巴人墓葬群呈东西狭长分布共有40座，处在李家坝遗址巴人墓地东南部。仅少数墓葬有人殉或人牲（M13、M24、M18），随葬品虽多寡厚薄不均，但绝大多数墓葬都有随葬品。可能具有这种身份的主要有两种人，一是奴隶，二是战俘。有学者更倾向于他们是在战争中被割取的敌人头颅，或是抓获的俘虏，他们在战后被砍头用于为巴人死去的将士殉葬[1]。

三、古战场遗址的田野考古

战场是战争的舞台，是军事活动的终端，一切军事活动都是围绕在某一战场上发生的战争而组织的。而历史上著名的战役数不胜数，这些战役的发生地点有的已经有明确的结论，而有的仍存争议。文献所记载的战场往往因为时间的流逝而不可考证，但采用考古学的方法将有效解决这一问题。军事考古学在寻找史籍所载的古代战场、解释战争进行状况、复原某一时代的军事装备与战略战术、某一地区地形环境变迁方面有着重要的作用。

---

[1] 陈杰杰：《云阳李家坝战国时期巴人墓葬殉人现象探究》，《三峡论坛》2012年第6期。

古战场的田野考古是实现上述目标最关键的步骤，发挥田野考古对物质文化遗存揭露的优势，识别某一地区文化堆积内涵，进一步获得与古战场相关的其他信息，将会使某些重要战役的战场重现。战争过程往往是短暂的，如战国时期长平之战，秦赵对峙三年，这已属较长时间的战争了。因此，古战场的文化堆积远不如其他的遗址丰富，我们在进行古战场遗址的田野考古的工作难度也要大于其他遗存。

（一）古战场遗址的考古调查

古战场遗址因其文化堆积薄、遗址范围大、历史扰动多等原因，物质文化遗存在遗址中的保存状况不容乐观，这也对我们进行考古调查造成了一定的困难，在信息不甚丰富的条件下，要对某一战场进行有效识别，需要科学的方法，遵循一定的步骤。

第一，古战场遗存的调查要有宏观的视野。古战场是战争的发生地点，古战场的考古调查虽然是对战场进行的调查，但实质上却是对一场战争的考察。我们只有将古战场遗址融入一场战争中进行考古调查才能获得可靠的调查资料。在文物普查过程中，古战场遗址多有发现。河南省郸城县文物普查队员在县城东宁平镇发现西晋时期一处古战场遗址——宁平之役遗址。该遗址分布于宁平镇东、南、西部，面积约为30万平方米。曾出土大量铜箭头、铁剑、大量叠压尸骨等。要对这一战场进行准确识别就需要结合历史背景进行考察。永嘉三年（309年）石勒兵逾10万，驱掠于河北地区，次年又南出襄阳，连取晋军江北30多个军事据点，洛阳亦在所围。次年，晋太傅司马越率领由王公大臣和禁军等拼凑起来的10万大军，经许昌，进驻项县（现河南沈丘县槐店镇）。司马越自任豫州刺史兼豫州牧，任王衍为太尉，冯嵩为大营左司马。第二年，司马越病死于项县。司马越死前，曾把后事交付给王衍，官员们共同推举王衍为元帅。可王衍不敢当此重任，而愿让给襄阳王司马范，范也不敢接受。于是大军在没有主帅的情况下，由王衍等一群高级官员集体领导，密送司马越的灵柩前往其封国东海（现山东郯城）安葬。是年四月，石勒亲自率领轻装骑兵，追击晋国护送司马越棺木的庞大兵团，追到宁平城，终于追到。石勒发起攻击，晋军大败。在石勒的指挥下，骑兵把晋军团团围住，晋军10万余人，互相冲击践踏，尸体堆积如山，就这样西晋帝国最后仅有的这支部队，霎时瓦解。官兵不是被杀，就是被俘。这就是历史上有名的宁平之役。

如果缺乏这一历史背景的支撑，一处古战场的文化内涵就不能被揭示出来，所进行的考古调查也仅仅停留在物质文化层面，因此，在进行古战场调查的时候必须要掌握相应的历史文化背景，开阔视野，将与之相关的信息融会贯通，这样才能够将古战场的调查做到科学有效。

第二，古战场遗址的考古调查要注重对地形地貌的考察。古代战争的地点有着较强的选择性，战争一般都发生在山河险要之地，这些地方都是兵家必争之地。同时，由于地理环境的变迁相对于文化堆积扰动小，以地理环境作为考察的重点将会提供可靠的线索判断古战场的位置。例如，有学者考察马陵之战古战场就特别关注地形的要素，其总结"考察以上四处战址时，为什么特别注重地形呢？因为，魏兵十万，要把他们全部诱进伏击圈中，伏击圈不但必须在山区，而且地形必须是《孙子兵法》所说的死地。大名、莘县战址虽经两千余年沧桑变化，其总的地形，本是平原。在大平原上，纵然沟壑纵横，也很难想象能够容纳得下十万行军中的兵将。庞涓是名将，行军时前军必有前卫。在平原上，前卫、前军入伏，其他各军很容易冲出包围。因此，几个战址中，只有马陵山符合战址条件"[①]。从上述学者的论述中，我们可以看出，在对古战场遗址进行考古调查的时候，地形地貌是必须要进行考虑的，而且需要将其作为重点进行考虑。在结合文献记载的基础上，实地对可疑遗址进行考察，以史料作为比照，能够获得比文献记载更为可靠的资料，由此才能使军事考古学的优势发挥，解决许多历史上悬而不决的古战场遗址的争论。

古战场遗址的地形地貌因山河变迁会发生一些改变，这些改变也是在对其进行考古调查时应当注意的，要结合地方志材料，梳理地理环境变迁的历史，尽可能地以战争发生年代的地理环境作为参考对象，这样能够确保地理环境与战争发生的共时性。同时，某些地区的开发建设已经将原有的地理环境进行了改造，如修建桥梁、公路、水电站等，在条件允许的情况下，尽可能地获得这些地区原有的地貌特征资料，这对认识该地区现代地理变迁是有所帮助的，依据这些材料，结合战役发展状况进行判读，由此而形成的考古调查报告有助于解决该地区的历史文化问题。

---

① 黄新忠：《齐魏马陵之战战址调查报告》，《临沂师专学报》1992年第1期。

第三，注意多个古战场遗址的综合调查。古代战争是由一系列的战役所构成的，对战双方往往经过数次战场较量才分出高下，因此，作为战役载体的战场就可能存在多处，这些战场之间必然存在着战略、战术上的联系，将同一场战争的数次战役发生地的古战场进行综合考察是十分必要的。这种综合调查类似对史前文化的区域系统调查，"区域"是指具有一定的相对独立性的地理单元，在这一地理单元中相同文化或人群行为形成的文化堆积即我们的调查重点。将其运用到古战场的考古调查中，我们就需要考虑在一定范围内所发生的战争情况，战争双方在该地理范围之内所经历的数次战役或者与这次战争相关的其他附属遗存都是系统调查的内容。但是，这一区域与史前考古学文化区域系统调查也存在区别，史前考古学文化进行的区域系统调查划定的"区域"：一是相对封闭的独立地理单元，特别是由丘陵、山地隔离出来的盆地，或者由河流冲积形成的河谷地带；二是在较大的平原区，以一条较大的河流或其支流的全流域作为调查范围；三是无理想的地形地貌情况下针对某一或几个重要遗址周边的调查[①]。这样的区域划分有一定的科学意义，但放诸古战场的考古调查，却存在一些缺陷。古战场遗址大多是在历史时期形成的，人类改造自然的能力已经得到了显著的提升，战争的发展虽然受制于地形地貌的状况，但远距离、跨江河的长途作战已经比较容易实现。在这种情况下，古战场遗址的综合调查一定要从战争历程出发，制订周密的调查计划。最有效的办法则是根据历史文献，整理某次战争双方的行军路线，沿着这条行军路线进行系统调查，避免遗漏某些未曾关注到的战场遗址。

由于种种原因，目前古战场遗址的调查工作开展得还不是很多，许多古战场仍未得到应有的考古调查，使得大量的古战场遗迹暴露荒野，缺乏保护。以上提出的这些调查要点还不全面，古战场遗址考古调查的复杂性是因时因地而异的，只有灵活地运用考古学田野调查方法才能获得丰富的资料。在此基础上，结合军事史、地理学等相关学科的知识，将古战场遗址置于宏观视野之下，观察周边地理环境要素，扩展调查范围，多开展系统调查，把握某次战争的发起、经过及结果，将战争当作一个过程去观察，这样有助于我们全面了解战争的细节，更好地认识古代战争的规模、战略战术、军事科技水平等信息，为复原古代战争的状况奠定资料基础。

---

① 朔知：《中国的区域系统调查方法辨析》，《中原文物》2010年第4期。

（二）古战场遗址的田野发掘

古战场遗址因其文化堆积较薄，考古发掘工作并未深入展开。我国古代战场虽然分布广、数量多，但是往往就是一"战"而过，短则数月、长则数年的战争在历史长河中早已湮灭，在战场上所留下遗迹、遗物少之又少，这样的遗址是否有必要进行科学考古发掘值得商榷。但不能因其文化堆积少就忽视对其的发掘，局部的考古发掘或许能够解决一些关键问题。鉴于此，我们认为在今后古战场遗址的田野发掘中，应当关注以下问题。

第一，关注战场防御设施。古战场是一个复杂的遗址，其包含着诸多要素，如兵器、防御设施、战场遗尸埋葬等内容。其中防御设施有着一定的稳定性，在长时间内能够保存下来，在对古战场遗址的考古发掘中应当对军队驻扎痕迹进行细致发掘，或可从中获得古代兵营防御设施的信息。

第二，对于古战场遗址内遗物、遗迹的发掘要细之又细。我国的考古技术已经有了突飞猛进的发展，但是对于某些遗存的细节处理尚显欠缺。西方对古代战场遗址的发掘起步较我们早，从特洛伊古城的发掘就有着对战争遗存关注的理念。西方的考古学家对战场遗存的发掘不可谓不细致，如果在某一发掘区域发现大量箭镞，他们并不急于将这些箭镞提取，而是详细记录这些箭镞的分布方向、布局特点等信息。这些宝贵信息是解读一场战争的关键，从箭镞的分布方向我们可以获得这次战役对阵双方的位置及进攻方向。因此，许多古战场上的遗存并不是单纯的、独立的，他们与当时战争状况有着密切联系，通过对这些微观信息的记录和解读，军事考古学所获得的信息要远远超过传统的历史学、地理学对战争的解读。

第三，关注战场遗尸的处置遗存。古代战争是极其残酷的，尤其是进入春秋战国以后，战争的规模、武器装备、战略战术都发生了剧烈的变化，这些变化的后果就是加剧了战争的残酷性。秦赵长平之战近百万人参与，最终以赵军战败、四十万人被坑杀而告终。这样惨烈的战争必然导致了许多战争遗尸，这些遗尸有些被家属认领，有些暴露荒野，有些则被战胜方处理，这些都能够留下遗迹，通过对战场的调查发掘，我们或可找到这些战亡军士的遗骸，通过体质人类学和科技考古的手段，从这些人骨上同样可以获取战争的相关信息。

古战场遗址的调查与发掘是目前田野考古中比较薄弱的环节，许多古战场的调查和发掘未能引起考古学家的注意，大多数的古战场调查都是由历史地理学家进行的，他们利用传统历史文献，结合实地考察，推测出某一战场的位置，我们不能妄测其科学性，但如能发挥军事考古学在古战场遗址研究中的优势，将有助于我们深入研究古代战争。

第三节　古代边防遗存

边防遗存主要是指长城、海防筑城遗址等。享誉世界的万里长城，系由绵亘的城墙和关隘、敌台、烽火台、城堡等组合而成，自春秋战国至明代的2000余年间，先后有8个诸侯国、10多个王朝进行修筑，堪称世界上绝无仅有的古代巨大军事防御工程体系。其对于中国古代军事战略思想、军事地理、重大战争事件、军队防卫配置体系以及筑城技术等，具有独特而重要的研究价值。时有增多的有关长城遗迹的考古发现，不断充实着人们对万里长城丰富内涵的认识。

主要建造于明代的海防筑城，亦为中国历史上庞大的军事工程之一。其是在北起辽东、南至海南岛的中国沿海构筑的以卫城、所城为骨干，堡、寨、墩、烽堠和障碍物相结合的海上防卫设施，跨越八省区，遗迹、遗物至为丰富。

一、长城修筑概况

"长城"一词，始见于战国时代文献，指齐、燕等国建于其边界的防御工程。自春秋战国至明代的2000余年间，先后有8个诸侯国、10多个王朝进行修筑。国家文物局公布，经过调查、认定，中国历代长城总长度为21196.18千米，分布于北京、天津、河北、山西、内蒙古、辽宁、吉林、黑龙江、山东、河南、陕西、甘肃、青海、新疆、宁夏等15个省市自治区，包括长城墙体、壕堑、单体建筑、关堡和相关设施等长城遗产43721处。

春秋战国是长城的初建期，各诸侯国基本都修筑了长城进行军事防御。秦汉时期，掀起了长城修建史上的两次高潮，为支持对匈奴的战争，在东起辽东，西至罗布泊的辽阔北疆，出现了两条规模宏大的万里长城。东汉至两晋时期是长城修建史上的间歇期。北朝诸政权又为长城的修建制造了一个高潮，直到有隋一代，还数次修缮旧有的长城。但自唐、五代、宋的数百年间，长城的修建基本上停滞。到了明代，为了防御蒙古、女真等北方游牧民族政权的扰掠，开始了大规模的长城修筑。明长城成为我国历史上修筑的最后一道长城，也是修建规模最大、历时最长、工程最坚固、设备最为完善的长城。

（一）春秋战国时期长城的修筑

春秋战国是一个分裂割据的时代，各诸侯国征伐不断，军事活动在这一时期有了进一步的发展，一个显著的例子即各诸侯国长城的修筑。根据各诸侯国长城修筑目的，春秋战国时期的长城可以分为各诸侯国相互防范及秦、赵、燕三国为防范北方游牧民族而建的长城两大类，前者的修筑时期早于后者。

1. 齐长城

中国迄今发现最早修筑的长城是齐长城。齐国位于山东省北部，公元前11世纪周分封的诸侯国之一。开国君主吕尚，建都营丘（后称临淄，现山东省淄博东北）。齐灵公十五年（前567年）齐灭蔡后，疆土扩大到山东东部。疆域东到海，西到黄河，南及泰山，北到无棣水（现河北省盐山县南）。

齐长城始建于齐桓公元年（前685年），经齐灵公、齐威王不断增修，至齐宣王时基本完成。后来齐湣王又加整修，先后历经400余年。它比秦长城早300～400年。《史记·楚世家》正义引《齐记》记载："齐宣王乘山岭之上筑长城，东至海，西至济州千余里，以备楚。"①可知该长城是在齐国国君齐宣王时所筑，在《竹书纪年》中也把齐长城称作"长城巨防"。《水经注》《通典》《元和郡县志》《读史方舆纪要》《泰山道里记》等对齐长城所经过的地方都有记载。齐长城从现在的山东平阴县北起，向东乘山岭经泰安西北、济南市莱芜区北、济南市章丘区南、淄川县西南、临朐县南、安丘市西南、诸城市南、琅琊台北至胶县南的大朱山东入海（图四九）。齐长城中部的重要关隘——穆陵关，遗迹尚存，在现山东临朐县和沂山东南，蒋峪与马站之间的大岘山上，此处地势险要，人称"齐南天险"，为鲁南与鲁北交通往来之门户②。

---

① （西汉）司马迁：《史记》卷40《楚世家》，北京：中华书局，1959年，第1732页。
② 王献唐：《山东周代的齐国长城》，《社会科学战线》1979年第4期。

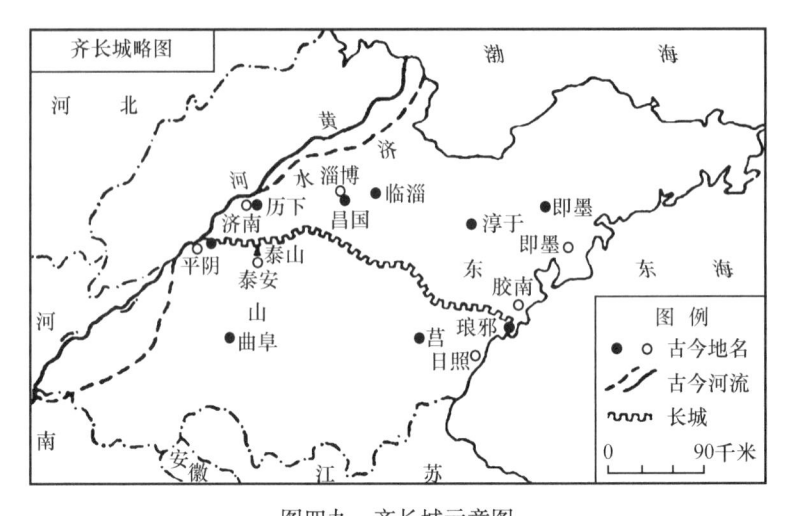

图四九　齐长城示意图

（图片改绘自罗哲文：《长城》，北京：清华大学出版社，2008年）

2. 楚长城

楚长城称为"方城"，最早见于《春秋左氏传》鲁僖公四年（前656年）的记载：齐桓公率诸侯国伐楚，兵至陉山，楚使屈完对齐桓公说"楚国方城以为城，汉水以为池"。

楚长城的位置，根据历史文献记载，它的两头从现在湖北的竹山县，跨汉水辗转至河南的邓州市，往北经内乡县，再向东北经鲁山县、叶县，再南跨过沙河直达泌阳县（图五〇）。总长将近500千米。从地理位置上看，这一道长城正好处在当时楚国都城郢都的西北和东北面，对于防御较为强大的诸侯邻国秦、晋、齐、韩、魏等的进攻是恰当的。

2008～2010年，考古工作者对豫南楚长城进行了大规模的调查和发掘，以科学考古发掘的手段摸清了楚长城墙体的结构及建造程序，并以考古发现的遗物断定了楚长城墙体的年代，专门进行大规模的实地调查并系统地掌握了楚长城的分布线路，这在2000多年的楚长城研究中是一个突破，具有十分重要的意义。此外，对楚长城敌台、兵营遗址、烽燧等附属建筑和相关遗存的调查、确认和研究，尤其对楚长城烽燧的进一步研究，对确定楚长城的防御体系和防御框架具有十分重要的作用[①]。

---

① 李一丕、杨树刚、衡云花等：《豫南地区楚长城资源调查与发掘取得突破》，《中国文物报》2011年9月30日。

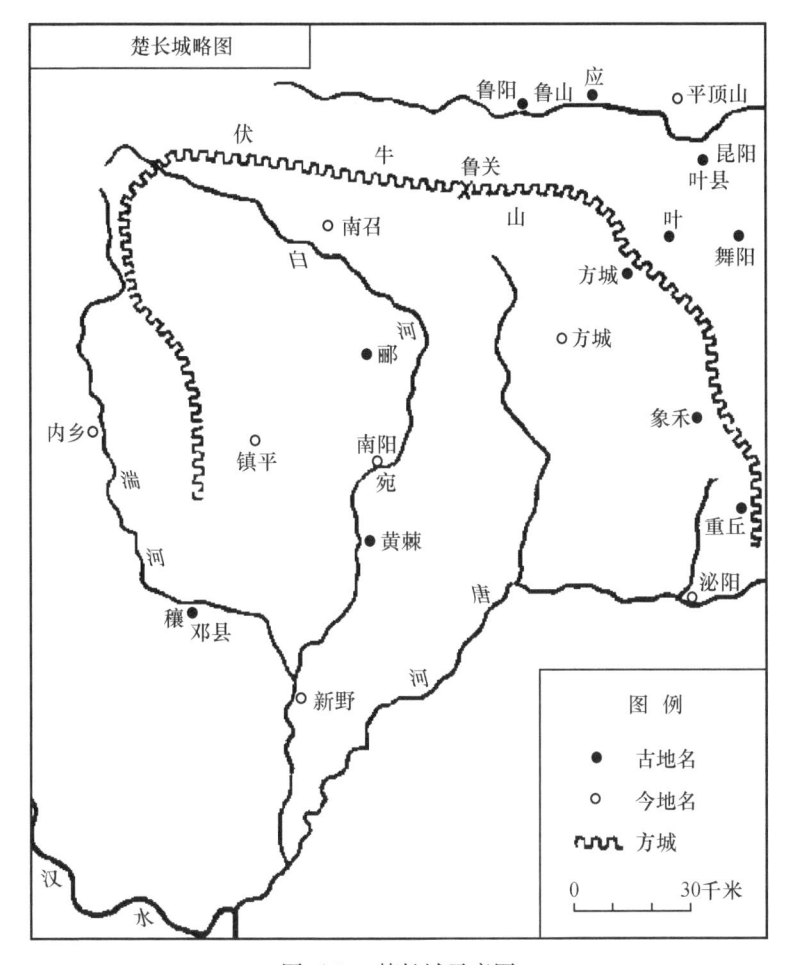

图五〇　楚长城示意图

（图片改绘自罗哲文：《长城》，北京：清华大学出版社，2008年）

3. 燕长城

燕，本作匽，或郾。在现河北省北部和辽宁西端，建都于蓟（现北京城西南），又以武阳（现河北省易县南）为下都，燕国为战国七雄之一。燕东濒大海，已是自然屏障，南接齐、赵。燕的北面常有胡人南下骚扰，而西面则有秦国崛起，每有东进称霸之心。其间虽然还有赵国相隔，但赵也常受秦的驱使犯燕，实为大患。为了防御，燕便修筑了北长城和易水长城，以防胡和秦、赵。

燕北长城，《史记·匈奴列传》中记载有："燕有贤将秦开，为质于胡，胡是信之。归而袭破走东胡，东胡却千余里。……燕亦筑长城，自造阳至襄平。置上谷、渔阳、右北平、辽西、辽东郡以拒胡。"[1]燕的东北方与朝鲜为界，北方有东胡、林胡、楼烦等小国，南方与齐国为界，西方与赵国为邻。为了防御东胡、林胡、楼烦等国的侵扰，在公元前290年，燕国沿燕山山脉修筑了北长城。从古造阳（现河北省怀来县）起，东渡滦河，逶迤转向东北，渡辽河到达古襄平（现辽宁省的辽阳）境内止，长500余千米。

燕南长城，《战国策·燕策》中这样记载："（张仪谓燕王）今赵王已朝渑池，效河间以事秦。大王不事秦，秦下甲云中、九原，驱赵而攻燕，则易水、长城非王之有也。"[2]燕国还曾攻打齐国得胜而归，为了防备齐国的报复，对易水的堤防进行扩建而筑成长城，即通称的"易水长城"。位置大致相当于现河北省易县的西南，向东南经定兴、徐水、安新、文安、任丘之间，达于文安县东南，长250余千米[3]（图五一）。

4. 赵长城

赵长城有三道：赵肃侯所筑南、北长城两道，赵武灵王所筑赵北长城一道。

（1）漳滏长城，在赵的南境，即赵肃侯所筑南长城。这道长城主要是用以防魏的，同时因秦强大，恐其逼魏而攻，也起防秦的作用。此漳滏长城的位置在漳水北岸，现河北临漳、磁县一带，尚有遗址可寻。全长约200千米。赵北长城均用于防御东胡，因为赵武灵王驱胡攘地，势力北进至今内蒙古大青山一带，所以肃侯时所筑北长城，已属内地（图五二）。

（2）赵武灵王所筑云中、雁门、代郡长城，东起于代（现河北宣化境内），经云中、雁门（现山西北部），西北折入阴山，至高阙（现内蒙古乌拉山与狼山之间的缺口），长约650千米。对胡人的侵扰不是退让而是进行抗击和备战设防。修筑长城就是备战的措施。赵南长城，则主要用于防魏。魏国都大梁，距赵都邯郸仅数百里，而漳水两岸的魏国重镇邺城，距邯郸尚不足百里，魏对赵的威胁极大。为防魏而依漳河、滏阳河之险修筑了这道长城（图五三）。

---

[1] （西汉）司马迁：《史记》卷110《匈奴列传》，北京：中华书局，1959年，第2886页。

[2] （西汉）刘向：《战国策》卷29《张仪为秦破纵连横谓燕王》，上海：上海古籍出版社，1985年，第1052页。

[3] 文物编辑委员会：《中国长城遗迹调查报告集》，北京：文物出版社，1981年。

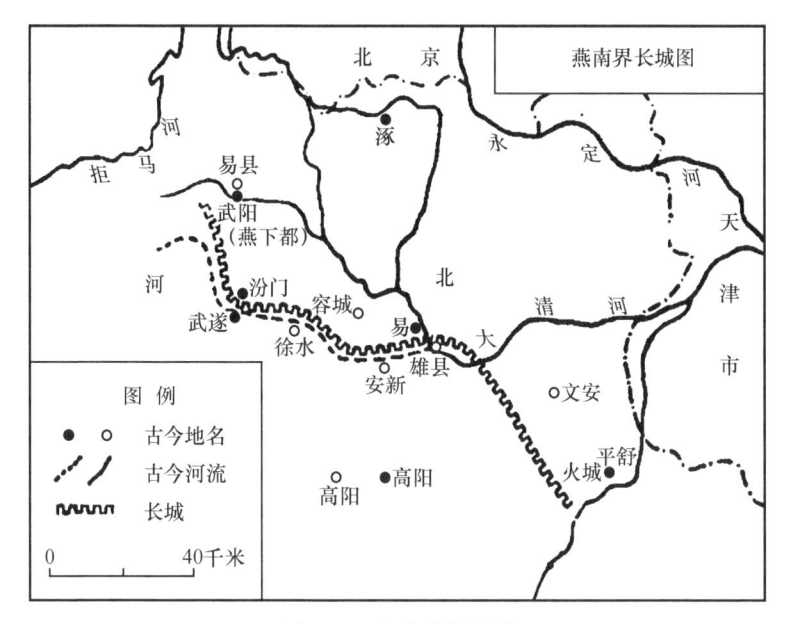

图五一　燕南界长城图

（图片改绘自罗哲文：《长城》，北京：清华大学出版社，2008年）

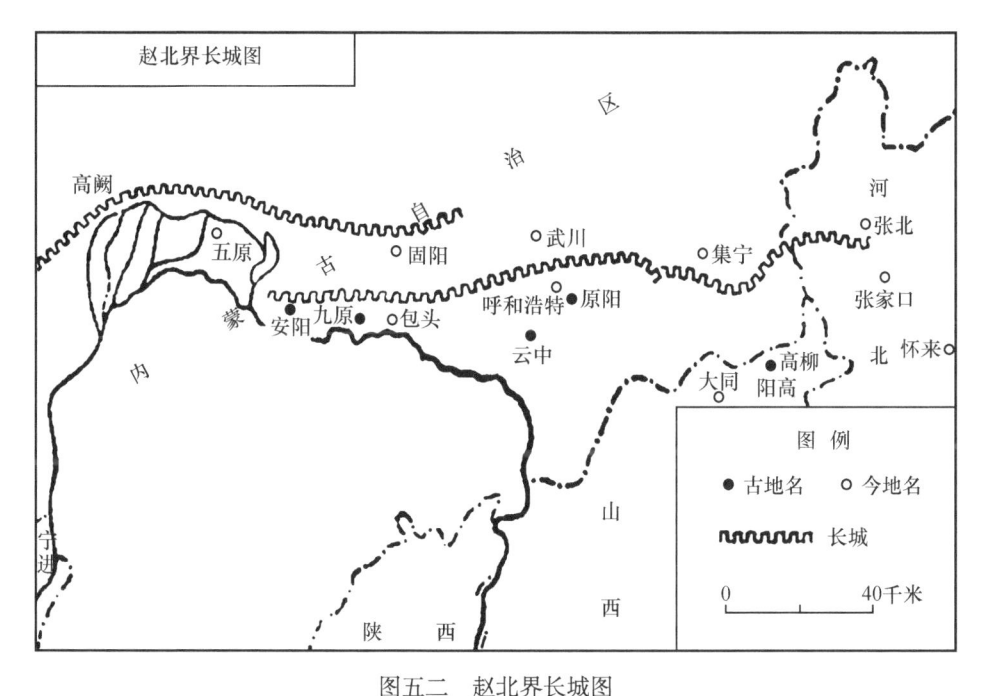

图五二　赵北界长城图

（图片改绘自罗哲文：《长城》，北京：清华大学出版社，2008年）

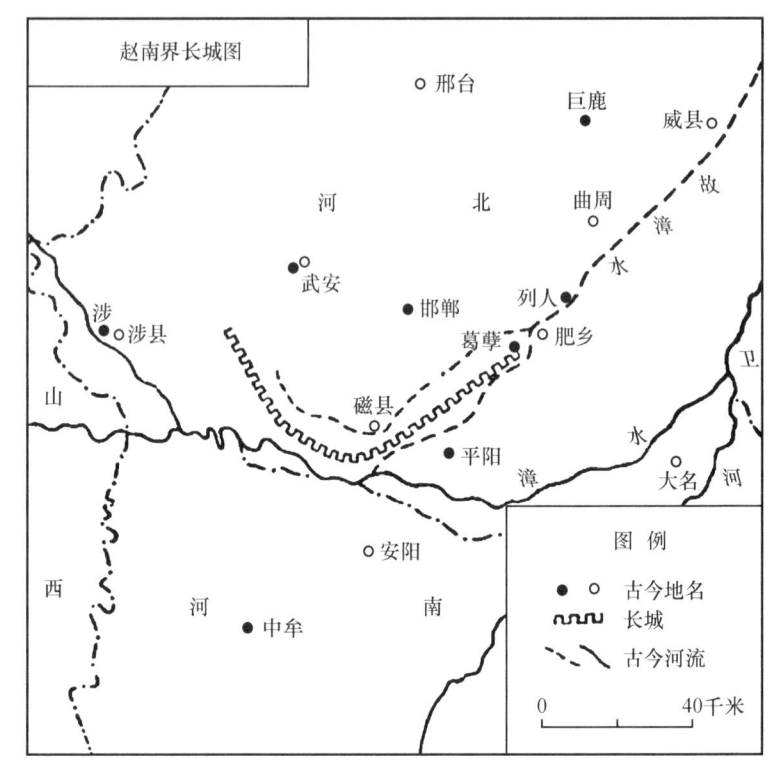

图五三　赵南界长城图

（图片改绘自罗哲文：《长城》，北京：清华大学出版社，2008年）

5. 魏长城

魏为战国七雄之一，在现河南、陕西境内。他的东面有淮、颍水与宋、齐为邻，南有鸿沟与楚为邻，西北过滑河、沿洛水与秦为邻，北与赵为邻。魏长城共有两道：一是西北的防秦和防戎长城（河西长城），公元前361～前351年，前后十年间陆续都在修建（图五四）。二是西南长城（河南长城），《竹书纪年》的记载为梁惠成王十五年（前355年）所筑，史称为卷之长城。关于这道长城，《后汉书·郡国志》载："卷有长城，经阳武到密。"根据《水经注》上所记得知这一长城自阴沟开始，经大河故渎东，在阳武跨过阴沟左右二渎，过北济水、南济水，又经管城，往西南至于密。全长约300千米[①]（图五五）。

---

① 中国社会科学院考古研究所陕西工作队：《陕西华阴、大荔魏长城勘查记》，《考古》1980年第6期。

图五四　魏河西长城图

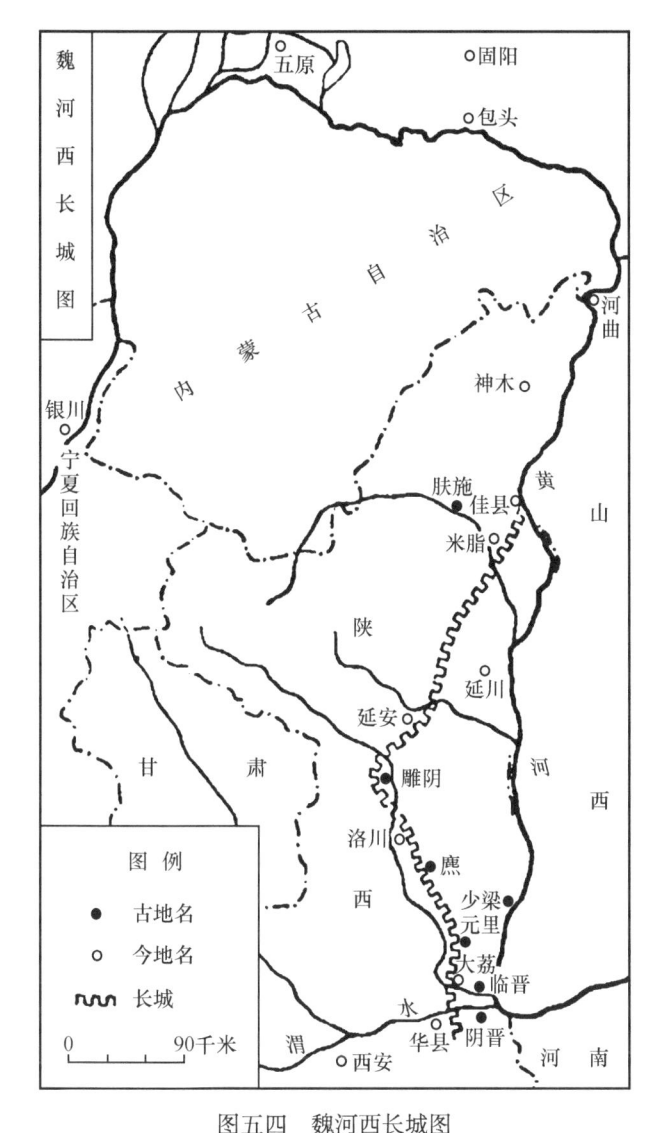

（图片改绘自罗哲文：《长城》，北京：清华大学出版社，2008年）

近些年，陕西的魏长城考古有重大进展。宜君战国魏长城修筑在沟壑险峻的山梁、沟边，依山就势蜿蜒形成一条纵贯南北的军事防御屏障和攻守兼备的军事要塞。据最新的考古勘探发现，魏长城遗址距今有2300多年，由6段城墙遗址、9处烽火台遗址、1处城址组成。其中保存较好的单体烽火台遗址呈东北至西南方向，9处烽火台之间距离均约500米，由城墙连接。其中偏桥

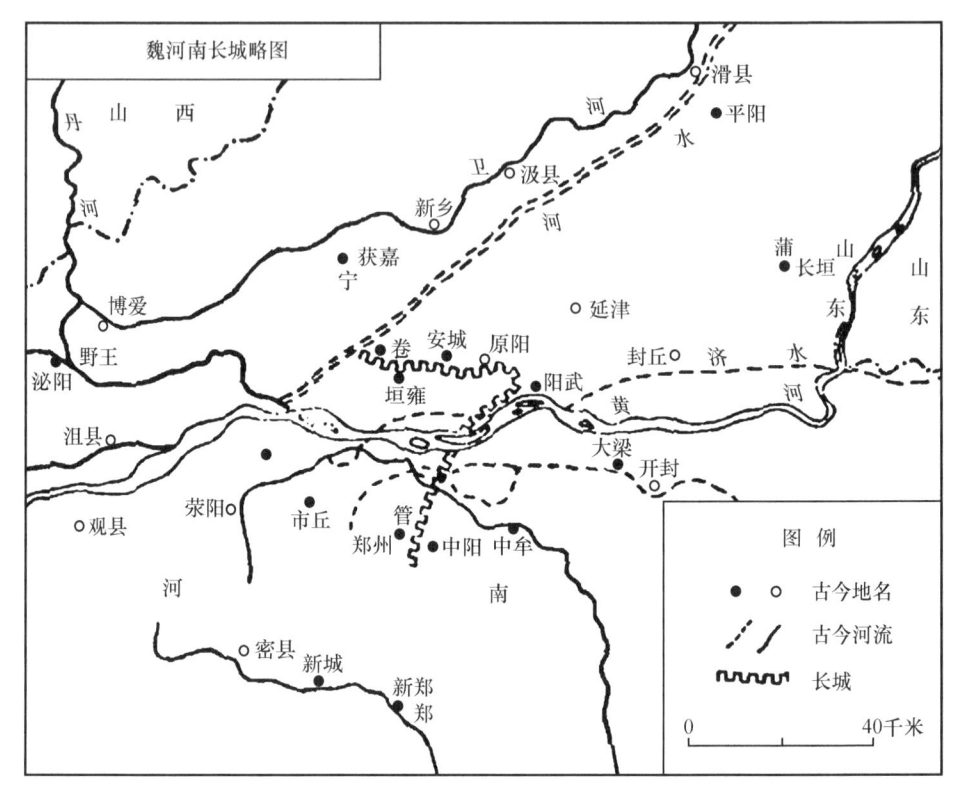

图五五　魏河南长城略图

（图片改绘自罗哲文：《长城》，北京：清华大学出版社，2008年）

村北现存一段城墙遗址长约150、宽3~5、高约3米，整个城墙与烽火台由10厘米厚夯土层堆筑而成[①]。

6. 秦昭襄王长城

秦昭襄王长城是秦灭义渠戎之后，在陇西、北地、上郡修筑的防御工程。秦的西北与强大的匈奴接界，匈奴奴隶主贵族不时南下骚扰，不仅对秦国内人民生产生活的安定有很大的威胁，而且对其东进统一天下的雄图极为不利。于是在一次打败义渠的战争中，乘胜追击，并且修筑了长城作为防御。

关于秦昭襄王所筑长城的起讫地点走径，《水经注》《元和郡县志》

---

① 《陕西发现魏长城遗址》，《中国社会科学报》2014年8月6日。

《太平寰宇记》等历史文献中均有所记载，大致起于现甘肃省临洮县，向东南至渭源，然后转为东北，经通渭、静宁等县达宁夏的固原市。由固原市折为东北方向，经甘肃环县，陕西省横山、榆林、神木诸县直抵黄河西岸。近些年来考古工作者在秦昭襄王长城所经之地找到了很多长城遗址。迄今还保存了几段遗迹。经实地调查，定西市战国秦长城全长约226.8千米，长城自东向西先后经过通渭县、陇西县、渭源县和临洮县。通渭县约88、陇西县约57.4、渭源县约39.2、临洮县约42.2千米。整体保存较差，其中存在墙体约99.6千米。在宁夏固原市境，由城西南孙家庄东经县城北至清水河畔石羊洼，全长18千米；另一段在固原东南碉堡梁和长城梁上，长约7千米，傍茹河北岸斜向东南。甘肃环县、陕西吴起县境、内蒙古境内均有遗迹可寻。甘肃环县城西南常塌圿附近，南北长约2千米。环县东北40千米的营盘山至陕西吴起县西南28千米的城墙村之间，共长30千米。内蒙古准格尔旗和伊金霍洛旗交界处的书会川西岸也保留有一段。这段长城为土石相间的建筑结构。其余各段均为黄土夯筑。秦昭襄王所筑长城，后来基本上为秦始皇所筑长城利用[①]。

（二）秦汉时期长城的修筑

秦汉是我国历史上的大一统时代，诸多规模宏大的军事工程在这一时期出现，如长城、直道。强有力的政权保障了大型军事工程的修筑，而且统一的政治、社会环境，打破了春秋战国分裂割据的局面，列国长城因此逐渐消亡，面对屹立于北方草原的匈奴，秦汉时代，沿北部边疆修筑起了极具气势的军事防御工程——长城。秦汉长城奠定了中国古代万里长城的基础，之后历代对于长城的修筑都是对秦汉长城的沿袭和发展。

1. 秦始皇长城

秦始皇二十六年（前221年），秦建立起中国历史上第一个统一的中央集权的封建专制王朝。秦统一后，对秦王朝形成威胁的主要是北方的匈奴。为维护和保障中原地区的安全，防御匈奴南下掠夺和滋扰，公元前214年前后，

---

① 陈守忠：《甘肃境内秦长城遗址调查及考证》，《西北史地》1984年第2期；陈守忠：《陇上秦长城调查之二》，《西北师院学报》1984年第10期增刊。

秦始皇下令修筑万里长城。

秦始皇长城大致西起于甘肃省岷县，循洮河向北至临洮县，由临洮县经定西市安定区南境向东北至宁夏固原市。由固原向东北方向经甘肃省环县，陕西省靖边、横山、榆林、神木，然后折向北至内蒙古自治区境内托克托南，抵黄河南岸。根据历史记载及近些年来的考古发现，可知秦始皇所筑万里长城，基本上是在燕北长城、赵武灵王所筑赵北长城及秦襄昭王所筑长城的基础上进行大规模的修复，并将原来燕、赵、秦长城不相连接的空隙之地补筑上城墙，使起临洮至辽东的整个长城防线连贯为一（图五六）。

2. 汉长城

刘邦灭秦后，在公元前202年称帝，国号汉，建都长安（现陕西西安）。此际，北方匈奴冒顿单于杀父自立，吞并邻族，日益强盛起来。为防止匈奴的南犯，汉朝大规模修筑长城。除了修缮秦始皇的长城以外，还新筑了一些长城，特别是大规模地修筑了河西长城，即现在的甘肃酒泉、玉门至新疆罗布泊一线（图五七）。除了军事上的防御之外，汉长城的西部还起着开发西域屯田、保护通往中亚的交通大道"丝绸之路"的作用。前后共分四次，如下。

第一次：汉文帝后元六年（前158年），汉文帝派中大夫令免为车骑将军，苏意、张武为将军，率大军在现山西、陕西北部和甘肃东北部一带，修缮秦始皇长城，防御匈奴南下。

第二次：元朔二年（前127年），"卫青复出云中以西至陇西，击胡之楼烦、白羊王于河南，得胡首虏数千，牛羊百余万。于是汉遂取河南地，筑朔方，复缮故秦时蒙恬所为塞，因河为固"。汉武帝将防御匈奴的北方边界推进到现内蒙古阴山南麓的原秦始皇长城一线。

第三次：元鼎六年（前111年）至元封元年（前110年），武帝修筑了由酒泉西至玉门关段长城。

第四次：太初元年（前104年）至太初四年（前101年），武帝修筑了由玉门至新疆罗布泊的长城。

汉长城的遗迹迄今还保留不少，如在河北承德地区有一段残长约15千米的汉长城遗迹，它位于燕、秦长城以南，而又在明长城以北，显然为汉代新筑之段落。这段长城东自内蒙古宁城县大营子一带进入河北省承德市三道沟门乡獾子沟车子梁，西南行至志云乡双庙梁。残高1.5、宽8~10米，大部为土筑，个别地方以石为基，上筑夯土。长城附近还有许多墩台，其中有一

第五章 古代军事遗迹

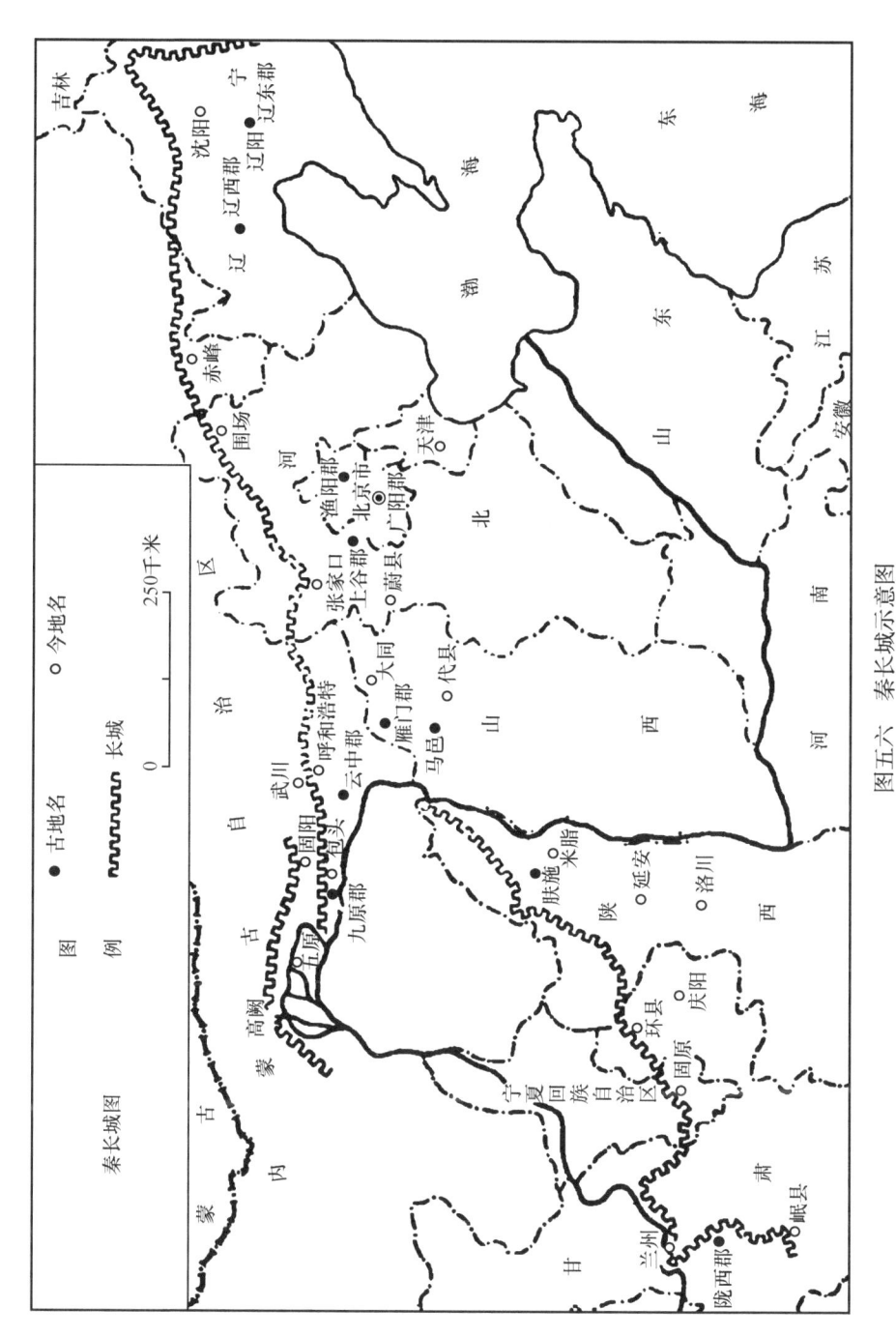

图五六 秦长城示意图
（图片改绘自罗哲文：《长城》，北京：清华大学出版社，2008年）

图五七　汉长城图

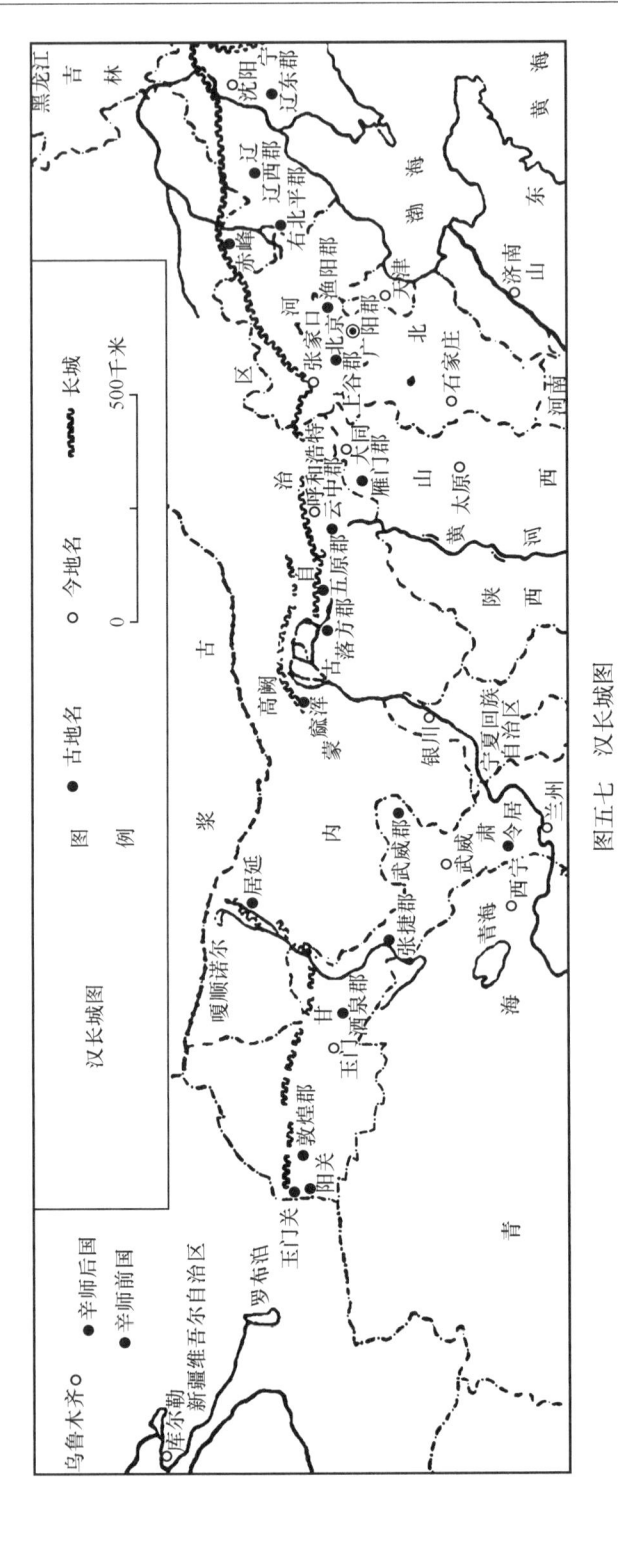

（图片改绘自罗哲文：《长城》，北京：清华大学出版社，2008年）

段，相距2千米筑一座墩台，中间没有墙体相连，正好与文献上汉代"筑亭障"相吻合。并且汉代长城的修筑十分注意因地制宜，玉门关城墙的构造方法与山海关、居庸关、八达岭等处用条石城砖砌筑的长城和山西、陕西、宁夏、内蒙古等地用黄土夯筑的长城不同，它是用流沙、散石、芦苇筑成的。这种结构的长城，从建筑原则上来说可谓发挥了因地制宜、就地取材、克服困难之能事[①]。

（三）南北朝至辽金元时期长城的修筑

早期长城作为一种边界形态，其修筑与帝国实力及控制范围有着密切的关系。东汉以降，魏、蜀、吴三国鼎立，逐鹿中原。西晋历经了短暂统一，北方诸族纷纷内迁，长城已经失去了其军事防御功能，这一时期的政权均不以长城为重。不言自明，东晋偏安东南，以长江为天堑，无须修筑长城。唐朝国力强盛，疆域广大，北疆已越过了长城，现长城一线均在其所辖之内，北方游牧民族势力纷纷朝贡，并无太大的防御压力。宋朝立足未稳，且北方的大片领土在辽金的地域之内，谈不上修筑长城。及至蒙元，其疆域横跨欧亚大陆，更没有修筑长城的必要。

所以，从南北朝至辽金元时期，修筑长城的主要是北魏、东魏、北齐、北周、隋、辽、金等朝代，这些朝代大部分是少数民族建立的政权。与秦汉修筑长城的目的类似，都是为保卫自己领地的安全，防止外来民族的侵犯。

581年，隋文帝杨坚统一了南北，结束了自东汉末年以来四百年间封建割据的局面，为了防御突厥、契丹、吐谷浑等也多次征发大批劳力修筑长城。根据历史记载共修长城七次。有隋一代所筑长城，大抵上东起山海关，西至甘肃境内，基本上是沿着北魏、北齐长城进行修缮。新增筑的地段，即所谓的"筑重城"，在现陕西、宁夏、甘肃及内蒙古的河套地区一带。

---

① 罗哲文：《临洮秦长城、敦煌玉门关、酒泉嘉峪关勘查简记》，《文物》1964年第6期；王守业、窦步青：《嘉峪关外新发现之汉代长城遗迹》，《西北史地》1984年第2期。

（四）明长城的修筑

明初，朱元璋的灭元战争，仅以收复元大都、元帝退回蒙古而宣告结束，但元朝的势力并未彻底瓦解，持续了一段时间后，北边蒙古族的瓦剌部和鞑靼部又相继崛起，严重威胁着明朝的北部边疆。明代中期以后，政治腐败，宦官当权，国势衰微。而瓦剌部和鞑靼部的势力日益强大并不断入侵，边疆地区的兵力逐渐加大。这就出现了以后的九边防御部署和以长城为主体的防御体系。因而对长城的加固、防务的配备，超过历代水平，修整长城前后达18次。清朝成立后，随着国内政治、军事形势的发展，蒙古各部已统一于中央王朝的统治下，北部的长城，失去了原来的作用，故终清一代，长城很少有什么变化。

国家文物局曾于2009年首次公布明长城调查数据，中国明长城总长度为8851.8千米。明长城由关城、城墙、城台、烽燧、关口障碍等组成。自居庸关以西，明长城分南北两线，到山西偏关附近的老营相合，被称为内、外长城或里、外长城。里长城从居庸关西南向，经河北易县、涞源、阜平而进入山西的灵丘、浑源、应县、繁峙、神池而至老营。外长城即自居庸关西北经赤城、崇礼、万全、怀安而进入山西的天镇、阳高、大同，沿内蒙古、山西交界处达于偏关、河曲。位于河北、北京、山西、内蒙古境内的明代内外长城是明代首都北京的西北屏障。

明朝还在重要的关隘地方，特别是在当时的京城北京的北面居庸关、山海关、雁门关一带修筑了好几重城墙，多的有二十多重。并在长城南北设立了许多堡城、烟墩（烽火台），以此用来瞭望敌况，传递军情。戚继光任蓟镇总兵时又在山海关至居庸关长城线上修筑墩台一千多座。这些烽堠、墩台与长城南北的许多城防、关隘、都司、卫所等防御工程和军事机构共同构成一道城堡相连、烽火相望的万里防线。

明朝除了在北部修筑万里长城之外，还在长江以南修筑过长城，防御来自西南方面的进攻。例如，湖南凤凰发现一段明代苗疆边墙，边墙遗存，位于西距县城10千米的廖家桥镇永兴坪村，墙高2.3、基宽1.7、顶宽1米，城墙中以乱石填实，有碉堡高10余米，建有青色片石堆砌的平房数间[1]。

---

[1] 杨旭东、龙通燕、杨芝：《湘西凤凰发现南国长城"苗疆边墙"》，《文博》2000年第3期。

二、长城设施遗存

因朝代不同,修筑方式等差异,"长城"又被称为列城、方城、亭障、塞、堑洛、界壕、边墙等。长城以垣墙为主体,包括城障、关隘、兵营、卫所、烽燧、道路、粮秣武库等诸多军事设施和生活设施,具有战斗、指挥、观察、通信、隐蔽等综合功能,并有与大量长期驻屯军队相配合的严密的军事防御体系。其对于中国古代军事战略思想、军事地理、重大战争事件、军队防卫配置体系及筑城技术等,具有独特而重要的研究价值。时有增多的有关长城遗迹的考古发现,不断充实着人们对万里长城丰富内涵的认识。

1. 关隘

古代关隘出现在夏、商、周三代,最早的用途是朝廷在边境上所设的收税关卡,到了春秋战国时期,随着关隘与长城的有机结合,关隘成为长城沿线的重要驻兵据点,是长城线上进出的通道,战时则是进攻和防守的重点。位置多选择在出入长城的咽喉要道上。有的在两山之间,如嘉峪关,有的在山河或山海之间,如山海关。因此分别被称为关山、关河、关津、关塞、关隘和关口等。这些关隘多修筑成矩形或半圆形的瓮城或重城,派驻重兵把守。整个关隘构造,一般由关口的方形或多边形城墙、城门、城门楼、瓮城组成。有的还有罗城和护城河。能驻扎和部署较多的兵力,储备足够的兵器、食粮和军用物资,直接供应和支援关城所管辖范围内长城线上的防御作战,它又是封锁突破口、保障纵深控制的兵力反击入侵之敌和堵塞突破口的有力支撑。明代在东起鸭绿江,西至祁连山的长城沿线修筑了抚顺关、山海关、古北口、居庸关、胜金关、嘉峪关等1000多座名关要塞。为了加强京师的防卫,还在京畿外围修筑了内外三关。

城墙内外檐墙多用巨砖、条石等包砌,内填黄土、碎石,高度一般在10米左右。城墙顶上一般都有四马并骑的宽度,即有四五米宽,以便作战时部队机动和运送粮秣、兵器等。在城墙的外檐上筑有供瞭望和射击的垛口,在内檐墙上筑有女墙,起保护人马不至于从墙顶跌落下来的作用。

城门是平时进出关口的通道,战时是反击敌人的出口。早期多用木过梁,元朝以后一般均改用砖或石块砌成拱券形的门洞。为了增加稳固性,城门附近的一段台基多采用条石砌筑。不少城门上额均镌刻着门的名称。门洞内装巨大双扇木门，木门外包铁皮，用巨钉嵌镶，门内侧装有门闩及锁环，有的还装有机关。

城门上方一般均筑有城门楼。它是战斗的观察所和指挥所，也是战斗据点。城门楼多为一层、二层或三层的木结构及砖木结构的建筑物，其屋顶多为庑殿式或悬山式、歇山式结构。

瓮城是在预想的敌人主攻方向的城门外，再构筑一个"Π"形的城墙，形成二道城墙，故叫作"瓮城"。其作用是增大防御纵深，加强城门的防御能力。瓮城也有城门，但其主轴方向与主城门的主轴方向多形成直角，这是为了加强防御，使敌人在攻破瓮城城门时，不致直冲主城门，同时也便于在城墙上向下射杀敌人。

在嘉峪关瓮城的西边，相距五六米处，还有一道城墙，这就是罗城。罗城是在预想的敌人主攻方向瓮城外，再构筑的一道"Π"形城墙，不过这一道城墙比较长，它不仅起掩护瓮城的作用，而且能掩护内城城墙较长的地段。

一般在城关的四周均有护城河，它是在筑城挖掘土方时形成的，后来再引入河水，形成了关城的又一道防线。

2. 敌台

长城上的敌台、敌楼是长城上防御工程的一部分，是明代抗倭名将戚继光于16世纪后半期创建的。

当戚继光驻守北边修筑长城时，敌人骑兵来去神速，机动力强，而明朝的防御部队，则因组织防御时间短促，兵力兵器往往有限而分散，使长城失去防御的稳固性。在这种情况下，为了相对集中兵力，增强防御力量。就在长城沿线增修了敌台1017座。敌台一般是在高出城墙之上用砖砌成的方形墩台，二至三层不等，四面的垛墙上均开有垛口。敌台上面，中间修有船形小屋，名曰楼橹。敌台和楼橹里面，可以驻兵以避风雨，也可存粮和储藏武器，以备不时之需。根据明朝戚继光著《练兵实纪》中记载："今建空心敌台，尽将通人马冲处堵塞，其制高三四丈不等，周围阔十二丈，有十七八丈不等者，凡冲处数十步或一百步一台，缓处或百四五十步或二百余步不等者为一台，两台相应，左右相救，骑墙而立。造台法：下筑基与边墙平，外出一丈四五尺有余，内出五尺有余。中层空豁，四面箭窗，上层建楼橹，环以垛口，内卫战卒，下发火炮，外击敌人，敌矢不能及，敌骑不敢近。"①（图五八）例如，八达岭的敌楼多分上下两层，下层可住十余名士卒，四周有箭窗口可供观察和射击使用。有木制楼梯可登至楼顶，楼顶地面平整，四周墙上有垛口，可供瞭望敌情和射击敌人使用。有的还有燃放烟火的设备，以及生活设备。

图五八　戚继光著《练兵纪实》卷6中的敌台图

3. 烽火台

也称作烽燧、烽堠、烽台、烟墩、墩台、狼烟台、亭、燧等。汉代称作亭、燧，有时亭燧并称，唐宋称作烽台，明朝称作烟墩、墩台等。烽火台的建筑早于长城，但自长城出现后，长城沿线的烽火台便与长城密切结为一体，成为长城防御体系的一个重要组成部分，是警戒和传递军情的工程设施。它的设置比较灵活，有的直接建于城墙之上，有的则独立地构筑在长城内外，有的又将几个烽火台呈犄角配置，构成烽堠群。有的用土筑，有的用石垒，形状分为方、圆两种，一般相距2500米左右。遇有敌情发生时，白天点燃掺有狼粪的柴草使浓烟直上云霄（燧），夜里则燃烧加有硫黄和硝石的

---

① （明）戚继光：《练兵实纪》卷6《车步骑解》，北京：解放军出版社、沈阳：辽沈书社，1994年，第684页。

干柴使火光通明（烽），台台相连，传递紧急军情。

烽火台的位置大约有四种：①在长城的两侧，紧靠长城。②在长城以外向远处伸展的烽火台。③在长城以内向王朝首都联系的烽火台。④与相邻的郡县、关隘、军事辖区"镇"相联系的烽火台。大约每2500米，选择易于互相瞭望的高岗、丘阜之上建立。

为了抗击匈奴的掠扰，发展西域属国的生产，保护通往西方交通干道，汉武帝在敦煌、楼兰以西修筑了大量的列城、烽燧，作为长城防御体系的延伸。自此，西汉长城、亭障、列城、烽燧西起大宛贰师城、赤谷城，经龟兹、乌耆、车师、居延，沿着燕然山、胪朐河达于黑龙江北岸。构成了一道城堡相连、烽火相望的防线。现在河西走廊地区还能够看到诸多的烽燧、关城遗址，如居延、肩水金关等。

明代的墩台近些年有新的考古发现，如宁夏盐池县境内的长城遗址，明内长城的墩台全部建在靠墙的外侧，外形呈覆斗式，一般高出墙顶面3～4米（由此推断其原高可达13米），顶部大都被风蚀为圆弧状丘顶，基部平面为正方形，边长10～11米，夯层厚8～20厘米。相邻城墩的间距不等，最大距离为326、最小为150米。每个墩台内外两侧的地表都见有砖瓦残片，可见当时在墩台上有防御性建筑设施。在一个被损坏的墩台内侧上部（距顶点下2.5、中心点内侧3.5米），意外发现露出的草木灰和铁器锈蚀痕迹，经解剖是一组敌台设施[①]。

4. 城堡

长城上的敌台和墙台，只能容纳很少的兵士，平时只是起到站岗放哨、遮风避雨的作用。真正有紧急情况，临时从远处调兵遣将恐难解燃眉之急，因此，在长城内侧沿线还建有许多城堡，屯兵以备战之用。这些城堡根据此段长城的位置重要与否而有大小之分，但都建在长城附近，与长城构成掎角之势，一旦有急，召之即来。堡往往有城墙围绕，也称作城堡。堡中也有居民居住。有些堡内也有烽火台，把驻防与通信结合起来。

考古发现也证实了在长城沿线有诸多的城堡遗存，如宁夏灵武的红山堡城。红山堡城址位于灵武市临河镇横山村，明长城内侧（南侧），其北距明

---

① 宁夏文物考古研究所、盐池县博物馆：《宁夏盐池县古长城调查与试掘》，《考古与文物》2000年第3期。

长城约700米（图五九）。红山堡城址是明长城的军事驻军营地之一，城的平面近方形，由角台、马面、瓮城等三部分组成。城的四角设有角台，城门开在东墙中部，西、南、北三面城墙中部设有马面。瓮城依东墙而建，平面呈长方形，瓮城城门开在其南墙中部，以东墙为基线向北偏东20°。城墙外围有护城河，一部分是人工挖造而成的，另一部分是利用了周围自然形成的沟壑。人工挖造的护城河，大致分布在城堡的西墙、南墙和北墙外侧。东墙外侧的护城河是以沟壑作为护城河，宽为23、深5~6米[1]。

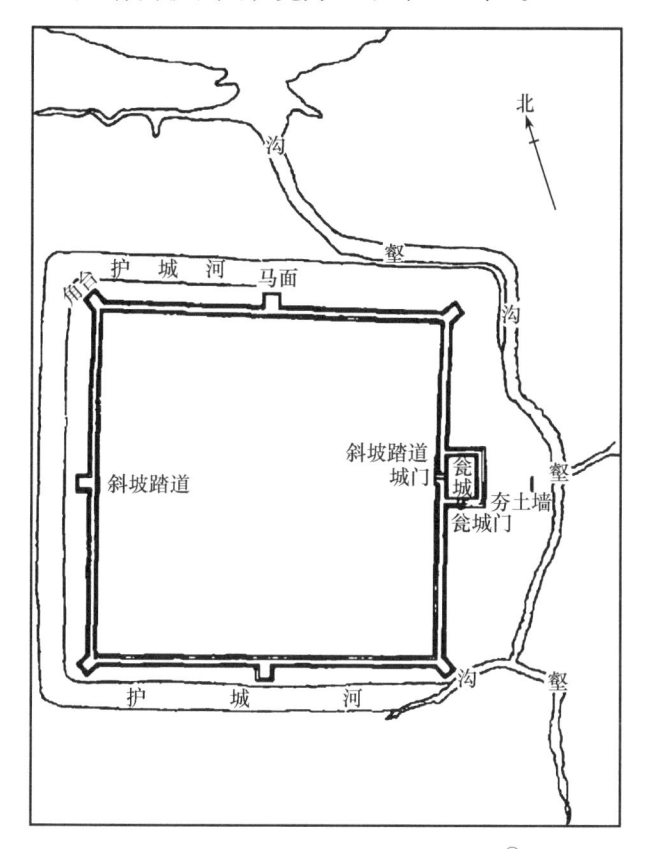

图五九 红山堡城址（实测）平面图[2]

---

[1] 宁夏文物考古研究所、内蒙古鄂托克前旗文化局、灵武市文物管理所：《宁夏灵武市古长城调查与试掘》，《考古与文物》2006年第2期。

[2] 宁夏文物考古研究所、内蒙古鄂托克前旗文化局、灵武市文物管理所：《宁夏灵武市古长城调查与试掘》，《考古与文物》2006年第2期。

5. 关口障碍

关口障碍是加强关口防御的设施，在关外的重要地点。长城的关口，一般设置在谷口或隘路口，以控制主要通道，所以除构筑关口城堡外，还很重视障碍物的设置：在长城外设偏坡，即将向敌的山坡削成陡壁；设拦马墙，高度以拦阻敌马跳越为度，可多层地穿插构筑，以限制敌骑的活动；在平坦地形上挖掘大量"品"字形的陷坑，并在坑内设置铁签、刀刃；在陷坑前方种植密集的灌木，增加敌人的行动困难，并尽可能使障碍物得到火力掩护，还派出少数伏兵或诱敌入坑，或防止敌人接近和破坏障碍物。

灵武发现的"品"字形绊马坑，距长城边墙约50米，均随长城并行。"品"字形坑均挖置在地势比较开阔平坦、便于敌骑驰骋的地段，是为加强防守而设置。但在长城外侧的大部分地段，由于当初修筑长城大量取土时，就有意挖堑为障了。"品"字形坑南北共有三排，其前排和后排相互对直，中间一排与前后排相互错位后便形成"品"字形[1]（图六〇）。

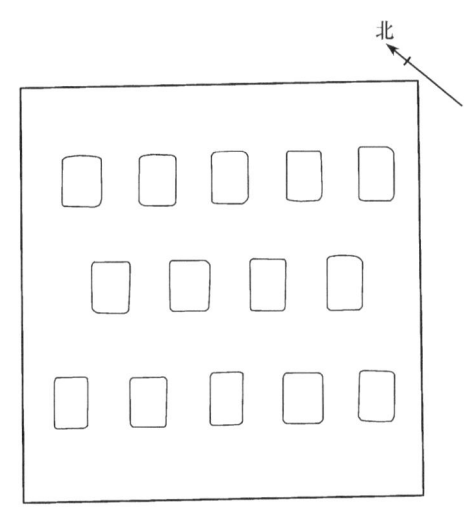

图六〇　灵武明长城外侧的"品"字形绊马坑[2]

---

[1] 宁夏文物考古研究所、内蒙古鄂托克前旗文化局、灵武市文物管理所：《宁夏灵武市古长城调查与试掘》，《考古与文物》2006年第2期。

[2] 宁夏文物考古研究所、内蒙古鄂托克前旗文化局、灵武市文物管理所：《宁夏灵武市古长城调查与试掘》，《考古与文物》2006年第2期。

三、海防筑城遗址

中国古代对沿海的设防始于春秋战国时期，目的是保卫自己的领地，也为了争霸。汉代以后，沿海设防的性质转变，由保卫领土变成了向外扩展疆域。但这并不是完全意义上的海防，只是中国地方性的沿海设防。自元代以后，尤其是明代开始，外敌对我国海上的入侵日益增多，出现了"倭寇之患"。到了明后期，西方殖民者从海上也开始侵略我国。自此时起，中国开始了真正意义上的海防。倭寇和西方势力的入侵，曾迫使明、清两代重视海防，如明代对沿海卫、所的加强，清代前期的增筑炮台式要塞，鸦片战争以后的建设海军及构筑沿海像广州虎门、山东威海卫、东北旅顺等地要塞，等等。

明初朝廷在海防建设上的基本思想，是要在沿海各要冲之地，建立起一个"陆聚步兵，水具战舰"[1]的陆上坚守与近海巡剿相结合的防御体系。明代的海防卫、所大多都是在洪武年间设立的，以后也屡有建制。主要建造于明代的海防筑城，亦为中国历史上庞大的军事工程之一。其是在北起辽东、南至海南岛的中国沿海构筑的以卫城、所城为骨干，堡、寨、墩、烽堠和障碍物相结合的海上防卫设施，跨越八省区，遗迹、遗物至为丰富。从洪武十七年（1384年）起，在元代沿海设防的基础上构筑起来的，划分为辽东、山东、直隶（现江苏、安徽）、浙江、福建、广东和北平（现北京、天津和河北部分地区）七个防区。北方主要加强大沽、辽东半岛和山东半岛的筑城设施，南方以浙江和福建海岸设防为重点。"据明初统计，沿海共筑卫城和所城181座，下辖堡、寨、墩等达1622处。嘉靖年间，由于倭患加剧，又增筑了不少据点。"[2]明代这些海防筑城设施，依其位置和作用不同，可分为海岛筑城、海口筑城和海岸筑城，此外，还有卫所城池、炮台、炮台式要塞、墩台与烽堠、碉堡、障碍物设施，并设置了巡检司。

---

[1] （清）张廷玉等撰：《明史》卷126《汤和传》，北京：中华书局，1974年，第3754页。

[2] 史明星：《中国历代海防发展概览》，《军事历史研究》1992年第4期。

1. 海岛筑城

　　明朝十分重视海岛筑城和防守，明确守海重在防守海岛和海岸。海岛筑城是按岛屿的大小和地形特点构筑的筑城设施。大岛构筑以城池为中心，结合烽堠组成环形筑城体系，在澎湖等重要的岛屿上构筑了炮台，台周筑矮墙，墙外挖壕沟。对面积较小且位置重要、离海岸不远的岛屿，设水寨（如福建的烽火门、南日、浯屿、铜山、小埕水寨），同时在岛上筑防御设施和水军专用的物资仓库。朱元璋采纳自东都司周彦的建议建设的宁海五总寨、莱州（现山东莱州市）八总寨和万历年间许孚远巡抚福建时所建的福州海坛山（现福建平潭）、浙江沿海的陈钱山（现浙江定海东北海中）、金塘山（现浙江温州东南海中）、王环山（现浙江玉环）和南麂山（现浙江温州东南海中）等岛寨，以及天启年间所筑的澎湖城等，都是海岛筑寨的典型。沿海岛屿是进入内地的门户。明初，朱元璋就已重视对沿海地区海岛的筑垒防御，在岛上筑水寨、城寨、烽堠等，并配置一定数目的战船，派常驻水军戍守。这样水寨既是舟师巡海之所，又是练兵、补给基地。一则方便了沿海的守御，直接歼敌；二则防止了倭寇利用海岛为跳板向内陆进攻，增加了防御的可靠性。到了嘉靖中期，海防松弛，水寨遭到了不同程度的破坏，有的甚至已废弛不用。嘉靖中期之后，倭寇入侵猖獗，明廷对海防进行改革，恢复水寨并设总兵、参将、把总等，严加防守。

　　根据考古发掘，我们获得了厦门本岛的筑城信息。厦门城城址位于厦门岛的西南部，平面呈不规则圆形，南北长约436、东西宽约484米，城有四门，但均于20世纪20年代拆除，仅北门保留了门址。据对考证的城郭进行勘测，实际周长约1450米，面积近15万平方米（图六一）。城垣采用两侧石墙夹砌、内填夯土的筑城方法。

　　早在宋代，厦门本岛设多处水寨以防海，至明初筑厦门城，设永宁卫中左守御千户所，成为厦门城史纪元的开端。明末清初，郑成功率军踞厦门城，跨海东征，收复台湾。清康熙年间，福建水师提督署移驻厦门，水师提督施琅督师攻克澎湖、台湾，削平了地方割据势力。明、清时期，随着厦门军事和经济地位的不断提高，厦门城曾数次修葺，进行加固、加高和加宽[①]。

---

① 靳维柏、郑东：《厦门城城址调查与研究》，《中国历史文物》2004年第6期。

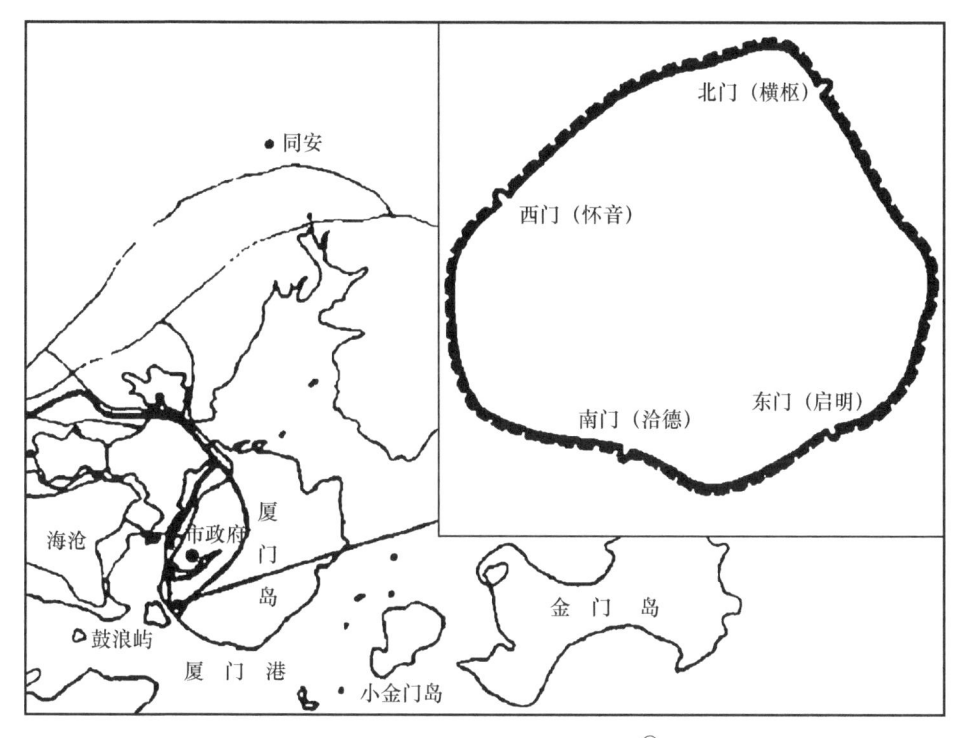

图六一　厦门城城址位置示意图[①]

2. 海口筑城

在江河的入海口两岸，构筑城池、烽堠，通常多与江防其他筑城设施相结合，构成多层的筑城设施。例如，当时为了扼守长江口，防止倭寇船只沿长江侵入内地，就布了三道筑城线：以崇明岛及其南北两岸的太仓、吴淞、茜泾、海门为第一道筑城线，构筑城池，沿海岸设烽堠；以通州（现江苏南通）、狼山（位于南通市南）、福山（位于江苏常熟，与狼山隔江对峙）为第二道筑城线，在通州筑城池，在福山上建营堡；以江苏丹徒东的圌山为第三道筑城线，修城池，筑炮台，并派水师协同固守。此外，在海口的岸边还重点埋设了地雷。在海口的近岸浅水地域布触发水雷和操纵水雷。在可通航的一些江河入海口处植数列木桩，以防倭寇船只驶入。

抗倭将领戚继光、俞大猷、李遂等，曾凭借这些海防筑城设施，取得了

---

① 靳维柏、郑东：《厦门城城址调查与研究》，《中国历史文物》2004年第6期。

南澳岛、台州、通州等一系列抗倭战斗的胜利，使明代沿海赢得了50年的平静时期。

3. 海岸筑城

海岸筑城由卫城、所城、墩台、烽堠和障碍物组成。每个卫、所防守海岸正面100～200千米，具有能独立作战和长期坚守的能力。除卫、所本身构筑环形筑城设施外，还注意外围筑城设施的构筑，如定海（现浙江镇海）的卫城，墙高约7.6、厚3.2米，周长4千米余，共有6座城门，门上建城楼，各门道内设闸门，门外有瓮城，沿城墙建供作战用的敌楼10座，供射击用的雉堞2185个，城外有护城河环绕，各城门外设吊桥。定海卫城东北的招宝山（候涛山），扼甬江口，地势险要，山上筑有威远城。卫城之外的港口筑有靖海营堡，与卫城呈犄角配置。墩台主要用于防守，建在卫、所附近或海口附近。烽堠用于望和报警，间距1.5～6千米，沿海岸配置。

4. 卫、所城池

卫、所城池多设置在沿海府、州、县治所或要害之地，是主要的屯兵之地。明廷注重对城池的修筑，卫所建立之后，一般都要修筑城池。在倭寇侵犯日益严重的情况下，沿海各地加大了对城池的建设力度。城池的规模、坚固程度一般视它在防御部署中的地位和守护地段的重要程度而定。多数城池都是内外用砖石包砌，有护城壕，城墙上有敌楼和台堞，转角设有角楼。有些地处防御重点的城池还设瓮城、水门等。

据调查，千户所的临海桃渚城，初建于明洪武二十年（1387年），明正统八年（1443年）重建，有旗军1112名，有千户、指挥等官14员，辖台1座（桃渚），烽堠12座（石柱、停屿、长跳、涧井、苍埠、大荆山、狮子山、屿头、肥字头、下旧城、望火楼、中旧城）等。所城的保存情况相对较完整，城圈周长约1350米，与记载中的"周围三里"大致符合。平面略呈方形，北面依山，辟东、西、南三门，门外设瓮城。城墙为不规则块石包砌，内夯黄土；城墙高4.5、宽约5米，与记载中的"二丈一尺"（约合7米）有一定距离，即使加上女墙，也不超过6米；城门洞用条石券砌，为纵联并列砌成，每券用条石四块，不用拱顶石，建造简陋。现城楼、垛口等已废，城墙的山上部分还有部分女墙遗迹，但也经过晚近修缮，原物保留不多[①]。

---

① 宋煊：《浙江明代海防遗迹》，《东方博物》2005年第3期。

5. 巡检司

根据卫、所之间的空间距离,选择设置,所谓"卫之隙置所,所之隙置巡检司",设置巡检司,也是加强沿海防御的措施之一。洪武二年(1369年),朱元璋"始于关隘冲要之处设立巡检司"[①]。其任务是专门盘诘往来奸细及贩卖私盐犯人、逃军、逃囚、无引面生等可疑之人。宣德年间(1426~1435年),朝廷进一步加强了对海防的巩固,除对以前设置的巡检司进行调整外,又新建了一些巡检司。设置巡检司的目的主要是盘查过往路人,它和卫、所相互补充,并与城寨、炮台、墩台和烽堠共同构成了沿海地区的防御体系。

如现存的浙江海宁石墩巡检司,仅剩城圈遗迹,残垣高2~4米,墙身栽植桑树。东西豁口原为城门,有瓮城痕迹,城外有壕[②]。

6. 炮台

炮台是明代沿海地区在岸上设置防御设施的又一类型。由于明代已较普遍制造"铜将军火炮"、佛朗机、神火飞鸦(火箭)、子母炮、飞空击贼震天雷炮等火器。因此,海防筑城除了构筑城池外,还充分利用有利地形构筑炮台、碉堡和碉楼等设施,并配备各种火炮控制海岸、海口和重要地段。在地形开阔、易攻难守又便于倭寇登陆的地段构筑炮台。炮台高度通常为13~16米,构筑三层,每层的四面都开设大小射孔,配置各种火炮,并在每层备有铳和弩机。第一层构筑门一个,门内构筑一陷阱,井底埋设铁钎,盖上木板。当下层无法坚守时,将门关闭,并撤去陷阱盖板,守备士卒撤到第二、第三层去打击敌人。炮台第二、第三层的地板上留有方孔,设置木梯,供士卒平时上下。作战时,可随着情况的变化撤去木梯,利用地板孔射击占领下层的敌人。每座炮台的周围还构筑一道围墙,墙外挖掘一条环护壕沟,并在出入门口的壕沟上设置吊桥。

炮台岗遗址位于江门市新会区崖门镇甜水村东南,东邻银洲湖,东南与崖门炮台相望,炮台岗遗址1号基址的层位关系、建造风格、结构布局、建筑材料和出土遗物显示,该基址应为清代炮台基址。1号基址保存的建筑单元

---

① (清)龙文彬:《明会要》,北京:中华书局,1998年,第738页。
② 宋煊:《浙江明代海防遗迹》,《东方博物》2005年第3期。

比较完整，三期建筑年代不同的房屋皆以兵营为主，从房屋平面布局和房屋内部残存结构看，各组房屋和每组房屋的各开间之间应该存在不同的功能分区。壕沟、围墙、炮位、兵营等布局合理，构成了比较完整、坚固的防御体系[①]（图六二）。

7. 炮台式要塞

18世纪以来，资本主义国家的军队不断从海上入侵中国，当时火炮是其最主要的远战工具。嘉庆年间（1796~1820年）以后，清政府为加强海防，才在沿海增设炮台式要塞。这种要塞筑有若干个炮台和望楼、火药局、官厅、兵房、演武厅等附属建筑，周围环绕带战斗设施的矮墙，各炮台依地形疏散、梯形配置，炮台之间的间隙设置障碍物。炮台式要塞根据其所处的地理位置和担负的任务，分为海防要塞（海岛、海口、海岸）和江防要塞。道光初期，清政府在广东共建炮台式要塞30多处，著名的有虎门炮台要塞、镇海炮台要塞、旅顺炮台要塞，这些设施在清后期的抗击英、法、日等战争中起了很大的作用。

8. 墩台与烽堠

在卫、所、巡检司、城寨之间，为了警戒、防守、联络的方便，在沿海岸依所处的地形相隔一定距离筑墩台和烽堠。墩台之制源于汉代的烽火台，明代改为墩台，又称烟墩，主要用于防守、警戒和联络。大鹏所城周围修筑墩台五座，分别为野牛墩、大湾墩、旧大鹏墩、水头墩、叠福墩，每墩设瞭守兵士5人；烽堠主要用于报警。墩台和烽堠皆以土筑成，外包砖。明代沿海设防构筑的烽堠，作用相当于北部边防中设置的烽燧。只是南部的沿海地区潮湿多雨，烽堠上的柴草在报警时难以点燃。因此，在每座烽堠近旁都搭有几座草屋，报警时，以燃烧草屋来显示。一般草屋高4米，长、宽各3米。屋顶是一层能起防风雨作用的顶盖，屋内地面上植木桩，木桩上铺设木板使之与地面隔开，使中间成为防潮空隙，然后在木板上堆放柴草。当倭寇利用阴雨雾天侵犯时，就点燃草屋，并鸣铳配合报警。

[①] 广东省文物考古研究所：《广东新会区炮台岗遗址发掘》，《南方文物》2012年第2期。

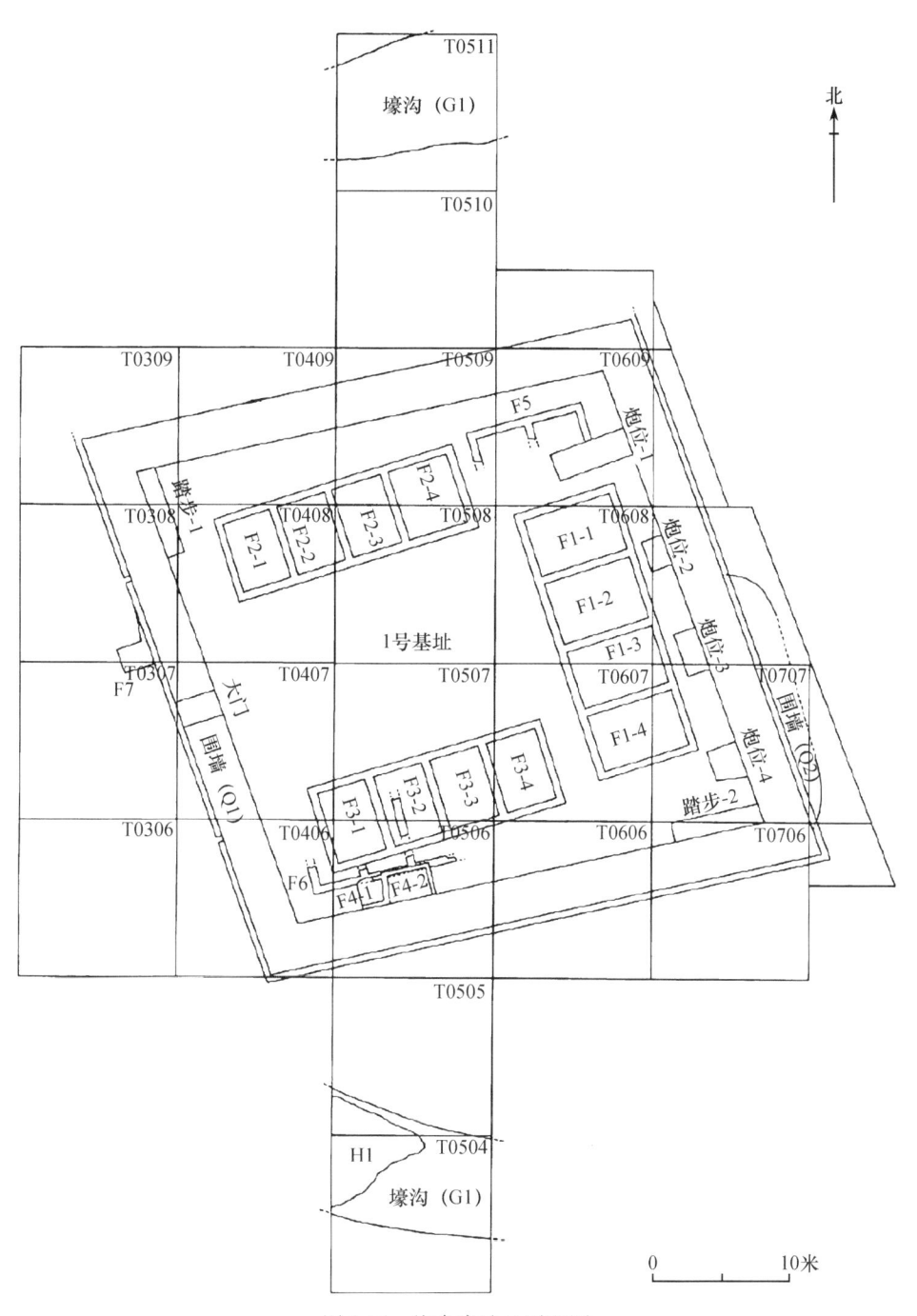

图六二 炮台岗遗址平面图

墩台与烽堠遗址在东南沿海地区十分多见，如位于舟山市定海区马岙镇三江社区三江口祠山顶的祠山烽火墩，据地方志记载建于明代，从明天启年间到清光绪年间（1621～1908年）的方志地图中均有标记。现存3座烽火堠、1座烽火台，各墩依山势呈东西走向一线形分布于山顶各处，占地面积约为30平方米。其中以烽火台最高，视野开阔，现仅存台基，平面呈正方形，边长约4米，全部以巨石等垒砌，高于地表约0.5米，表面长满杂草、青苔，灌木掩映；烽火堠地势略低，位于烽火台的东侧，一线排列，现存共有3处，平面略呈方形，利用山顶凸出的岩石为基，加以块石形成台基，现块石散乱于遗址周边，难以分辨其面积与形状[①]。

9. 碉堡

碉堡，是江、浙、闽沿海一带人民组织自卫、打击倭寇的一种措施。其结构是在民房外围构筑一道石砌高墙，墙高4、底宽2.5～3、上部宽1.5米。在石墙上开辟射孔，以供炮、铳射击。一座环形石墙，只开设一道小门，供人员出入。门的开设位置，通常是在另一座碉堡有效控制的范围内。

10. 障碍物

障碍物是能迟滞或阻止军队行动的地形、地物和军事工程设施的统称。为防止倭寇船只由江河入海口窜入内地，多在河口设置障碍。当时，常用的方法是在江中植木桩数列，由岸兵或水师掩护。在卫、所城池的海滩上则埋设地雷，设置水雷、混江龙和水底龙王炮等拉发或触发式水（地）雷。

第四节　古代后勤保障遗存

后勤保障工作的发展与我国古代战争频发密切相关，尤其是在国家分裂时期，地方割据势力之间的主要交往就是战争。春秋战国时期，诸侯之间相互征伐，军事活动成为国家政治生活的主要内容。这一时期产生了孙膑、白起等杰出的军事统领，他们都十分重视军队的后勤保障，后勤保障逐渐向系统化与实用化方向发展。《孙子·作战篇》说："凡用兵之法，驰车千驷，革车千乘，带甲十万，千里馈粮，内外之费，宾客之用，胶漆之材，车甲之

---

① 杜美燕：《舟山明清海防遗迹调查报告》，《东方博物》2012年第3期。

奉，日费千金，然后十万之师举矣。"表明要想取得战争的胜利，除了战略、战术等要素之外，还必须进行良好的军事后勤组织建设。即便在太平盛世，某些帝王好大喜功，不断征伐，后勤保障也是非常重要的。例如，隋炀帝三征高句丽，开通永济渠转运粮草，这也是大运河的一部分，其次在涿郡修筑临朔宫作为征伐高句丽的军事大本营。但是隋炀帝最终虚耗国库，其征高句丽的军事行动加速了隋王朝的灭亡，其后唐太宗在军事后勤上吸取隋炀帝的教训，特别是在粮食供应、运输工具的改进、民心的争取上，做了多方面的努力，虽然也未能平定高句丽，但也为唐高宗征伐高丽提供了经验。除了中原王朝的征伐，中原王朝与周边少数民族政权之间也时有战争发生，在战争的过程中各民族的融化也不断在加深。尤其是在南北朝时期，民族政权之间的征战为军事活动注入了新的因素。北魏时期，柔然入侵，柔然以游牧生活为主，"随逐水草"，"不赍资粮而饮食足"，其"长于野战"。而北魏经孝文帝改革后游牧特征弱化，必须有充足的后勤供给才能维持战斗力[1]。总之，军事后勤保障为历代王朝所重视，防患于未然、有备无患成为兵家必须讨论的话题。

虽然我国古代军事后勤保障并未形成西方近代高度系统化的后勤保障体系，但无论在操作层面还是理论层面，我国古代军事后勤保障工作不乏卓越的建树，犹如《孙子兵法》一样在世界军事史上占有一席之地。唐代军事理论家李筌有言："工欲善其事，必先利其器。"[2] "器"则是后勤保障恰当的概括。在我国历史上，军事后勤有委积、辎重、军资乘等称谓，包括军人使用的武器装备，如军装甲胄、兵器马匹、舰船、营地、通信和运输工具，以及军需粮草供应、军事工业等重要方面。后勤保障是一项全面的工作，贯穿于战争的始末，涉及战争的各个方面。随着近些年考古工作的深入开展，诸多有关军事后勤保障的遗存出土，开展军事后勤保障遗存的考古学研究十分有必要，对于深入认识和理解古代军事后勤保障体系有着重要意义。

---

[1] 张金龙：《北魏中后期的北边防务及其与柔然的和战关系》，《西北民族研究》1992年第2期。

[2] 李筌：《太白阴经》卷4《战攻具篇·器械篇》，文渊阁四库全书本。

一、军事交通遗址

军事活动具有极强的时效性,"兵之情主速",兵贵神速,制胜之道。便捷的交通是战争取胜的保障之一,为了达到迅速部署、出其不意的军事目的,历代都十分重视军事交通建设,如战国时期魏、赵、齐等各诸侯国构筑的纵横四达的大道,当时称为"午道",在各诸侯国互相征讨的作战中,有些就作为军用道路,用于保障战车机动。秦始皇三十五至三十七年(前212~前210年),为了北击匈奴而修的直道就是一个重要的军事交通遗址。"明修栈道,暗度陈仓",也是军事交通建设活动的体现,在秦岭山脉当中仍有诸多的栈道遗存。蜀汉建兴六年(228年),诸葛亮率军北攻曹魏时,曾在陕西西南褒水大石门一带的陡峻山岭地区构筑了栈道。

依据交通方式进行划分,我国古代的军事交通遗存可以分为陆路交通与水路交通两方面的遗存。随着交通路线不断开拓,古人也开始绘制交通地图,出土地图也反映了当时的交通状况。除了军事交通路线的发展,我国古代的交通工具也在不断进步,许多交通工具也运用于战争当中,对于军队转移、物资运输有着积极作用。

(一)陆路军事交通遗址

道路是行军与后勤保障的重要通道,从近些年的考古成果来看,古代的道路遗存已经有了丰富的发现,而且其中有诸如直道、栈道、甬道等与军事活动密切联系的军事交通路线。结合历史文献,古代的陆路军事交通遗存大多集中于秦汉时代,中国历史上的第一次大一统,造就了古代数千年道路交通的基本路线。因此,秦汉时期的军事交通遗址当是古代陆路军事交通研究的重中之重。

1. 直道

《史记·蒙恬列传》载:秦始皇三十五年(前212年),"始皇欲游天下,道九原,直抵甘泉,乃使蒙恬通道,自九原抵甘泉,堑山堙谷,千八百里"。这就是著名的秦直道。秦代经营的交通大道多利用战国原有道路。只有直道是在秦统一后规划施工,开拓出可以体现秦帝国行政效率的南北大通道。

与常规道路一般沿河谷选线不同，秦直道的设计者巧妙地利用了陕西、甘肃及内蒙古自治区南部黄土高原特有的地形地貌，建成了中国古代少有的沿山脊和高地选线的国家级交通大道。修成的直道线形顺直，弯道很大，道路标准很高。道路全程直线距离约700千米，已发现遗迹的道路全长约750千米。

直道从公元前221年开工，至公元前210年竣工。总计不足一年半的时间。直道全线的路线：由陕西淳化县北梁武帝村秦林光宫遗址北行，至子午岭，上循子午岭主脉北行，直到定边县南，再由此定边县南处东北行，进入鄂尔多斯草原，过乌审旗北，经东胜县西南，在昭君坟附近渡过黄河，到包头市西南秦九原郡治所（图六三）。

直道的首要作用是能够大规模运兵。在直道沿线，秦军修建了许多由

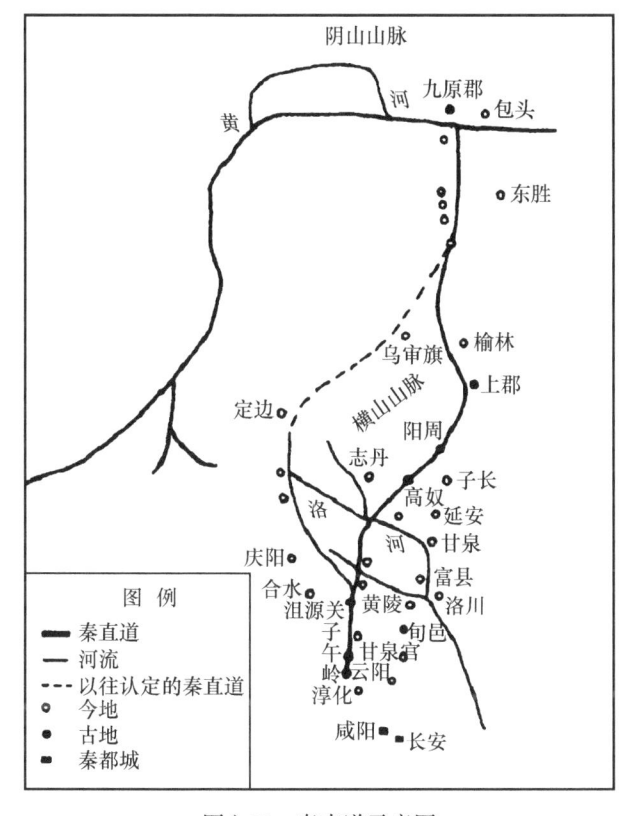

图六三　秦直道示意图

（图片改绘自徐卫民、喻鹏涛：《直道与长城：秦的两大军事工程》，西安：陕西师范大学出版总社有限公司，2018年）

坚固城墙围起的戍边军民的居所，也是直道工事上的战斗驻扎地点。从现存秦直道遗迹看，道路残宽大多数地段为30～50米，能供车、步、骑组成的大军团顺利、迅速通行。有的地方路基断面暴露非常明显，现存高度为1～1.5米，东胜附近是用当地红沙岩土填筑的。整个直道，一半修筑在山岭上，一半修筑在平原草地上。包头向南的一段道路上，尚有秦、汉时古城遗迹4座。在陕西旬邑境内和甘肃交界的古调令关南侧大古山梁上，还发现大型秦代兵站遗址。该兵站北窄南宽，形似葫芦，总面积为7000余平方米。东、西、南三面环沟，北面只有30米宽的出口紧靠直道。这里既可以储存装备，又可以驻屯军队，一旦有警，可随时以物资、兵力沿直道支援长城防线[①]。

到了汉代，直道成为汉军北征的通道，也是民族交往的走廊。据史料记载，汉文帝刘恒是秦代以后最早驱车走过秦直道的汉代皇帝。汉文帝三年（前177年）"五月，匈奴入居北地、河南为寇。上幸甘泉……上自甘泉之高奴，因幸太原，见故群臣，皆赐之"[②]。高奴在现延安一带，汉文帝从林光宫到延安走的就是秦直道。公元前140年（西汉建元元年），汉武帝在直道起点修建甘泉宫。直道到了汉武帝时期，已发挥着极为重要的军事作用。正是有了这条直道，汉王朝的大军势如破竹，突然出现在匈奴骑兵面前，让他们措手不及。飞将军李广从直道进军，杀得敌人闻风丧胆，不敢再战。公元前127年，汉骠骑大将军卫青兵分三路，齐头并进，在直道重创匈奴，从此解除匈奴对北部边界的威胁。公元前124年和公元前121年，大将军卫青两次出征匈奴，再度取直道北上。公元前110年，汉武帝更是率兵18万沿直道出巡北方，震慑匈奴。东汉以后，随着中原王朝政治统治中心的东移，秦直道的功用有所削弱，但这条南北大道，在维系、沟通中原地区与北方边陲地区中一直都发挥着十分重要的作用。

通过近些年的考古发现，直道的大致走向及构筑方式已经得到了揭示[③]。

---

① 《陕西旬邑县发现秦代兵站遗址》，《人民日报》1986年10月3日。
② （东汉）班固：《汉书》卷4《文帝本纪》，北京：中华书局，1962年，第129页。
③ 史念海：《秦始皇直道遗迹的探索》，《陕西师大学报》1975年第3期；姬乃军：《陕西志丹县永宁乡发现秦直道行宫遗址》，《考古》1992年第10期；王富春：《榆林境内秦直道调查》，《文博》2005年第3期；国家文物局秦直道研究课题组、旬邑县博物馆：《旬邑县秦直道遗址考察报告》，《文博》2006年第3期；王子今：《秦直道》丛书，西安：陕西师范大学出版总社，2018年。

秦直道自陕西淳化（古云阳）北部的秦林光宫（即汉甘泉宫）北门始，沿旬邑、黄陵境内的子午岭向北，经富县、甘泉、志丹、安塞、榆林等地延入内蒙古自治区，再经伊金霍洛旗、东胜、达拉特旗至包头，已发现遗迹的道路750多千米。确认陕西境内尚有498千米，富县段的125千米路段一般有30~40、最宽处尚存58米[1]，路面上保存着明显的路土层和清晰的车辙痕。

秦直道修筑方式以堑山为主，仅在河谷或低凹处挖土垫方夯筑。在山区，直道路面一般宽10~30、部分路段宽40~50米（图六四）。平缓地带的路面明显变宽。秦直道的路面一般均经过夯实，其路土厚20厘米左右。为了使路面坚固，路土中掺杂了石灰、钙结核一类物质。至今，秦直道上仍长着一种特有的草，使得路面遗迹与两侧明显不同，显得格外清晰。

秦直道一线两侧，共发现秦汉时期的行宫、城址、兵站、关隘、烽燧等遗址及墓葬百余处，出土了大量建筑材料、陶器、铜器、铁器等遗物。汉以后至宋代，在秦直道两侧，还建了不少佛教石窟。

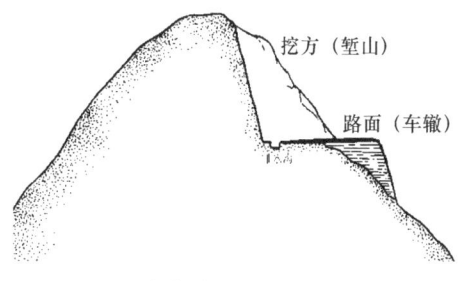

图六四　秦直道堑山堙谷遗迹示意图

2. 甬道

甬道是指两旁有墙或其他障蔽物的驰道或通道。中国古代战争中构筑的两侧筑有土墙的军用道路也称为甬道，土墙上每隔一定距离设瞭望哨，便于掩护部队机动和粮秣物资的运输。

文献对甬道有诸多的记载，如《史记·秦始皇本纪》："自极庙道通郦山（即骊山），作甘泉前殿。筑甬道，自咸阳属之。"张守节《正义》引《应劭》曰："谓于驰道外筑墙，天子于中行，外人不见。"《三国志·魏志·武帝纪》："连车树栅，为甬道而南。"裴松之注："今魏武不筑垣墙，但连车树栅以扞（捍）两面。"清人陈康祺《郎潜纪闻》卷一："凡圣躬拜献登降，均由甬道步行咫尺。"此类甬道大多为天子为避人耳目所做的专用通道。除此之外，还有一些甬道是具有战争用途的。例如，秦二世

[1] 陕西省考古研究院秦直道考古队：《陕西富县秦直道考古取得突破性成果》，《中国文物报》2010年1月1日第4版。

二年（前208年），秦军上将军章邯打败并杀死项梁后，渡过黄河汇合王离军一起攻打赵国，大败赵军。赵歇、陈余、张耳等逃进了巨鹿城，章邯命令王离、涉间包围了巨鹿，自己的军队驻扎在巨鹿南边，筑起两边有墙的甬道用于输送粮草。

而近年的考古工作对于甬道也有发现，1995年镇江古城考古所对一段晋、唐军事甬道遗迹进行了发掘，此次发现的东晋、隋唐具军事性质的砖砌甬道，是连接军事大本营与城垣防御设施之间的地下通道（图六五）。这在全国考古资料中尚属首见，它为研究六朝至唐代城防军事设施提供了重要实例，在我国古代军事考古学研究上亦具有重要意义[①]。

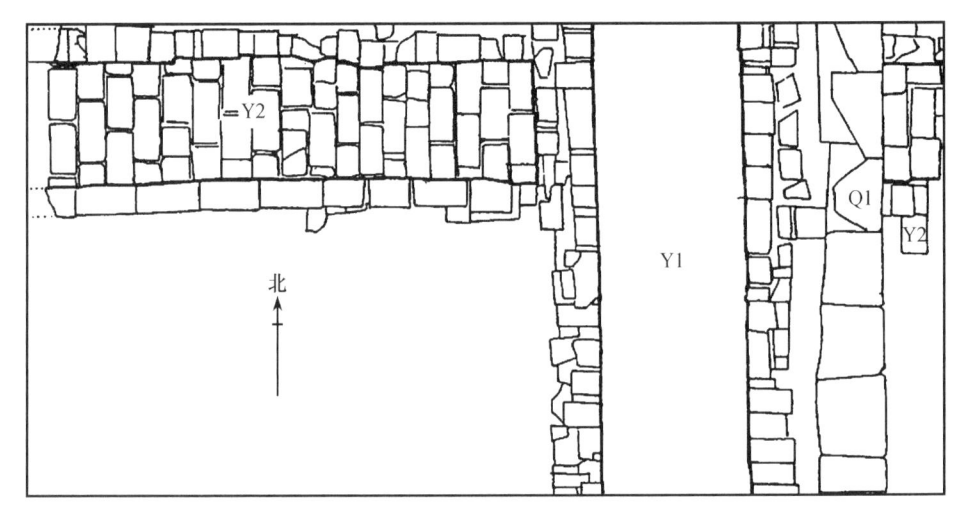

图六五　镇江晋、唐军事甬道遗迹平面图

3. 栈道

栈道是我国古代在峭岩陡壁上凿孔架桥连阁而成的一种通道，也是兵家攻守的交通要道，工程艰巨，路途险恶，是我国古代交通史上的奇迹，早在战国秦时期，秦国为连通巴蜀，就在秦岭之中修筑了栈道。汉朝以前在潼关、孟津、三门峡地区也出现了栈道（图六六）。

---

① 镇江古城考古所：《镇江晋、唐军事甬道遗迹考古简报》，《南方文物》1995年第4期。

图六六　栈道想象复原图[①]

而大多数的栈道是见于川陕之间的，其始建于战国时代，拓展于秦汉两代。分布在秦岭、巴山、岷山之间，长度曾有数百千米。刘、项灭秦之后，刘邦入主蜀国，有著名的"明修栈道，暗度陈仓"典故。汉代多次扩建栈道，较大的工程则是汉武帝重修扩建褒斜栈道。

西汉时期已有嘉陵故道、褒斜道、傥骆道和子午道四条通蜀的栈道。三国时代，蜀汉和曹魏都将栈道作为缩短运输路线和兵力投送的工具。其中，蜀汉因地理因素，投入大量人力物力修辍、扩建和新建了栈道。蜀汉建兴六年（228年），诸葛亮率军北攻曹魏时，曾在陕西西南褒水大石门一带的陡峻山岭地区，成功地构筑了栈道，因剑阁的地形险要而以地势之利修建了被后世李白称为"一夫当关，万夫莫开"的剑门关。

栈道大多修建在河面狭窄、水流湍急，两岸悬崖壁立的峡谷地带，人们在崖壁上凿出石洞，穿横木以为梁，又在对应的河身石底上凿竖洞，插竖木以为支撑，再在梁上铺木板和土石供人马车辆通行。碥路则采取"回山取途"的方式修造，在有一定坡度的崖壁上，人们削坡铲石，再利用铲下来的土石铺成道路供行旅使用。与栈道相比，碥路因距水面较远，并以土石为路基而具有更高的安全性，却也有里程较长、易被雨水冲毁的缺陷，唐以后栈道遂为碥道所取代。

[①] 陕西省考古研究所：《褒斜道石门附近栈道遗迹及题刻的调查》，《文物》1964年第11期。

20世纪60年代，陕西省考古研究所调查了褒斜道石门附近的栈道遗存。此段栈道壁孔全凿于陡峭山崖半腰，高出水面8～9米（按1960年冬季水位）。由于崖石峭立，无法攀登，不能一一度量，仅在有条件的地方度量了部分，壁孔口部均呈方形，口边为0.4～0.43、深0.8～0.9米。壁孔下斜，使插入壁孔之木梁略微上翘。底孔有圆形、方形、圆榫方形、圆榫圆形等种类，凿于高低不等的岩石上，有的低于水面，被水淹没；有的高于水面7～8米，几乎与栈道壁孔等高（图六七）。

可以初步推断栈道的木架结构是多样的，因地形不同而异，一般对栈道结构之理解，仅指标准式而言，忽视了其他两类结构的存在。至于在石门内外的碑刻和有关栈道的记载都提到"櫚"，櫚的形制与结构，由于未留下痕迹，在调查中毫无收获；道面的宽度，有的地段有5米多，有的地方不足3米[①]。

除了秦岭山区的栈道，黄河沿岸也有栈道遗迹发现。黄河古栈道与长江三峡古栈道、褒斜道古栈道的形状特点不同，后者大多是直接在峭壁上凿孔，插以横木梁，下顶木柱，上铺木板而成。褒斜道的路面也较宽，宽处达5.5米，还可通车马。前者大多地段是先在岩壁上向内开凿出通道，这是他处不见的。然后再凿壁孔、插木梁、铺木板。宽度也在1.2～2.5米，也不可能走车马。并且限于用途，除方形壁孔和底孔外，还有后者不见的牛鼻形壁孔和

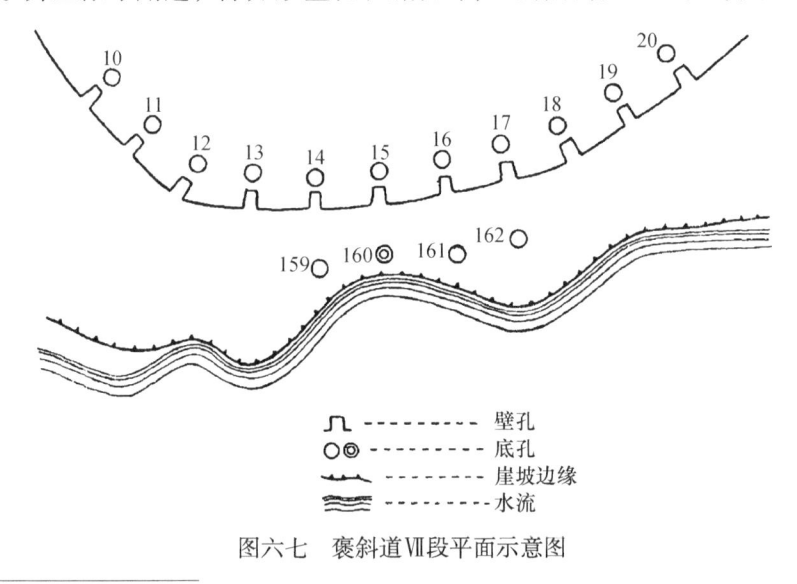

图六七　褒斜道Ⅶ段平面示意图

---

① 陕西省考古研究所：《褒斜道石门附近栈道遗迹及题刻的调查》，《文物》1964年第11期。

立式转筒遗迹。

立式转筒遗迹是首次发现的特殊工程技术遗迹，由立式转筒打破绳槽的关系看，立式转筒不是初修栈道时就有的，而是黄河栈道在长期使用过程中的产物。它的发明，是古代工程技术进步的表现，也使黄河栈道设施更加完善。立式转筒在沿河一百余里栈道转弯处都有，表明它是由政府组织推广的。据资料分析，它的发明、推广时间当在唐代漕运兴盛时期。立式转筒的发明推广对漕运有积极作用：一是使纤绳避免与岩壁摩擦，降低了纤绳的磨损程度。二是减轻了纤夫挽船的劳动强度，提高了挽船和潜运效率。三是减少了纤夫因"绳多绝、挽夫辄坠死"的危险，增大了纤夫挽船时的安全系数[1]。

栈道是我国古代人民在长期生产生活中形成的智慧结晶，对推动地区交流有着重要的意义。在军事上，栈道也发挥着不可替代的作用，从军事考古学角度对古代栈道进行考察对认识古代栈道的军事内涵及政治内涵有着积极意义，同时能够复原古代人类交通状况，更好地解释文化的传播与融合。

4. 驰道

驰道是中国历史上最早的"国道"，始于秦朝。公元前221年，秦始皇统一六国，第二年（前220年），就下令修筑以咸阳为中心的、通往全国各地的驰道。除秦直道和秦栈道外大多在秦故地与六国旧道以及在秦征伐六国时修建的道路基础上拓建而成。自秦始皇二十七年（前220年）已开始修建，至迟到秦始皇第五次出巡（前210年）全国各地已全部竣工。《史记·秦始皇本纪》载："二十七年，始皇巡陇西、北地，出鸡头山，过回中。焉作信宫渭南，已更命信宫为极庙，象天极。自极庙道通郦山，作甘泉前殿。筑甬道，自咸阳属之。是岁，赐爵一级。治驰道。"[2]著名的驰道有9条，有出现高陵通上郡（陕北）的上郡道，过黄河通山西的临晋道，出函谷关通河南、河北、山东的东方道，出现商洛通东南的武关道，出秦岭通四川的栈道，出现陇县通宁夏、甘肃的西方道，出现淳化通九原的直道等。从《汉书·贾山传》中得知，秦驰道在平坦之处，道宽五十步（约今69米），隔三丈（约今7

---

[1] 张庆捷、赵瑞民：《黄河古栈道的新发现与初步研究》，《文物》1998年第8期。

[2] （西汉）司马迁：《史记》卷6《秦始皇本纪》，北京：中华书局，1959年，第241页。

米）栽一棵树，道两旁用金属锥夯筑厚实，路中间为专供皇帝出巡车行的部分。这些驰道是针对中原的反秦势力和北方匈奴的威胁而修，对于巩固边防和维护国家的统一，都具有重大的战略意义，并为我国古代的交通建设做出了重要的贡献。

秦代驰道的主干线大致可分以下5条：

从咸阳向西北直达北地，并经回中转抵陇西。

从咸阳沿渭水河谷直达陇西。

以上两条为控制西北边防的重要战略干线。秦初主要威胁来自匈奴，北部边防有蒙恬率重兵屯于上郡，西北相对薄弱，故始皇十分关心，首次出巡即去北地和陇西。

从咸阳向北经上郡到云中，由云中向西通九原，向东经雁门、代郡、上谷、渔阳、右北平至碣石（属辽西郡）。这是通往整个北部边防和东北部边防的重要战略干线。从秦初起始皇即命蒙恬积极做反击匈奴的准备，修治这条干线是重要的准备工作之一。始皇第四次出巡沿这条干线视察了全部边防情况，随即做出了反击匈奴的决策。

从咸阳向东出函谷关，经洛阳、濮阳、临淄，直达山东半岛最东端的成山。这是控制整个中原地区最重要最基本的一条战略干线，并通过这条干线与众多的支线相连，从而控制中原地区各个战略要点。

从咸阳向东南出武关，经宛而抵江陵。这条主干线是用来控制原楚国江南各地的。

驰道是从首都咸阳通往全国各地的最主要交通干线。据《汉书·贾山传》所载贾山《至言》说，秦"为驰道于天下，东穷燕齐，南极吴楚，江湖之上，濒海之观毕至。道广五十步，三丈而树，厚筑其外，隐以金椎，树以青松。为驰道之丽至于此，使其后世曾不得邪径而托足焉"[①]。由此可知，驰道的规模、规格、质量，都是前无古人的。

目前考古工作对驰道发掘及研究还有所欠缺，因为诸多的原因，驰道历经两千余年已损毁殆尽，或者许多遗迹现象我们未曾深入判读，导致错过了发现驰道遗迹的机会。这一遗存必将是军事考古学研究的重要领域，希望能够通过军事考古学的理念与方法推动秦汉驰道的研究。

---

① （东汉）班固：《汉书》卷51《贾山列传》，北京：中华书局，1962年，第2328页。

5. 五尺道

秦始皇统一中国后，派常頞开凿起自僰道（宜宾）经朱提（昭通）至建宁（曲靖）的"五尺道"。秦修五尺道是以巴蜀为基地，起于现川南宜宾，经高县、珙县、筠连，入云南境过盐津、大关、昭通，又入贵州境过赫章、威宁，再入云南宣威到达曲靖。汉武帝于建元六年（前135年）又派唐蒙续修，史称"西南夷道"。隋唐又继续开道置驿，延伸到滇西，史称"石门道"[①]。

（二）水路军事交通遗存

水运是一种重要的交通运输方式，自先秦以来，历朝历代均有规模浩大的水运设施建设，而其中就有诸多军事原因在内，修筑完成的运河、桥梁在军事活动中发挥着重要的作用。

1. 邗沟

邗沟是联系长江和淮河的古运河，是中国最早见于明确记载的运河。又名渠水、韩江、中渎水、山阳渎、淮扬运河、里运河（图六八）。春秋末年，吴王夫差北上争霸，于公元前486年筑邗城（现扬州市），开通邗沟。据《国语·吴语》载，吴王夫差战胜齐国后，又在现河南商丘、山东曲阜之间"阙为深沟"，沟通了沂水和济水。邗沟南起扬州以南的长江，北至淮安以北的淮河。吴王夫差时期，为解决因北上与齐、晋争锋称霸中原所带来的军事物资与给养补给等问题，于公元前486年，从现扬州附近开挖运河，引长江水向东北入射阳湖，然后折向西北，直到现淮安市附近进入淮水。隋代两次重开此河，炀帝开挖通济渠时，又开邗沟，自山阳至江都入扬子江，沟通江、淮，成为隋代南北大运河的重要组成部分。唐代，长江中的沙洲扩大，并与北岸相连。开元二十二年（734年），在扬子镇以南接开伊娄河，经瓜洲入江。从此，瓜洲运口与仪征运口并用。北宋，在邗沟上建有数十处闸、坝、涵等建筑物，并且出现了世界上最早的船闸——复闸。元代开京杭运河，邗沟成为其中的一段，南口在瓜洲和仪征，北口仍在淮安北。

---

① 李政：《五尺道：从历史深处走来》，《中国文物报》2010年4月30日第5版。

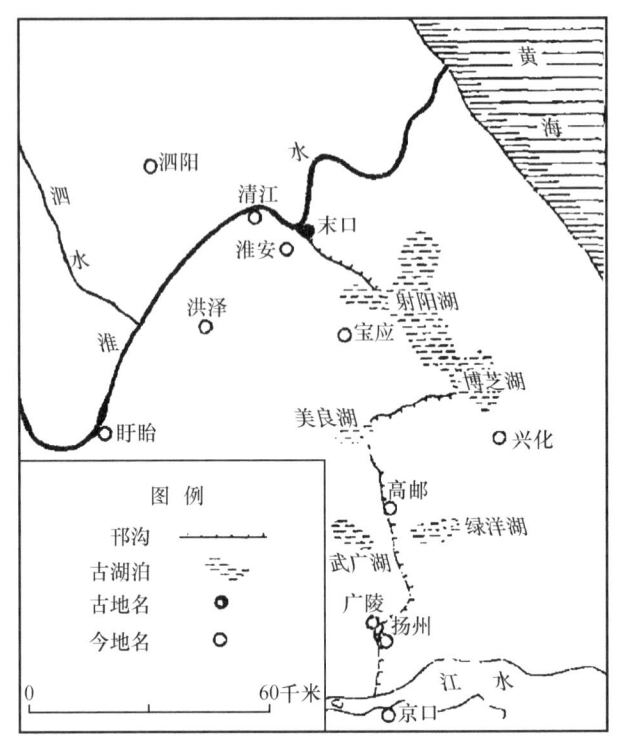

图六八　邗沟示意图

（图片改绘自王育民：《先秦时期运河考略》，《上海师范大学学报》1984年第3期）

2. 鸿沟

魏惠王十年（前360年）至十八年（前352年），魏国在黄河与淮河之间开挖了著名的鸿沟。鸿沟主水道由现河南荥阳东北引黄河水东行（黄河此时为北上），过魏都大梁转而向东南流，至陈（现河南睢阳）折向南流，入于颍水（图六九）。鸿沟开通后，建立了直通东方各诸侯国的水路交通线。沟通的范围乃是在荥阳之东、泗水之西、淮水之北、济水之南的广大区域。如公元前312年，当韩、魏、秦与齐、楚两大军事集团作战的时候，越王派使者以乘舟（君王乘坐用以指挥作战的木船）、战船三百艘及箭五万支，运送到大梁，以支援魏国。这一大批水战所需的军用物资能通过邗沟（现长江至淮河间）和鸿沟运到大梁，就保持了魏国同东方诸侯国的沟通，加强了同它们的联系。秦汉时期，鸿沟演变成"汴渠"，至唐宋时为"汴河"。历经三

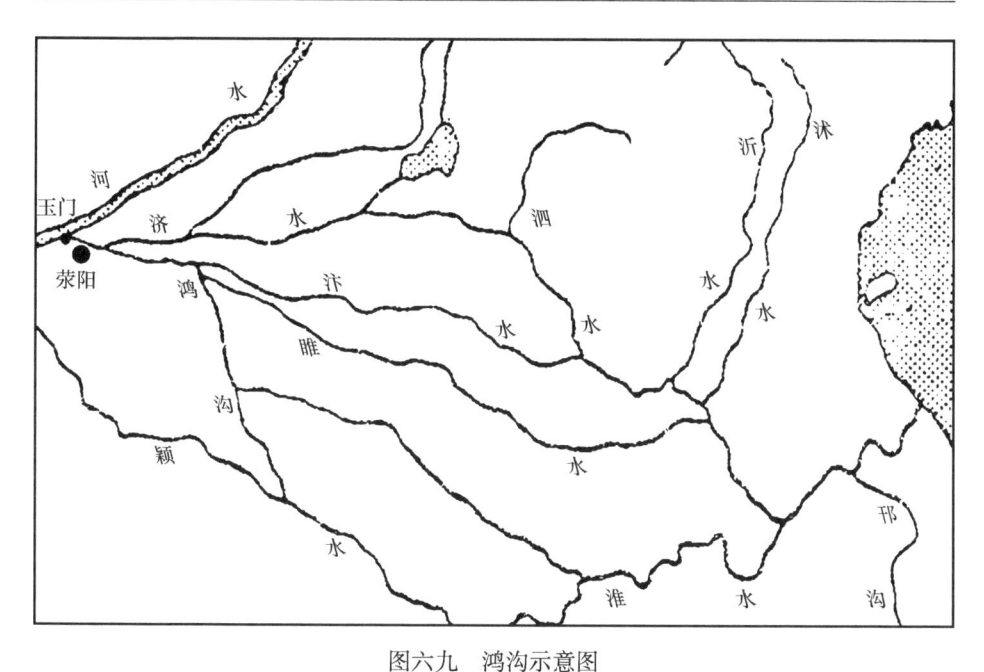

图六九　鸿沟示意图
（图片改绘自王育民：《中国历史地理概论》，北京：人民教育出版社，1987年）

国、两晋、南北朝时期数百年的割据分裂时期，到隋王朝的统一，汴河由阻塞到修浚，再次开始了全盛时期，也是它发展的繁荣时代。隋文帝召集开挖通济渠（汴河），成为南北政治经济的交通动脉。开封紧邻通济渠，便成了水陆之要冲、运河之咽喉、王室之屏障的要地。"鸿沟作为中原航运的主要纽带，我国历史上的运河，开始进入了有体系的时代。"[1]

3. 灵渠

秦始皇于公元前221年一统中原之后，分天下为三十六郡。但是，在五岭（大庾岭、骑田岭、萌渚岭、都庞岭和越城岭）以南的地区，包括现广东和广西大部、越南北部、福建南部等广大的地域，仍属于古代百越民族的聚居地，尚未归于秦朝的统治之下。公元前214年，秦始皇再次调兵遣将，命令屠睢发动大规模进攻，企图一举平定岭南。秦军在番禺遇到百越的顽强抵抗，加之岭南山路崎岖，粮饷转运困难，以致秦军受到重创，战事处于胶着

---

[1] 王育民：《先秦时期运河考略》，《上海师范学院学报》1984年第3期。

状态，三年兵不能进，屠睢战死。为了解决秦军的后勤补给问题，公元前218年，秦始皇命在广西兴安县境内修建一条人工运河，转运粮饷。4年后这条人工运河终于凿成通航。灵渠的修通，为被困于岭南的秦军将士带来了新的转机，秦军的粮饷可以通过汉水和长江，进入洞庭湖，再溯湘江而上，经过灵渠，到达漓江。由漓江进入珠江，东南可达番禺（现广州）入南海，往西经珠江上源的左右江和红水河可达云南、贵州边境，由珠江支流东江可达福建，由北江可到湖南南部（图七〇）。公元前214年，秦终于略定番禺各地，置南海郡（治现广州），略定桂林各地，进入越南北部，置桂林郡（治现广西桂平）和象郡（治现广西崇左）。

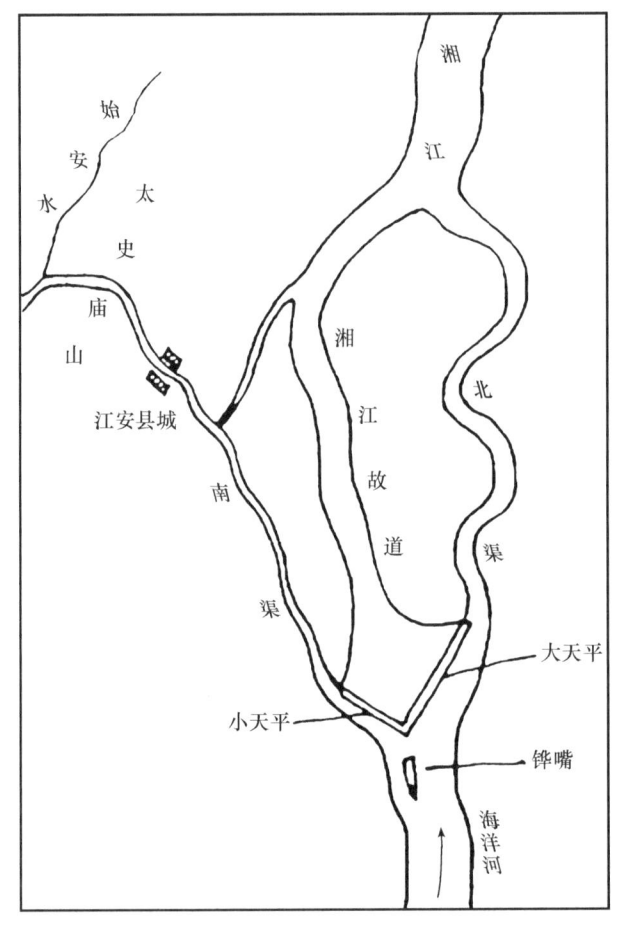

图七〇　灵渠示意图

（图片改绘自嵇果煌：《中国运河三千年》，上海：上海科学技术出版社，2020年）

灵渠在广西兴安县境内，又名兴安运河，总长34千米，宽5~7米，整个渠道几乎全是土、石方工程。它接通了湘江和漓江，从而沟通了长江和珠江两大水系。它的开凿，加速了秦始皇统一华南的进程，同时也发展了我国水路交通，加强了南北联系。灵渠的工程主要包括铧嘴、大小天平石堤、南渠、北渠、陡门和秦堤。大小天平石堤起自兴安城东南龙王庙山下呈"人"字形，左为大天平石堤，伸向东岸与北渠口相接；右为小天平石堤，伸向西岸与南渠口相接。铧嘴位于"人"字形石堤前端，用石砌成，锐削如铧犁。铧嘴将湘江上游海洋河水分开，三分入漓，七分归湘。其后历朝历代都对灵渠进行过修葺，有记载且规模较大的便有23次。唐代已建有陡门18座，宋代发展到36座，元明清三代多次维修完善。现灵渠渠道仍保存着秦代开创时的原始走向形态，灵渠上的建筑设施乃是唐至清代，更多的是明、清两代灵渠航运时的形态特征。灵渠附属建筑设施除少部分被损毁外，其他基本保持原来的面貌[①]。

4. 蒲津浮桥

蒲津浮桥位于现山西省永济市蒲州镇西侧的黄河岸边，距离风陵渡20多千米，是晋陕交通的一个重要通道。秦昭襄王，在蒲津渡两次造桥，用以进攻韩、赵、魏诸国。桥址即现山西永济市古蒲州城西门外，西接陕西省朝邑东境，是第一次在黄河上修建起固定式的浮桥。据史载，汉高祖刘邦定关中，魏太祖曹操西征马超和韩遂，西魏高欢进攻西魏，西魏丞相宇文泰大统四年定秦州，隋文帝下河东，都不断维修竹缆连舟的蒲津浮桥。唐开元十二年（724年）到金元光元年（1222年）前后约500年，蒲津桥是铁索连舟的固定式曲浮桥。唐开元八年（720年），蒲州与陕、郑、汴、绛、怀并称为"六大雄城"。开元十二年（724年），蒲州河中郡对蒲津桥进行了彻底改建，变"竹缆连舟"为"铁索连舟"，且铸地锚铁牛、铁人和铁柱。这次增修，充分体现了唐代造桥和冶炼的高超水平，说明了唐代工匠已熟练地掌握了重力、平衡力、浮力、水力等物理学、水力学原理，他们铸造了我国冶金史上的大型重型铸件，增建了我国古桥梁史上最宏伟的浮梁之一。可惜，除东岸铁牛等镇物今天能看到外，其他诸如唐代的石堤、铁索、舟梁及西岸铁牛

[①] 彭鹏程：《灵渠：现存世界上最完整的古代水利工程》，《中国文化遗产》2008年第5期。

等，由于黄河水流的冲刷，而石堤崩坏，铁索断裂，舟梁冲毁，铁牛崩没，已不复存在[①]。

宋神宗熙宁元年（1068年），多次诏令护修蒲津桥；金时，有专管浮桥的官员，金元光元年（1222年）十一月，金、元争夺河中府（蒲州城），金将侯小叔纵火烧绝蒲津桥。明洪武年间（1368～1398年），最后一次修复蒲津桥。1886年，舟桥已毁，只留东岸铁牛、铁人和铁山。

1991年，山西省文物部门对蒲津渡的黄河东岸遗址进行考古发掘，清理出了渡口的石砌河堤、铸造于唐开元十二年（724年）铁牛、牵牛铁人、地锚式大铁柱、铁山等珍贵文物。铁牛造型高大、精美，威武雄特，均面西，分两排站立，两前腿前登，后腿略呈蹲伏后坐状，硕壮有力；牵牛铁人形象各异，可辨识为维吾尔族、蒙古族、藏族、汉族四个民族形态。并出土了唐、宋、金时期的钱币等[②]。

二、军事通信遗存

军事通信遗存亦是随着战争的出现而产生的。军事通信是军队为实施指挥，运用通信工具或其他方法进行的信息传递。它是保障军队指挥的基本手段，为完成军事通信任务而建立的通信系统是军队指挥系统的重要组成部分，是军队战斗力的要素之一。我国古代的通信方式多种多样，尤其是在军事活动中有许多创造性的发明。"烽火"是我国古代用以传递边疆军事情报的一种通信方法，始于商周，延至明清，相习数千年，其中尤以汉代的烽火组织规模为大，所以现在的河西地区仍保留着大量的烽燧遗址。随着人类对自然的认识能力和改造能力的提升，通信方式也不断在更新，而军事通信也逐渐越来越机密化。除了陆上的通信设施之外，水军及海军的活动也有旗帜、标志物等军事通信门类，这方面的遗存时有发现。

[①] 王元林：《蒲津大浮桥新探》，《文物季刊》1999年第3期。
[②] 山西省考古研究所：《山西考古四十年》，太原：山西人民出版社，1994年，第273～276页。

（一）烽燧遗址

烽燧是古代军事通信设施之一，用以传边警，通消息。白天以烟为号叫燧，夜间以燃火为号叫烽。烽燧是古代的报警系统，它与长城并存，组成一个完整的军事防御体系。《后汉书·光武帝本纪下》注引《前书音义》曰："边方备警急，作高土台，台上作桔皋，桔皋头有兜零，以薪置其中，常低之，有寇即燃火举之，以相告，曰烽。又多积薪，寇至即燔之，望其烟，曰燧。昼则燔燧，夜乃举烽。"[①]由此可知，烽用于夜间放火报警，燧用于白昼施烟报警。由于烽燧一般均设在用土筑成的高台之上，故又称烽火台。早在商周时期即已有之，骊山烽火戏诸侯就是早期烽火运用的典故。但因考古发掘工作开展不足，有关这一时期烽燧遗存的资料尚较缺乏，故对当时军事信息传递系统的认识还比较薄弱。

汉代的烽火台至今尚有遗迹可寻。20世纪80年代初期，内蒙古自治区昭乌达盟文物工作站对当地汉长城附近的烽火台遗址进行了考察，写成了《昭乌达盟汉代长城遗址调查报告》，报告称："在近二百五十公里的长城线上，我们共发现烽火台八十余座，间距平均约三公里，最远的不超过五公里。一般在地势较平的地段间距稍远，在群山环抱的山区间距稍近。烽火台设置多为沿线单个排列，也有少数两个并列，照此推算，在万里长城线上，至少有二三千座烽火台……烽火台均在长城线内墙的里侧，即长城线以内，离城墙一般八至十米，远者不超过三十米……烽火台均为圆形，直径一般为二十米，小的十五米，大的三十米。保存好的现存高度一般在一至二米，有的高达五六米……不论它们如何随着地形的变化而改变方位，但站在其中的任何一个烽火台上，既能举目遥望前一座，也能回顾后一座。"[②]

隋唐以后，烽火制度有所改进。这时的烽火台，比汉代时更高更大，台外周筑城障，台上专门修建四个烟筒和四个火台，分别用于放烟和插火炬。由于台高，烟火可以在很远的地方看到，所以台与台之间的距离较远，一般三十里置一台。平时，每台有帅一人，副帅一人，烽子（即士卒）五人；战

[①] （南朝宋）范晔著，（唐）李贤等注：《后汉书》卷1下《光武帝本纪下》，北京：中华书局，1965年，第60页。

[②] 内蒙古自治区原昭乌达盟文物工作站：《昭乌达盟汉代长城遗址调查报告》，《文物》1985年第4期。

争时期再外加五名士卒。点燃烟筒和火台的数目不同反映的敌情不同。《隋书·长孙晟传》记载，当时规定是"若贼少举二烽；来多举三烽；大逼举四烽"①。在没有敌情的情况下，每早夜要放"平安火"，表示本台人员正在执勤，附近平安无事。遇恶劣天气时，烟火不能及远，则要派烽丁火速往邻近烽火台报警。据唐人段成式著《酉阳杂俎》中云："狼粪烟直上，烽火用之。"②故唐代的燧烟亦有燃烧狼粪者，比喻战争发生的"狼烟"一词大概由此而来。

到了明朝，还制定了举放烽火同时鸣炮的制度。例如，发现敌人有百人上下，就放一烟一炮；五百人左右，放二烟二炮；千人以上，放三烟三炮；五千人以上，放四烟四炮；万人以上，放五烟五炮。为了使守台军士记忆方便，又把各种敌情编成了顺口的《传烽歌》，让守军背诵熟记，及时准确通报敌情。值得注意的是，明清时期由于火器的普及，兼之施放方便，人们便更多地放枪、炮并配合白旗、红灯以传信，施烟放火已不常用。

随着考古工作的深入，许多烽燧遗迹被考古工作者揭露，这些烽燧遗迹大多位于我国北部边疆，是历代中原王朝修筑的防御草原游牧部落南下的军事通信设施，是军事考古学研究的对象之一，如居延烽燧遗址、马圈湾烽燧。

汉代张掖郡居延、肩水两都尉管辖的边塞烽燧和塞墙遗址位于内蒙古自治区额济纳旗和甘肃金塔境内的额济纳河（弱水）流域，绵延约250千米。塞墙自东北走向西南，基宽2.5～2.8、高3米，两侧用粗石板垒砌，中间填砾石。此塞墙始建于西汉武帝太初三年（前102年），废弃于东汉末年。在历史上曾起到维护河西走廊畅通、保证汉与西域交通、切断匈奴与羌联系的战略作用。塞墙沿线遍置烽燧，烽燧以草苣点燃，夜间点火叫烽，白天放烟叫燧，是汉代边防报警的信号。1930～1931年，西北科学考察团在这里曾获汉代木简1万多枚（即居延汉简）。1972～1976年，发掘了甲渠侯官遗址、甲渠塞第四燧遗址和肩水金关遗址，了解了当时烽燧建筑的情况，并获汉代木简

---

① （唐）魏徵、令狐德棻撰：《隋书》卷51《长孙晟传》，北京：中华书局，1973年，第1334页。

② （唐）段成式撰，方南生点校：《酉阳杂俎（前集）》卷16《毛篇》，北京：中华书局，1981年，第160页。

2万多枚①。

马圈湾遗址位于敦煌市西北95、东距小方盘城11、西距后坑2.7、北距疏勒河8千米处。遗址东侧为盐池湾，西侧为马圈湾，在两湖滩之间形成东南—西北走向的戈壁走廊，长城自东向西穿过，将走廊拦腰截断，烽燧即建于戈壁西侧边缘、长城内侧3米处。烽燧平面呈长方形，底部长8.35、宽7.6、残高1.87米，为三层土墼夹一层芦苇叠砌。东南角有登顶台阶。堡早期筑于烽燧东侧，堡门西开，堡内有过道和套房三间，房内均有灶。火焚毁后废弃，改筑于烽燧南侧，门向南开。堡南22.3米有东西向的长方形牲畜圈，出土汉代简牍1221枚，记载有关出入玉门关、玉门关侯及其管辖范围和屯兵、屯田活动等。其他遗物300余件，有粮食、麻纸、毛笔、石砚、丝织残片、毛织残片、丝绸、麻布、麻鞋、竹编织器、漆器、木器、骨器、铁器、铜器、五铢钱等。据分析，此遗址为西汉玉门侯官治所。

马圈湾烽燧遗址的发掘，是20世纪在敦煌首次严格按照科学要求进行的烽燧遗址发掘，其收获远远超过了中华人民共和国成立前所取得的成果。通过这次调查与发掘，对敦煌地区的汉代都尉、侯官、侯长、燧长与城、鄣、坞、燧的关系，对汉代的塞墙、天田、烽燧的规模、布局、结构、建筑方法和职能等，都有了更进一步的明确认识②（图七一）。

在新疆地区也有大量的烽燧遗址被揭露，如哈密及库车地区。哈密地区尚保留各时代的烽燧共51座，是新疆保存烽燧最多和最好的地区。其中尤数巴里坤县保存的烽燧数量最多，共有29座，哈密市和伊吾县则分别有19座和3座。

哈密地区最早的烽燧建于唐代，现境内尚遗存唐烽燧4座，即哈密二堡的拉克苏木烽燧、柳树泉的下马不拉克烽燧、巴里坤三塘湖烽燧、伊吾前山阔吐尔肖纳烽燧。而现今保存的绝大部分烽燧则都是清代建造的。目前烽燧分布密度最高的是巴里坤哈萨克自治县城往西至萨尔乔克一线，这里每隔两三千米就有一座，连绵相望有13座之多。

萨尔乔克烽燧和巴里坤南湖滨的两个烽燧形状基本相同，正方形基座，

---

① 甘肃居延考古队：《居延汉代遗址的发掘和新出土的简册文物》，《文物》1978年第1期。

② 甘肃省博物馆、敦煌县文化馆：《敦煌马圈湾汉代烽燧遗址发掘简报》，《文物》1981年第10期。

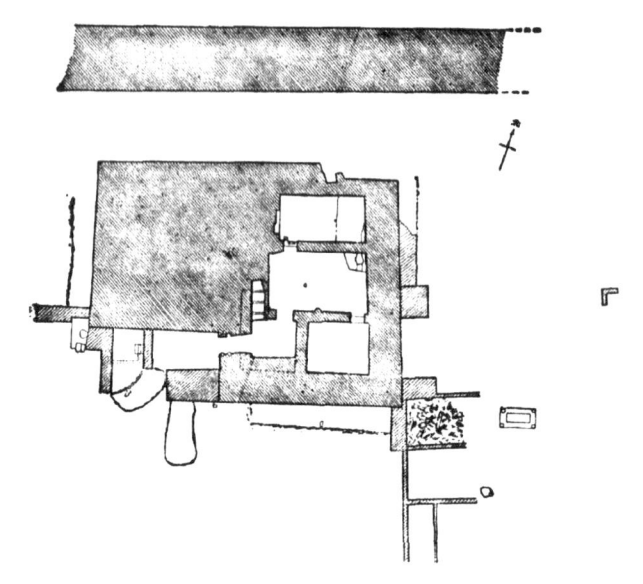

图七一　马圈湾烽燧遗址平面图

燧体为向上收缩的棱柱形，夯土建筑，夯土中夹有红柳枝并多用圆木构架。

巴里坤哈萨克自治县的烽燧大都是正方形覆斗式夯筑实体，建筑材料就地取土，30~50厘米夯一层，层间铺5厘米芦苇或红柳枝以加固。底边长18~30米，向上逐渐收缩，顶边长5~8、高8~12米，有的台下筑围墙，内建房屋、马厩等生活设施。烽燧的分布以县城为中心，从汉城向东延伸，每10里为1墩，较远为20里1墩，一直延伸向伊吾河谷至甘肃境内；从县城向西，烽火台一路折向西南至七角井，另一路折向西北至木垒；三塘湖乡向东北通向蒙古国的沿途，亦有一些烽火台。

库车的烽燧约建于汉宣帝年间（前74~前48年），也就是西域都护府在乌垒设立之后，完善于唐朝。现存烽燧遗址在库车境内分布有三条线：第一条偏北傍山，东起轮台西烽燧，西止盐水沟关垒，是汉朝西域都护府防止匈奴南侵的军事报警线；第二条线东起轮台西烽燧，沿国道314线西行，止于新和县羊塔克库都克烽燧；第三条线从塔里木乡唐王城，沿渭干河西北行，与第二条烽燧线在科西吐尔重合，西接库木吐拉，东北接克孜尔喀拉罕烽燧。库车烽燧线虽有三条，但大都成为废墟。烽燧遗址保存最完整的克孜尔尕哈烽燧位于库车县城西北12千米处的却勒塔格山南部盐水沟，是新疆丝路古道上数以百计的烽燧中历史最长、保存最完好的一座夯土建筑的烽燧遗址[①]。始建于汉宣帝年间（前74～前48年），即西域都护府移设乌垒之后，是汉代的军事设施。烽燧平面呈长方形，东西底长6、南北宽4.5、残高尚有12米。上建望楼，木栅残迹尚存。由于长期风化，端部区呈凹陷状，形成一大槽（图七二）。

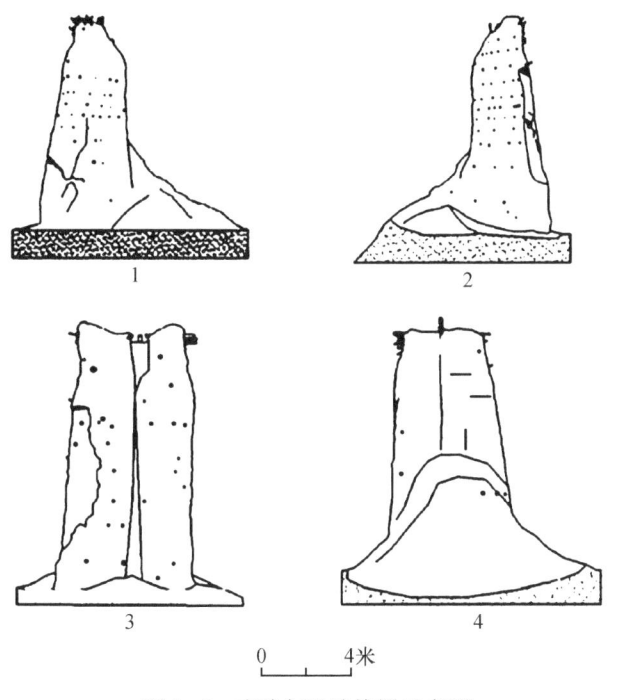

图七二　克孜尔尕哈烽燧示意图
1. 东立面　2. 西立面　3. 南立面　4. 北立面

（二）驿站遗存

驿站是古代供传递官府文书和军事情报的人或来往官员途中食宿、换马的场所。我国是世界上最早建立组织传递信息的国家之一，邮驿历史有3000多年。自周秦以来，驿有不同的称呼。周代称"传"或"驲"，春秋战国称"遽"或称"邮"或称"置"。秦时统一叫"邮"，汉代叫"驿"，魏晋时"邮""驿"并称，唐时又把"驿"叫作"馆"，宋时则出现了新的名称"急递铺"，元又有"站赤"之称，明代又把元时的站统称为"驿"，清

---

① 尹秋玲：《克孜尔尕哈烽火台》，《丝绸之路》2001年第5期。

时将"邮""驿"合二为一。现在习惯上把我国古代的邮政,简称为"邮驿",或称为"驿站"和"邮传"。

驿传是国家军政通信的主要渠道,因而得到广泛的重视。烽火可以示警,但不足以传递复杂、详细的军事信息。为了将军事信息快速、准确的传递,便出现了驿传这一历史上最主要的通信方式。汉时广泛运用烽火作为军事通信的同时,一般的邮驿军事通信也还是很重要的,常常相辅相成。军事机构之间的通信使者,一般由戍卒担任。他们有时作为烽火通信的补充:当天阴雨湿烽火一时不能燃起时,军方便立即派出飞骑或快跑步递向兄弟堡垒传递情报。汉时留下的一份烽火台规则《塞上烽火品约》说道:匈奴人入塞,天大风或雨,烽火不燃者,亟传檄告,人走马驰以疾。就说的是上述意思。明代著名学者王夫之曾说过:"驿递者,国之脉络,不容壅滞也。"为了保障驿传的畅通,历代统治者不仅投入了大量的人力、物力,而且建立了完整的组织和一整套严密的制度。三国时东吴邮驿的最大特点是水驿的出现。吴国的统治中心在江南水乡,境内多有水道,所以当地的邮驿水陆兼行。

1. 延庆康庄榆林驿遗址

榆林驿,亦称榆林堡、榆林驿堡。相传因当地原有一片榆树林而得名。榆林堡城位于延庆县城西南12.6千米,即康庄镇政府驻地西南2千米处。其西距河北省怀来县清水河1千米,北与小王庄紧邻。榆林堡城建成于景泰五年(1454年),是一座土城,正德十三年(1518年)扩建南城,仍为土城。隆庆三年(1569年)砖包北城,使榆林堡北城成为一座南向的砖城。北城略呈方形,周长974米,占地面积为59276平方米,约6公顷。南城为长方形,东西长423、南北宽245米,周长1336米,占地面积103092平方米,约10公顷。南北城全周长2064米,南、北城共占地162368平方米,约合16公顷。

可以确定的是,位于延庆区康庄镇榆林堡村的榆林堡城是北京地区现存最大的古驿站遗址[①]。

---

① 王灿炽:《北京地区现存最大的古驿站遗址——榆林驿初探》,《北京社会科学》1998年第1期。

2. 深青驿站遗址

深青驿站位于福建省厦门市集美区灌口镇深青村，紧邻324国道，是后溪仔与落壁溪交汇处。处于连接同安区与漳州的驿道中段，同时是厦门岛（旧称"嘉禾"）周边地区联系同安区的支段驿道的中转点。深青驿站的主要功能是沟通泉州（包括同安区）、漳州地区，其早期选址时，即根据驿传的日传送最大距离60里而确定。

深青驿是目前国内仅存不多的古代邮驿遗址之一，也是福建省唯一保存完好无损的有1000年历史的宋、元、明、清时代古驿站。始建于宋，原址在灌口街东面2000米的鱼孚，元时才移置于灌口之西的深青。明洪武十四年（1381年）重建，其历史稍早于厦门岛上建城的历史。始建于元代，明洪武十四年（1381年）及景泰元年（1450年）重建。现存双坡布瓦顶两层驿楼1座，面宽4.4、进深3、通高6.2米，坐南朝北。楼之前方设可供上下的石阶梯。驿楼底层以条石砌造。门额嵌石匾1方，上刻楷书"驿楼古地"四字。驿楼顶层为砖木结构。1988年按原状维修，面积11平方米。驿楼西侧犹保留清代三合土版筑的残缺墙垣一段，长约10米。驿楼大门前方约25米处有建造于清康熙年间（1662~1722年）、续建于嘉庆九年（1804年）的深青桥，全长25、宽2.8米，下有石桥墩6座，朝上游方向呈船首形。元至清代，深青驿是本地区南来北往的重要通道[①]。

3. 鸡鸣山驿城

坐落在河北省怀来县西北界、鸡鸣山东南山脚下的鸡鸣山驿，是我国保存至今较为完整的一座古代驿城（图七三）。驿城建于明代，驿城占地22000平方米，地势北高南低，西南部最低。城垣方正，方向北偏东18°。城墙周长1891.8米。城墙表层是砖砌的，里层是夯土。墙体底宽8~11、上宽3~5、高11米。城墙四周均匀分布着4个角台。在布局上，有别于一般州县古城平面或十字分区，或井字为格的对称性传统方式，也与障堡的注重防守，多为一面开门不同，充分表现出向路性。东西各开一城门，建有城楼，城外有烟墩。城内的五条道路纵横交错，将城区分成大小不等的十二个区域。城内建筑分

[①] 徐阔、曹伟：《浅探中国古代邮驿建筑的特征——以厦门市深青驿站为例》，《中外建筑》2013年第10期。

图七三　鸡鸣山驿城

布有序，驿署区在城中心，西北区有马号，东北区为驿仓，城南的傍城有驿道东西向通过。城内还有古代遗留的商店和民居[①]。

鸡鸣山驿城是中国邮传、军驿的宝贵遗存，是明清时期军事通信遗存的代表，在军事考古学上有着丰富的研究价值。

4. 盂城驿

始建于明洪武八年（1375年），位于高邮市南门外。是在元代秦淮驿的基础上发展起来的，元至正年间（1341～1368年），盂城驿叫秦淮驿，朱元璋称帝后，在明洪武九年（1376年），令翰林学士考古订正全国俚俗不雅之驿名，共更正232处，秦淮驿自此也改名为盂城驿。

盂城驿是目前全国规模最大、保存最完好的古代驿站。盂城驿原来规模宏大，占地16000多平方米，主体建筑遗存有50余间厅屋，附属建筑遗存有70多间。有正厅五间、后厅五间、送礼房五间、库房三间、厨房三间、廊房十四间、马神庙一间、马房二十间、前鼓楼三间、照壁牌楼一座，在驿站的

---

① 孟繁峰：《鸡鸣山驿考略》，《文物春秋》1996年第2期。

北面还有驿丞宅一所，共有房屋十二间，以及夫厂一所，共有房六间，驿站旁边还有秦邮公馆，有门楼一座、内正堂三间、后厅寝室三间、南北厢房八间。另外，驿站在朝西的运河堤上还有迎宾的皇华厅一座，有厅三间、差房三间；驿站的东面还有马饮塘。现存厅堂、库房、廊房、马神祠、前鼓楼等古建筑，两厅后车厢房为存放迎送器具的轿房，两厢房为通信、运轿工具的驿具房。皇华厅又称正厅，为五开间明代建筑，其功能为传室政令的场所、驿站管理中心。鼓楼为十字脊重两层的古建筑，是驿站值更守夜、站岗望、传鼓报的制高点[1]。

三、驻军营堡遗存

军队，是国家机构中一个武装的群体组织，战时有组织纪律约束，平时亦要相对集中地生活、聚集在一定的区间范围，以便根据军事活动的需要随时受命出动，完成作战或其他紧急任务。因此，军队的驻扎据守都会有相对独立的位置和空间，古代名曰营堡、营寨，以及卫、所等。其一般和村镇民居会保持一定的距离。

史前时期，军队多为临时征召，似不可能形成常驻的军营。《史记·五帝本纪》记载："轩乃修德振兵。……于是黄帝乃征师诸侯……迁徙往来无常处，以师兵为营卫。"[2]甲骨文所记商代参战军队的人数为"百人""千人""三千""五千"，可根据需要调配兵力。军队编制主要有"师""旅"等级别，师还有左、中、右之分。这些武装人员应有相对稳定的住所，以便随时调遣完成军事任务。偃师商城为商代早期城址，由大城和小城构成，在大城内，依托早期小城东墙偏北段又建起一座类似的封闭的仓储小城（三号府库）（图七四）。大城东北隅发现3个出土陶范、炼渣等与铸铜有关的灰坑等遗迹，还有10多座陶窑等[3]。因为扩大的城区入驻了更多人

---

[1] 刘先觉：《古运河邮政史的见证——高邮盂城驿》，《中国文化遗产》2006年第5期。

[2] （西汉）司马迁：《史记》卷1《五帝本纪》，北京：中华书局，1959年，第3~6页。

[3] 中国社会科学院考古研究所：《中国考古学·夏商卷》，北京：中国社会科学出版社，2003年，第213页；中国社会科学院考古研究所：《偃师商城》，北京：科学出版社，2013年。

口，粮食的储存建筑随即进行了增大扩充。入住的人口需要统一供给粮食，说明这些人并非粮食生产者——农民，那么很可能其主要为与城址军事色彩相关的士兵类群体、军官、军吏，以及与军事相关的手工业生产者。

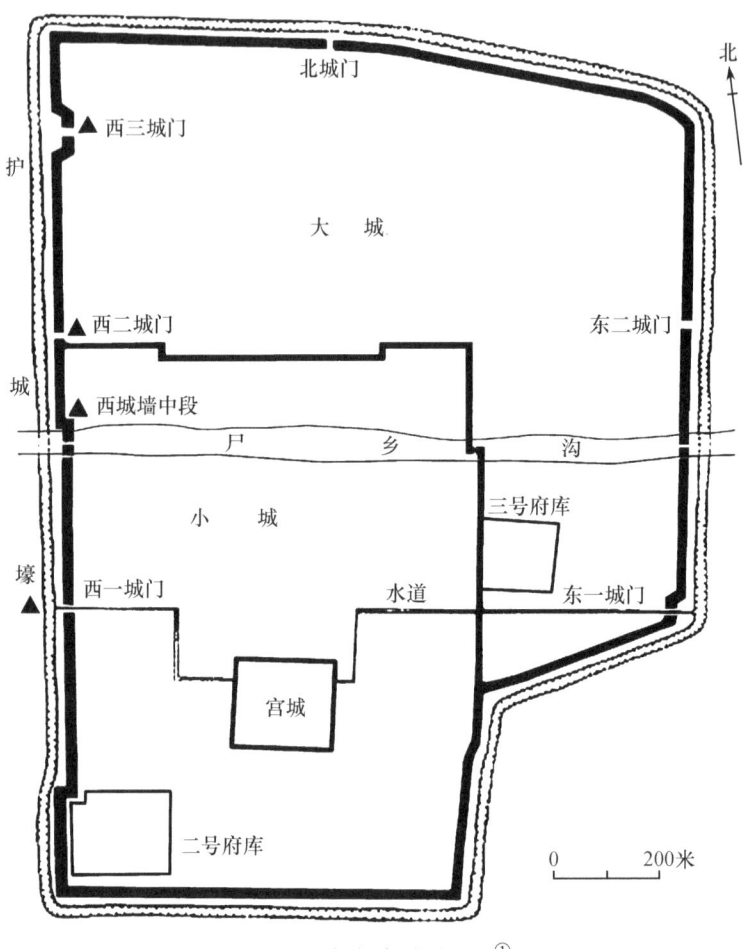

图七四　偃师商城平面图[①]

春秋战国时期的军事战争活动日益频繁，军队的编制正规化和规模庞大化远过于商周，其驻军营堡遗存主要发现于长城一带。在长城沿线的要塞筑城建堡、置亭设障，形成戍守防卫的系统工程，战国时已较常见。有关早期

[①] 中国社会科学院考古研究所河南第二工作队：《河南偃师商城西城墙2007与2008年勘探发掘报告》，《考古学报》2011年第3期。

驻军城堡营垒等建筑的遗迹，战国秦长城方面的调查资料已有介绍，并据遗址的规模区分为大小不同的类型[①]。

第一类为小型遗址，紧靠近长城的内侧，数量最多，大约每3.5千米必有一处，文化遗存分布面积仅200～300平方米（图七五）。大多数无墙垣之设者属于早期遗迹，出土了战国晚期的瓦当等建筑材料及陶器残片。少数存有城垣者，多为晚期遗迹；第二类是较大的遗址，分布在长城跨越的较大河谷和山岭、山梁位置，数量较少，文化遗存分布面积多为2000～4000平方米，大者为上万平方米；第三类是更大型的遗址，数量更少，距长城较远，建于长城内侧30～40千米范围内的较大河谷要道。

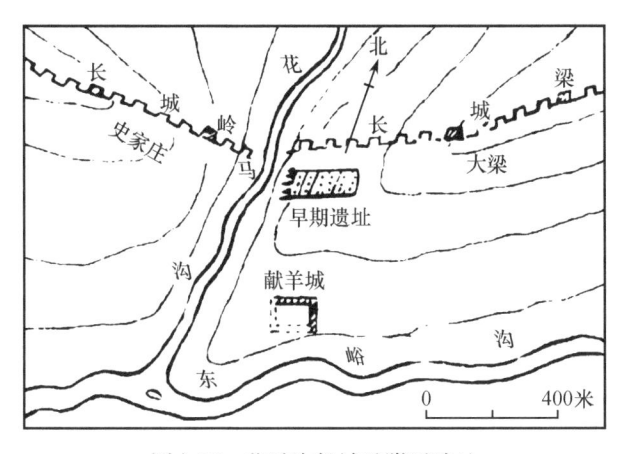

图七五　花马沟长城及附近遗址

汉初主要是对秦代边塞故城修复缮治，以防匈奴等北方游牧民族的入侵。汉武帝时又开始了新一轮的西北边疆开拓和城塞的兴建。《汉书·匈奴列传》记载："至孝武世，出师征伐，斥夺此地，攘之于幕北。建塞徼，起亭隧，筑外城，设屯戍，以守之，然后边境得用少安。"[②]

考古工作者在西汉长安城南墙外，发掘到一处重要的可能属于驻军的西汉遗址。汉长安城驻军遗址位于现西安市莲湖区三民村附近，汉长安城南墙西部的西安门外西南方向，北距南城墙约125米（图七六）。遗址曾遭破

[①] 彭曦：《战国秦长城考察与研究》，西安：西北大学出版社，1990年，第19页。
[②] （东汉）班固：《汉书》卷94下《匈奴列传》，北京：中华书局，1962年，第3803页。

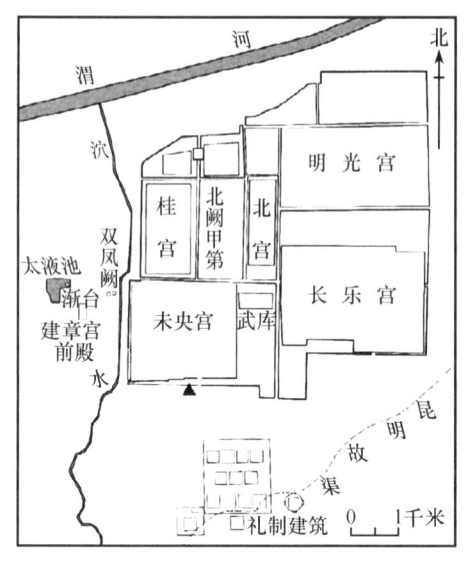

图七六　汉长安城驻军遗址位置图

坏，南北长101、东西残长144米，残存面积为14000多平方米，体量巨大[①]。建筑的结构布局是以多个庭院和廊道及排房组成的建筑群（图七七）。其临近汉长安城南墙，北侧有一条道路能直通西安门，出入汉长安城非常便捷，规模亦颇大。但整体建筑的等级却不高——很多廊道和房顶没有使用瓦，地面也很少铺设地砖，整体比较简陋。不过建筑的防卫性能颇为明显，其四周环绕着较厚的夯土围墙，形成一个相对密闭的大空间。空间之内的每个院落又各自围成一个个小空间。

根据这些特点，发掘者排除了其为宫殿类建筑、礼制类建筑、仓储类建筑和普通住宅的可能，推测这座建筑用于卫戍的可能性极大。然后再结合其位置和规模，可知绝非一般的宫门、城门的屯兵之所，而应该和京城卫戍部队的驻地有关，也就是西汉汉朝常备军的精锐和主力南军、北军的驻守之地。作为长安城的卫戍部队南北军，是从西汉初年开始便承担着拱卫京师的任务。而从该遗址处在西汉长安城南门外的位置来分析，其作为南军驻地的可能性更大，而北军的驻地当在城北的某个城门之外。此对了解汉代大型军营的基本面貌有重要意义。

汉以后的驻军营垒的考古发现更少，无论是捍卫京都的将士军营，还是戍守边疆的士卒堡塞，均没有考古发掘信息的披露，目前所知的主要是长城资源调查资料。根据调查有数量不等的城堡营垒等遗址资料，可能都是与军队戍守驻防有关的大小军事基地类遗址。这类城堡在明代一般被称为卫城、营堡、屯堡等，与早期的称谓略有变化。

---

① 中国社会科学院考古研究所汉长安城考古队、西安市文物保护考古研究院：《西安市莲湖区三民村西汉大型建筑遗址发掘简报》，《考古》2017年第1期。

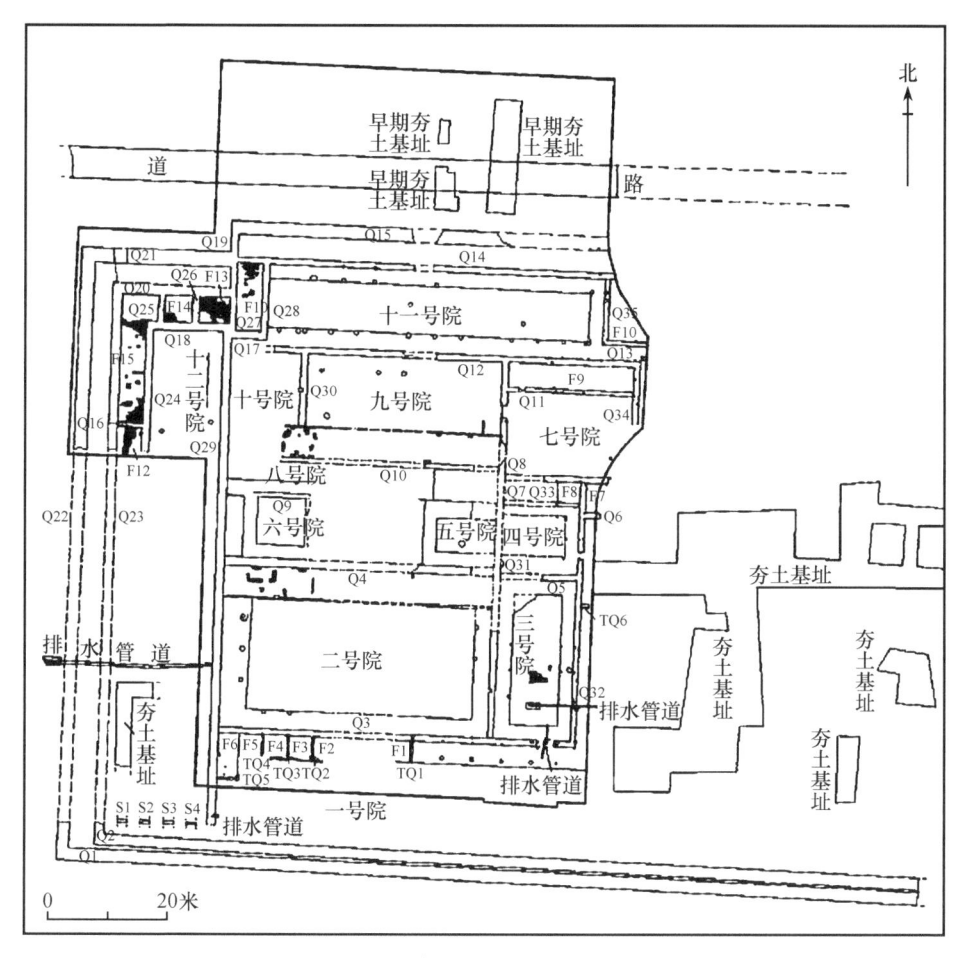

图七七　汉长安城南大型军事建筑基址遗迹平面图

1. 榆林卫城

位于陕西省榆林市中南部[①]，无定河的支流榆溪河自北向南从城西数百米的位置流过，处于河东岸的阶地及缓坡段。城址平面呈不规则的长方铲形，是受筑城时具体地形地貌制约的结果。城中线南北最长为2200、东西宽度为750~970米，城址面积约200万平方米。

残存的有角楼基址五座，城东南基址上仍存角楼的四处座基。现存的明

[①]　陕西省考古研究院：《陕西省明长城资源调查报告·营堡卷（上编）》，北京：文物出版社，2011年，第3~24页。

清城门三座，东门、南门为瓮城结构，小西门为直通城门。

城内有两条南北向主要道路贯通全城，众多东西向小巷横穿主道，但已不能确认哪些是当年所形成。大道上曾有自明成化八年到清乾隆十九年（1472~1754年）所建的文昌阁、万佛楼、明星楼、钟楼、凯歌楼（南城门）、鼓楼，被称为"六楼骑街"。明星、凯歌、钟楼、鼓楼为明代所建，应是建卫之初的建筑格局。榆林自明成化七年（1471年）建卫始，城内陆续兴修了多种衙署、宫庙等公共建筑。据明万历《延绥镇志·镇城图》标记，先后修有布政司、管粮厅、兵备道、都察院、总督府、会事厅等府衙，以及文庙、学宫、书院、武学、钟楼、鼓楼、凯歌楼等。但因年湮时迁，后世榆林城的改迁重建等多已不存，残留下来的原建筑仅有明代的明星楼、钟楼，清代的万佛楼。

2. 靖边营

位于陕西靖边县新城乡新城村，为北宋夏州兀剌城，陕西经略副使范仲淹曾在此驻兵防守西夏，并筑有东、西哨马营，当地俗称范老关。明景泰四年（1453年）巡抚陆炬始筑城，成化十一年（1475年）设置为靖边营。靖边营的城墙为黄土夯筑，平面呈南北两城相连的不规则形（图七八），北城墙周长2278米，面积24万平方米。南城北墙即北城南墙，东墙不存，西南墙残存810米，面积14.58万平方米[①]。

3. 建安堡

位于陕西榆林市榆阳区大河塔村建安堡村，明成化十年（1474年）巡抚余子俊置，万历三十五年（1607年）巡抚涂宗浚用砖包砌堡墙。城堡平面呈长方形唯东北角为圆弧状，南北长484、东西宽236米，占地面积11.4万平方米（图七九）。城墙为黄土夯筑，夯层厚8~14厘米，外侧局部有包砌的砖石[②]。衙署遗址位于钟鼓楼的东南侧，但已无建筑遗迹可寻。还有庙宇多处，基本毁弃无存，仅两处遗迹隐约可见，位于城堡的东北部。

[①] 陕西省考古研究院：《陕西省明长城资源调查报告·营堡卷（上编）》，北京：文物出版社，2011年，第169~174页。

[②] 陕西省考古研究院：《陕西省明长城资源调查报告·营堡卷（上编）》，北京：文物出版社，2011年，第109~114页。

图七八　靖边营堡平面图

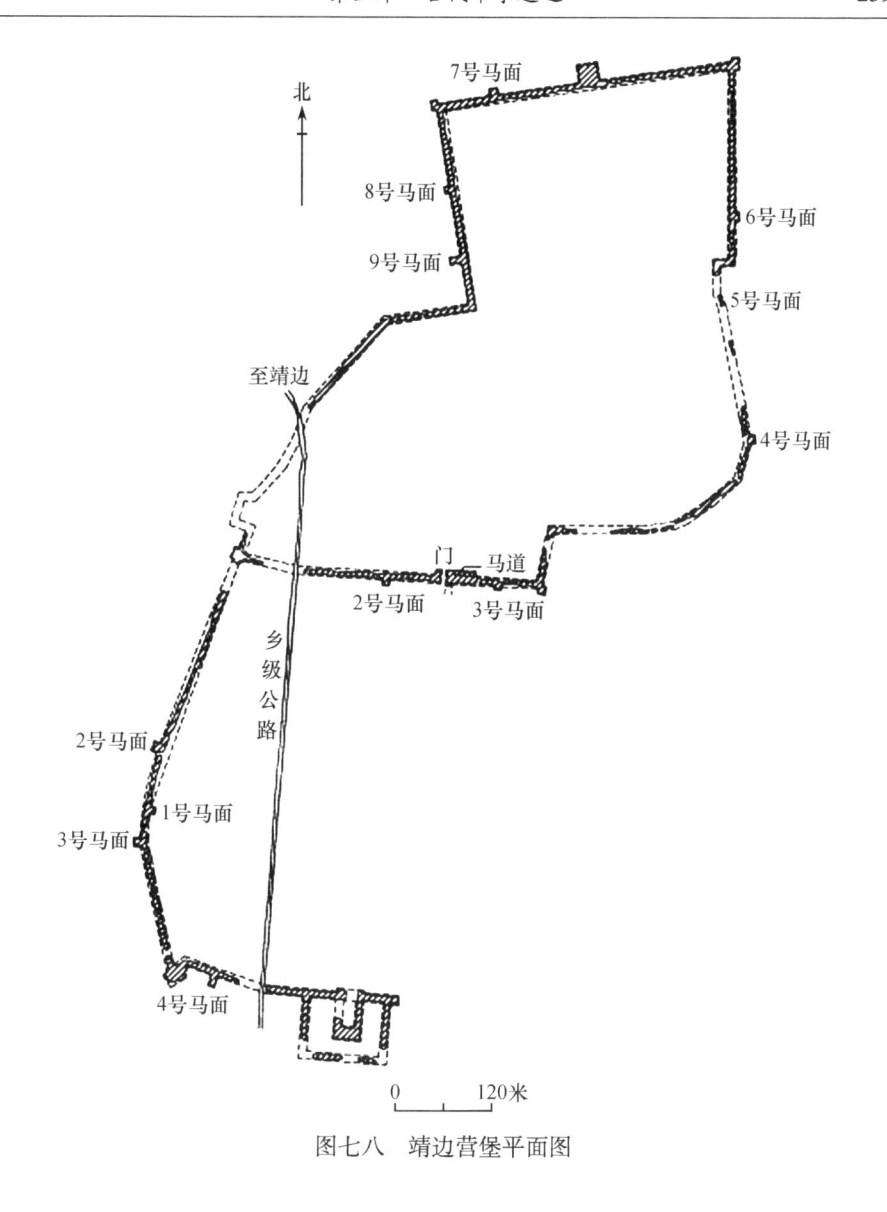

四、军事仓储遗存

"兵马未动，粮草先行"，古代战争对于粮草的重视不言而喻，粮草的储备与转输是古代军事后勤保障的重中之重。历代王朝在全国各地都设诸多粮仓，这些粮仓一方面是国家税收的体现，另一方面也反映了国家的控制力。特别是在战争和灾荒年代，充沛的粮食储备是王朝稳固的根基。例如，

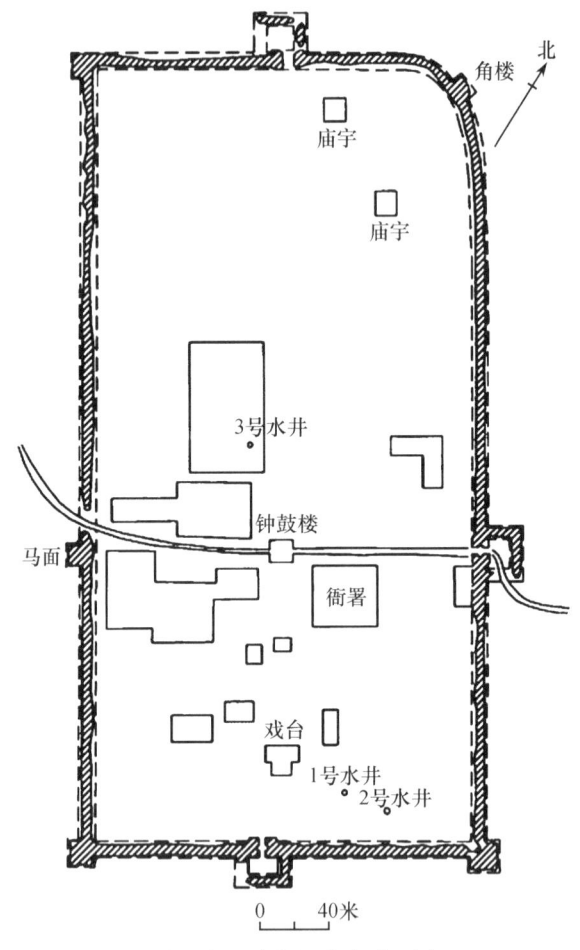

图七九　建安堡遗迹平面图

地处洛阳的含嘉仓遗址，有学者研究认为，隋末东都城的粮食不集中，战事起后，城外粮窖被占据，洛阳终因严重乏粮而被攻破。于是，李世民从中吸取教训，将粮食储藏于城内含嘉仓，并随着储粮量的增加，增筑粮窖，含嘉仓才形成"天下第一仓"的规模。

1. 灵石旌介西周粮仓

灵石旌介西周粮仓位于山西省灵石县，山西晋中盆地南端，南邻霍州，东依太岳山脉，西靠吕梁山脉。经发掘，发现了商代墓葬区，粮仓位于墓葬区的东南部。

发现了西周粮仓6座，呈"十"字形排列，南北并列4座，东西各1座。直径相似，为地穴式[①]（图八〇）。粮仓口径7.8米左右，深7米左右，差别不大。坑底有茅草编织痕迹、已碳化的残留谷物及少量木炭等，有的还有动物骨骼。按发掘情况报告计算，发掘者认为每座仓可储粮约8.5万千克，6座可储粮约50万千克[②]。

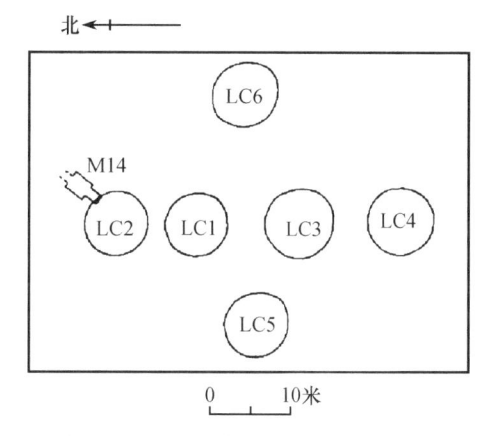

图八〇　灵石旌介西周粮仓平面分布图

2. 洛阳战国粮仓

洛阳战国粮仓遗址，在现洛阳市共青路东段、胜利路西侧，洛河以北不远，地当东周王城南城墙的北边，汉河南县城南城墙中段南边一带。这里地势较高，土质坚实，缓坡东下，雨水容易流出；南离洛河很近，漕运也很方便。这样的地理环境，很适宜建造地下粮仓。

该遗址共计发现74座粮窖，这些粮窖分布在南北长约400、东西宽约300米的范围内，比较密集，由东向西、由南向北大体成行成排（图八一，1）。粮窖为圆窖，口大底小，纵剖面呈倒置等边梯形（图八一，2、3）。一般口径10米左右，深10米左右，差别不大。

根据调查试掘所获资料，这批地下粮窖的兴建和废弃年代基本一致，当战国中期至晚期[③]。经研究者计算，一座粮窖可容的粟米为339735.285千克。按照秦汉时期1石=30千克，则1窖粟米约合11324.5石。目前确认的74座仓窖就可容粟米25140411.1千克，约合当时 838013.7石[④]。

[①]　山西省考古研究所：《灵石旌介发现商周及汉代遗迹》，《文物》2004年第8期。

[②]　山西省考古研究所：《灵石旌介发现商周及汉代遗迹》，《文物》2004年第8期。

[③]　洛阳博物馆：《洛阳战国粮仓试掘纪略》，《文物》1981年第11期。

[④]　赵晓军：《古代仓窖储粮计量问题研究——以洛阳战国与隋唐官仓为例》，《中国国家博物馆馆刊》2016年第8期。

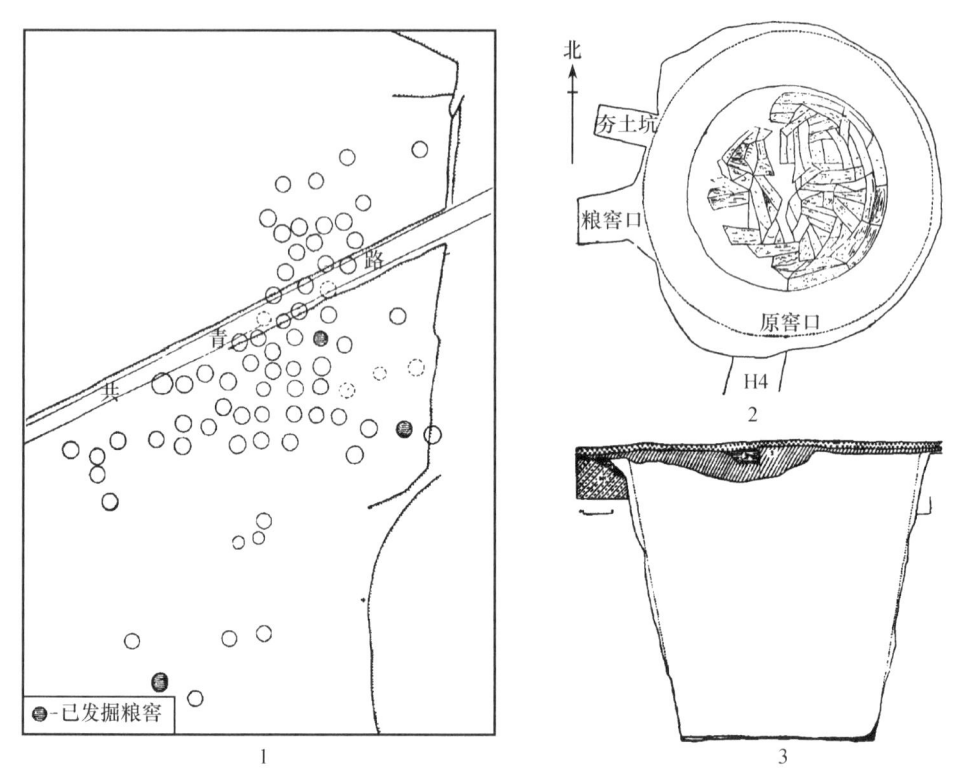

图八一　洛阳战国粮仓平面图和62号粮仓平、剖面图
1. 战国粮仓平面布局示意图　2. 62号粮仓平面图　3. 62号粮仓剖面图

3. 秦汉敖仓遗址

敖仓是秦汉时期一个著名粮仓，在秦统一六国的过程中和楚、汉争霸天下的战争中均起到了巨大作用。目前敖仓的具体位置还未得到确认，有些学者通过对文献及考古材料的考察，认为现荥阳市西北的马沟、牛口峪一带很可能就是敖仓故址所在，敖仓城的范围当是比较大的，现存的遗迹只是敖仓城的南半部分，其北半部分是由于黄河改道而被侧蚀掉，敖仓城主要有称为窖的地下仓和称为庾的露天仓两种，其露天仓是用大小不等的陶瓮盛放粮食[1]。由于没有科学的考古发掘，这些结论也仅仅是猜测，所以这一地区的考古学研究有深入下去的意义，期待着能够获取更可靠、翔实的资料。

---

[1] 荆三林、宋秀兰、张量等：《敖仓故址考》，《中原文物》1984年第1期。

4. 西汉京师仓遗址

西汉京师仓，又名华仓。位于陕西省华阴市东700米处的瓦碴梁上。粮仓周围有城墙。仓城依山塬而建，利于攻守。粮仓的始建年代当在汉武帝刘彻中叶，其废弃年代当在王莽末年东汉初年。

瓦碴梁上有城址一座，大致呈长方形，东西长1120、南北宽700米（图八二）。城墙沿阶地边缘走向，基本上把整个阶地围了起来。南城墙残长540米。东城墙保存最好，长730米，至今地面上还有一道夯土岭，残高1.3~6.5、残宽6.2~9.7米。西城墙及北城墙保存较差，但西北角及东北角转角处还在，中间断续还有数处。探测结果，可以基本看出城的大致轮廓。城墙版筑，夯层厚6~11、夯窝直径7厘米。从夯土断面观察，里面包含了少许仰韶文化和战国陶片，不见汉代以后遗物，当为汉代所筑[①]。

已发掘出的一号仓遗址东部保存完整，大部分室内地面、柱础石、墙基、门道、地板骨架孔迹完整无缺。遗址东西长62.3、南北宽25米。平面呈长

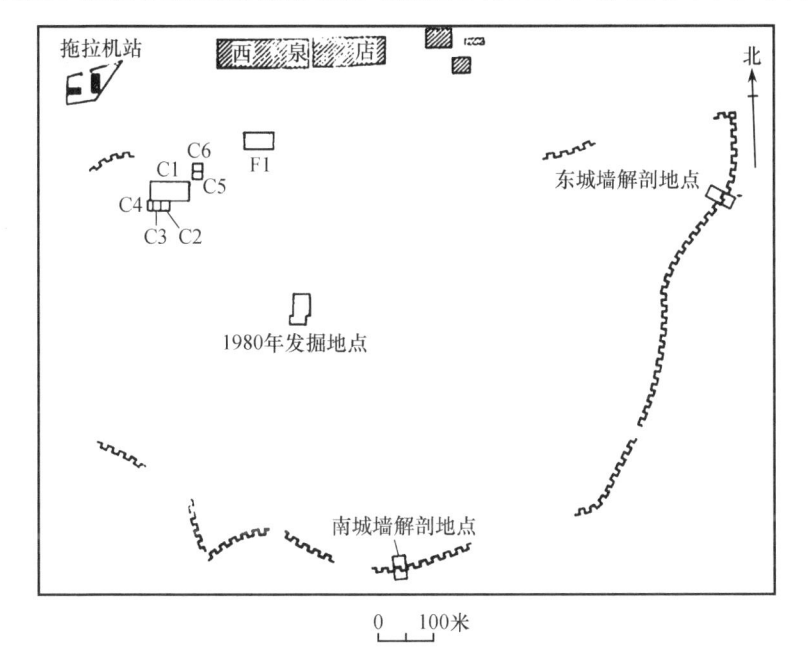

图八二　京师仓仓城及一至六号仓平面图

---

① 陕西省考古研究所华仓考古队：《汉华仓遗址勘查记》，《考古与文物》1981年第3期。

方形，总建筑面积1557.5平方米。仓分三室，中室大，南北二室略小，三室东面山墙中部各设一门。东门外有披檐回廊。由考古发掘的迹象参考过去已发现的仓房模型和壁画中的粮仓仓门，复原一号仓仓门当是内设插板，外设两开的板门。室内地板面与门外地面高差将近1米，由外入内当经过架设的踏步[①]（图八三）。

据《汉书·王莽传》载，西汉末年农民起义爆发后，起义军曾在华阴争夺过京师仓，并发生过激烈的战斗。起义军对京师仓"数攻不下"，可见那时京师仓里还储备着粮食，同时也证明京师仓的设防是相当坚固的。

图八三　京师仓一号仓复原图

5. 凤翔汧河大型码头仓储遗址

该遗址位于凤翔县城西南15千米处的长青镇孙家南头村西、汧河东岸的一级台地上，西距现汧河河道300米。这里距离西安170多千米，在宝鸡市与凤翔县交界处，距著名的雍城遗址约15千米。遗址东部600米处的高台即为蕲年宫遗址，东南约700米处是曾被称作古代关中西部陆路交通必经之地的"马道口"。

该建筑遗址整体呈长方形，南北总长216、东西宽33米，建筑总面积为7200平方米，方向360°。发现的遗迹有墙垣、通风道、门、柱础石等。墙垣为东、西、南、北四周围成，南北围墙之间又有两道隔墙，将整个建筑等分成三个单元，其中北单元已遭破坏，现仅存中间和南侧的两个单元，保存状

[①] 呼林贵：《西汉京师仓储粮技术浅探》，《农业考古》1984年第2期。

况较为完好（图八四）。整个建筑不但规模大，而且构筑工艺复杂。

根据出土器物判断，该建筑基址的时代当为西汉时期。遗址之上较厚的一层淤积层说明该建筑可能是因汧河河水上涨而被迫拆迁的。发掘者推测该遗址可能是一处军事物资库。西汉时期曾在长安周边地区屯军，以保持全国的稳定，尤其是首都长安城的安全。而该仓储建筑所在位置正好系东西交通的枢纽，若军队在此驻扎，则必有规模较大且设施完善的武备存放点。尽管目前对该仓储建筑的用途无法得出定论，但可以肯定的是，在当时某些特定的环境中，它具有仓储转运、存储和军需守备多重作用[①]。

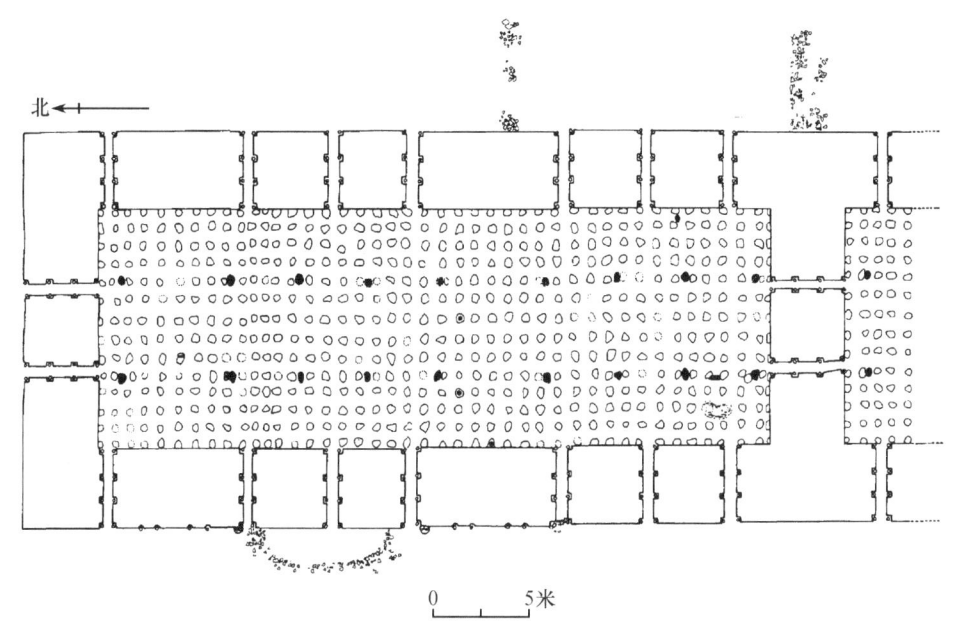

图八四　凤翔汧河大型码头仓储遗址中部及南部单元局部平面图

6. 大方盘仓储遗址

大方盘仓储遗址位于甘肃敦煌。城墙及仓屋等建筑遗迹为夯土版筑，主体由南向北呈长方形。城址坐落在敦煌古城西北80千米、玉门关东北11千米、汉长城南面、丝路古道的北侧，俗名大方盘城，最先为斯坦因西域考古

[①] 陕西省考古研究所、宝鸡市考古工作队、凤翔县博物馆：《陕西凤翔县长青西汉汧河码头仓储建筑遗址》，《考古》2005年第7期。

调查时发现①。新的调查确认 "遗址大体近正方形，坐北朝南，四面墙垣皆已坍塌，残基可见，南北二垣各长150米，东西二垣各长15米，周回610米。城内稍靠北部有一座横亘东西的自然土台，高约1米。台上土筑仓房一座，东西长132、南北宽17米，中筑隔墙两道，间隔成三大间，每间均南面开门；顶盖早已坍塌。四壁，除南壁多处颓毁，仅存浅壁数段，其余东、北、西三面墙圹尚在，残高平均6、最高处6.7米，南北壁上部和下部整齐地排列着三角形通风孔两排；墙厚1.5米。仓房四外12米原有围墙一周，现存东、北二面残基，四角各筑墩台一座，西南墩台犹存，高约3米，其余三墩均已塌毁，仅见基址。西南墩台建在一个较大的自然土台上，还另有房屋残基，可能是廨署所在。城外垣北及东北百米外为湖滩，西至东南为高起坡地，东南高坡上有汉代残烽火台一座"②（图八五）。此仓城的规模不算很大，但也能让人们一窥大汉西北边塞地区后勤仓储的基本面貌。

该城自斯坦因依据敦煌写本的记录，命名为汉代"河仓城"，一直沿用并被甘肃省公布为文物保护单位，与玉门关一起被列入丝绸之路世界文化遗产名录。新的研究据其距敦煌的里程、规模、出土汉简等，认定其应为汉晋时期敦煌郡西部边塞的一座军用仓库——昌安仓遗址。

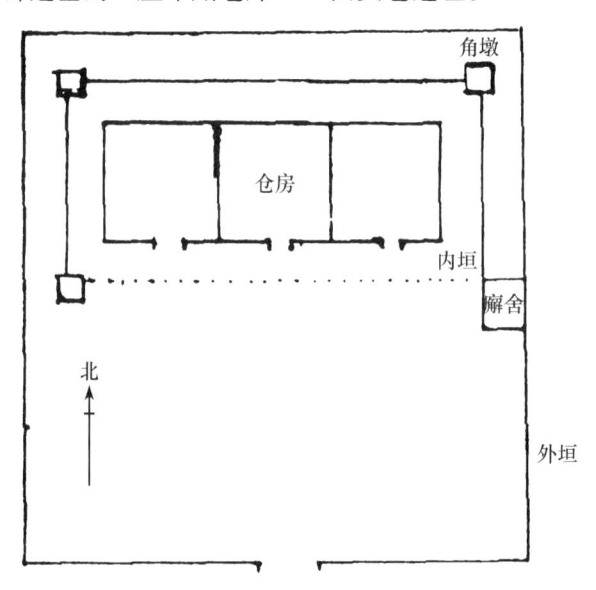

图八五 大方盘仓城遗迹平面图

① 向达译：《斯坦因西域考古记》，中华书局，1936年，第134、135页。
② 李正宇：《敦煌大方盘城及河仓城新考》，《敦煌研究》1991年第4期。

7. 北魏太官粮储遗址

该遗址位于大同市操场城街东部，发现北魏粮窖5座。粮窖平面皆呈圆形，口大底小，为圆缸形建筑。汉代粮窖主要有长方体和圆缸体两种，大型粮仓如京师仓是地上、地下相结合的长方体建筑，小型粮仓由出土明器看，则是两种都有。北魏大型粮窖因袭了汉代地上、地下相结合的结构，显示出对汉代粮仓建筑结构的继承。然而其平面为圆形，与汉代大型粮窖的长方形平面不同，可见大型粮窖的形状在北魏时发生了变化[1]。

这一遗址坐落于北魏平城宫殿附近，或许是《南齐书》所载北魏太官管理的粮食"八十余窖"中的一部分，其在军事后勤方面所具有的功能不是很明显，但其或可提供宫城防御所需的物资。

8. 隋唐含嘉仓遗址

含嘉仓城紧靠现洛阳老城区的北侧，仓城北墙与洛阳隋、唐故城的北墙正相吻合，残存城墙的宽度为17米左右，部分城墙残留高度为3米左右，每层夯土的厚度为6~8厘米。仓城的东墙保存较差，仓城东西长约600、南北长700余米。

20世纪70年代，考古工作者在仓城范围内重点钻探了东北部和偏南部的粮窖分布区。粮窖分布相当密集，东西排列成行，行距一般为6~8、部分行距仅3米左右，也有个别行距宽15米左右。窖与窖的间距一般为3~5、个别也有不足2米的（图八六）。窖都作口大底小的圆缸形，现存窖口直径最大的约18、深12米左右，最小的口径约8、深6米左右。部分粮窖的上部因历年被雨水冲刷损毁，现存窖深仅2米左右。

含嘉仓的储粮，主要是当时华北地区运来的租粟和江南地区运来的糙米。考古工作者把仅存的窖160底碳化了的谷子和现在新谷子在体积容量上进行了粗略的比较，窖底谷子每立方厘米约为1000粒，新谷子每立方厘米约为250粒，说明窖160内碳化了的谷子比新谷子密度要大四倍。按窖160内现存谷子的总储量推算，这堆碳化了的谷子在当年储放时应和窖的体积差不多，约25万千克[2]。

---

[1] 张庆捷：《大同操场城北魏太官粮储遗址初探》，《文物》2010年第4期。
[2] 河南省博物馆、洛阳市博物馆：《洛阳隋唐含嘉仓的发掘》，《文物》1972年第3期。

含嘉仓是隋唐时期漕运中的中转站，地位是相当重要的。隋末王世充与李密战败巩北奔返东都，屯兵含嘉仓城。唐武德三年（620年）李世民伐王世充，世充使其子元恕守含嘉仓城，使该城遭到了破坏，暂时废弃不用。到高宗、武则天时期，又重新置仓于此，并且达到鼎盛时期。

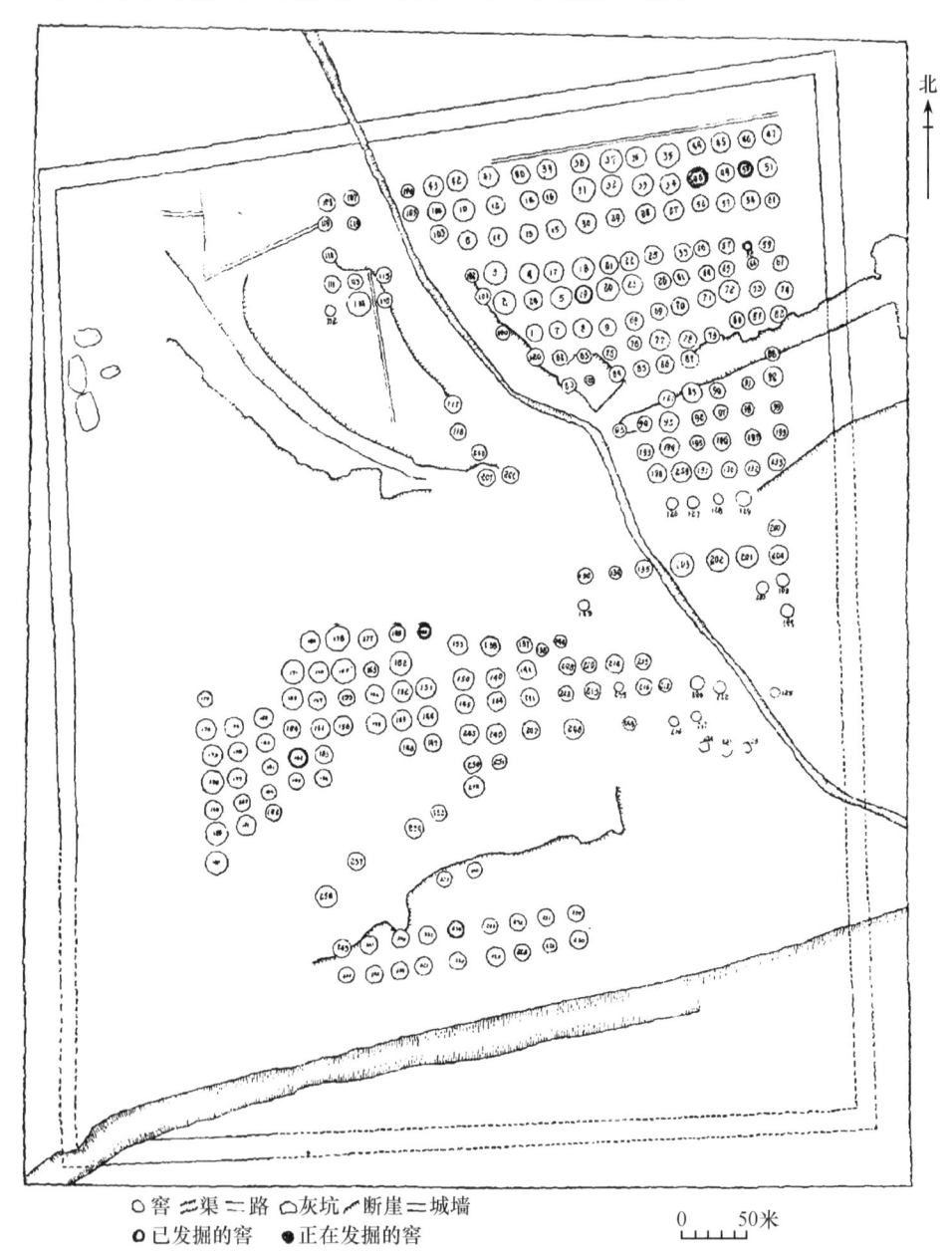

图八六　洛阳含嘉仓城范围及粮窖分布图

9. 隋唐回洛仓遗址

2004年，洛阳市文物部门在洛阳市东北郊瀍河乡小李村以西、邙山大渠以南的空地上进行考古钻探。该区域地势北高南低，呈落差较缓的三级台地。在这一南北长约390、东西宽180米的区域内，共探明仓窖71座。

这处仓窖遗址向东、向南、向西均超出勘探区，仓窖的数量应超过71座。据钻探资料，这些仓窖排列规整有序，东西成排，南北成列，间距8～10米，应为同一时期所筑（图八七）。通过发掘，仓窖内出土遗物的时代均为隋至初唐时期，且C56内出土一件"大业元年"铭文残砖，因此初步推断这处仓窖遗址的年代不晚于初唐时期[①]。

这批仓窖数量众多，排列有序，规模较大，应属国家粮库。从文献记载看，隋代回洛仓建于大业初年，毁于隋末农民战争，位置在东都城外，向东不超过汉魏洛阳城。这处仓窖的位置与文献记载的回洛仓的大致方位基本相符，已发掘的三座仓窖内的出土遗物的年代均为隋至初唐，与回洛仓的废弃年代一致。因此，发掘者初步推断这处仓窖为隋代的回洛仓。

10. 镇江双井路宋元粮仓遗址

2009～2010年，南京博物院、镇江博物馆对镇江市区双井路遗址进行考古勘探、发掘，发现并揭示出宋代漕河、清代关河河道，元末明初拖板桥，清代京口驿，宋、元粮仓仓基，宋代官署建筑基址等遗迹、遗址。

考古发现的粮仓仓基共有11座，在现工地区域内面积近4万平方米。其中南宋的8座粮仓仓基，从时代上看应该属于文献记载的转般仓之部分仓址（图八八）。自南宋建都临安，镇江的地位尤为重要，它不仅要把长江中下游的漕粮中转到临安，还要为供应江淮战场的军队用粮做好后勤保障[②]。

11. 明清郧阳大丰粮仓

郧阳大丰仓位于湖北郧阳区城关镇小西门西高岗之上，《新建大丰仓碑

[①] 洛阳市文物工作队：《河南洛阳市东北郊隋代仓窖遗址的发掘》，《考古》2007年第12期。

[②] 南京博物院、镇江博物馆：《江苏镇江双井路宋元粮仓遗址考古发掘简报》，《东南文化》2011年第5期。

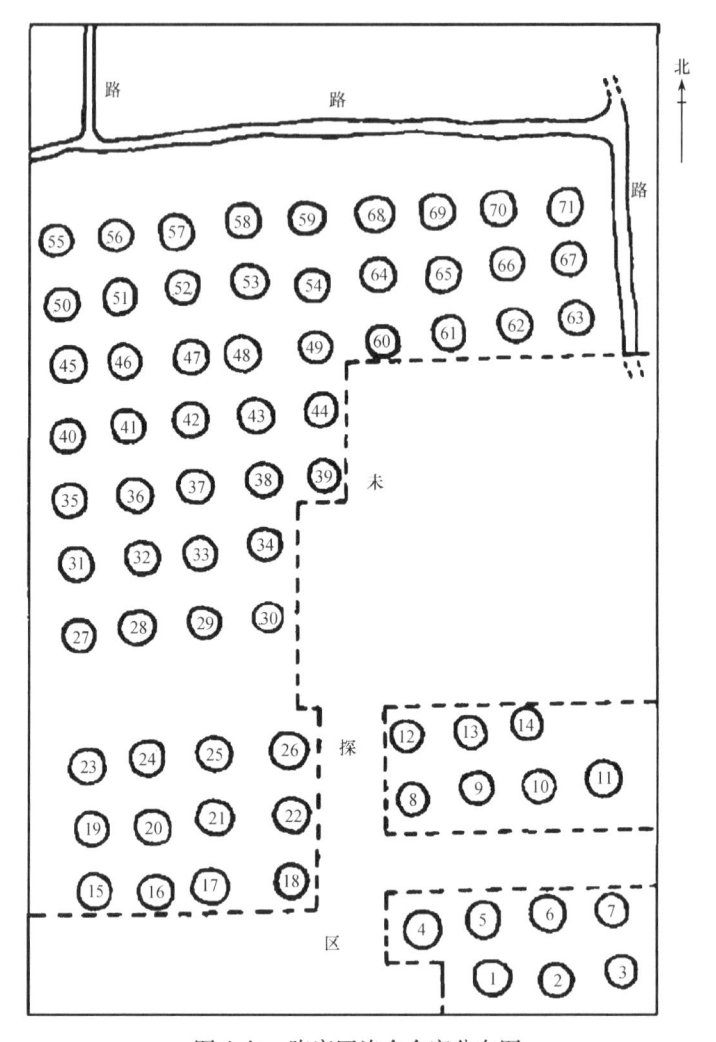

图八七　隋唐回洛仓仓窖分布图

文》和有关资料表明，大丰仓除建专司储粮的仓廒外，另有供各级人员办公用的官厅、科房；供报警巡更人员用的警钟楼、更房；为祭祀之用的仓神庙、关帝庙等附属建筑，并有进仓车道和用石板铺砌成的台阶直通汉江码头。

现遗存的3座粮仓为统一制式，每栋粮仓有3个廒间，仓高约15米，占地面积800平方米左右，墙壁为砖砌结构，五花山墙，围墙厚0.6~1米，收分很大，前后出檐，木制窗户很高。屋面为土窑灰瓦，房顶为九脊歇山重檐式，檐顶设一排风楼，风楼安装了可开可关的通风纳日窗，窗口5条通风板条都呈

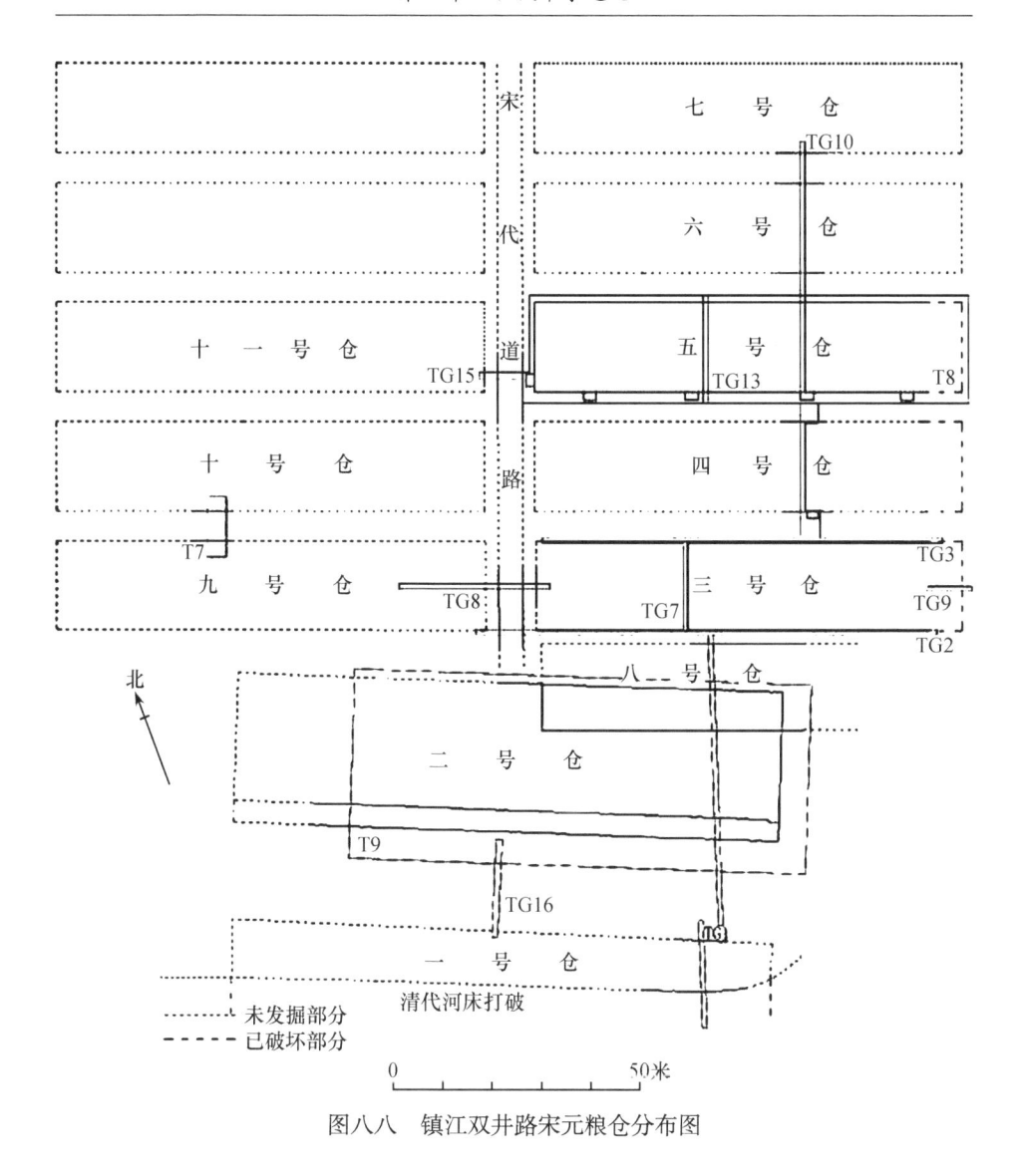

图八八　镇江双井路宋元粮仓分布图

45°向外斜面垂直排列，板条之间缝隙仅2厘米，既不影响仓内通风又可防止雨水溅进仓里，还可防止鸟雀进入[①]（图八九）。

---

①　田颖：《浅析鄂西北明清遗存古粮仓的功能设计》，《粮食流通技术》2010年第2期。

图八九　郧阳大丰粮仓

五、军械制造工场遗址

军械是战争的物质工具，是保证战争获胜的关键因素。因此，军械的制造在军事后勤工作中至关重要。军械生产遗存大致包含两方面内容，一是军械本身，我们可以从出土军械总结出相应的生产技术、材质及时代特征等内容；二是生产遗址，军械生产遗址的考古发掘最能体现出军械生产的整个环节，揭示和复原军械的原材料、制作工具、制作技艺以及维修方法等。

石器时代石、骨、竹木质的矛、斧、箭镞等，一般与生产工具的制作一起进行，其遗迹散见于同时期文化遗址中。进入阶级社会以后，为了适应对外战争和对内维护统治的需要，兵器制造一直很受统治阶级重视而将其作为官营手工业之一。在夏代二里头遗址范围内出土了戈、戚、镞等典型青铜兵器品类，应当产自该遗址所见面积10000平方米以上的青铜作坊内。商代已有从青铜手工业部门中分化出的专门生产兵器的作坊，郑州商城、安阳殷墟等遗址都有此类作坊遗存发现。经西周至春秋战国时期，王城洛阳和各诸侯国在其政治中心，皆设青铜及铁器（主要是战国时期）生产的手工业作坊，兵器的生产量十分可观。秦汉及其以后各代，兵器生产进一步发展，在国都和郡国都发现了不少包括制作兵器在内的青铜、铜铁手工业作坊遗址，并有规模巨大的造船遗址。火器出现之后的兵器生产规模进一步扩大。北宋时于京师开封设有广备攻城作，工匠人数达5000人，成批生产火药兵器，南宋在一些军事重镇开设火器制造工场，这些制造工场具有很高的生产能力。明代火器生产盛况空前，火器种类有200种之多。可见古代兵器制造工场的数量与规模是很大的。

1. 二里头铸铜作坊遗址

二里头文化孕育着早期中国文明，其军事状况也发展到了相当高的水平，青铜武器的种类有镞、戈、戚、钺等。其中镞较常见，它是一种用于远距离杀伤的消耗性武器，它的出现说明二里头文化武器的制造已达到一定的规模。钺用于战争，对于提高战斗力的作用不可忽视，是军事武器制造发展的写照，同时也反映了二里头文化时期社会矛盾的激烈程度。

二里头遗址中发现了迄今为止中国最早的铸铜作坊遗址。铸铜遗物在第三至第五区都有发现，主要位于四区，总面积在10000平方米以上（图九〇）。位于遗址南部偏东、宫殿区之南200余米处。在作坊区南部发现壕沟遗迹1处，宽16米以上，深约3米，已知长度逾100米。周围遗留不少陶范、坩埚、炉壁、铜渣、木炭，以及一些小件铜器、少量大件铜器。青铜器是二里头遗址出土的主要遗物之一，有礼器、工具、兵器等，包括爵、鼎、铃、牌饰、戈、钺、镞、刀、锥、凿、锛、锯、鱼钩、铜泡和残器等。

二里头遗址出土青铜器的合金成分、陶范成分及其处理技术、陶范定位技术，以及铸造工具的浇口杯、浇勺等，证实了二里头遗址铸造器形不大的器壁匀薄青铜器的可能性。这些技术成就，表明中国青铜时代早期已具备相当高的陶范铸造技术，为中国青铜时代高度发达的青铜技术奠定了技术基础[①]。

2. 郑州商城铸铜作坊遗址

1954年，在北城墙外和南关外发现了2处铸铜作坊遗址：紫荆山青铜冶铸作坊遗址和南关外青铜冶铸作坊遗址。两处作坊遗址内分别发现了进行冶铸的操作场地，还发现大量坩埚残器和碎片、烧土块、炼渣、木炭和数以千计的铸造青铜器的陶范。由此可以看出其生产规模还是相当可观的。

---

① 廉海萍、谭德睿、郑光：《二里头遗址铸铜技术研究》，《考古学报》2011年第4期。

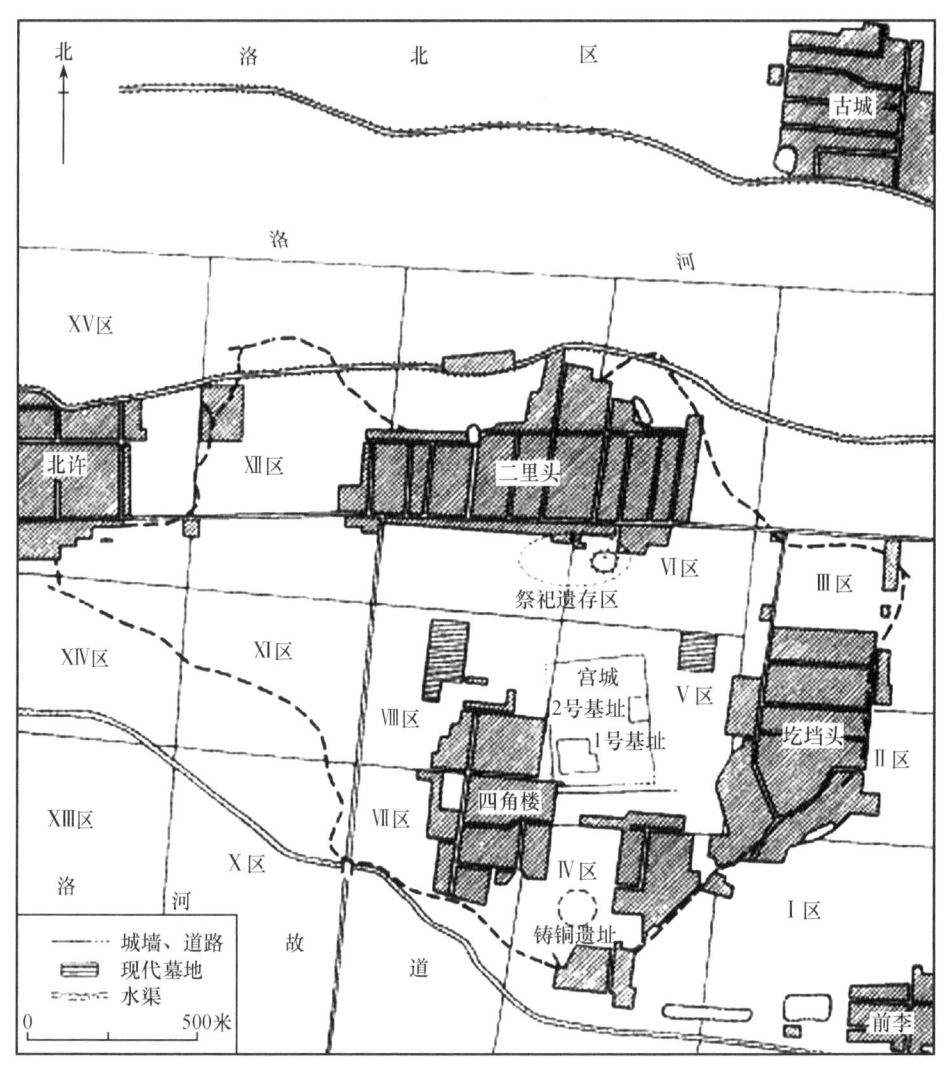

图九〇　二里头遗址铸铜作坊位置示意图[①]

　　紫荆山青铜冶铸作坊遗址位于商城北城墙外,有工作房址5座,每座房中分为两间,房内后墙处有取暖或炊食用的长方形火台(池),可见这里既是铸造工场,也是工匠晚间的住处。出土了冶铜坩埚、炼渣及铸造青铜器的陶范等。其铸造工艺有单范、多范、内范、外范、合范嵌铸、分次浇注等,

----
①　廉海萍、谭德睿、郑光:《二里头遗址铸铜技术研究》,《考古学报》2011年第4期。

而且成分配比比较准确。南关外青铜冶铸作坊遗址位于商城南城墙外，有铸铜场、熔铜炉、窖穴等，并出土了坩埚、熔渣、木炭、陶范和一批陶器、石器、骨器等。其中铸范有铲、斧等生产工具范，镞、戈等兵器范和鼎、鬲等容器范224块。

以上作坊中，镞、戈等兵器较少，而方鼎、圆鼎、鬲、觚、尊等容器比较多[①]。

3. 河南安阳市孝民屯商代铸铜遗址

1960年秋，中国科学院考古研究所安阳工作队在孝民屯村西进行了小面积发掘，发掘面积100余平方米，出土了少量商代铸铜遗存，当时认为该处可能是一处以生产青铜工具和武器为主的商代手工业铸铜作坊，作坊的面积很小。2000年春和2001年春，中国社会科学院考古研究所安阳工作队在孝民屯村东南进行了两次较大规模发掘，发掘面积为5000余平方米，出土了丰富的商代铸铜遗物，且发现了铸铜作坊遗迹[②]。从所处位置来看，发现于孝民屯村西的铸铜遗址与此次发掘区西侧仅隔一条南北向的铁路。因此，可以初步认为孝民屯村西和村南的铸铜遗址应是同一铸铜遗址，面积4万平方米左右。孝民屯村东南的铸铜遗址与此处相距近200米，面积约1万平方米，二者之间的区域未发现与铸铜遗址相关的遗存，说明二者各有一定的独立性。然而它们又同处洹河南岸，距离相对很近，很可能在广义上属同一大型商代铸铜作坊遗址，可统称为"孝民屯商代铸铜作坊遗址"[③]。孝民屯村西和村南部为西区，村东南部为东区，总面积达5万平方米，是安阳殷墟迄今发现的最大一处商代铸铜遗址。

4. 铜陵师姑墩夏商—春秋时期铸铜遗址

铜陵师姑墩夏商—春秋铸铜遗址位于安徽省铜陵市钟鸣镇，长江中下游三大古铜矿遗址内，长江干流南面的冲积平原区内，该区域以铜采冶为主，

---

① 河南省文物研究所：《郑州商代二里岗期铸铜基址》，《考古学集刊》（第六集），北京：中国社会科学出版社，1989年，第100页。

② 中国社会科学院考古研究所安阳工作队：《2000～2001年安阳孝民屯东南地殷代铸铜遗址发掘报告》，《考古学报》2006年第3期。

③ 殷墟孝民屯考古队：《河南安阳市孝民屯商代铸铜遗址2003～2004年的发掘》，《考古》2007年第1期。

师姑墩遗址四周丘陵环绕与黄浒河直线距离2000米（图九一）。发掘面积近1300平方米，发现商周时期房址2座、灰坑10个、沟7条、水井1眼，另有大量柱洞和少量木头、石头堆积。出土陶、石、铜类小件文物250余件，另有较多的铜渣和炉壁残块。

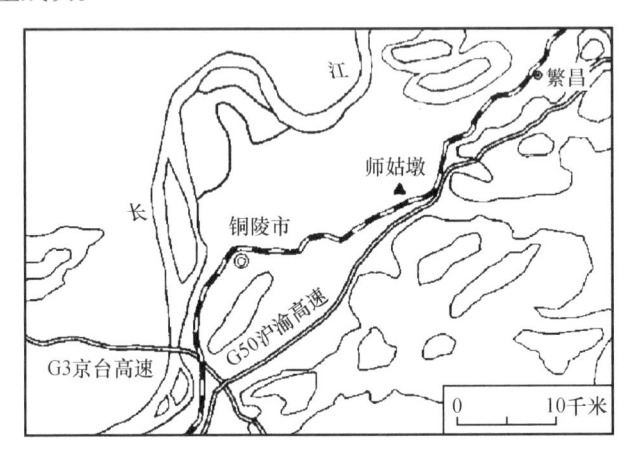

图九一　铜陵师姑墩夏商—春秋铸铜遗址位置图

在该遗址发现了一大批与青铜冶铸有关的遗物，在商代晚期地层中出土了少量铜渣和一件铜矛头残块。从西周早期的地层开始，与青铜冶铸有关的遗物逐渐增多，基本涵盖了青铜冶铸的各个环节，如作为原料的矿石，作为冶铸设施的粘铜炉壁、支座，作为冶铸废物的铜渣，作为浇铸工具的陶和石制的范，以及作为浇铸成品的小件铜器。在不少炉壁上，残留的铜可以分多层，应为多次熔铸使用形成。铜渣多呈蜂窝状，较轻。范有陶、石两类，陶范为鼎范，内侧光滑，刻有弦纹和勾连纹；石范为锛范，可看出明显的浇筑和绑缚痕迹。出土的成品铜器中可辨器形多数为工具和武器，有锛、矛、镞、削等，容器类有器足等，另有不少残铜块，说明这一遗址所进行的主要是兵器及工具的青铜冶铸。

5. 周原角镞作坊遗址

2012年12月，考古人员在扶风县法门镇上樊村发现了一处制作（鹿）角镞的作坊，该角镞作坊遗址面积有十几平方米，虽然面积不大，但已经出土了160多件动物骨骼原材料、半成品箭镞和成品箭镞。经过专家分析，这些动物骨骼以鹿角为主，基本上确定了原来人们认为西周时期的"骨镞"，其实应当是用鹿的角制作的而不是用骨头制作的。由于鹿角粗壮顺直，骨质壁厚实，容易加工，商代甚至在西周早期，人们把梅花鹿的鹿角锯成小段之后，由工匠们开始用石头进行打磨光滑，再把一头削尖，最后制成精美的箭头。这种箭头质地坚硬，不仅用于平时的狩猎，而且可以用于战争中射杀敌人。西周文化中角镞作坊的首次发现，基本弄清楚了角镞制作的整个工艺流程，该作坊内还发现了制作骨牌饰的相关遗物，表明该作坊还应生产其他骨器[①]。

6. 洛阳北窑西周铸铜遗址

该遗址位于洛阳东北郊北窑村的西南，洛阳火车东站正北约200米的地方（图九二）。遗址出土数以千计的熔铜炉壁残块，观察遗物，大都是炉体的残存。而且出土了大量的陶范，出土陶范中绝大部分是外范，内范和母范则比较少见。在可辨器形的陶范中，以礼器范居多，车马器和兵器范则比较少见，而兵器范主要有戈、镞范等[②]。

该铸铜遗址大概始于西周初年而毁于穆王、共王以后，也就是说，洛阳北窑西周铸铜遗址是西周前期的青铜器铸造作坊遗存。洛阳北窑西周铸铜遗址范围大，出土遗物丰富，很可能是当时西周宗室的铸造作坊。

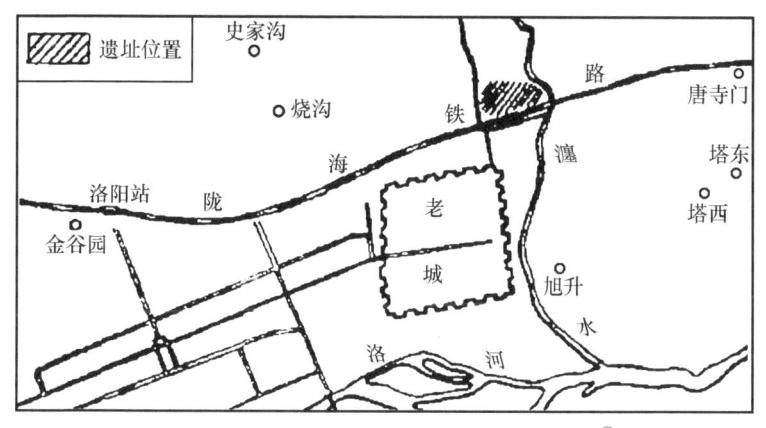

图九二　洛阳北窑西周铸铜遗址位置示意图[③]

[①] 陕西省考古研究院：《2012年陕西省考古研究院考古发掘新收获》，《考古与文物》2013年第2期。

[②] 洛阳市文物工作队：《1975~1979年洛阳北窑西周铸铜遗址的发掘》，《考古》1983年第5期。

[③] 洛阳市文物工作队：《1975~1979年洛阳北窑西周铸铜遗址的发掘》，《考古》1983年第5期。

7. 陕西长安区沣西新旺村西周制骨作坊遗址

陕西长安区沣西新旺村西周制骨作坊遗址出土骨镞，说明这一遗址也加工一些用于狩猎或者军事的工具和武器。根据发现的骨镞，我们可以分为两种：一种镞体为圆柱形，锋端圆尖，尾部渐收；另一种镞体为三棱形，锋端尖锐，尾部为圆锥形。通过对该遗址所出骨器半成品、成品及废料的观察，认为这是一个主要制造骨笄、骨镞类物品的专业作坊[①]。

8. 侯马铸铜遗址

侯马铸铜遗址是为晋国公室服务的官营手工业作坊遗址[②]。位于山西侯马晋城遗址牛村古城南，2号与22号两处铸铜遗址相距约400米，面积各约2万平方米。遗址内发掘出房屋70余座，井、窖穴、灰坑、窑、瓮棺葬等遗迹1500余个和一处长约70、宽7~8米的工作场所。出土与铸铜有关的生产工具有铜和骨制的多种刻刀和大量砺石，还有大量陶范、熔炉、通风管、炼渣和100余件铅锭。2号遗址的产品以鼎、簋、壶、舟、匜、鉴等礼器和编钟为主，另有车軎、当卢、马衔等车马器和阳燧、带钩、镜等用具。陶范中约半数为模，多数范未经浇铸，有的且已合好待铸。22号遗址产品以镬、斧、凿等工具为主，有数千件，另有少量剑、戈、镞等兵器和空首布范。绝大部分范经浇铸，另出大量熔炉、通风管。另外发现少量叠铸小件器物的范。还发现一些器物坯模、装配模和练习范。这些都是研究东周铸铜工艺的珍贵材料。

经研究，可知当时铸造青铜器具，要经过塑模、翻范、烘烤、合范、浇铸等道工序；制造工具、兵器、货币等使用单范或合范铸造，礼、乐器则用复合范，且分铸法的运用更加熟练。焊接技术在这一时期已被应用，已掌握锡焊、铜焊、铅锡合金焊接等技术。大约在春秋中期以后，还出现青铜器表面嵌入红铜片和金银丝的"嵌铜"和"错金银"等工艺，鎏金技术和在器表刻划花纹的工艺已兴起。这一发现揭示出东周时期的铸铜技术及工艺水平，推进了中国冶金史的研究。

---

① 中国社会科学院考古研究所沣镐工作队：《陕西长安县沣西新旺村西周制骨作坊遗址》，《考古》1992年第11期。

② 山西省考古研究所侯马工作站：《1992年侯马铸铜遗址发掘简报》，《文物》1995年第2期。

9. 巩义铁生沟汉代冶铁遗址

铁生沟汉代冶铁遗址，位于现巩义西南22千米夹津口镇铁生沟村南台地上。西临金牛山，北临婴梁山和平顶山，东邻青龙山，南临少室山。铁生沟冶铁遗址东西长约180、南北宽120米，面积约2.16万平方米，是河南郡铁官的三号作坊。遗址附近多有煤铁矿藏，对冶铁十分有利。

遗址西部为冶铁区，东部为铸铁区，北部为生活区，南部为通道和出渣区。从开矿、冶炼到出成品有机地结合在一起。在遗址的发掘中，共清理出炼铁炉17座、熔炉1座、炼炉8座、锻炉1座、炒铜炉1座、退火脱碳炉1座、烘范窑11座、长方形排窑5座、藏铁坑7个、矿石坑1个、废铁坑8个、配料池1个等。这些遗迹表明，铁生沟的冶炼工序已包括选矿、配料、入炉、熔炼、出铁等步骤。出土了大量的炼渣、陶鼓风管残段、铁范、泥范、燃料（木炭、木柴、煤）、冶铸工具（石杆、石砧、铁锤、铁锲）、生铁铸成的梯形铁板，以及凿、锛、锥、削、釜、钩、"V"形铧冠、铲、剑、镞等铁产品130多件[1]。

10. 南阳瓦房庄汉代冶铁遗址

南阳市北关汉代宛城内的瓦房庄附近是一座规模宏大、内容丰富的汉代手工业作坊遗址，该遗址分为冶铁、制陶和铸铜三部分[2]。

冶铁遗址位于遗址的西半部，是一处集熔炼、铸铁为一体的作坊，地处南阳市北关瓦房庄一带，面积12万平方米[3]。铸铜遗址则位居东南部，是铸造车、马饰物和日常用器的处所。制陶遗址位于冶铁遗址的东北方。

1959年，河南省文物工作者发掘出大量遗迹遗物，其中炼炉17座，皆半地穴式，由炉门、火膛、炉床、烟囱四部分组成。炉旁有大量铸造铁器用的陶范和生产出来的产品。铸件有齿轮、锤、鼎、盆、罐，锻件有刀、镰、

---

[1] 河南省文化局文物工作队：《河南巩县铁生沟汉代冶铁遗址的发掘》，《考古》1960年第5期。

[2] 河南省文物研究所：《南阳瓦房庄汉代制陶、铸铜遗址的发掘》，《华夏考古》1994年第1期。

[3] 河南省文物研究所：《南阳北关瓦房庄汉代冶铁遗址发掘报告》，《华夏考古》1991年第1期。

凿、马衔、矛。此外还有砧子、砺石、水管道、井圈、烧陶窑、瓮棺葬等。通过对12件铁器分析,其中1件属球墨铸铁。说明早在2000年前的汉代,中国人已掌握了高温冶铸技术。

11. 燕京元明铁冶厂遗址

燕京元明铁冶厂遗址位于北京近地遵化市境内,明朝中期以后,由于在对蒙古残元势力的战争中,铁制兵器越来越发挥其重要作用,遵化铁厂的铁冶业更加受到朝廷重视。明英宗正统二年(1437年),又将这里建成了当时全国规模最大的冶铁厂。至今在铁厂镇东北,尚遗存明代建造的72座炼铁高炉。这些高炉,依傍于山腰之间,与《天工开物》所记炼铁炉的建造方法相同。铁炉附近还遗留大量的焦炭,以及冶炼过程中遗弃的铁镏子。这些堆积物,高出地面约8、深20余米,面积竟有6万余平方米。随着炼铁业的发展,铁厂附近形成了一座较大的集镇。明孝宗弘治元年(1488年),曾在此修建石头城,后因年久失修,城墙坍塌倒坏之处甚多。万历年间(1573～1620年),又对城墙进行了重修。重修后的铁厂城墙,周长2千米,高10米[①]。

六、军事后勤保障遗存的田野考古

军事后勤保障遗存内容庞杂,包括军械生产遗存、兵器存储遗存、军畜放养遗存、军粮储备遗存、军事通信遗存、军事交通遗存、军事训练遗存以及与后勤保障相关的出土文献等内容。这些内容虽然同属于军事后勤保障体系之内,但其又有着相对独立性。从埋藏地点和方式来说,它们之间有联系,却又存在于不同的地理空间,如军械生产遗存与军粮储备遗存虽然都是军事后勤保障遗存的重要内容,但二者之间出现在同一空间内的可能性微乎其微。因此,在考古调查和田野发掘的时候,军事后勤保障遗存需要分类对待,根据其文化堆积的具体特点进行田野工作。

目前的考古工作对军事后勤保障遗存已经有了大量的揭露,我们已经积累了丰富的工作经验。但是,以往的军事后勤保障遗存的田野考古工作多是伴随着一定的遗址群、大遗址的调查和发掘所展开的,缺少专题性的发掘,即以军事考古学的研究目标进行的发掘工作。军事考古学视野下,军事后勤

---

① 晏子有:《燕京元明铁冶厂遗址》,《紫禁城》2003年第3期。

保障遗存的田野考古遵循着考古学田野工作的基本要求，同时也有着自身的学术追求，因此需要对某些涉及军事后勤保障内容的遗迹现象进行更深入的调查和发掘。

（一）军事后勤保障遗存的考古调查

古代军事后勤保障遗存是对各类与军事后勤保障相关的遗存的统称，在考古调查中无法对其进行全面的调查，即任何一次调查都不能称为军事后勤保障遗存的考古调查，调查工作只能针对其中的某一部分的相关内容进行专题性的调查。所以，军事后勤保障遗存的考古调查也要注意一些问题。

首先，广泛开展专题性考古调查。专题调查是为了解决某一学术课题而进行的专门的调查，这种调查一般是在普查的基础上进行的，其在军事后勤保障遗存的考古调查中能够发挥极大的作用。普查和复查等调查方式都是一种泛性的调查，对掌握古代物质文化遗存的分布和规模等方面能够发挥优势，但对于具体的问题解决却存在缺陷。鉴于军事后勤保障遗存的丰富性，开展专题性的考古调查是一种恰当的做法。例如，针对秦直道的专题调查。秦直道的专题调查是对古代军事交通遗存的调查，具有较强的借鉴意义。随着秦直道考古调查项目立项之后，这一专题调查取得了丰硕的成果，基本掌握了秦直道的概况。

专题调查在对军事后勤保障遗存的调查时要注意与主体遗存的结合，很多后勤保障遗存都是聚落（城址）、长城、道路等的组成部分，脱离其本体的调查是没有意义的。例如，近些年开展的长城调查，对长城上的烽火台等通信遗存也进行了调查。这一调查没有将烽火台与长城本体进行割裂，将烽火台作为长城的重要组成部分而进行调查，提供了认识古代长城上的通信遗存的宝贵资料。

其次，军事后勤保障遗存的考古调查要充分利用现代科学技术成果。军事交通、军事通信、军畜放养等遗存的部分内容规模都较为庞大，考古调查的作用要强于田野发掘，因此尽可能细致的考古调查是十分必要的。秦直道的考古调查就发挥了现代考古技术进步的优势。囿于20世纪科技发展水平与参与者主体的限制，当时秦直道调查采取的主要手段是地望观察、地表调查与文献研究，重点是地表观察到的道路遗迹、修建道路所开辟的垭口、堑山埋谷的迹象及有文物遗存的建筑遗址。对秦直道的现场踏查只能观察到地表、山势走向、沟壑及很少的断面，加之直道地表本来遗物很少，现在植被茂盛，所以单靠地表调查远远不够；考古发掘直截了当，但是费时费力，并且直道跨度大，连绵700余千米，也非最佳验证方法。相比较而言考古勘探简捷快速，对理论上合理的路线，如果每1000米做出一个勘探点，垂直于直道钻探10余个探孔，绘出柱状剖面图，并用GPS或者全站仪测绘坐标及高程。这样既验证了是否确为古道路，同时把这些勘探点连接起来，就是很完整、详细、准确的道路平面图[①]。

因现代科学技术在田野考古中的运用，考古学揭露古代物质文化遗存也越来越全面和细化。除了大型的军事后勤保障遗存能够运用现代科技成果进行勘察，小型的兵器窖藏、军粮窖藏也可利用科技手段进行勘察。物探方法在考古勘探中应用越来越广泛，而磁探法对金属埋藏的勘探具有较强的应用价值。考古学家使用电磁法做过一个金属物的探测，在山东淄博阚家村发现冶铸遗址的地下铜渣和铜矿石的埋藏地点，通过在这个地点的试掘，获得了矿渣和铜矿石[②]。因此，当需要大面积寻找地下埋藏物，特别是金属埋藏物时，推荐使用电磁法，电磁法可以快速地寻找到地下遗迹，一般不超过0.5米。这一方法对调查古代军械制造遗存、兵器储备遗存极有帮助。

最后，军事后勤保障遗存的考古调查要注重对可移动文物的收集。以往工作中重视的是遗址本体包含的遗存，而忽略了散布遗址周边的文物信息。很多砖石、碑刻、简牍等零散遗物由于周边居民的各种活动而被群众捡拾，在调查的过程中，同周边群众进行交流，征集他们收藏的遗物，从这些遗物中也可能获得与调查相关的资料。

（二）军事后勤保障遗存的田野发掘

军事后勤保障遗存的田野发掘是为了揭示古代军事后勤保障的面貌而进行的，是基于科学的考古调查的基础上开展的。每一类军事后勤保障遗存都有着自身独特的特点，田野发掘也必须依照其特点而进行。

第一，对于军事交通遗存、军事通信遗存等线性遗存需要发掘关键部分

[①] 肖健一：《秦直道考古调查方法探索》，《中国文物报》2010年10月22日。
[②] 中国社会科学院考古研究所聚落考古中心：《大型聚落田野考古方法纵横谈》，《南方文物》2012年第3期。

或环节。古代的交通及通信遗存是一个庞大的系统，往往绵延数百里、数千里而不绝，如同城防遗址，我们无法对其进行整体揭露，只能将其中极具学术价值的部分进行重点发掘。例如，2009年3~7月，承担国家文物局大遗址项目的陕西省考古研究院秦直道考古队，为配合青兰高速公路建设，对全国重点文物保护单位秦直道遗址陕西富县桦沟口段进行了考古发掘。桦沟口段直道位于陕甘交界处，是自南而北下子午岭支脉后过葫芦河前的一段，呈西北—东南走向。此次发掘共开5米×5米探方68个，探沟9条，发掘面积约2050平方米。这样的重点发掘对于了解线性遗存是极有帮助的。从我国的考古史来看，古道路考古是田野考古的薄弱环节，这次考古发掘，是对秦直道遗址及其上下山盘山道的首次大面积发掘，具有突破性意义。秦直道全程，上下山、过河（较大的河）有六七次，此次发掘地点是直道上下山、过河遗址中最典型、保存较好的一处。对了解秦直道如何解决上下山和过河的难题，同样具有重要价值[1]。

第二，对军械生产遗存、兵器存储遗存、军粮储备遗存等内容要关注其构筑方式、使用年限、具体用途、防御（防火、防盗、防潮、防卫）措施等信息。这三类遗存都是军事后勤保障的关键，兵器的制造及保存、粮草储备都直接关系着战争的发展。而且这几类遗存具有相似性，都是依托于一定建筑而形成的，对于这种遗址的发掘在我国考古史上已经较为常见，发掘的各类兵器作坊、武库、粮仓设施已为今后军事考古学视野下的发掘工作奠定了良好的基础。例如，2011年，河南省文物考古研究所与浚县文物旅游局合作，对文献记载中黎阳仓遗址可能的位置地点——浚县城关镇东关村前街东关囤上遗址（为县级文物保护单位），进行了考古调查和勘探，确定该遗址就是黎阳仓遗址，位于大伾山北麓，东距215省道约600米。因地处现浚县县城城区内，部分遗址已被东关村居民住宅所占压。在大伾山北麓可勘探的区域内进行的勘探中，发现与黎阳仓有关的主要遗迹有仓城城墙、护城壕沟、夯土基址、仓窖遗迹、大型建筑基址、道路、墓葬、沟渠和灰坑等[2]。仓储遗址的主要构成要素基本为本次发掘黎阳仓所揭露的遗迹，这些遗迹现象共同

---

[1] 陕西省考古研究院秦直道考古队：《陕西富县秦直道考古取得突破性成果》，《中国文物报》2010年1月1日第4版。

[2] 郭木森、马晓建、赵宏：《河南浚县黎阳仓遗址考古获重要发现》，《中国文物报》2013年3月1日。

保障了仓储设施的安全及利用效率。在田野考古工作中，军械生产、兵器存储、军粮储备等遗存的发掘应当注意这些遗迹现象的露头，分析这些遗迹的功能有助于理解古代军事后勤保障的细节。

第三，军畜放养、军事训练等遗存经过考古发现的较少，或是以往的考古工作并未注意这些遗迹现象，导致发掘者的误判，特别是对于军畜放养遗存的认识考古学界还比较欠缺，有待考古工作的进一步开展。2003～2004年甘肃省文物考古研究所和西北大学考古系联合对酒泉市西河滩遗址进行了两次大规模的发掘，该遗址是一处大规模聚落遗址，发现的遗迹有房址、储藏坑、烧烤坑、陶窑、墓葬及牲畜圈栏等遗迹，遗物有陶器、玉石器、骨器及小件青铜器。在该遗址发现的牲畜圈栏遗迹属于史前时期遗存，位于遗址北部居住区近旁，在面积约200平方米的范围内，分布着密集的牛、羊蹄印，周围有数量较多的柱洞，发掘者认为这很可能是当时圈养牲畜的畜圈遗存[①]。虽然其军事作用可能并不明显，但该牲畜圈栏遗迹的发掘及判读为我们认识古代军畜放养遗址提供了借鉴。现存的军事训练遗存大多属于明清时期，许多城市都存留"校场"等地名，这些地方多数是由明清的校场演化而来，保留至今的已属少数，所以这类遗存的田野考古工作还未有较大的进展。

总的来说，军事后勤保障遗存的田野考古工作是一项庞大、复杂的任务，不仅仅在于其内涵丰富、规模宏大，更是由于其在古代军事活动中具有特殊的地位，即便在和平年代，军事后勤保障仍然是当政者重视的国家大事。因此，军事后勤保障遗存广泛存在于都邑、边疆、要塞等遗址周围，与这些遗址共同构成了一个军事体系，发掘军事后勤保障遗存同样需要拓宽视野，将后勤保障活动纳入王朝政治、军事活动当中，从这些联系当中获得蛛丝马迹，从而在田野发掘中能够更好地理解物质文化遗存，更科学地提取物质文化遗存的信息。在军事考古学视野下，军事后勤保障遗存的考古发掘是比较丰富的，总结前人发掘的经验有助于在田野中获得更大的收获。

---

① 赵丛苍：《西河滩遗址发掘主要收获及其意义》，《西北大学学报（哲学社会科学版）》2005年第3期。

第五节 古代军事遗存的田野考古与水下考古

一、古代军事遗存的田野考古

田野考古是考古学中科学获取地下实物资料以供研究的工作阶段，包括考古调查、考古发掘与室内整理三个内容。田野考古的理论与方法的形成是近代考古学发展的基础，也是考古学最为重要的一个步骤，其突破了依赖文献记录的史学解释人类过去的方法，将地下实物资料以科学的方式展现在研究者与普通大众面前。

军事考古学作为考古学的分支，也必须有田野考古的基础。通过对古代物质文化遗存的田野调查、发掘和整理，才能形成有价值的研究信息，从而使我们得以开展对古代人类社会的复原和解释。军事遗存是古代物质文化遗存的一部分，其与普通物质遗存一样被深埋于地下，如何掌握这些材料则依赖于科学的田野考古工作。虽然军事遗存有着大多数物质文化遗存的共性，但因其所具有的特殊性，在历史的长河中形成了有特点的埋藏方式，它的信息提取则应当有着一套自成体系的方法。

考古调查是"田野考古工作的重要一环，是发现遗迹、遗址、遗物的重要途径之一。田野考古调查是通过实地勘察，寻找、发现、了解有关古代文化遗存的分布状况，并进行客观的、科学的观察和记录，为文物保护或者考古发掘与研究提供科学依据。"夏鼐在《考古通讯》1956年第1期的《考古调查的目标和方法》一文中指出，考古调查的目标主要的有二：一是了解遗址的分布情况。二是为发掘工作做准备。所以，考古调查对于考古学研究意义重大。考古调查的形式有普查、复查和专题调查。这三种调查形式都能够获得古代城防遗存的信息，但因其侧重不同，往往对一些城防遗存不甚重视。军事考古学视野下的考古调查需要发挥专题调查的优势，将军事遗存作为调查的重点，细致地开展工作。

田野考古发掘是考古研究的基础，其目的是科学地获得研究资料。从某种意义上讲，考古发掘是一种破坏性的获取资料的方法，已发掘的遗迹及埋藏状况不可能完全恢复原状。故要求发掘者尽可能科学地、完备地获得系统的研究资料，尽可能避免失误，将损失降到最低。

考古发掘资料的整理主要包括三个方面的内容，即发掘资料（遗迹、遗物和考古记录）的整理、考古类型学研究、编写发掘报告[①]。

军事遗存的考古学研究也是需要经过以上三个步骤而进行，虽然军事遗存的内涵十分丰富，但基本的田野方法还是需要按照考古学的田野方法进行。军事遗存的考古调查是我们掌握和了解古代军事遗存的基础，有些遗存是否需要进行细致的田野发掘则是依靠我们对其进行田野调查的结果而判断，并不是所有的军事遗存都需要进行田野发掘，但考古调查则是我们对研究对象应当进行的工作。在考古调查和田野发掘的基础上，我们需要将所获得的与某军事遗存相关的信息进行总结整理，使之成为系统的参考资料。

二、古代军事遗存的水下考古

随着考古学的发展，研究方法和技术都有极大的进步，使得某些军事遗存的田野考古出现了新的发展。尤其是随着水下考古的发展，海防、海战遗存有了新的发现。

水下考古的对象是存留于水中的遗迹和遗物。水下遗迹、遗物的形成，或是由于地壳运动使原来陆地的城镇村庄深埋水中；或是由于海啸、飓风、机械故障等造成的水上交通事故，使无数的船只及船上运载的人员、物品沉没。另外，水下遗迹、遗物还包括古代人由于种种需要设置的码头等水中建筑、古人投入海中的祭品等[②]。这些水中的遗迹、遗物当中有一部分就属于军事考古学的研究内容，如古代沉船、海战遗址、被淹没的海防遗址等。

20世纪初，在地中海发现的许多古代艺术品吸引了对中世纪文物有兴趣的人们，大批的青铜质和大理石质的雕像、罗马战船被发现。1935～1937年，法国考古学家安德亚斯·普瓦德巴尔神父组织调查团，利用航空侦察和水中勘查的方法对黎巴嫩地中海沿岸的要塞港口推罗遗址进行了调查，确认了海底3～5米深的推罗港口遗址，防波堤宽8、深入海中200米，接着是第二道长250米的防波堤，在这里可以分辨出船舶的出入口痕迹。此外还了解到，这里还有配套的货场、造船厂、码头等遗迹。近些年，考古学家还在北欧发现了湖底沉没的兵器遗址。这些发现都是水下军事遗存的揭露，而我国的水下考古起步较晚，目前对水中的遗迹、遗物调查和发掘工作正在逐步开展。

---

① 张宏彦：《中国考古学十八讲》，西安：陕西人民出版社，2008年，第72页。
② 赵丛苍：《科技考古学概论》，北京：高等教育出版社，2006年，第112页。

广东省新会区的银洲湖，即宋元时期的崖门内海。在元朝灭亡南宋的过程中，1277年元军将南宋王朝赶至现珠海至新会一带的海上，最后的小朝廷聚集了战舰2000艘浮游于这一带。1278～1279年，元军与残存的南宋王朝经过甲子门海战、十字门（现珠海横琴岛与澳门三岛间的狭窄海道）海战，最后在崖门海域，宋军被元军包围，仅逃脱800艘战舰，其余全部覆没，南宋宰相陆秀夫背负幼帝赵昺在临海的奇石上跳海自尽，南宋王朝宣告灭亡。20世纪90年代初，中国历史博物馆水下考古学研究室会同广东省文物考古研究所及中国社会科学院历史研究所的人员赴广东省新会县官冲乡进行了实地踏勘和水下考古预备性调查。调查采用了声呐探测和潜水探摸相结合的方法，结果在崖门水域发现一处沉船遗址，并采集了一块船板，经^{14}C年代测定，证实船板年代为距今690年±60年，和史书所载元灭南宋大海战的年代基本符合。

1996年，广东汕头达濠区的广澳深水港在进行港池清淤时，发现了一条沉船。随后，中国历史博物馆水下考古学研究室和广东省文物考古研究所、汕头市文管会共同对沉船进行了调查。经过潜水探摸，发现沉船大部分为淤泥所覆盖，但仍有部分船肋和主龙骨露在清淤留下的淤泥坑外。1997年5月广东省文物考古研究所、汕头市文管会和中国科学院南海海洋研究所等单位联合对沉船进行了第二次物探遥感调查，通过图像分析可见该沉船规模相当大。沉船的出水遗物有关防一枚、铜铳两尊。根据关防和铜铳上的铭文可以推断，该沉船为郑成功部将洪旭管辖的一条战船，为研究南明历史提供了重要的实物资料[①]。

2002年，中国历史博物馆水下考古研究中心组成的国家水下考古队在青岛市胶南琅琊台海域和经济开发区薛家岛海域进行的水下考古调查中，在鸭岛明代沉船遗址初步确定了沉船的位置，发现了部分青花瓷器、铁锅等文物。这次国家水下考古队调查工作的重点集中在薛家岛海域宋金海战遗址、琅琊台海域明代沉船遗址，于宋金海战遗址发现部分疑点，为下一步对探测疑点进行全面研究打下了良好基础。

水下考古作为田野考古的拓展，也有一定的调查和发掘方法。水下的军事遗存与普通遗存因其共存于相同的环境中，其调查清理方式基本类似。首先是开展陆上调查，通过文献查寻和口碑调查相结合的方式寻找水下文物线索，并把口碑资料、实物资料、文献资料、地理环境等方面证据作为水下文

---

① 石俊会：《广东水下考古的发展》，《四川文物》2006年第1期。

物线索的认定标准；然后，在线索所在的目标海域实施声呐、浅地层剖面仪和磁力仪等仪器探测，以探扫可疑的水下文化遗存位置点，并确定该目标作为潜水探摸点；最后，由水下考古专业人员在目标潜水点下水探摸，确认水下遗存存在与否，若没有发现，则排除该水下文物线索，若发现水下遗存，则进一步了解其文化内涵并做精确定位。在淤泥层清除、探方布置完毕并进行科学的绘图和拍照后可以清理遗物。提取之后的遗物方面研究与田野考古的室内整理相同。

水下考古是科学技术发展的表现，考古学界将科学技术方法引入对水下文物的探测和发掘当中，推动了考古学走向海洋，开拓了更广阔的研究领域。同时，水下考古的发展，为我们认识古代造船技术、航海技术、航海线路、中外文明交流提供了新的路径。水下军事遗存的揭露也使军事考古学的研究领域得到了扩展，尤其是在认识古代海战、海防、战船发展等方面填补了传统考古学的空缺，对丰富我们对古代军事状况的认识具有十分重要的意义。

总体而言，军事遗存的田野考古是在传统田野工作的基础上进行的，从根本上说，军事遗存的田野考古方法与传统田野考古方法并无二致。军事遗存的田野方法更加关注军事遗存的细节，试图解决传统田野考古忽略的问题，以期为田野考古补充，尽可能全面地揭示古代物质文化遗存。

思考题

1. 古代城防遗存的对象与主要内容？
2. 古代战争遗存的对象与主要内容？
3. 古代边防遗存的对象与主要内容？
4. 古代后勤保障遗存主要包括哪些内容？
5. 怎样进行古代军事遗存的田野考古与水下考古？

第六章　古代军事遗物

考古学是对古代人类活动的遗迹、遗物的研究，其研究对象包含遗迹和遗物两个部分，但遗物十分零散，缺乏体系，导致目前还未能形成系统的研究成果。因此，古代军事遗物的研究还有一定的空间等待着学界的探索。

第一节　图像中反映的古代军事状况

图像是我们认识古代社会的重要材料，历代的壁画、石刻、帛画等都有许多关于军事的描绘。图像因其具有直观性，在反映古代军事状况方面较其他遗存更形象、生动，虽然图像作为艺术的一种表现形式，有加工的成分，但通过对图像中夸张、渲染等艺术信息的剔除，我们同样能够获得古代军事活动的可靠信息。

战国时期青铜器流行水陆攻战图案，如四川省博物院收藏的战国嵌错水陆攻战纹铜壶（图九三）。该壶1965年出土于成都百花潭，通高40、口径13.4、腹径26.5、足高2厘米。小口、长颈、斜肩、深腹、平底、圈足。肩上有兽面衔环，有盖，盖面微拱，上有三个鸭形纽。纹饰以铅类矿物镶嵌而成。盖面饰以卷云纹、圆圈纹和兽纹，壶身以三条凸起的带箍分为四层画面，第三层为水陆攻战。人物的姿态生动感人，情节繁杂多变，画面都是拼斗搏击、格杀征战的场景。这样的器物故宫博物院同样收藏一件，二者都反映了战国时期的战争

图九三　战国嵌错水陆攻战纹铜壶纹饰摹本

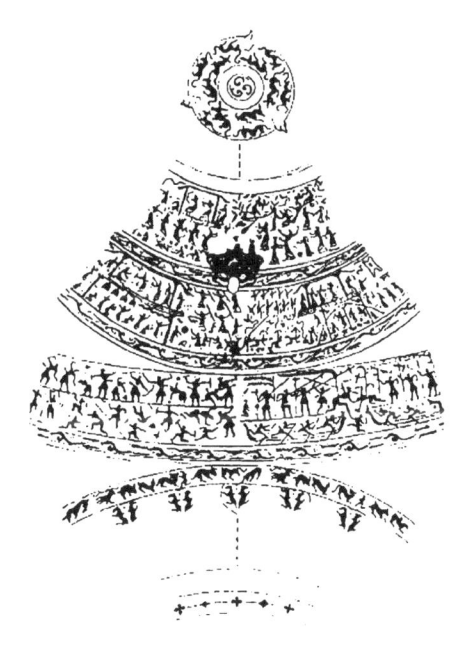

场面，特别是对难以发现的水战类军事活动遗迹、遗物而言，其所提供的信息是直观并重要的。

青铜器上的纹饰为我们提供了古代军事活动的信息，而且解读这些纹饰的深刻内涵也是对古代军事活动的观察。图像信息的载体是多样的，除了青铜纹饰，画像砖石、壁画帛画都是图像信息重要的载体，无论从艺术史还是考古学的角度对这些图像信息的研究，都有助于我们更好地解释古代军事活动的产生和发展的方方面面，对复原古代人类社会有着积极的作用。

汉代以来，画像砖石成了图像记录的一个重要形式，许多经过考古发掘的画像砖石上都有战争的场景。山东省邹城市博物馆藏"胡汉战争画像石"，为东汉晚期画像石，长2.79、宽0.82、厚0.25米，1990年于邹城市郭里镇高李村出土。画面左侧刻一山峰，层峦叠嶂，每峰刻一胡人头，三匹马正欲从山涧奔出，一匹马正驰入。山左画面分上下两层。上层四骑吏正向山涧逃窜，右刻十人，双手前伸，坐于地上，回首顾望，当为俘虏，后为三步卒，一人执钩镶，二人执盾，再右为两骑吏，一人执盾，最后为五步卒，两人执弓弩，三人执戟。下层左侧为两骑吏格斗，下有一跪卒，后有一骑吏执弓奔驰，再后为三马拉辎车和一马拉轺车，轺车后为二骑吏。从画面内容看，为战争图，战争一方为汉人，一方为胡人。该画像石再现了胡汉战争的壮大场面，画面豪放，浓厚自然，人物形象威武勇猛，神态表情栩栩如生，将战争场面表现得淋漓尽致。

河南省新野县樊集吊窑汉墓M37的一幅战争画像，以其题材独特、内容丰富见著。画面以步骑混战为主题，有以手擎弓、以脚踏弓的强悍将士形象，有骑兵奔突、断脰洞胸的惊心动魄厮杀，还有拘系、拷问、拜谒的场面（图九四）。画像对战争中各种场景概要勾勒，起到了抽象表达、窥斑知豹的效果[①]。这些画像石上所表现出来的信息是无法从古战场、城防等遗址中获得的，我们可以从画面中直接获得汉军与胡军的武器装备、战阵战法，这是军事考古学研究不得不关注的宝贵材料。

进入魏晋以后，我国古代绘画艺术有了显著进步。大量的描绘人物、动物、神仙、鬼怪的壁画出现，这些壁画有的绘于石窟中，有的绘于墓室中，还有的绘于建筑之上。在这一时期的敦煌壁画中，我们同样能够看到许多与军事活动相关的画面。莫高窟西魏第285窟南壁上层，有一幅"五百强盗成

---

① 赵成甫、赫玉建：《胡汉战争画像考》，《中原文物》1993年第2期。

"佛"图，描绘的是佛经故事：萨罗国有五百强盗作乱，与国王所派追剿大军相遇而战，兵败被俘，遭受挖去双眼的酷刑后，放逐山林。强盗们后来受佛法教化，参禅成佛。画面上的强盗，身穿裤袄，足蹬麻鞋，手持盾牌、短刀、长戟、弓箭，与前来镇压的官军拼命厮杀。官军乘骑铠马，戴盔披甲，手握长枪，奋勇围剿强盗。画面中对铠甲的描绘十分写实，官兵所着"两当铠"与魏晋南北朝之际军队装备一致。"敦煌壁画中的战争图大多创作于西魏、初唐、五代时期，是当时战乱频仍、生灵涂炭的历史的真实再现，弥补和佐证了许多史籍记载，真实地传达摹写了古代战争中的各种场景，是我们研究古代战争不可多得的形象史料。"[1]

图九四　新野县樊集吊窑汉墓M37出土战争画像[2]

明清时期，我国水墨画达到了艺术高峰，许多大型史诗长卷问世，其中就有许多对军事画面的描绘。中国国家博物馆藏《平番得胜图卷》，全图共分为14幅画面，描绘万历三年（1575年）甘肃西南部西番族攻打洮州，明政府派固原镇总兵官领河州兵马镇压的过程，从图像中我们也能够获得与明代军制、政治斗争、武器装备等有关的军事活动资料[3]。

除了《平番得胜图卷》所提供的图像材料，有关明代海防的《抗倭图卷》也提供了远较田野考古详备的图像资料。中国国家博物馆与日本东京大学史料编纂所于2010年9月签署了合作备忘录，开始了为期三年的合作研究《抗倭图卷》计划。中国国家博物馆所藏的《抗倭图卷》与日本东京大学史料编纂所所藏的《倭寇图卷》，在题材、内容、尺寸、材质方面极其相似，同为描绘明军与倭寇作战并取得胜利的历史。而前者为明初的作品，后者为

---

[1]　倪怡中：《敦煌壁画中的古代战争》，《图书与情报》2006年第1期。
[2]　赵成甫、赫玉建：《胡汉战争画像考》，《中原文物》1993年第2期。
[3]　朱敏：《〈平番得胜图卷〉考略》，《中国国家博物馆馆刊》2013年第6期。

明末的作品。在研究小组中，除中国美术史、日本史、中日关系史的专家之外，还有图像解析技术专家的参与。2010年5月日本东京大学史料编纂所率先导入了高科技的利器，对《倭寇图卷》进行红外线摄影和图像分析时，发现了3处文字——"大明神捷海防天兵""肃清海·倭夷""弘治三年"——分别表示：绘画描述明朝军队、明军战斗的对象是倭寇、按日本年号，弘治四年为1558年，即后期倭寇的时代，证明《倭寇图卷》描绘的主题是16世纪中期的倭寇和明军胜利的情形。

张广达在反思自己的学术经历与取向时说："人们研究汉晋以来历史，只要有简牍、胡语文书、图像文物等新史料可资参证，人们便会逸出文本记载的范围，不再让自己局限于传世文献。套用近年西方流行的'语言的转折'（linguistic turn）一语，我们无妨说，在研究中外文化关系史上出现了一个'文献的转折'（documentary turn）。学术研究从此受到文本、胡语文书、图像文物等大量新材料的推动，气象日新月异。"[①]张氏所说的是针对中外关系史的转折，但对于古代的研究并不仅限于中外关系方面，由于丰富的地下材料的问世，这一转折已经体现在社会学科的各个方面，从思想到物质文化都冲击着我们对过去的认识，我们可以将这种转折统称为"材料的转折"，无论是语言、文献，还是出土文物，都是学术研究材料，材料的形式、内容，甚至形态的变化，不断促进我们对古代的了解。在一定程度上，这种转折得益于考古学的发展，作为考古学的研究，考古学家能够最早接触到新的材料，但实际情况却是考古学家并未能将这些资料进行深入研究，简单的器物类型研究并不能完整解释或者复原古代人类的生活。尤其是出土图像材料的研究，应当引起考古学研究的重视。

军事考古学是一门专门的考古学分支，其研究的是古代人类生活的一部分，出土图像材料纷繁复杂，军事考古学研究需要集中关注与军事活动相关的资料，并且参照其他信息对遗物进行全面的分析研究。

第二节　墓葬中的军事遗物

墓葬是考古工作中最常见的文化遗存，其在古代人类社会中有着重要的

[①]　张广达：《张广达文集·文书、典籍与西域史地》，桂林：广西师范大学出版社，2008年，"总序"第3页。

地位，在某些意义上是对现实社会的反映，墓主及其后代在地下构筑了一个与地上近乎平行的世界。所以，地下世界中也有许多军事遗物，并且其具有与其他遗物不同的特点和地位。

商周时期，墓葬中随葬兵器的现象十分常见，在殷墟妇好墓中就出土了大量的兵器。不仅随葬兵器十分常见，而且对兵器的处置也是十分讲究的，如毁兵葬俗，甘肃灵台白草坡西周墓就有这样的现象。在白草坡墓群M2中，出土兵器22件，分布于墓室内的东、西、南三边，下衬草席，因椁棺下陷被迁移，出土时，兵器均向墓中心倾斜。分六堆，即东西两侧的北、中部，南端的东、西部。兵器位置对称，间距大致相等（约1.1米），有的还残存木柲痕迹，叠压整齐，方向颇有规律，如东西侧的铜戈，都是首向北援向东；精良而华丽的兵器都分布在死者头臂左右。值得注意的是，出土铜戈大多折弯、残断[1]。对墓葬兵器状况的考察是我们研究古代兵器功能与使用必不可少的内容，也是军事考古学应当关注的材料。

如今我们获得的大多数商周青铜兵器的资料都来自考古发掘的墓葬之中，此类遗迹都构成了相对稳定、完整的信息场。特别在"事死如生"的时代，墓葬是墓主人生前生活的缩影，通过随葬器物我们可以复原当时日常生活的基本情况。通过对这类遗物的整体性考察，我们有能力复原当时最小的作战单位——单兵乃至较大的作战群体的武备状况，再以此为基础探讨部队兵种构成与作战方式等问题。

具体而言，我们要关注出土兵器的"组合"情况。研究的方法可以参考陈梦家提出的种种组合，即"同墓共存的组合；同墓的成套的组合（如成套的兵器、饮器、饮食器等）；同族名的组合等。同墓的不一定成套，同族名的不一定同墓也不一定同时代"[2]。虽然兵器组合问题已是一个重要的研究门类，但面对同样的材料，侧重点不同导致不一样的研究手法。在新的思路中，兵器组合不应满足于器物种类搭配的简单归纳，而应当看到各类兵器背后反映的信息。

秦汉时期，墓葬随葬品的种类与规模都发生了重大的变化，而最能反映军事活动的随葬品无疑是秦始皇陵兵马俑坑。20世纪秦俑坑面世之后，秦俑

---

[1] 甘肃省博物馆文物队：《甘肃灵台白草坡西周墓》，《考古学报》1977年第2期。

[2] 陈梦家：《殷代铜器三篇》，《考古学报》1954年第1期。

学与秦文化研究工作亦迅速发展起来并取得了丰硕的成果。通过对秦兵马俑的研究，我们能够获得秦代的兵器形制、吏卒特征、战车结构、队列编排等信息，大规模的兵马俑是对秦军军阵及军事状况最直观的反映，由此重大发现引发了学界对于军事考古学的关注[1]。陶俑中的武士俑或者与军事密切相关的各类俑在中古时期非常常见，而且大多为写实作品，如武威雷台汉墓出土的铜车马仪仗俑99匹，就反映了东汉时期的军事仪仗情况。

隋唐时期，壁画墓多见绘有仪仗场面，其内容除了文武官员，还有随扈人员，构成了气势恢宏的阵容。在章怀太子墓、懿德太子墓中都能够看到手持武器的仪卫人员，他们的武器装备和军阵应当反映了唐代的实际情况。当然，除了这些壁画之外，这一时期的墓葬中有的也随葬一些兵器。

魏晋隋唐时期的墓葬盛行随葬墓志，墓志是判断墓主及墓葬时代的重要信息。中古时期的墓志有着记功叙事的特点，因此，许多军事将领或者参与过战争的文臣谋士的墓志内容也体现着丰富的军事信息。大唐西市博物馆藏《大唐故上开府大将军历旭宕岷武渭和六州刺史判岷州总管检校兰州都督贺拔府君墓志铭并序》记载："（贺拔亮）起家随左勋卫，寻诏朝散大夫，平西府鹰击郎将。逮随室土崩，方隅荡覆，公率所属，据洮阳城。羌贼攻围六月余日，城无积粟，地绝通泉，公阴开隧道一百余步，旁汲洮水。以救倒悬。薛举重聘连横，公乃斩其将命，举遣骁将刘龙，围公数月。公散家财，购士力战，追败龙军，只轮不反。因击破其伪镇，得其仓储官属。"[2]此即反映了隋末贺拔亮与薛举在洮州等地的军事斗争，随着薛举的败退，贺拔亮占据洮州等地，最终以地归唐。这一记载补充了史书的缺失，由此我们也可以看出，利用出土文献，结合考古材料分析历史上的军事斗争有着积极的作用。墓志作为陪葬品之一，有着重要的史料价值，一方面补充了史书记载的缺失，另一方面在结合考古资料的基础上，又能够对提供军事考古学研究的历史背景，尤其是局部、小规模的军事斗争并不见于史书记载，只有依靠零星的出土文献材料，才能够获知军事史的细节，才能够完成军事考古学复原古代军事状况的目标。

墓葬中的随葬品一般为墓主人身份地位的象征，从出土的随葬品中考

---

① 范大鹏：《从秦俑学研究看中国军事考古学》，《文博》1994年第6期。
② 李鸿宾：《唐贺拔亮家族汉化取径之研究——〈贺拔亮墓志〉诸问题》，《唐研究（第十七卷）》，北京：北京大学出版社，2011年。

古学家可以推断墓主人生前的地位及职位。鄯善洋海墓地M21中埋葬的是一位大约40岁的男子，他的额头上系着一条缀有海贝的彩色毛绦带，头戴羊皮帽。左耳戴一只铜耳环，右耳戴一只金耳环，两个耳环大小相同。脖子上挂着用玛瑙和绿松石串成的项链，穿着色泽颇为鲜艳的毛衣裤，脚穿镶有铜扣的皮靴。右手持一根短木棍，上面螺旋状地缠裹着铜片；左手握着一把木柄青铜斧。腰间挂两个皮袋，里面分别装着一把铜刀和一把铜锥[1]。其随葬品能够反映出其应具有较高的社会地位，木柄铜斧和系有铁片的木棍意在宣示权势和尊荣，可能已经失去了实用价值。在早期铁器时代，铁作为一种贵金属，较青铜器具锋利，恐怕非一般百姓能够使用，可能是死者的权杖（兼神杖），木柄铜斧则象征其军政权力。

墓葬的考古学研究需要从空间上进行，随葬品是构成墓葬的一个组成部分，军事考古学对随葬品的研究也要注意将其放置于墓葬大背景中进行考察，同时兼顾对其个体的研究。

第三节 古代兵器遗存

《说文》中云："兵，械也。从廾持斤，并力之貌。"《说文》段注曰："械也。械者器之总名。器曰兵。用器之人亦曰兵。"可见，兵械为之兵，使用兵械的人和用兵械杀人亦为兵。《史记·律书》载"六律为万事根本焉，其于兵械尤所重"，《史记索隐》按：易称"师出以律"，是于兵械尤重也。《史记正义》内成曰器，外成曰械，械谓弓、矢、殳、矛、戈、戟。

中国古代兵器则指从史前时期一直到中国封建社会终止期间，在历代战争中，军队实战使用的兵器和装备的总称，即制式装备[2]。

考古学对兵器的研究由来已久，自考古学的前身金石学开始，学者就已经发现并著录了较多的兵器。历代的金石学著作都或多或少地收录了商周青铜兵器，但对兵器的研究少而且关注的是其上的铭文刻辞，分不出商周兵器。之后，新金石学家在致力于商周兵器的著录外，还尝试用新的方法对其进行研究。陆懋德著《中国上古铜兵考》时，"既用西法影其形，并遵古训

---

[1] 新疆吐鲁番学研究院、新疆文物考古研究所：《新疆鄯善洋海墓地发掘报告》，《考古学报》2011年第1期。

[2] 杨泓：《古代兵器通论》，北京：紫禁城出版社，2005年，第8页。

考其制，且参众说而定其装置"[①]。随着近代考古学的发展，越来越多的兵器遗存被揭露，为兵器的系统研究提供了宝贵的资料。由于从古而今的兵器发现众多，限于篇幅，我们这里只做大致梳理，做以纲要。

在人与自然的斗争中，人类制造了各种各样的工具，最早的狩猎工具同时兼有御敌之用。在新石器时代，伴随定居生活和聚落的发展、社会财富的集聚，以及对资源的争夺，各个族群和部落间的冲突和矛盾不断升级，战争不断发生。在此背景下，兵器产生了，木棍、骨棒、石器逐渐朝械斗的方向发展，在新石器时代的诸多遗址中出土了石矛、石斧、石镞、石刀、骨镞、木棒，以及一些墓葬中被射中的尸骨说明了原始社会的暴力及战争的残酷。当青铜冶炼技术发明之后，青铜兵器戈、矛、戟、剑、钺、刀、镞、甲胄逐渐登上历史舞台，成为战争的宠儿。战国时期，钢铁的发明又进一步促进了兵器的发展，铁制兵器以其尖锋利刃取代了青铜兵器，防护装备亦渐从之前的兜鍪和铠甲扩及甲骑具装。北宋初期火药兵器的发明标志着中国古代兵器由冷兵器时代进入火器时代，自此为火器和冷兵器并用时代，即经南宋、元、明到清朝第一次鸦片战争（1840年）以前，延续约9个世纪。要之，中国古代兵器大致可以分为冷兵器时代和火器时代。冷兵器时代兵器根据材质和工艺特点又可分为石器时代兵器、青铜时代兵器、铁器时代兵器；火器时代可分为火器的创作、火铳的发明和发展、枪炮在外来技术影响下的发展三个阶段。

一、冷兵器时代的兵器遗物

中国古代兵器是由史前时期的工具发展而来，史前时期工具与兵器的差别并不明显，因此，史前时期的工具是我们认识兵器起源的重要参考材料。目前考古发现的史前工具主要以石质为主，石质工具在狩猎中有极强的杀伤力，也是最早演化成兵器的工具之一。从类型上来看，史前时期的锛、钺、斧、镞等都成为后世各类兵器的原形。到新石器时代晚期，社会矛盾激化，这些工具已经成了有军事意义的兵器，并且已经出现专门的分类，不同类型的兵器用于不同的战争场合。有学者认为："史前兵器主要可分远程和手持两大类。远程兵器是指用以远射和投掷者，如弓箭、石球（流星索）等；手

[①] 陆懋德：《中国上古铜兵考》，《国学季刊》1929年第二卷第二号。

持兵器是指用以近身肉搏者，石斧则最具代表性。"[1]这些兵器用于战争也多为考古发现所印证，内蒙古敖汉旗小山遗址赵宝沟文化大型房屋F2中出土1件长18.2厘米的精致石斧，系以斑纹精美的石材磨制而成，通体皆具光泽，顶部一面以细线雕刻出人面纹图案，应当不是用于普通劳作的工具[2]。江苏南京附近的北阴阳营文化和安徽境内薛家岗文化中发现多孔石刀，这些石刀或许也是用于战争中的[3]。

随着人类社会的进步，金属工具逐渐代替石质工具，或者说，在金属工具得到普遍应用的时候，金属武器已代替了石质武器。在一定程度上，在阶级社会中，先进工具的发明往往首先应用于战争。目前发现的较早的青铜兵器出现于二里头遗址。二里头遗址的兵器有骨质的、铜质的、石质的，反映出这一时期的兵器还是由石质向金属质转化的阶段，而其青铜兵器还比较少见。铜钺目前仅发现1件，估计其年代为二里头四期。该钺为长方体，体薄而平，刃较外侈，刃部平直，钺身近肩部饰一周带状网纹，从钺断碴看，其应有内，残长13.5、刃宽7.6厘米。二里头遗址共出土了2件铜戈，分别为直内戈和曲内戈。直内戈为采集品，援内分界不明显，前锋和两刃较尖锐，内部有1长方形穿，之后分别有4道凸线和4道横长齿。曲内戈75YLⅥK3：2出自墓葬中，前锋和两刃较锐利，援中起脊，无阑，曲内上有1圆形穿和镶嵌绿松石的凸起云纹，通长32.5厘米[4]。

在商周时代，兵器的发展有了质的飞越，无论从质地还是到数量，都比前一时期的兵器有着巨大的进步。例如，殷墟就出土了大量的兵器，以青铜刀为例，有学者认为殷墟所出的青铜刀有不同的作用，直柄刀、卷头刀是用于战争的武器。卷头刀出于墓葬或祭祀坑中，在普通的遗址中尚未发现。此类刀形体较大，刀锋勾卷，刃较长，刀背大多有穿或有銎，使用时要安上长柲，便于钩杀砍伐。侯家庄M1335（祭祀坑）9件卷头大刀与多具斩头人骨架

---

[1] 钱耀鹏：《中国古代斧钺制度的初步研究》，《考古学报》2009年第1期。
[2] 中国社会科学院考古研究所内蒙古工作队：《内蒙古敖汉旗小山遗址》，《考古》1987年第6期。
[3] 南京博物院：《南京市北阴阳营第一、二次的发掘》，《考古学报》1958年第1期；安徽省文物工作队：《潜山薛家岗新石器时代遗址》，《考古学报》1982年第3期。
[4] 中国社会科学院考古研究所：《偃师二里头：1959年~1978年考古发掘报告》，北京：中国大百科全书出版社，1999年；杜金鹏、许宏：《偃师二里头遗址研究》，北京：科学出版社，2005年，第591~804页。

共出，这清楚地表明，这种刀是殷代的武器[①]。

而近些年商代兵器的研究有了较系统的成果，如郭妍利的《商代青铜兵器研究》，该书提出商代兵器是重戈镞组合，兵器的使用存在"对钺""套刀"之制。并且关注到青铜兵器的发展动力是与当时的作战方式直接相关，与新近一些作者认为的商代以车战为主要作战方式的看法不同，作者从青铜兵器及其出土环境、甲骨文资料、马车的发现等方面出发，认为商人尚未将战车大量使用于战争。商代青铜兵器上的纹饰和铭文一直被研究者所忽略，作者归纳出青铜兵器上纹饰、铭文和装饰面积大小反映出比较明显的等级关系，且二者的位置和方向具有一定规律[②]。这部著作是对近些年出土商代兵器的总结性研究成果，具有较强的学术价值。

除了殷墟这样的大型遗址出土兵器外，商周时期多数兵器是出土于墓葬的，随葬兵器是商周时期墓葬的一个特点。甘肃灵台白草坡墓地就出土了大量珍贵兵器，而且其毁兵葬俗是商末周初的时代特征。白草坡墓葬群共计出了300余件兵器，有戈、钺、啄锤、短剑、戟、弓柲、箭、胄泡、盾泡等9种之多[③]（表四）。

表四　白草坡墓群出土兵器统计表　　　（单位：件）

名称＼数量	M1	M2	M7	M8	总数
戈	32	21	3	1	57
钺	1				1
啄锤	1				1
戟		2			2
短剑	2	2			4
弓柲	1	1			2
箭	130	97			227
胄泡	3	3			6
盾泡	1	1			2
总数	171	127	3	1	302

---

① 刘一曼：《殷墟青铜刀》，《考古》1993年第2期。
② 郭妍利：《商代青铜兵器研究》，北京：社会科学文献出版社，2014年。
③ 甘肃省博物馆文物队：《甘肃灵台白草坡西周墓》，《考古学报》1977年第2期。

此外，在新郑望京楼、郑州商城、河北藁城台西、辉县琉璃阁、山东大辛庄、湖北盘龙城、偃师商城、朱开沟、滕州前掌大、西安老牛坡、汉中洋县范坝村、灵石旌介等商代墓葬有大量兵器出土。兵器类型主要有戈、镞、钺、刀等，其最基本的兵器组合为"戈、镞"组合、"单戈"组合、"单镞"组合。在洛阳北窑、曲沃天马曲村、长安张家坡、宝鸡竹园沟、鹿邑太清宫长子口墓、浚县辛村、河北邢台葛家庄、北京昌平白浮、咸阳高家堡戈国墓、新疆吐鲁番鄯善县洋海一号等西周墓葬中也有大量兵器出土。兵器类型主要有戈、剑、镞、矛、钺，其中戈是西周墓随葬兵器中最为常见的随葬品，也是周人兵器中最为常见的器类。

进入春秋战国之后，诸侯国之间频繁爆发战争，军事装备成为各国都十分重视的任务，因此，从军事科技角度讲，这一时期的兵器杀伤力及便携程度都有所上升，并且非中原文化圈的兵器也呈现出自身的特点。例如，两周前后吴越地区所见轻便型瘦长援"徒戈"，以江苏溧水乌山二号墓、浙江长兴墓地、安徽屯溪墓地所出青铜戈最为典型，狭援，弧形尖锋，援上刃略低于内上缘，阑侧三穿或四穿，援内平直。战国时期巴蜀青铜矛矛身呈叶状，骹两侧附一对弓形耳，长骹矛双弓形耳在骹中部两侧，短骹矛双弓形耳紧接叶基底，短骹矛有宽叶形与窄叶形两种，无论是宽叶还是窄叶，其叶形均与其他地区的青铜矛叶有显著区别[1]。东周时期秦文化区以短剑最具有秦文化特色，无论是青铜短剑、金首金格铁剑还是铜茎铁剑，其上饰细密的蟠螭纹或兽面纹，有的还装饰绿松石，这种华贵的短剑在北方地区和西南地区均未见过（图九五），即所谓"秦式短剑"[2]。

湖北江陵望山M1出土的越王勾践剑则

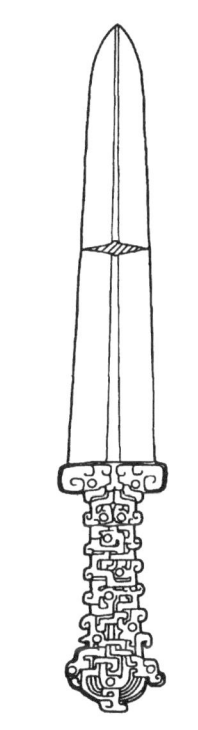

图九五　大堡子山遗址出土铜剑
（ⅢM1∶10）

---

[1] 吕建昌：《先秦巴蜀青铜兵器研究》，《军事历史研究》1997年第2期。
[2] 张天恩：《再论秦式短剑》，《考古》1995年第9期。

代表了春秋战国时期兵器制造工艺的最高水平。用越王勾践剑划纸，一次可划破20几层，可见该剑至今仍锋利无比。越王勾践青铜剑的主要成分有铜、锡、铅、铁和硫等，它的剑脊含铜较多，韧性好，使剑不易折断，两刃都含锡，非常锋利，选用了合理的含锡成分，反映了越国铸剑的高超水平[1]。

春秋战国时期，已经出现了铁质兵器。秦汉之后，铁器逐渐被广泛应用于兵器的制造，大量铁质兵器的出现使得兵器的考古学研究有所弱化。兵器无论在仪仗还是实战中，内涵并不如前一阶段丰富，兵器则逐渐演化成单纯的武器装备。

西汉王朝，至武帝时，骑士、战马、财力的储备已相当丰富，汉骑兵部队通常都配属大量轻车和武刚车[2]。汉骑兵部队不仅装备置于车上的强弩，也装备单个骑兵使用的擘张弩（臂力拉弦）[3]，使弩机这一远射兵器出现。经过考古发现的弩机遍布我国江苏、浙江、四川、湖南、河南、河北、陕西等大部分地区，其年代始于春秋晚期，流行于战国、秦汉及魏晋时期，随后则改进为床弩等大型强力弩机，在古代战争中占有举足轻重的地位、发挥了重大的作用。考古发现所见最早的弩机出于湖南长沙南郊扫把塘138号战国中期墓，该机悬刀长6.7、上端宽1.5、下端宽0.5厘米，望山仅比牙稍高，且上部狭小、条形悬刀下部亦渐狭，显系弩机的原始形制[4]（图九六）。

东汉军队装备及武器性能上有所发展。一是剑变为刀。由于步骑兵兴起，战车退居次要地位，战争本身要求大力发展近身格斗兵器；二是戟变为矛。东汉包括魏晋时期，戟仍是军队的装备兵器，但已仅为步兵使用，骑兵则多变为用马矟（矛）。嘉峪关汉魏壁画亦是步兵持戟、骑兵持矛。三是出现了钩镶。它是一种钩盾结合的复合兵器，上下有钩，中为后有把手的小型

---

[1] 陈振裕：《越王勾践剑发掘亲历记》，《湖北文史》2006年第1期。

[2] 汉代的轻车就是"不巾不盖（无车厢）"，"置弩于轼（车前手扶横木）上，驾两马"的轻型战车。武刚车则是"有巾有盖"的轻车。

[3] 如元狩四年（前119年）漠北决战时，卫青率骑兵5万出塞千里，与匈奴主力相遇，卫青立即以中原传统战法，"令武刚车自环营"，以车当垒，先使自己立于不败之地，而后派轻骑兵出战，终于获胜。又据《汉书》载，韩延寿在主持秋季大检阅时"令骑士兵车四面营阵，披甲鞮鍪居马上，抱弩负籣"，说明一般骑兵也装备有弩。《汉官仪》说："高祖命天下郡国选能引关蹶张（臂、腿合力拉弦之弩）材力武猛者，以为轻车、骑士、材官、楼船。"

[4] 毛颖：《弩机概论》，《东南文化》1998年第3期。

铁盾，盾用以推挡，钩用以钩束。通常与刀配合使用，左手持钩镶挡、勾敌人的兵器，右手持刀砍杀敌人。钩镶创制于东汉，因当时步兵多持短铁戟，镶对戟最为有效。

魏晋南北朝时期政权格局多变，武力成为推动政权更迭的重要因素，兵器制作受到很大重视。此时期北方游牧民族政权纷纷建立，游牧传统导致骑兵成为一些政权的主要兵种。北方游牧政权兵器发展的最大特点是骑兵的防护装具逐渐完善。重装骑兵在当时应具备较强的战斗力，被诸多政权所接受。考古发掘中也能见到该时

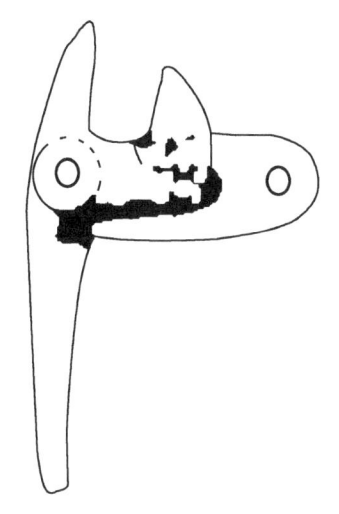

图九六　湖南长沙南郊扫把塘138号战国中期墓出土弩机

期战马披重铠的案例，如咸阳平陵十六国墓、冯素弗墓、司马冬寿墓、丹阳南朝墓、霍承嗣墓等均有重装铠马的形象，反映出东晋十六国至南北朝阶段重装骑兵的分布与发展。

魏晋之后，尤其是隋唐时期，墓葬中多陪葬武士俑，武士俑的防护装具为研究隋唐时期的军队防护装具提供了宝贵的材料。陕西凤翔就曾出土两件三彩武士俑，两俑站于不规则形的椭圆形台上，形制及釉色相同，一俑头朝左，一俑头朝右，正好相对。头戴盔，圆目，高鼻。身穿铠甲，双臂张屈于胸侧，拳紧握，一臂朝前稍高。中心纵束甲带，腰带下垂短裙，裙沿平齐，下缚吊腿，足蹬尖头靴[①]。从这些武士俑的装配我们可以大致了解隋唐时期兵士的护甲装配情况。

现有的考古资料反映出，隋唐时期兵器以铁质为主，铜质者较少，极少量银质和木质等礼仪性兵器。器类中镞为最多，刀剑仍为主流，矛、甲胄等少见，弩机、镦等难得一见。从地域和族属来看，中原地区总体而言随葬兵器的墓葬较少，兵器组合以刀、剑、矛为多见，极少量随葬弩机、镞和镦；东北地区的渤海国、高句丽等墓葬随葬兵器组合以镞为主，有刀、剑、矛等；西部和北部的吐蕃、回纥等墓葬所见兵器总体较少，随葬兵器组合以镞最为多见。

---

① 赵丛苍：《凤翔出土一批唐三彩和陶俑》，《文博》1989年第3期。

二、热兵器时代的兵器遗物

宋元以降是热兵器萌芽和发展的时代,传统的冷兵器在这一时期变化并不显著,但热兵器的出现改变了战争的面貌。

从北宋到南宋约3个世纪,是早期火器的创制阶段。这个时期火器已用于战争,并有一定规模,有些火器的储备已是数以万计,在战争中起了重要的作用。但就全局来说,当时大量装备军队起决定作用的兵器还是冷兵器。火器在发明之初,其使用多是以冷兵器作为使用媒介,像火弓箭、火弩箭、火球类火器,主要是借助冷兵器像弓、弩等发射,可以说火器是冷兵器发展到一定程度的产物。北宋发明的火药箭、火球类火器,主要是用以纵火的火攻器具,可起烧伤敌人和惊吓敌军人马的作用。后来,人们逐步意识到火药的爆炸特性,像宋霹雳炮,金人铁火炮、震天雷等爆炸性火器相继被发明使用。与此同时,一部分火器开始慢慢与冷兵器脱离,逐步发展为独立的兵器种类。像陈规的火枪和金人发明的火枪、宋开庆元年突火枪,这些火器逐渐形成自己独立的发射装置,具有了较大的杀伤和破坏作用。管形火器的出现,标志着真正意义上的火器产生,成为后期火器发展的主要方向。南宋发明的铁火炮、火枪类火器,已有较大的杀伤和破坏作用。

从元朝到明朝前期,大约2世纪的时间里,火铳得以发明和发展。元朝发明了火铳,明初还开始发展了大口径的铜炮、铁炮。这一时期火铳被大量生产,并装备军队,特别是专用火器部队的组建,使作战方式开始发生变化。冷兵器虽然在军队装备的武器中仍占大多数,但火器的巨大作用,已使它成为战场上决定胜负的重要因素之一。

从明朝后期到第一次鸦片战争前,大约3个世纪的时间里,中国的枪炮在外来技术影响下继续发展。这个时期从仿制外来的鸟铳(枪)和佛朗机铳(炮)、红夷炮开始(图九七),火器已分为枪、炮两大类各自独立发展,并大量装备步兵和炮兵。火炮成为城堡攻防战的主要兵器,而刀、矛、弓、箭仍然是步兵的重要兵器。

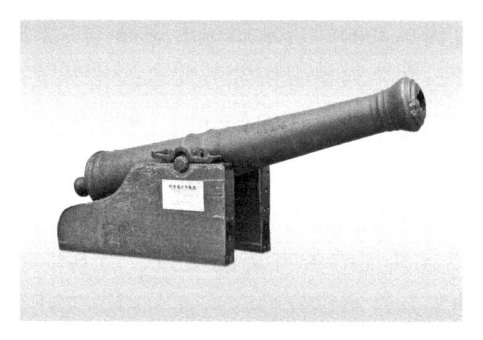

图九七　明代红夷炮[①]

2004年，内蒙古蒙元文化博物馆邀请中国社会科学院考古研究所、中国人民解放军军事科学院历代战争和战略研究室、内蒙古大学蒙古学研究中心的有关学者，对该馆征集、收藏的一件铜火铳进行考察。该铳为铜质，铸造而成，铜色紫，表面略有绿锈。铳体坚固，保存完好，重6210克。铳型为碗口铳（或称盏口铳），全长34.7厘米；铳口部外侈，略呈碗形，口外径10.2、内径9.2、壁厚约0.5厘米；膛深27厘米，膛后部药室微隆起，壁上开有一个火门（药线孔）；尾部中空，长6.5厘米，两侧管壁上有两个对称的穿孔，径约2厘米，尾口周沿略凸起，径7.5厘米，铳身竖刻两行八思巴字铭文。经对实物的研究和讨论，认定此铳是迄今发现的中国最早的有明确纪年的铜火铳，也是迄今所知世界上最早的火炮[②]。

古代兵器研究是战争遗存研究最为成熟的一部分，在一定程度上，其已经成为独立于战争遗存研究的专题。但是，作为战争的重要组成要素，古代战争遗存的研究需要重视相关兵器研究的成果。

三、古代兵器研究的思路及特点

中国古代兵器的研究思路为以考古学为基础，注重考古学与其他学科的综合研究，利用文献学、军事学、地理学、自然科技及民族学等学科方法和成果，对各类兵器及相关遗物进行科学分析，尽可能多地诠释遗存蕴含的信息。

---

①　摄于中国革命军事博物馆。
②　钟少异、齐木德·道尔吉、砚鸿等：《内蒙古新发现元代铜火铳及其意义》，《文物》2004年第11期。

首先，对中国古代兵器的考古学研究要遵循考古学的基本理论与方法，即在地层学、类型学与文化因素分析等方法论的指导下进行。运用考古地层学与类型学方法，确定标型器物，进行分期，判断其年代，建立古代兵器的时空框架和谱系，梳理其发展脉络。在此基础上，分析不同时段兵器的组合，进一步归纳不同时期的军事装备。运用文化因素分析方法，选取典型地区的兵器为基点，结合其他的考古文化遗存，与其他地区兵器广泛进行对比，深入探讨兵器的复杂性和多样性，进而分析其文化因素构成及传播路径和过程，讨论不同文化兵器交流的模式（包括中外文化兵器的交流），进而分析各统治者的军事政治策略及其与周边文化的关系等相关问题。

其次，中国古代兵器本身具有丰富的信息，是许多学科研究的重要对象。目前历史学、文字学、军事学、地理学、民族学、自然科技等学科对其都有研究，故军事考古学下的中国古代兵器研究一定要结合这些学科的研究手段及其成果，对考古出土的各种质地兵器进行系统分析，揭示兵种、作战方式、军阵、军事地理和战斗队形、作战集团的配合与协同、士兵的训练、兵役制度、战争形式、战术兵器生产和制作技术、民族特色等问题。

最后，要借鉴西方兵器研究的方法，关注战争的物质研究，注重个案分析。注重兵器的制造和演变关系，军队的装备、士兵使用兵器和战术的训练、具体战法、士兵之间采取何种阵形互相配合等问题，为深入揭示中国古代兵器的发展、独特性及其与国外兵器的对比研究提供重要依据。采用环境考古学和社会学的研究理念，将各类兵器还原于出土环境中，考察其摆放位置、出土情境，借此探讨其与墓主的关系，以及其本身附着的社会等级制度和社会含义。

第四节　古代军事遗物所反映的文化交流

文化交流是人类发展的动力之一，不同文化的激烈碰撞推动着人类的进步。战争也是文化交流的一种形式，各种文化因战争而交流，并且古代的军事遗物也突显着文化交流的成果。

古代战争武器的文化交流表现得最为显著。在考古材料中我们发现，从西周中晚期到战国早、中期，大量的蜀式戈曾流行于川西、川东地区，但在战国晚期之后，该区域蜀式戈的发现量渐渐减少，仿中原式戈则多见，同时，在川西南一些地方发现几批蜀式戈，年代为战国晚期至西汉初，这表明秦灭巴蜀之后，中原文化因素大量涌入，而原有的巴蜀文化则受到严重冲击而趋于衰落。蜀地衰落的同时，对周边地区发生的影响却增加了，尤其是对古代滇池文化中的青铜兵器发生的影响更为显著。在滇池地区战国末期至西汉初年的遗址中，出土较多带有巴蜀文化因素的青铜兵器。

武器的文化交流除了潜移默化的形制、式样的替代，还有直接由人类活动带入其他文化区的现象。据《三国志》记载，景初二年六月，即238年6月，倭国女王卑弥呼派遣大夫难升米和都市牛利等人带着贡品出使魏国，魏明帝曹叡封卑弥呼为亲魏倭王，赐金印紫绶，封难升米为率善中郎将，牛利为率善校尉，还郑重赐好物："绛地交龙锦五匹，绛地绉粟罽十张，茜绛五十匹，绀青五十匹。"此外，"又特赐汝绀地句文锦三匹、细班华罽五张、白绢五十匹、金八两、五尺刀二口、铜镜百枚、真珠、铅丹各五十斤"[①]。五尺刀当为兵器的一种，目前已无法获知其具体的形态，但中日古代的交流频繁，此类物质文化交流更是数不胜数，兵器在其交流中也是常见物件。日本奈良东大寺山古坟群北高古坟出土的铁刀上刻有"中平□五月丙午，造作□刀，百练清刚，上应星宿"等字样，据考证是中国东汉末年从江南的会稽郡传入日本的大刀。奈良正仓院藏相当于唐代时期的饰金银大刀数柄，如"金银钿装大刀""黄金装大刀""金银钿装唐大刀""金银装横刀"，这些刀剑柄多以鲛皮、沉香木、紫檀为之，或施以金银平脱，金银钿装等，制造非常精良，有的在构图和设计上原封不动地采纳了中国的设计，以致很难确定是唐制还是日制，由此也证明了日本刀剑与中国古代刀剑有着密切的交流（图九八）。

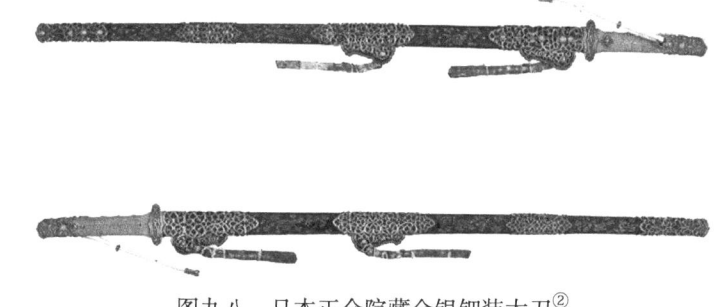

图九八　日本正仓院藏金银钿装大刀[②]

---

① 卢弼：《三国志集解》卷30《魏书·乌丸鲜卑东夷传》，北京：中华书局，1982年，第701页。
② 日本正仓院网站。

军事遗物又是某一部族在文化迁徙过程中的证据。1983年，新疆伊犁地区新源县出土了一具铜铸造的斯基泰武士像，铜像高40厘米，呈半跪状。武士头戴高大的宽沿尖顶帽，高鼻窄面、目视前方，神态肃穆，是典型的欧罗巴男子形象。特别引人注意的是，武士头上向前弯曲的尖顶高帽和手里曾经握着的长矛，这一形象与南西伯利亚巴泽雷克墓出土的武士形象如出一辙。斯基泰人可能是自南西伯利亚南下经由哈萨克斯坦的平原丘陵地带到达吉尔吉斯斯坦的楚河和伊犁河流域，再经由伊犁河河谷来到我国的塔里木盆地。再由塔里木盆地东北口出，进入吐鲁番盆地。其间无大的地理阻隔，是可以实现的一条道路。以上的考古发现也说明，在南西伯利亚、伊犁河河谷和吐鲁番地区之间曾经有过人员的流动。

总的来说，军事文化的交流主要存在两个层面的内容，一是技术层面，即某种军事理论与技术通过不同文化的接触而交流；二是物质层面，即某一军事工具、器械通过人员流动被带到不同的文化环境当中。通过这两个层面的交流，军事文化也得到了发展，并且先进的军事技术往往替代了落后的军事技术，虽然这一替代促使战争的残酷性进一步加深。同时，战争的规模及伤亡程度不断冲击着人类的世界观，促进了人类对自身文明的反思。但不可否认，在一定程度上，这一过程就是人类历史进步的写照，残忍的扩张性是先进文化摧毁旧制度的利器。

古代人类与物品的流动，促进了文化的扩张与繁荣。不同文化之间的相互刺激激发了人们的创造力，从而形成了丰富璀璨的人类文明。军事遗物虽然带有血腥、残酷、冰冷的气息，但其作为人类文明的见证物，是文化的载体，体现着人类的创造智慧。从众多的军事遗物中，都能够提取文化交流的证据，这些信息不仅是深入了解军事状况发展的信息，更是体现了古代文化传播的内在要素，促进了对古代人类社会更全面的认识。

第五节　军事出土文献概览

文献一词，始见于《论语》，《八佾》载："夏礼，吾能言之，杞不足征也；殷礼，吾能言之，宋不足征也。文献不足故也，足，则吾能征之矣。"[①]马端临《文献通考》初释其意，曰："凡叙事，则本之经史，而参之

---

① （清）阮元校刻：《十三经注疏·论语注疏》，北京：中华书局，1980年，第2466页。

以历代会要，以及百家传记之书，信而有证者从之，乖异传疑者不录，所谓文也。凡论事，则先取当时臣僚之奏疏，次及近代诸儒之评论……可以订典故之得失，证史传之是非者，则采而录之，所谓献也。"①

而以上所谓的"文献"主要指的是传世文献，出土文献则指出于地下的文字材料，比如甲骨文、金文、简帛、敦煌吐鲁番文书、黑水城文书、玺印碑刻等。出土文献皆因各种原因曾淹没于泥土之下，不复见于世，甲骨金文则更是历经数千年而世人不得所见，经过偶然事件、考古发掘等方式复为世人所见。因此，其与传世文献各具特点，对于研究古代历史有着重要的作用。正如《墨子》言："吾非与之并世同时，亲闻其声，见其色也。以其所书于竹帛、镂于金石、琢于槃盂，传遗后世子孙者知之。"②由于上古时代杳渺，所以上古甲骨、金文是认识上古历史最重要的材料。

王国维曾论研治上古史的方法，认为："吾辈生于今日，幸于纸上之材料外更得地下之新材料。由此种材料，我辈固得据以补正纸上之材料，亦得证明古书之某部分全为实录，即百家不雅驯之言亦无不表示一面之事实。此二重证据法惟在今日始得为之。"③王国维所论的二重证据法突出了地下材料的学术意义，虽然时至今日此法并不能获得学界的一致认可，但其实证主义的精神在20世纪对于推动中国上古史及先秦考古学研究有着重大意义。

考古学是对古代物质文化遗存的研究，而出土文献是依附于相应的物质遗存的文字资料，往往与考古学的研究密不可分，军事考古学同样也要关注古代军事相关的出土文献研究。纵观目前所见的出土文献的内容，无外乎甲骨文、金文、简帛、文书、石刻、墓志、玺印等方面，而这几类里都包含了丰富的军事相关文献，此节我们将对重要的军事出土文献列其纲目，简要介绍。

一、甲　骨　文

甲骨文，又称"契文""甲骨卜辞"或"龟甲兽骨文"，主要指中国商朝后期（前14～前11世纪）王室用于占卜记事而在龟甲或兽骨上契刻的文

---

① （元）马端临：《文献通考·自序》，北京：中华书局，1986年。
② 吴毓江撰，孙启治点校：《墨子校注》，北京：中华书局，1993年，第176页。
③ 王国维：《古史新证——王国维最后的讲义》，北京：清华大学出版社，1994年，第2页。

字。殷商灭亡周朝兴起之后，甲骨文还使用了一段时期。甲骨文记录和反映了商朝的政治、军事、经济情况，是中国已知最早的成体系的文字形式，它上承原始刻绘符号，下启青铜铭文，是汉字发展的关键形态。

甲骨文的出现激起了人们探求上古史的欲望，1927年，中央研究院历史语言研究所主持的安阳殷墟的发掘最初的目的也是希望能够在殷墟获得甲骨所进行的[①]。李济主持的第二次殷墟发掘，开始关注包括甲骨在内的所有物质遗存，因此，在一定意义上，正是由于甲骨的出现促使了中国考古学的诞生。

甲骨文的主题多种多样，在"国之大事，在祀与戎"的背景下，军事征伐是占卜的一项重要内容。因此，"戎"事的占卜为甲骨文的主要主题，目前出土的军事卜辞，内容上反映了当时方国的军事关系、军礼、军制、作战将领等情况，所以，军事相关的甲骨文是研究殷商时期及西周早期军事状况的重要资料。

国外收藏的甲骨数目很可观，据胡厚宣统计，至1984年已知国外有12个国家和地区共收藏了甲骨26700片[②]。20世纪30～40年代流入日本的甲骨甚多，据胡厚宣统计，现藏日本公私收藏家的甲骨有12400余片，是国外收藏甲骨最多的国家[③]。

而国内甲骨的收藏量也十分可观，1928～1937年安阳殷墟共发掘15次，就出土甲骨数万片（表五）。

表五　1928～1937年安阳殷墟出土甲骨统计表　　（单位：片）

次数	时间	字甲	字骨	合计	出土地点	著录
1	1928年10月	555	299	854	小屯	甲编
2	1929年2～5月	55	685	740	小屯	甲编
3	1929年10～11月	2050	962	3012	小屯	甲编
4	1931年3～5月	751	31	782	小屯、后岗	甲编
5	1932年11～12月	275	106	381	小屯、后岗、四盘磨	甲编
6	1932年4～5月		1	1	小屯等地	甲编
7	1932年10～12月	23	6	29	小屯	甲编

① 董作宾：《民国十七年十月试掘安阳小屯报告书》，《安阳发掘报告》第1期，1929年。
② 胡厚宣：《90年来甲骨文资料刊布的新情况》，《中国文物报》1989年9月1日。
③ 朱凤瀚：《近百年来的殷墟甲骨文研究》，《历史研究》1997年第1期。

续表

次数	时间	字甲	字骨	合计	出土地点	著录
8	1933年10~12月	256	1	257	小屯、后岗、四盘磨	甲编
9	1934年3~5月	446	11	457	小屯、侯家庄、后岗等	甲编
13	1936年3~6月	17756	48	17804	小屯（YH127）	乙编
14	1936年9~12月	2		2	小屯、大司空村	乙编
15	1937年3~6月	549	50	599	小屯	乙编

根据王宇信的统计，抗战时期盗掘出土的甲骨文约3500片，战后至1949年出土的为2500片，合计约为6000片。

1950~1991年进行了近20次的发掘，共获得字甲658片、字骨5585片，合计6243片，其中，1973年在小屯南地掘得5335片，1989年在小屯村中掘得294片，1991年在花园庄东地掘得579片，其余各次所得极少，最多不超过10片。

而从收藏和著录的角度来看，1956年以前共著录出版的是51638片，1956年至目前，除《甲骨文合集》（简称《合集》）不计入外，是42201片。两项共计93839片。《甲骨文合集》编41956号，《甲骨文合集补编》共编13560号，两项相加共计55516号。在数量庞大的甲骨文中，与军事相关的也十分丰富。根据罗琨统计，《甲骨文合集》共收录甲骨41956片，其中武丁时期22970片，而分入"军队—战争"类的卜辞有2220片，约占同期卜辞的10%[①]。由此可见商代晚期的贞卜活动中军事贞卜的规模。

甲骨卜辞中有大量商王对敌对方国发动战争的记载，例如：

（1）辛巳卜，争贞，今载王共入呼妇好伐土方，受有祐？五月。（《合集》6412）

（2）壬午卜，宾贞，王惟妇好令征尸？（《合集》6459）

同时，卜辞中也有商王御敌的记载，如：

（1）贞，令多马卫于北？（《合集》5711）

（2）癸酉卜，争贞，令多射卫？（《合集》9575）

（3）壬午卜……呼御方于商。（《合集》20450）

战争的过程在卜辞中也有记载，如：

---

① 罗琨：《商代战争与军制》，北京：中国社会科学出版社，2010年，第118页。

（1）辛未卜，争贞，妇好其比沚馘伐巴方，王自东□伐，戎陷于妇好立（位）。（《合集》6480）

（2）丁酉贞，王作三师右、中、左？（《合集》33006）

甲骨卜辞是龟甲兽骨上记录占卜的文字，商代最主要的军事活动就是商王对方国的征伐，在征伐前往往对此次征伐进行占卜，陈梦家根据诸多研究成果，将商王武丁时期的征伐卜辞整理分为了三种方式："一种如郭沫若在《卜辞通纂》的征伐一类，罗列了不同的方国；一种如董作宾在《殷历谱》的'武丁日谱'中，排列了四年半以征'土方''舌方'为主的卜辞；一种如胡厚宣的《舌方考》则就所征的一个方国而加以平面的处理。武丁卜辞既无纪年的，亦无如晚殷周祭的联系关系，所以以干支月名谱作日谱是不很稳妥的。"[1]

有学者对商代武丁时期的军事卜辞进行了详细的研究，梳理出武丁时期卜辞中所涉及的军事人物33人，认为处于武丁早中期的极少，晚期较多，可能与战争的频繁程度有关系[2]。还有学者根据卜辞分析了商王国对外战争的过程及行为，比较系统而完整地提出了甲骨材料所反映的商王国对外战争过程，将其分为战争前、战争中和战争后三个阶段共十五个环节，战前包括侦察敌情、征兵选将、筹集物资、杀牲祭祀、奉主出征和安营扎寨等环节，战中包括排兵布阵、兵戎交锋、擒获敌人和收缴战利等环节，而战后则包括凯旋、迎接归师、献俘祭祖、摆宴庆功和赏赐功臣等环节[3]。

甲骨文是反映商代社会状况的重要文献资料，比照传世文献资料，通过甲骨卜辞的记载与考古遗存的综合考察，军事考古学视野下的商代时期军事状况的还原将具有极强的科学性，能够提供一个认识和解释商代军事活动的途径。

---

[1] 陈梦家：《殷墟卜辞综述》，北京：中华书局，2004年，第269页。
[2] 李发：《商代武丁时期甲骨军事刻辞的整理与研究》，重庆：西南大学博士学位论文，2011年。
[3] 王绍东：《甲骨卜辞所见商王国对外战争过程及行为的研究》，济南：山东大学硕士学位论文，2010年。

二、金　文

金文，即铸刻于青铜器上的铭文。许慎《说文解字序》："郡国往往于山川得鼎彝，其铭即前代之古文。"古代中国文明的一个重要标志就是广泛使用青铜器，夏、商、周三代创造了光辉灿烂的青铜文明。西周是继商代之后中国青铜时代的全盛时期，也是儒家推崇的我国古代文化的奠基时期，西周青铜器浑厚凝重、气势磅礴、工艺高超、精美绝伦；有铭文的器物历史价值极高，是弥补史书缺佚，印证古史传说的重要资料。这些繁缛与简朴、狞厉与祥和的青铜重器，无不在向我们诉说着那个时代的辉煌。从诸多国宝重器中，我们看到的不仅仅是冷冰冰的青铜，更是中华民族鲜活的历史文明。

与甲骨文一样，金文也属于早期汉字，铭文产生的商代早期，只有个别传世青铜器上有铭文发现。西周时期，青铜器的铭文逐渐成熟，从篇幅到内容都有了较大的发展。战国时期，简册帛书日渐取代青铜器铭文而成为人们记录事件的重要方式。总的来说，早期青铜器铭文比较简单，有的只记人名，有的只记年月。后来文字逐渐增多，有的甚至成了专门的文件或事件的记载，如毛公鼎、散氏盘、虢季子白盘、史墙盘等，都有较长的铭文。

青铜器铭文记录的内容丰富多样，包括族徽、用器者、作器者、重要的事件、祖先的功绩、买卖交易情况、周王的告诫等。具有记事表功的含义，军事活动的记录同样是铭文记录的重要内容，许多出土的青铜器铭文都反映了当时战争的情况。

《利簋》铭曰："武王征商，唯甲子朝，岁鼎，克昏夙有商，辛未，王在阑师，赐有事（右史）利金，用作檀公宝尊彝。"就记述了利随武王参加战争，胜利后受到奖赏，铸造这件铜器以记功并用来祭奠祖先（图九九）。张政烺认为利簋铭文叙述了周武王征伐商纣王。一夜之间就将商灭亡，在岁星当空的甲子日早晨，占领了朝歌。在第八天后的辛未日，武王在阑师论功行赏，赐给右史利许多铜、锡等金属，右史利用其为祖先檀公作此祭器，以纪念先祖檀公[①]。

1988年出土于陕西安康的《史密簋》铭文云："惟十又二月，王令师俗、史密曰：'东征'。会南夷肤、虎会杞夷、舟夷，恣不藇，广伐东国，

[①] 张政烺：《〈利簋〉释文》，《考古》1978年第1期。

图九九　利簋及其铭文

齐师、遂人乃执鄙宽恶。师俗率齐师、遂人左（周）伐长必，史密右率族人、莱伯、僰、夷周伐长必，获百人……"《史密簋》属西周共王、懿王时器。有学者研究，在西周共、懿之世，南淮夷的肤、虎不规规矩矩臣服于周，纠合杞夷、舟夷等方国，侵犯周王朝的东部。周天子命令师俗率领齐国的军队，命史密率领族人及莱、僰等国军队，分别从左、右两路围攻长必，结果获胜[①]。

无论是甲骨文还是金文，都是对先秦时期文献缺乏的补充，马承源归纳整理了大部分西周时期与战争相关的铭文，罗列铭文，根据战争对象的不同对青铜器进行了分类，分别是"伐东国东夷""伐荆楚南国"和"伐南淮夷"，并对铭文的绝大部分信息进行了考证，具有极高的学术价值[②]。金文研究是一门专门的学问，需要有坚实的古文字基础，军事考古学的研究需要利用丰富的金文材料，同时结合相应的考古资料，构建先秦时期军事的时代背景。

三、简册帛书

先秦及秦汉时期，纸张还未流行，可以用来记录书写的主要有竹、木、缣（帛）三种。所谓的简牍即竹木所做的书写材料，简与牍是两种不同的书

---

① 吕建昌：《金文所见有关西周军事的若干问题》，《军事历史研究》2001年第1期。
② 马承源：《中国青铜器研究》，上海：上海古籍出版社，2002年，第67～105页。

写材料，简较之牍窄，而且简大多由竹子制成。考古所见的简牍，大抵介于战国与魏晋之间。但最早使用的年代应当不仅限于战国，《尚书》有言："惟殷先人，有册有典。""册"或许就是简牍的一种形象称呼，但由于竹木质的简册受保存环境影响比较大，往往不能流传至今，因此，商周时期的简册实物并未有所发现，但并不能武断否认战国之前不存在简册。虽然秦汉就已有纸张，但纸张的普遍使用当是较晚的事情，早期的纸张材质粗糙，使用不便，流传不广，因此，至迟在魏晋之时简帛仍被世人所利用。

简牍的发现与考古工作密切相关，中华人民共和国成立之前的简牍发现大多是偶然的。19世纪末至20世纪初，瑞典、英、日、俄等国以"探险队"的名义在中国边疆和境内进行盗掘，在楼兰、敦煌、酒泉等处发现很多汉晋简牍，这些实物至今仍流散在英国、印度、瑞典、俄罗斯等国。中华人民共和国成立之后，考古工作也进入了一个新的阶段，科学发掘获得的简牍帛书越来越多，并且每次简牍帛书的发现都引起了学界的轰动。究其缘由，仍然在于其与甲骨文、金文一样具有不可替代的史料价值。

简牍的内容也是十分丰富的，有著作、公文、法令、日历等，而且由于大量简牍是发现于敦煌、酒泉、居延等边疆地区，这些地区在汉晋时期大多为军事烽燧，其中包含大量的军事文件。居延、敦煌等地出土了通缉令、边境备警的通知、烽火信号的规定、任免官吏的公文等。破城子遗址出土了一些向上级递呈的公文（如《燧长病书牒》）和同级组织之间的往来文书（如《塞上烽火品约》）等。其他地区也出土了大量的军事简牍，如1972年山东临沂银雀山出土的汉简，就有《孙子兵法》《孙膑兵法》《六韬》《尉缭子》等军事著作。这些简牍都是研究当时军事状况和历代兵书的宝贵材料（表六）。

表六　军事简帛出土情况一览表

时间/年	简帛	出土地点	出处
1901	汉晋木简文书	尼雅、楼兰、敦煌	《流沙坠简》
1930	汉简10000余枚	甘肃居延	《居延汉简考释》
1959	6号汉墓：甲、乙、丙三种《仪礼》共9篇，《日书》残简；18号汉墓：王杖十简。1981年又出土"王杖诏书令"26枚	甘肃威武磨咀子	《威武汉简》《武威新出土王杖诏令册》

续表

时间/年	简帛	出土地点	出处
1972	《孙子兵法》《孙膑兵法》《六韬》《尉缭子》《守法守令》《晏子春秋》《相狗经》《元光元年历谱》，另有阴阳书与风角杂占残简	山东临沂银雀山	《银雀山汉墓竹简》
1973	3号汉墓出土一批汉代帛书，共26件，12万字。内容包括《老子》甲乙本及其卷前卷后佚书、《周易》《春秋事语》《战国纵横家书》《刑德》《五星占》《天文气象杂占》《相马经》《五十二病方》及其卷前卷后佚书、《胎产书》和《导引图》及其卷前卷后佚书2篇。其他还有《长沙国南部图》《驻军图》等	湖南长沙马王堆	《马王堆汉墓帛书》《马王堆汉墓文物》
1974	汉代城障烽塞发掘汉简20000余枚	甘肃居延	《居延新简——甲渠侯官》
1975	六座汉墓共出土木简622枚，竹木牍10方，内容主要是遣册及文书、契约、账目类	湖北江陵凤凰山	《湖北江陵凤凰山西汉墓发掘简报》
1975	11号秦墓出土竹简1155枚。内容有《编年记》《语书》《为吏之道》《秦律十八种》《效律》《秦律杂抄》《法律答问》《封诊式》《日书》甲乙种	湖北云梦睡虎地	《睡虎地秦墓竹简》
1979	115号汉墓出土大批竹简，多与军制有关	青海大通上孙寨	《大通上孙家寨汉简释文》
1981	《程》《日书》以及其他佚籍	湖北江陵九店	《江陵九店东周墓》《九店楚简》
1983	247号汉墓出土竹简2787枚，内容包括汉律、《奏谳书》《盖庐》《脉书》《引书》《算数书》《日书》和历谱、遣册等	湖北江陵张家山	《张家山二四七号汉墓竹简》
1986	1号秦墓出土竹简470枚，内容有《日书》甲乙种、地图等	甘肃天水放马滩	《天水放马滩秦简》
1987	2号楚墓出土448枚战国竹简，主要内容为卜筮祭祷记录、法律文书和遣册等	湖北荆门包山	《包山楚简》
1987	36号战国墓出土竹简1000余枚，内容包括《国语·吴语》《逸周书·大武》《管子》佚文以及《宁越子》等古文佚书	湖南慈利石板村	《慈利楚简概述》
1989	6号秦墓出土竹简283枚、木牍1枚，内容有《禁苑》《驰道》《马牛羊》《田赢》等	湖北云梦龙岗	《云梦龙岗秦简》

续表

时间/年	简帛	出土地点	出处
1990	汉简20000余枚	甘肃敦煌悬泉置	《敦煌悬泉置汉简内容概述》
1993	2号和5号汉墓共出土木牍24方、竹简133枚。内容包括《集簿》《东海郡属县乡吏员定簿》《永始四年兵车器集簿》《元延元年历谱》《神乌赋》等	江苏连云港尹湾村	《尹湾汉墓简牍》
1993	共出土楚简804枚，内容包括《老子》甲乙丙三篇、《太一生水》《缁衣》《鲁穆公问子思》《穷达于时》《五行》《唐虞之道》《忠信之道》《成之闻之》《尊德义》《性自命出》《六德》《语丛》	湖北荆门郭店	《郭店楚墓竹简》
1995	1200枚战国竹简，内容涵盖儒家、道家、杂家、兵家等，有《易经》《诗论》《缁衣》《子羔》《孔子闲居》《彭祖》《乐礼》《曾子》《武王践阼》《赋》《子路》《恒先》《曹沫之陈》《夫子答史留问》《四帝二王》《曾子立孝》《颜渊》《乐书》《鲁邦大旱》《卜书》等80余篇	上海博物馆入藏	《上海博物馆藏战国楚竹书》一至七
1996	发现三国吴简10万余枚，内容分为券书、官府文书、户籍、名刺及账籍等	湖南长沙走马楼	《走马楼吴简》
2002	秦简36000余枚，内容多为官方文书	湖南湘西里耶	《里耶发掘报告》
2003	发现一批西汉简牍，约10000枚，多为政府公文，内涉交通邮驿制度	湖南长沙	待整理
2007	一批秦简，编号2098个，完整简1300余枚	湖南大学岳麓书院收藏	仅《岳麓书院藏秦简（壹）》
2008	一批战国竹简，共2388枚	清华大学收藏	《清华大学藏战国竹简》
2009	一批西汉竹书，约1600枚，属于"兵书"类的有少量"兵阴阳"文献	北京大学收藏	待整理

简牍帛书的研究有着独特的方法，对于简牍上文字的释读就是一项较大的工程，考古工作者可以根据现有的简牍学成果，自觉并且审慎地利用古代简牍文献，尽可能完善对汉晋时期军事状况的了解。

四、敦煌、吐鲁番、黑水城文书

除了石质的出土文献在中原地区能够保存下来，其他材质的出土文献往往不便保存，中原地区的发现也较少，特别是纸质的出土文献。而地处西北干燥地区的敦煌、吐鲁番、额济纳等地区，有着纸质文物较好的保存环境，因此存留了中古时期大量的文书。我们这里所指的敦煌、吐鲁番、黑水城文书，但并不仅限于此三地出土的文书，它们只是中古时期西北地区出土文献的代表。总的来说，西北地区的出土文献包括新疆和田、库车、楼兰、巴楚、吐鲁番，内蒙古额济纳旗黑城，甘肃敦煌等地区出土的典籍和文书，而学界，特别是敦煌吐鲁番学界往往将其统称为敦煌吐鲁番文书。文书所指包含了公私文书、写本典籍和典籍之外的其他杂写[①]。敦煌文书的面世，造就了世界学术的新潮流，并且经过百余年诸多学者孜孜不倦的钻研，成果丰硕。陈寅恪曾说："治学之士，得预于此潮流者，谓之预流（借用佛教初果之名）。其未得预者，谓之未入流。此古今学术史之通义，非彼闭门造车之徒，所能同喻也。敦煌学者，今日世界学术之新潮流也。"[②]西北地区出土文献对于研究中古时期的历史具有宝贵的价值，同时，对于军事考古学的研究也能够提供参考资料。

20世纪初，以斯坦因、伯希和、大谷光瑞等为首的西方探险家相继进入新疆，大肆掠夺中国文物，敦煌藏经洞的文书也是在此背景下流传海外的。敦煌文书主要出自莫高窟的藏经洞，即17号窟，在莫高窟北区也出土了一些文书。敦煌藏经洞文书的时代大致起于十六国时期，止于北宋初年，以吐蕃统治时期到归义军统治时期为多，而且越到藏经洞封闭的时间（1006年前后）其文书量越大。敦煌文书以写本为主，还有少量早期印刷品。莫高窟北区的文书以西夏至元代为多，也在少量瘗窟中发现了唐代文书。从文书的语言上来看，由于敦煌地处丝绸之路交通要道、文化汇合之地，各种语言的文书都有发现，主要有汉文、藏文、回纥文、梵文、粟特文、于阗文等。

[①] 荣新江：《学术训练与学术规范——中国古代史研究入门》，北京：北京大学出版社，2011年，第67页。
[②] 陈寅恪：《陈垣〈敦煌劫余录〉序》，《金明馆丛稿二编》，北京：生活·读书·新知三联书店，2001年，第266页。

敦煌文书可能是莫高窟三界寺图书馆的藏品，其主要内容包含佛教典籍和公私文书。其中存留部分的军事相关文献，可供军事考古学研究参考。

吐鲁番文书出土地点比较丰富，除寺院遗址外，还有墓葬、城址、洞窟废墟等地。主要包含了十六国高昌郡时期至蒙元时期官私文书、宗教文献的写本和印本，特别是宗教文献中摩尼教、景教等文献具有极高的文献价值。吐鲁番较敦煌更加接近中亚，其文书的语言也更加丰富，除了敦煌所有的语言外，吐鲁番文书还有大量中亚、西亚各国语言的文书，如巴克特里亚语、吐火罗语、中古波斯语、帕提亚语、叙利亚语等。吐鲁番文书的内容更加庞杂一些，大量的印本是宋元时期的佛经、儒家经典、史书等，其中不乏与军事相关的出土文献。

敦煌吐鲁番军事文书是一种广义上的概念，"是指所有涉及军事和军事制度的文书，即除了军事单位制作的文书之外，还包括非军事部门制作，而内容与军事和军事制度密切相关的文书"[①]。例如，阿斯塔纳墓地35号墓出土的《唐咸亨五年（674年）张君君领当队器仗、甲、弩、弓、陌刀等抄》：

1 前件官器仗、甲、弩、弓、陌刀等抄，张君君遗
2 失，其物见在。竹武秀队佐史玄政等本队
3 将行，后若得真抄，宜令对面毁破
4 为人无信，画抄为验。咸亨五（年）三月十八日张君君记
5 当队六驼驮马　　　衫驼
　　　　　　　后阙

这件文书记载了某队张君君到武器库为本队领取兵器的记录，反映了当时府兵可能受到官府直接的武器供给，而且也说明了唐代兵士的部分武器装备。

相关学者也利用敦煌吐鲁番的军事文书对河西、西域地区的军事状况做了历史学的研究，如日本那波利贞《关于唐天宝时河西边防军的给予》《唐天宝时河西边防军的衣粮给予》《唐天宝时河西道边防军的经济史料》，菊池英夫《西域出土文书中唐代军制史料管见》，气贺泽保规《唐代西州府兵

[①] 孙继民：《敦煌吐鲁番所出唐代军事文书初探》，北京：中国社会科学出版社，2000年，第4页。

制的发展与府兵兵士》，英国学者托马斯《新疆发现的吐蕃文书中记载的吐蕃军队》，中国唐长孺《跋吐鲁番所出唐西州差兵文书》《唐先天二年（七一三）西州军事文书跋》《吐鲁番文书中所见的西州府兵》、程喜霖《汉唐烽堠制度研究》、王永兴《吐鲁番出土唐前期西北逃兵文书考释》、黄正建《敦煌文书与唐代军队衣装》、冯培红《P.3249背〈军籍残卷〉与归义军初期的僧兵武装》等。

孙继民《敦煌吐鲁番所出唐代军事文书初探》是对敦煌吐鲁番出土的军事文书较为全面的研究专著，内容包括以下几个方面：与府兵装备、府兵的征行制度有关的文书；与唐代兵员制度健儿、兵募、子弟制度有关的文书；与行军制度有关的文书；与军镇制度有关的文书；其他军事文书。以上研究都是基于对敦煌吐鲁番文书的考释进行的，通过整理、研究敦煌吐鲁番的军事文书，能够促进对中古时期西北地区军事研究的深入。

内蒙古额济纳旗黑城出土的文献主要是西夏至元代的文书和典籍，包括西夏文、汉文、藏文、蒙文的写本及刻本。黑水城文书有关于一些重大军事事件的记载，如关涉平定海都叛乱问题的《大德四年军粮文卷》详细记录了参加平叛的主要人员、行军路线、军粮筹措等问题，这些内容都具有重要的补史价值。

和田、库车、巴楚等地出土的汉文文书主要是唐朝统治时期当地驻军和羁縻州管理的行政文书及汉译佛教经典，此外还有当地民族语言的大量文献。库车伯D.A114号文书为唐凉州都督府发往安西都护府的牒文，牒文主要内容为，凉州都护府派遣凉州明威镇兵曹武凤祥、典龙等人前往安西都护府辖地为朔方军筹集一千斤钢之事，反映了当时的军制状况。

敦煌吐鲁番文书研究已经成为一门成熟的学科，而且其文献价值并不比甲骨文、金文差，在中古中国的研究中有着不可忽视的作用。从军事考古学的角度来看，这些文书对于研究西北地区中外文明交流、地区冲突、城址变迁、中央驻军状况、交通邮驿、后勤保障都有所帮助。荣新江认为："不论是敦煌还是吐鲁番，出土文书与墓葬、城址、洞窟的关系，就是我们在利用这些文书时所特别要关注的问题，其中墓葬出土的墓志、器物，城址或洞窟遗址的建筑布局和壁画、雕像等遗存，都是我们需要同时关照的资料。"[①] 军

---

① 荣新江：《学术训练与学术规范——中国古代史研究入门》，北京：北京大学出版社，2011年，第68页。

事考古学的出土文献研究同样也要遵循这样的研究方式，不能单纯从文献读文献，要注重文献与遗存的结合研究。

五、石刻史料

"石"是人类接触和改造较早的自然物，史前时代就以石器作为主要的生产工具，对于石材的加工始终贯穿于人类历史，并且石材的用途也逐渐扩展，在其上刻铭记事更是丰富了石材的用途，刻字纪念是中国文化的传统，为世人所看重，于名山处立石开龛，于墓前立碑表功，于墓室镌志怀古。自汉代以来，"碑用来纪念某人的身份以及作为墓葬标志的功能更为突出，因为丧葬仪式和追求永垂不朽的目的越来越为人所看重"[①]。

石刻的类型十分丰富，有雕刻、摩崖等，但并非所有的石刻都是有文字的，如乾陵前的蕃臣像属于人物刻石，我们这里所讲的石刻史料专指具有镌刻文字的出土文献。石刻作为文献材料的同时，往往也是书法作品，唐代墓志有许多就出自柳宗元、颜真卿等书法名家之手，兼具史料及艺术价值。

而最具史料价值的石刻史料为碑志材料，碑即石碑，刻上文字纪念事业、功勋或作为标记的石头。志即墓志，放在墓里的刻有死者生平事迹的石刻。墓志分上下两层，上层称为"盖"，下层称为"底"，底部刻墓志铭，盖上刻标题。这两类石刻史料基本包含了石刻史料的大部，除此之外还有遗册、哀册、摩崖、玺印、盟书等，但都零散，其中大多数摩崖、玺印文字内容的史料价值远不及碑志。盟书以侯马盟书和温县盟书最为著名，而且具有极高的史料价值，是反映春秋战国时期军事斗争与会盟的宝贵材料。

由于碑志有着突出的记事功用，而且许多碑志篇幅较长，内容丰富，所以许多碑志能够起到补史的作用。在记事的内容中，军事活动也是一项主要的内容，如唐《豳州昭仁寺碑》就记载了唐初李世明与薛仁杲大战浅水原之事。

豳州昭仁寺碑，螭首龟座，结构造型古朴庄重。碑石通高4.56米，除去法式通例的留空，全文共3155字。碑额篆书阳文"大唐豳州昭仁寺之碑"，碑阴本无字，后人雕刻多篇题跋补文，现存于长武县博物馆（图一〇〇）。

[①] 〔美〕王静芬著，毛秋瑾译，〔美〕王静芬、张善庆校：《中国石碑——一种象征形式在佛教传入之前与之后的运用》，北京：商务印书馆，2011年，第49页。

图一〇〇　幽州昭仁寺碑额篆

该碑由朱子奢撰，未书书者姓名。金石著录中对其书者究为何人，众说纷纭，有郑樵"虞世南"说、曹仲明"欧阳询"说、毕沅"王知敬"说等。该碑反映了隋末唐初的军事斗争，也说明了隋末战争在唐初的社会影响。浅水原之战斩首万余，"僵尸敝莽，委甲成山"。唐贞观初年，登极后的太宗感念阵亡将领，遂下诏于建义以来，在浅水原等七处交兵之地立寺树碑以示纪念，命虞世南、李百药、褚遂良、颜师古、岑文本、许敬宗、朱子奢等人撰写碑文[①]。

碑文较志文的叙事更为宏大，多有文学书写的特点，而志文记载了墓主生平，更具针对性、具体化，提供了研究某一具体事件的细节资料。许多墓志都是官员墓志，志主大都参与了一些重要的军事活动，而有些军事活动史书记载失于简略，墓志则是对史书的互证和补充，如《程知节墓志》。

程知节，即程咬金，是唐初政治军事活动中的一位重要人物，两《唐书》有传，《程知节碑》和《大唐骠骑大将军益州大都督上柱国卢国公程使君墓志铭并序》也记录其生平事迹，结合史书记载，考证碑志材料，使得我们能从中窥见程知节参与的一些军事活动。"显庆初，拜使持节葱山道行军大总管，击贺鲁于塞表。开玉帐以临戎，指金丘而转斗。吴钩曜景，冀马追风。阐威灵於月窟，静氛袗於雷室。爰降手敕，远以迎劳。"此即记载了显庆二年（657年），西突厥阿史那贺鲁反唐，程知节任葱山道行军大总管，率军征讨，九月与贺鲁之子阿史那咥运交战，斩首数千级。在怛笃城屠杀投降的胡人数千家，获得大量财物。阿史那贺鲁远遁别处。十二月程知节因领军逗留，追贼不及，被免职。

石刻资料内容丰富，并且集中于南北朝隋唐时期的墓志材料更是数不胜

[①] 王溥：《唐会要》卷48《寺》，上海：中华书局，1955年，第849页。

数,每年都有墓志不断出土,不断更新学界对这一时期历史的认识,因此,关注碑石资料是研究中古时期必须关注的材料。军事考古学不仅是研究物质文化的学科,更是对古代人类的研究,通过对物质遗存的认识从而获得对人类社会历史的理解。古代军事人物就是军事活动最重要的参与者,中古时期军事人物大都随葬了墓志,这些军事人物的墓志即是军事考古学研究的参考资料,甚至是研究对象之一。

总之,军事考古学的研究对象十分丰富,可以说,目前中国考古所发现的绝大多数遗迹、遗物都与军事有着或多或少的联系,这是由军事活动的性质所决定的。遗物的研究与遗迹的研究有着不同的特点,虽然都能够利用考古学的基本理论与方法对其进行分析,但遗物更具体化,每件遗物虽然存在相似性,同时也有着自身的特色,这就造成对军事遗物的研究更贴近文物学的研究方法。军事遗物规模庞大、性质各异,对于军事遗物的研究只能从具体的遗存状况出发,结合遗物相关历史状况,运用考古学的基本方法,特别是利用类型学对器物形态分析的优势,分析其时代特征、功能功用、制作工艺、科技史价值等方面的内容,从而达到解析某类军事遗物的研究目的。

思考题

1. 试述古代军事遗物的主要种类。
2. 举例说明图像中对古代军事的反映。
3. 简述古代冷兵器的发展。
4. 简述热兵器时代的兵器遗物。
5. 试述古代军事遗物所反映的文化交流。
6. 军事出土文献的种类及其主要内容?

第七章 军事文化遗存的保护与文化遗产规划

现如今，文化遗产保护逐渐受到各方重视，有关文化遗产的研究及保护理念不断更新，与其他学科之间的联系也日益密切，如经济学、考古学、历史学等；随着保护范围及保护程度不断加深，文化遗产保护的领域也不断细化，出现了诸如水下文化遗产、农业文化遗产、建筑遗产等。近年来，随着战争与和平的对决，与军事有关的文化遗存的关注度逐渐提升，其保护和利用形式也日趋多样化，本章选取军事文化遗存作为研究对象，旨在探讨军事文化遗存与文化遗产及考古学科的关系，陈述目前军事文化遗存的保存现状，在此基础上提出军事文化遗存保护规划的思路及原则。

第一节 军事文化遗存

一、军事文化遗存与文化遗产的关系

（一）文化遗产的定义

文化遗产（cultural heritage）是近年来受到社会各界广泛重视的话题与领域。所谓文化遗产，是指由先人创造并保留至今的一切文化遗存，分别被表述为物质文化遗产、非物质文化遗产、文献遗产和文化景观类遗产等[1]。它是一个地区、一个民族或一个国家极为重要的文化资源和文化竞争力的构成要素。

对于文化遗产的表述是一个不断修正的过程。联合国教科文组织于1972年10月公布的《保护世界文化和自然遗产公约》对物质性的文化遗产具体表述为以下三方面：

（1）文物：从历史、艺术或科学角度看具有突出的普遍价值的建筑物、

---

[1] 贺云翱：《文化遗产学初论》，《南京大学学报（哲学·人文科学·社会科学）》2007年第3期。

碑雕和碑画，具有考古性质的成分或构造物、铭文、窟洞以及景观的联合体。

（2）建筑群：从历史、艺术或科学角度看，在建筑式样、布局或与周边环境景色结合方面，具有突出的普遍价值的单体或连接的建筑群。

（3）遗址：从历史、审美、人种学或人类学角度看，具有突出的普遍价值的人造工程或自然与人联合工程以及考古地址等地方。

1999年，国际古迹遗址理事会《国际文化旅游宪章（重要文化古迹遗址旅游管理原则和指南）》中，将文化遗产定义为："在一个社区内发展起来的对生活方式的一种表达，经过世代流传下来，它包括习俗、惯例、场所、物品、艺术表现和价值。文化遗产经常表现为无形的或有形的文化遗产。"[①]

随后又引入文化景观和口述及非物质遗产。从概念上文化遗产可以分为有形文化遗产、无形文化遗产，即通常说的物质文化遗产和非物质文化遗产。

我国近年来通过对国际上"文化遗产"先进理念的吸纳并结合中国的自身实际情况，也以政府文件的形式给予"文化遗产"以界定："文化遗产"包括物质文化遗产和非物质文化遗产两部分。国务院《关于加强文化遗产保护的通知》指出："文化遗产包括物质文化遗产和非物质文化遗产。物质文化遗产是具有历史、艺术和科学价值的文物，包括古遗址、古墓葬、古建筑、石窟寺、石刻、壁画、近现代重要史迹及代表性建筑等不可移动文物，历史上各时代的重要实物、艺术品、文献、手稿、图书资料等可移动文物，以及在建筑式样、分布均匀或与环境景色结合方面具有突出普遍价值的历史文化名城（街区、村镇）。非物质文化遗产是指各种以非物质形态存在的与群众生活密切相关、世代相承的传统文化表现形式，包括口头传统、传统表演艺术、民俗活动和礼仪与节庆、有关自然界和宇宙的民间传统知识和实践、传统手工艺技能等以及与上述传统文化表现形式相关的文化空间。"[②]

随着我们对文化遗产认识的不断深入，文化遗产的概念与内涵也发生着变化，如上述将非物质文化遗产定义为一种"文化空间"的做法，在2011年的《中华人民共和国非物质文化遗产保护法》中删除了。该法案认为，非物

---

① 联合国教科文组织世界遗产中心、国际古迹遗址理事会、国际文物保护与修复研究中心等：《国际文化遗产保护文件选编》，北京：文物出版社，2007年，第187页。

② 中华人民共和国国务院：《国务院关于加强文化遗产保护的通知》，2005年12月22日，中华人民共和国中央人民政府网站，https://www.gov.cn/gongbao/content/2006/content_185117.htm。

质文化遗产是指,"各族人民世代相传并视为其文化遗产组成部分的各种传统文化表现形式,以及与传统文化表现形式相关的实物和场所。包括:①传统口头文学以及属于传统口头文学组成部分的语言;②传统美术、书法、音乐、舞蹈、戏剧和曲艺;③传统技艺、医药和历法;④传统礼仪、节庆等民俗;⑤传统体育、游艺和杂技;⑥其他非物质文化遗产"[①]。

文化遗产作为不可再生的稀缺资源,其多方面的价值日益受到社会的关注,对文化遗产包括世界遗产如何进行有效管理,在"保护第一"的前提下如何加以合理利用,经常成为社会讨论的热点问题。

(二)军事文化遗存属于文化遗产

文化遗产是人们在一定历史时期创造或表现的,具有历史价值、文化价值、艺术价值和科学研究价值的有形或无形的遗存,即物质和非物质文化遗产,无形和有形或物质和非物质是文化遗产的外在属性,而人为性、时代性、文化性、艺术性、民族性、地域性则是文化遗产的内在属性。

我国军事文化遗存,历史源远流长、内容丰富,形态多样,它是历代人们在军事活动中形成的与军事活动有关的遗迹、遗物及其历史发展的全过程。我们认为可以将军事文化遗存分为五部分:其一,军事防御体系,如城防遗址类的长城、关隘、烽火台、城垣、壕沟、栅栏、营堡、屯堡、海防筑城,军事交通类的道路、运河遗址,用于防御或进攻驻扎的城池、关塞遗址,烽燧等。其二,军事装备类遗存,如原始社会的石球、石刀、石矛等石兵器,历史时期的剑、刀、矛、弓箭等铜铁兵器及战车、战船、火药等。其三,军事名人遗迹,如军事将领、起义领袖、战斗英雄的印章、陵墓、居所等。其四,其他如战场遗址、战争掩埋遗迹等及与军事有关的兵书、文献资料、器物铭文等文字载体。其五,与军事活动相关的口头文学、歌曲、舞蹈、传统手工艺等非物质文化遗存。

文化遗产是前人遗留下来的宝贵物质和精神财富,军事文化遗存也是如此,它凝聚了前人的财富和智慧。军事文化遗存属于文化遗产的一部分,两者外部属性相同,军事文化遗存在外部属性上以物质文化遗产的存在形态为

---

① 中华人民共和国中央人民政府网站,https://www.gov.cn/flfg/2011-02/25/content_1857449.htm。

主，同时还存在部分非物质文化遗产的形态，这两方面的存在形态与文化遗产的存在形态一致，并且有着概念与内涵上的一致性。不可否认，目前所能够认定的军事文化遗存应当全部属于文化遗产的范畴，它包含了文化遗产中的古遗址、古墓葬、历史时期重要的文献、实物等。在内部属性上，二者也具有共同点，如人为性、时代性、地域性等。军事文化遗存同样是人类所创造的文化结晶，是历史的产物，具有较强的时代性与地域性，不同时间、不同地点的军事文化遗存有着各自独特的特点，这些特点构成了某种遗存的独一性，从而使其具备了不可复制与不可再生的特点。

除了与文化遗产的共性之外，它还有自身的特殊性：第一，警示性强。军事文化遗存多与战争有关，不论是侵略还是防御都会带来战火、硝烟，造成生灵涂炭，与社会追求和崇尚的和平背道而驰，朝代的更替、民族的荣辱及社会的兴衰多数也伴随着战争而发生，历史上战争带来的灾难不胜枚举。军事文化遗存能够给现代人以警示，和平是社会发展的有利环境，应减少战争，努力追求和平与稳定。第二，分布范围广。在祖国的疆域内，军事文化遗存从北到南，由东至西，从内陆到边疆、沿海，从平原到山区，军事文化遗存均有分布，这在一定程度上也反映了中国历代注重防御及战争的频繁。第三，内容多样性。上述将军事文化遗存分为五部分，涵盖面广、内容多样、全面，军事文化遗存的范围远比军事考古学研究的对象更加广泛，从物质文化遗存到非物质文化遗存都能够成为文化遗产的一部分。第四，历史延续性强。战争及防御伴随着我国历史的发展，所以我国军事文化遗存上至原始社会下至历史时期，每个时代的遗存都有自身特点，反映社会发展进程。

军事文化遗存的保护与利用要立足于文化遗产的价值开发，正确认识军事文化遗存的历史意义是解读其与文化遗产关系的关键。军事文化遗存是文化遗产的一部分，从本质到内涵，军事文化遗存都富有历史价值、艺术价值、文化价值及科学价值，军事文化遗存是人类智慧与进步的结晶，虽然战争长期存在于人类社会，但自古至今人们都渴望和平，息兵止战是人类的普世价值观。军事文化遗存作为文化遗产，对其的保护并不是宣扬战争主义，更多的是提醒人们借鉴历史，警示战争带来的恶果，将其作为人类共同的记忆而传承不断。

二、军事考古学对军事文化遗存研究的局限

考古学的研究对象主要是古代人类社会的全部物质文化遗存。考古发现的日益增多及考古学理论方法和研究手段的进步，使考古学的研究对象开始走向专门化，出现较多分支学科，诸如农业考古学、环境考古学、科技考古学等。考古发现的与古代军事活动有关的遗迹遗物也较多，也应当将其作为一个系统学科的研究对象加以对待，军事考古学的提出正好能满足这个要求，军事文化遗存理应成为军事考古学的研究对象。

如前所述，军事文化遗存包括物质文化遗存和非物质文化遗存，而考古学关注的对象集中于物质文化遗存，即并非所有的军事文化遗存都是考古学的研究对象。同时，我们还应当注意到，军事考古学的研究是一个综合性很强的学科，从研究方法到研究对象，都有着较强的灵活性，虽然非物质文化遗存不能成为考古学的研究对象，但其作为一种历史存在，为考古学的研究提供参考资料的作用还是值得关注的。

对于考古学自身的发展来说，军事文化遗存是历史产物，深埋于地下的物质遗存被考古调查及发掘所揭示，这本身就是对考古学自身的丰富和完善。考古学是不断发展的学科，研究对象的扩展和研究方法的进步是其生生不息的灵魂。如果没有新的材料出现，考古学研究的内容将大大受到局限，地不爱宝，是考古学的魅力所在。军事文化遗存作为古代物质文化遗存的一部分，其整合性考古学研究是考古学方法与理论成熟的表现，军事考古学的出现是有着其必然性的，并非凭空臆造的概念。随着丰富的军事文化遗存被揭露，考古学自身也出现了方法论的反思，如何开展对大量出现的军事文化遗存的研究成为考古学界考虑的问题。军事考古学就是在这样的背景下应运而生的，是对考古学的发展和完善，能够更好地推动对古代军事遗存的考古学研究。

学界和社会对目前文化遗产的认识更加宽泛，出现了工业遗产、农业遗产等新观点。有些学者已经提出将近代甲午战争、抗日战争、解放战争等军事活动的遗存作为军事文化遗产进行保护，而这些军事文化遗产已经超越了军事考古学的研究范畴，在理论与方法上与考古学相去甚远。

近些年，学界对考古学的反思也异常活跃，在考古学的操作方面，出现了"社区考古学"等与文化遗产互动的操作模式，有学者总结，社区考古学

的基本方法论包含的策略，"沟通与合作、就业与培训、公共展示、访问和口述史、教育资源、多媒体档案和由社区主导的商业开发。如果加以总结归纳，我们即可发现，社区考古学就是以权力让渡为核心，主要涉及发掘权、阐释权、教育权和商业开发权"①。大多数学者还认为社区考古学所涉及的是文化遗产的保护实践，而与考古学研究有较大的差别，但作为考古学研究对象的文化遗产，其保护策略也应当被放置于考古背景下进行。军事文化遗存同样需要实践社区考古学的研究方法，发挥军事文化遗存在社区当中的作用，这是新时期军事考古学研究的题中之义。

从军事文化遗存与考古学的关系来看，军事考古学的发展目标也是不断推动对军事文化遗产的保护，正如有学者提出的，"未来的考古工作无论是抢救性的发掘还是主动的出击，都必须更清醒地认识考古资料本身所具有的学术价值，并自觉地为文化遗产的价值评估及保护、展示规划提供基础"②。

第二节 军事文化遗存的保存现状分析

我国军事文化遗存的保存现状和其他文化遗产现状有着相似的地方，在让人欣慰的同时又心存担忧。

总体上讲，军事文化遗存保护还是取得了一定成就。第一，博物馆和遗址公园、旅游成为保存的载体，使得军事文化遗存不仅得到有效的保护还得到合理的利用，充分发挥遗存的历史、文化、经济价值，如兵马俑、殷墟、三峡库区、常州淹城遗址等；第二，随着文化遗产保护的重视，一些省市还制定了保护规划，为遗存的保护提供了保障，如北京、山东、陕西等省市还制定了长城保护规划；第三，随着文物保护技术的发展，保护水平和措施不断提升，军事文化遗存能够得到及时的修复及合理的保护，如利用物理及化学措施加固或修复遗存；另外，就军事文化遗迹和遗物而言，由于遗物更适于室内保存，所以军事文化遗物的保存状况好于军事文化遗迹。

在肯定成果的同时，军事文化遗存面临的问题也不容忽视，近些年许多

---

① 徐坚：《社区考古学：文化遗产管理还是考古学研究》，《东南文化》2011年第5期。

② 曹兵武：《中国考古学与文化遗产保护——一个观念变迁的历史检讨》，《中国文物科学研究》2007年第3期。

地方都发生了对军事文化遗存的破坏案件。

伏龙坪遗址位于兰州市城关区西南部，这里陇文化、龙文化、军事文化内涵丰富、多姿多彩。它的历史文化遗存集中体现了兰州黄河文化的遗存，体现了兰州独有的军事文化，能突显出古兰州重要的军事战略地位。伏龙坪上的炮台和墩台是古兰州卓越军事地位的一个佐证，在全国具有非常的独特性和鲜明性。但是可惜的是，目前坪上的四个墩台，三个炮台都被拆毁了，情况很严峻。另外，伏龙坪属于典型的湿陷性黄土地段，这种黄土的坍塌性特别强，是兰州市地质灾害隐患易发、多发区，伏龙坪上90%以上的地段都处于危险之中，主要类型有滑坡、崩塌、泥石流与地面塌陷等，这些都会影响遗址的安全。

张家口怀来沮阳古城遗址位于怀来县大古城村北，北临官厅水库，1954年著名考古学家安志敏和河北省文化局的同志曾进行实地调查和历史地理考证，判定为秦汉时期上谷郡治，上谷郡自战国时期燕国始置，秦汉时期是"北边"重镇，在军事上有决定性的价值。2012年8月23日下午，中国秦汉史研究会、中国人民大学历史学院主办的"日常秩序中的秦汉社会与政治"国际学术研讨会与会学者对遗址进行考察，发现原本保存状态最完好的东城墙多处因堤坝加固工程取土遭到严重破坏。许多地点原先距地表十数米的古城垣已经被推土机铲平。

河南南阳楚长城是中国最早的长城，距今已有2600多年的历史。方城县独树镇方城山西北的山脚下，就是大关口楚长城遗址。大关口的得名在于它东西被并列的诸山峰夹峙，形成了一道关隘。考古人员在土垣内发现过铜戈、铜镞，并考证出其建筑时代为春秋战国时期。南召县的楚长城遗址只是整条楚长城的一部分，相对于其他分布县份相比，线路最长、关城最多、保存最完整，是楚长城的历史标本。分布在南召县的长城，在近代曾不断被当地人修葺利用，是目前保存最完整的一段。然而，在南召的长城如今也正面临被不断破坏的局面，在海拔806米的华山主峰，"楚长城"从峰顶蜿蜒而下，近在咫尺的周家寨边上有两个矿区，矿区最多时有100多个矿口，为清理碎石，这些矿口每天最多时要放100多炮。

湖北南漳县发现大大小小古山寨500多处，被文物部门收录了380多处。最大的山寨是东巩镇卧牛山上的古山寨，被专家称为"华夏第一大山寨"，据初步考证，卧牛山寨始建于东汉末年，三国将领周仓曾在此筑寨屯兵，明末李自成部下郝摇旗也在此继续筑寨。卧牛山寨依山势而建，跨越三个山头，面积1.1平方千米，分设五个寨门，沿寨墙垒筑掩体85个，瞭望台7个，炮台20个，寺庙建筑和石垒房屋375间。这些古山寨大多建在山峰之上，山高林密，道路崎岖，人迹罕至，长期不被外界所知。古山寨就这样静悄悄地隐身在山岭丛林之中，任凭岁月的风雨斫蚀，不少古寨只剩残垣断壁，寨内荒草离离。仅有13个古山寨列为省级文物保护单位。

类似上述军事文化遗存被破坏的例子并不鲜见，总结而言，军事文化遗存保存现状主要存在三个方面的问题。第一，军事文化遗存家底不清。虽然近年在文物普查等方面对军事文化遗存有所涉及，但尚未有相关职能部门进行专门的清查和摸底，尤其是对一些地面残存不多或者散落偏远山区、村落的一些遗存仅凭一己之力难以调查清楚，遗存保存情况存在盲点。第二，保护力度不够，军事文化遗存遭到破坏。保护力度不足不仅是因为与受重视程度有关，还与军事文化遗存自身环境有关。一些军事文化遗存由于可欣赏程度较低，尤其是遗迹，不利于遗存地对其开发利用，经济价值低，所以遗存所在地的重视程度不高，保护措施不到位，常受人为的破坏，如修路、取土、盗掘等。另外，军事文化遗存的出现与战争或防御等军事活动有关，所以多选择地势险要或边境地带驻防，这也决定了遗存所处的地理位置较为偏远或者交通不便，不利于文物机构监管，受保护程度低。第三，遗存受自然影响大。军事文化遗存多暴露在野外，尤其是土遗址类的文化遗存，会受到自然灾害及降水、有害植被、冻融、风化等自然因素的影响，使得遗存被破坏甚至消失。

产生上述问题的原因是多种多样的，与大多数文化遗产一样，军事文化遗存的保护同样受到法律、制度、经费、人才、意识等方面的限制。目前，我国文化遗产的法律保护和制度保护都处于正在建设的阶段，相关法律法规不完善，执法不严、有法不依的现象普遍存在，尤其是对于军事文化遗存来说，许多军事文化遗存的保存现状并不乐观，这就导致更加缺乏重视，社会对这类文化遗存的轻视使得相关部门存在执法的惰性，从而形成越轻视，保护越不力的恶性循环。同时，近些年大遗址保护项目的不断上马，使得有关部门及社会大众对地处偏远、影响力小、缺乏观赏价值的军事文化遗存更加被边缘化，从经费到人力都不能得到应有的保障。军事文化遗存的保护需要有一支熟悉军事文化遗存特点的专业技术队伍，而军事考古学的发展能够从学术上对人才队伍的建设加以引导，同时结合文化遗产的保护知识，推动军事文化遗存保护的科学、持续发展。

总而言之，军事文化遗存的保存现状值得关注，虽然当前全社会已经形成了文化遗产保护的共识，认识到了文化遗产的价值，但具体到军事文化遗存却知之甚少，保护情况不容乐观，大部分军事文化遗存被淹没在经济社会发展的大潮之下，成为历史的牺牲品。在军事考古学研究的基础之上，推动军事文化遗存的内涵提炼，从而促使军事文化遗存历史见证者的身份被人们所认知。而文化遗产保护的关键在于对其价值的评估与阐释，军事文化遗存的价值应当得到客观的理解，只有建立在对文化价值准确把握的基础上的文化遗产保护才是具有历史意义的，才能够成为子孙后代宝贵的物质与精神财富。

第三节 军事文化遗存的价值评估与阐释

价值是一种抽象的感知，是人们对某种事物的看法及感受，价值在人们的生活中十分重要，能够影响到人们的社会活动。马克斯·韦伯认为，如果个人不对世界表态那么无论世界如何精彩绝伦，对其亦毫无价值[①]。因此，人们对事物的价值评价十分重要。

一、文化遗产的价值

传统意义上，我们将文化遗产作为文物来进行研究和保护，而文物的价值一般被认为有历史、艺术、科学三个方面。而随着我们对文化遗产的认识不断加深，文化遗产的价值就有了更加科学的表述。《世界遗产公约实施指南》（1987年）认为文化遗产价值可以分类描述为：

（1）情感价值：①惊叹称奇；②趋同性；③延续性；④精神的和象征的崇拜。

（2）文化价值：①文献的；②历史的；③考古的，古老和珍稀；④古人类学和文化人类学；⑤美学的；⑥建筑艺术的；⑦城市景观的；⑧风景的和生态学的；⑨科学的。

（3）使用价值：①功能的；②经济的，包括旅游；③教育的，包括展

---

① 〔德〕马克斯·韦伯著，韩水法、莫茜译：《社会科学方法论》，北京：中央编译出版社，2002年，第8页。

现；④社会的；⑤政治的。

这样的价值表述虽然比较全面，但缺乏精要，没有一针见血地指出文化遗产价值的深刻内涵。从《保护世界文化与自然遗产公约》本身来说，联合国教科文组织强调文化遗产具有"突出的普世价值"（outstanding universal value）、"真实性"（authenticity）与"完整性"（integrity）；而对非物质文化遗产，则突出其"特殊价值"（special value）。联合国教科文组织对"世界文化遗产"的"突出的普世价值"有如下描述：

（1）表现人类创造力的经典之作。

（2）在某期间或某种文化圈里对建筑、技术、纪念性艺术、城镇规划、景观设计之发展有巨大影响，促进人类价值的交流。

（3）呈现有关现存或者已经消失的文化传统、文明的独特或稀有之证据。

（4）关于呈现人类历史重要阶段的建筑类型，或者建筑及技术的组合，或者景观上的卓越典范。

（5）代表某一个或数个文化的人类传统聚落或土地使用，提供出色的典范——特别是因为难以抗拒的历史潮流而处于消灭危机的场合。

（6）具有显著普遍价值的事件、活的传统、理念、信仰、艺术及文学作品，有直接或实质的联结（世界遗产委员会认为该基准应最好与其他基准共同使用）。

以上诸条是判断文化遗产的基准，而这一基准更多的是体现一种普世价值观，人类对历史的回顾与反思，文化遗产作为历史见证物的价值在这六条基准中表现得尤为突出，而文化遗产的其他价值则缺乏体现。"真实性"与"完整性"是针对文化遗产本体提出的历史痕迹的观察，是保护和利用文化遗产的基本出发点，也未能全面体现文化遗产的价值。

有学者在这些公文的基础上深入地分析了文化遗产应当包含的价值。例如，"通常文化遗产价值由二部分组成，一部分是它被创造出来的那个时代赋予的价值；另一部分是在以后岁月中各种历史事件与人类需求变化而遗留的印记所负载的价值"[①]。这种价值论更多地提炼了文化遗产的历史价值，而非其全部价值的抽象。还有学者认为，文化遗产的价值有着判断、建构、计算与赋予四个层面的内容。而且认为人们对文化遗产的价值认识是不断变动

---

① 刘敏：《青岛历史文化名城价值评价与文化生态保护更新》，重庆：重庆大学博士学位论文，2003年。

的，"人类遗产来自过去与自然，其价值并未随时光而流逝，它在不同历史时段表现出不同的价值量，古之人与今之人，从不同的意义层面需要'人类遗产'"[①]。

哲学意义上的价值，本质上是"客体主体化，是客体对主体的效应，主要是对主体发展、完善的效应"[②]。因此，价值应当涉及主体和客体两方面的内容，文化遗产的价值解读也要恰当理解主客体关系。对于文化遗产的价值评价主体当然为文化遗产本体，而客体则应当涉及社会、经济、历史等方面。因此我们认为，文化遗产应当具有社会价值、经济价值、历史价值等基础价值要素。

社会价值是文化遗产社会属性的反映，文化遗产虽然是历史的产物，但其所处的时代却是当下社会，它与社会中的方方面面都存在联系，这就造成了社会必然对文化遗产有所反映。西尔弗曼（H. Silverman）和拉各斯（D. F. Ruggles）主编的《文化遗产与人权》（*Cultural Heritage and Human Rights*）一书指出，文化遗产本身就是社会身份构成中的重要因素，它对于个人的生存来说，能够提供情感归属、经济支持和荣誉意义[③]。经济价值是文化遗产经济属性的反映，作为历史见证物，其具有的独一性和不可复制性造就了其非凡的经济价值，虽然文物及传统工艺并不能以金钱作为衡量价值的标准，但是目前的情况是文化遗产在经济发展中有着重要的作用，而且随着经济结构不断完善，文化遗产的经济价值会得到更进一步的挖掘。历史价值是文化遗产最本质的价值，文化遗产是历史发展的结果，没有历史不断沉淀，文化遗产就无法形成其应有的价值，其社会价值与经济价值都是建立在历史价值之上的。文化遗产的社会、经济、历史价值共同构成了它的价值体系，这一体系之间的价值是相互关联、相互促进的，其共同统一于人类的发展，诚如物的价值表现为对人的有意义的效应，文化遗产的价值也不例外。

---

① 赵红梅：《论遗产的价值》，《东南文化》2011年第5期。
② 郭凤志：《价值、价值观念、价值观概念辨析》，《东北师大学报（哲学社会科学版）》2003年第6期。
③ Silverman H, Ruggles D F. *Cultural Heritage and Human Rights*. New York: Springer, 2007.

二、军事文化遗存的价值

军事文化遗存是文化遗产的一部分，其价值具有文化遗产价值的普遍性。从文化遗产的价值内涵来看，社会价值、经济价值、历史价值同样是军事文化遗存所具有的价值内涵。

军事文化遗存的社会价值是对军事文化遗存社会属性的阐释，社会是人类形成的复杂结构，无论是物质形态还是精神形态，社会都得以包容。军事文化遗存包含的传统工艺技术、歌唱舞蹈等非物质文化遗存，在社会中同样具有价值，有时其价值是物质文化遗存不可比拟的。例如，藏族史诗《格萨尔王》，包含了诸多的战争篇章，《霍岭大战》《姜岭大战》《门岭大战》等都不乏对战争的描述。《格萨尔王》作为藏族传统史诗，是藏族非物质文化的典型代表，世代相传，成为藏族的精神支柱，对藏族的发展有着重要的意义。

军事文化遗存的社会价值集中表现在其与社会的互动关系上。军事文化遗存处于一定的社会环境当中，它与外延的人群、组织、环境等有着密切的关系。以长城为例，长城在古代历史上存在了2000余年，变化较大，地域范围较广，其长期作为农牧业的边界影响着历代的疆域开发。而作为历史遗存的长城，已经失去了疆域边界的政治意义，逐渐演化成为中华文明的代表，成为中华民族不屈的象征，蜿蜒万里的长城在当今社会中有着崇高的象征意义。这种象征意义体现了长城所积淀的社会价值，同时，它激发着人们的奋斗精神，体现了中华民族的力量与智慧。因此，作为一种文化遗产，长城的社会价值不可估量。与长城相似，许多军事文化遗存都有着不可估量的社会价值，在当今社会当中，发挥军事遗存的社会价值是十分有必要的。这不仅是社会发展的需要，更是激发社会活力，推动文明复兴的需要。

军事文化遗存的经济价值是与文化遗产的经济价值相对应的。众所周知，文化遗产的开发与利用已经成为社会热点话题。毋庸讳言，以金钱衡量文化遗产的价值是一种普遍存在的现象，这也从一个侧面反映出文化遗产确实存在经济价值，对文化遗产的经济开发即是挖掘其经济价值的过程。例如，秦始皇陵兵马俑坑的开发利用，为促进经济发展提供了新的动力，每年到秦始皇陵兵马俑博物馆参观的游客数以万计，大量的门票及附加产品的收入令人惊讶。军事文化遗存的开发需要建立在保护的基础之上，科学合理保护文化遗产是文化遗产经济价值得以保值和升值的基础。同时，古代军事科技对当今科技的发展也有着借鉴意义，深入挖掘古代军事科技能够助推当今经济的发展。

军事文化遗存的历史价值是其最本质的反映。军事文化遗产是历史的产物，没有历史上的战争就不会有大量的军事文化遗存存留。我们已经多次提到，军事文化遗存是历史的见证，历史的属性是军事文化遗存无法改变的，这是军事文化遗存称之为文化遗产最关键的属性，由此也决定了军事文化遗存是文化遗产的一部分。在漫长的历史长河中，军事活动始终伴随着人类的发展，它与其他文化遗产一样，都是历史的见证者，将人类的活动痕迹保存下来，为今后人类的发展提供历史的参考与借鉴，如海防遗址为我们当今的海疆保卫提供了国防借鉴，研究明清时期海岸城堡遗址，为我们当前海疆布防提供参考。

总之，军事文化遗存是文化遗产的一部分，军事文化遗存的价值与文化遗产的价值当然存在着共性，提炼军事文化遗存的内涵价值，推动军事文化遗存的研究，深化对军事遗存价值的评估，进而使文化遗产的价值得到更好的阐释。

三、军事文化遗存的价值阐释

价值是文化遗产保护中的核心问题，文化遗产的价值是其赖以永续发展的基础，如果一处文化遗产失去了其应有的价值，其也就没有存在的必要了。有学者就认为："整个文化遗产保护事业就是建立在文化遗产价值体系发展的基础上，从其发展历程来看，由于对遗产价值的认识不断深化发展，这才逐渐形成了系统、完备的价值认知体系，而这一体系则是对文化遗产进行价值评估的基础。"[1]价值的评估是为了深化对文化遗产的认识，从而更好地阐释文化遗产的价值，让其在当今社会中发挥应有的作用。

军事文化遗存的价值阐释应当遵循文化遗产的价值阐释规律。有关文化遗产的价值阐释，无论是国外还是国内，讨论都比较少。国际社会较早地推广了对文化遗产的阐释，1999年，国际古迹遗址理事会在《国际文化旅游

---

[1] 丛桂芹：《价值建构与阐释——基于传播理念的文化遗产保护》，北京：清华大学博士学位论文，2013年。

宪章（重要文化古迹遗址旅游管理原则和指南）》中对文化遗产的阐释给予充分重视，指出"阐释"是"向游客或东道主社区解释并展示东道主社区历史遗址、物品、收藏或活动有形和无形的价值和特点，包括研究工作"，因此，阐释的目标就是将文化遗产的价值展现在人们面前；另外，还制订了阐释和展示的原则与目标，并对阐释计划做了具体指导，如"阐释计划应该将遗产的各种价值以一种相关和可行的方法，通过适当的、启发性的当代教育形式、媒体、科技和个人对历史环境和文化信息的解释，向东道主社区和旅游者展现"[①]。由上，价值阐释除了对价值的认识及评估之外，需要经历媒介、解释、展现三个环节，文化遗产的价值阐释需要通过一定的媒介将相关信息进行解释，最后展现在社会及人群面前。

关于媒介。联合国教科文组织的《世界文化多样性宣言》中第6条指出："促进面向所有人的文化多样性，在保障思想通过文字和图像的自由交流的同时，务必使所有的文化都能表现自己和宣传自己传媒的多元化，语言多元化，平等享有各种艺术表现形式，科学和技术知识，包括数码知识以及所有文化都有利用表达和传播手段的机会等，均是文化多样性的可靠保证。"[②]这里就强调了文化传播媒介的多样性，利用多种不同的传播工具将文化的内涵及价值展现，这也是文化遗产所需要的。传播学先驱H.拉斯维尔（Harold Lasswell）曾指出，"环境监视功能、社会协调功能、社会遗产传承功能"是大众传播的三大功能[③]。文化遗产的价值诠释需要利用这些媒介进行推广，军事文化遗存的价值阐释在利用各类媒介传播的同时需要注意军事文化遗存本体价值的反映，媒介只是一种手段，传播出的信息一定要具有军事文化遗存的特点。

关于解释。解释是对事物内涵的提炼，文化遗产的价值阐释需要对文化遗产的价值内涵进行提炼。上文我们已经提到了，文化遗产具有社会、经济、历史价值，这三方面的价值构成了文化遗产价值体系的基础。军事文化

[①] 张松：《城市文化遗产保护国际宪章与国内法规选编》，上海：同济大学出版社，2007年，第118页。

[②] 文化部外联局：《联合国教科文组织保护世界文化公约选编（中英对照）》，北京：法律出版社，2006年。

[③] Harold Lasswell. *The Structure and Function of Communication in Society, The Communication of Ideas*. New York: The Institute for Religious and Social Studies, 1948.

遗存的价值阐释也需要从这三方面出发进行阐释，如遵义海龙囤遗址，其在少数民族地区具有一定的特色，是土司制度的见证者，同时也是中央与地方、中原与边疆互动的见证者。近些年被纳入申请世界文化遗产的预备名录，今后对促进当地旅游经济的发展有着积极的影响。诚然，每个人对文化遗产的理解不同，因而对文化遗产价值阐释也千差万别，我们并不强求千篇一律，军事文化遗存的价值解释需要发挥社会公众的智慧进行广泛探讨。

关于展现。展现是文化遗产价值阐释的最终环节，它将人与遗产直接联系了起来，是直观的价值表现。文化遗产的价值并不是每一个人都能理解的，只有通过专业人员的深度研究之后，以合理、科学的方式展现出来才能够达到其价值的最大化，从而影响更多的社会公众参与到文化遗产的保护事业当中。2010年5月，陕西省考古研究院成立公众考古部，这是陕西考古研究院努力让考古为公众服务的一个行政性表达，对于热爱考古的人们来说显然是一个明显的信号。这样的活动也是对文化遗产价值阐释的一种方式，触摸历史，感触沉淀，从而获得对文化遗产价值的理解，促进文化遗产保护事业的发展。同时，诸多的大遗址博物馆的建立，将军事文化遗产的价值通过更直观的途径展现出来，如唐大明宫丹凤门遗址博物馆展示了唐大明宫正南门遗址，大众通过博物馆的展示能够获取对唐大明宫宫门军事防御的直观感受。

军事文化遗存的价值阐释与文化遗产的价值阐释相通，在文化遗产价值阐释的框架下进行军事文化遗存的价值阐释是合理的。通过利用媒介表达军事文化遗存的价值信息，以理解为基础进行解释，最终将通俗易懂、简明扼要的价值内涵展现于社会大众眼前是军事文化遗存价值阐释的可靠路径。

"如何建立中国自己的、定义准确的文化遗产价值评价体系是中国文化遗产保护工作面临的一个重要而基本的问题。"[1]这一问题同样也是军事文化遗存保护工作所面临的问题，国际社会所依照的"突出的普世价值""真实性""完整性"是文化遗产价值的普遍评价体系，但我国历史悠久，而且有着很强的独特发展属性，特别是军事文化遗存与世界其他地区有着较大的差别，如何建立起中国军事文化遗存的价值评估体系及阐释方案是今后值得深入思考的问题。

---

[1] 吕舟：《从张飞庙的保护谈中国文物建筑保护面临的新问题》，《重庆：2001三峡文物保护学术讨论会论文集》，北京：科学出版社，2003年，第312~315页。

第四节 军事文化遗存保护的思考

一、军事文化遗存保护的重要性与迫切性

（一）保护的重要性

首先，能够充分保护及利用军事文化遗存的价值。军事文化遗存是社会文化遗产的一部分，具有历史价值、社会价值、经济价值。它是历代遗留下来的与军事活动有关的遗迹、遗物，是这些军事活动的亲历者，是见证和回眸这段历史轨迹的重要依据，保护遗存能为我国历代军事及历史研究提供重要依据；古代筑城选址及布局、军事防御体系建设具有其合理性及科学性，遗存的有效保护对科学研究有重要意义；军事文化遗存的合理开发及利用能够带动旅游业的发展，丰富旅游资源，是文化旅游不可或缺的一部分，有效的保护能够促进旅游业发展，创造经济效益。

其次，军事文化遗存的保护能够促进军事考古学的发展。军事考古学的发展是一个长期目标，它不仅需要科技的支持，更需要研究对象的支撑和资料更新，如果没有足够的研究资料及后续资料补充，军事考古学的发展将无从谈起，所以必须保护好有限的遗存。

（二）保护的迫切性

第一，保存现状不容乐观。军事文化遗存具有脆弱性、不可再生性和唯一性等特点，一旦破坏就很难真正复原，而目前，我国军事文化遗存及其生存环境面临着严重威胁，加之盗掘的严重及一些不合理的利用，一些军事文化遗存已经或正在消失。所以充分认识保护文化遗存的重要性，高度重视文化遗存的保护已经十分必要及迫切。

第二，军事考古学发展的重要性。如前所述，将军事考古学作为考古学的分支学科已经十分必要并具有可行性，除此之外军事考古学的发展还具有重要的学术和现实意义。学术意义主要体现在军事考古学能够古代军事研究。考古出土的有关实物及文物资料能为军事历史研究提供更加确切的依据，考古出土的军事著作还可起到"证经补史"的作用。比如，在河南安阳

殷墟出土的大批甲骨文献是研究商代军事史的第一手资料。1972年山东临沂银雀山汉墓中出土的汉简《孙子兵法》《孙膑兵法》，证实了《史记·孙子吴起列传》有关孙武仕吴、孙膑仕齐，他们各有兵法传世的记载；现实意义体现在激发了中华民族的自信心及服务于现代军事建设上。中国古代军事的许多方面都曾处于世界领先地位，为振兴中华和增强包括国防实力在内的综合国力的坚定决心；虽然如今军事水平与手段确非古代的模式与能力所能够相比，但优秀的战略战术原则、军事技术经验，以及古代战争与军事发展过程自身所体现出来的一般规律，一定会对今人产生有益的启迪与影响。作为研究对象的军事文化遗存的保存状况在一定程度上能够影响军事考古学的发展，所以为了完善考古学科建设，促进军事考古学的发展及提升其重要性，加强军事文化遗存的保护力度极为必要。

第三，加强文化遗产保护的要求。《关于加强文化遗产保护的通知》明确提出："要充分认识保护文化遗产的重要性和紧迫性，着力解决物质文化遗产保护面临的突出问题，切实做好文物调查研究，在认真摸清底数的基础上，分类制定文物保护规划。"在具体实施过程中多数省市将视线放在历史街区、大型遗址、重点文物的保护上，保护效果也较为显著，但对于地理位置偏远、所在地遗存类别单一的军事文化遗存等投入较少，这种抓大放小的举措与《关于加强文化遗产保护的通知》要求不相符。因此在落后于其他文化遗产保护的情况下，按照《关于加强文化遗产保护的通知》规定将军事文化遗存纳入保护视线内就显得极为迫切。

二、军事文化遗存保护的措施

（1）发展军事考古学，开展学术研究。军事考古学与军事文化遗存的关系前已明晰，所以要发展军事考古学必须保护好军事文化遗存，反之亦成立。要保护遗存必须发展考古，军事考古学通过在对军事文化遗存的不断发现、研究来揭示古代军事活动相关内容并阐释其规律，究明遗存原时代的政治、经济、文化背景，遗存制作工艺、用途及历史兴衰对现代的借鉴意义，为今天的社会主义建设服务。所以军事考古学能够印证军事文化遗存的真实性，为军事文化遗存保护提供历史依据，丰富军事文化遗存的内容及价值，发掘遗存的重要性，为文遗存保护提供学术支撑，重视军事考古学有助于推动军事文化遗存的保护。

（2）开展军事文化遗存清查摸底，建立档案或数据库。对于军事文化遗存家底不清，存在盲点的情况，文物部门应该展开专门普查或调查，摸清家底，切实掌握军事文化遗址情况，建立专属军事文化遗存档案或数据库，系统记录全国各省市遗存数量、分布范围、地理位置、遗存历史沿革、受破坏程度，设立保护标志，明确保管单位，建立健全保护管理制度等。

（3）开展对军事遗存的价值评估，重视文物保护单位及保护规划的制定。军事文化遗存保护力度不够，很大一部分原因是对其包含内容及价值认识不清，没有意识到其较高的历史价值、经济价值、社会价值，大量的军事文化遗址处于自生自灭的状态，对于已发现的军事文化遗迹在文物保护单位的申报中也占较少比例。鉴于此，要明确军事文化遗存的内涵，确定相关保护内容和保护对象，认真做好军事文化遗存的价值评估，做好文物保护单位、文化遗产的申报工作，从认识上为遗存正名，明晰遗存的价值，提升遗存的知名度及重要性，对于一些有重要价值的遗迹做合理的、有针对性的保护规划是实现文化遗存保护的有效措施。

（4）合理利用、公众参与。军事文化遗存的保护离不开合理有效的利用，遗存的利用与保护并不是一对矛盾体，二者应当是相互促进的。相比于军事文化遗存，近现代的军事文化遗产的利用与保护之间的关系处理得更为和谐，所以军事文化遗存的保护可以借鉴近现代军事文化遗产的保护措施，军事文化遗址公园的建立、军事专题博物馆的建立、遗产旅游的开展等均可以成为遗产利用的模式。它们不仅为发掘军事文化遗存的价值，让社会公众了解军事文化遗存提供平台，为遗存的保护增加社会力量，而且还能够促进遗存所在地旅游业的发展，充实当地博物馆事业，带动城市经济、文化的发展，提升城市知名度。公众参与也是遗存保护不可或缺的力量，公众关注度与遗存的受保护程度有着密切的联系，军事文化遗存的保护必须依靠公众力量，要为公众参与保护搭建桥梁。

（5）军地结合，联手工作。有些军事文化遗存所处地理位置是现在国防驻军所在地，这在山区、边疆、沿海、兵家必争的战略地区尤为显著。在这些地区利用军队力量保护文化遗存能够弥补地方政府部门力量、精力的不足。军地联手既能为军事文化遗存保护提供专业的保护，又能为遗存保护提供人力、物力的支持，另外在军队保护文化遗存的同时，还能利用这些文化遗存助推军事文化建设，丰富军队文化生活。

第五节 军事文化遗存保护的原则

军事文化遗存是人类历史的珍贵留念，见证了古代历史的诸多风雨，保护军事文化遗存是全人类共同的责任。任何活动都需要坚持一定的原则，军事文化遗存的保护同样有其遵循的原则。

第一，坚持"原真性"（authenticity）原则。军事文化遗存作为文化遗产的一部分，其保护同样需要遵循原真性原则的要求。1964年的《威尼斯宪章》奠定了原真性对国际现代遗产保护的意义，提出"将文化遗产真实地、完整地传下去是我们的责任"[①]。1994年12月在日本奈良通过的《关于原真性的奈良文件》（简称《奈良文件》）指出："原真性本身不是遗产的价值，而对文化遗产价值的理解取决于有关信息来源是否真实有效。由于世界文化和文化遗产的多样性，将文化遗产价值和原真性的评价，置于固定的标准之中是不可能的。"[②]该文件同时指出："真实性包括，遗产的形式与设计，材料与实质，利用与作用，传统与技术，位置与环境，精神与感受。有关真实性翔实信息的获得和利用，需要充分地了解某项具体文化遗产独特的艺术、历史、社会和科学层面的价值。"

军事文化遗存的保护需要严格按照原真性的要求进行，脱离原真性的保护缺乏科学依据，军事文化遗存就如任人打扮的小姑娘一样失去其应有的价值。有学者认为："遗产实物遗存原真性的意义是一方面其本身具有重要的历史、美学等有形的价值，另一方面在这些实物遗存背后还隐藏着与之价值相关的意义，实物遗存是其精神意义的承载体。这适用于所有类型的文化遗产。"[③]因此，坚持原真性原则是军事文化遗存保护的前提和基础。

第二，坚持依法保护的原则。法律的准绳是不能逾越的，坚持依法保护的原则能够有效保护军事文化遗存。我国目前的文化遗产保护主要依据的是《中华人民共和国文物保护法》。该法1982年颁布实施，2002年进行了大的

---

① 国家文物局法制处：《国际保护文化遗产法律文件选编》，北京：紫禁城出版社，1993年，第162页。

② 张松：《历史城市保护学导论》，上海：上海科学技术出版社，2001年，第309页。

③ 阮仪三、林林：《文化遗产保护的原真性原则》，《同济大学学报（社会科学版）》2003年第2期。

修订，提出的文物方针政策更加符合我国现阶段文物工作实际，对加强文物保护管理的要求更加明确，在规范我国文物保护的措施方面更具有可操作性和权威性，有关文物保护的原则和法理也表达得更为清晰和严谨。同时其他专项法律法规中也有涉及文化遗产保护的有关条款，如《中华人民共和国刑法》《中华人民共和国森林法》《中华人民共和国矿产资源法》《中华人民共和国治安管理处罚条例》《中华人民共和国大气污染防治法》《中华人民共和国环境保护法》《城市规划法》《中华人民共和国军事设施保护法》等。

除了相关法律中的保护规定，文物主管部门也颁布了更加具体化的保护措施规定。例如，国家文物局颁布《中国文物古迹保护准则》，该准则由国际古迹遗址理事会中国国家委员会制定，于2002年发行第一版，并于2004年修改和发行第二版。《中国文物古迹保护准则》是在中国文物保护法规体系的框架下，以《中华人民共和国文物保护法》和相关法规为基础，参照以1964年《国际古迹保护与修复宪章》（《威尼斯宪章》）为代表等国际法中的国际原则而制定的。该准则是对文物古迹保护工作进行指导的行业规则和评价工作成果的主要标准，也是对保护法规相关条款的专业性阐释，同时可以作为处理有关古迹事务时的专业依据。提出了文物古迹保护的原则，包括必须原址保护、尽可能减少干预、定期实施日常保养、保护现存实物原状与历史信息、按保护要求使用保护技术、正确把握审美标准、必须保护文物环境、不应重建已不存在的建筑、考古工作注意保护实物遗存、预防灾害侵袭等。

法律法规的社会地位是不言而喻的，军事文化遗存的保护只有在坚持依法保护的原则下，才能实现长久保护。军事文化遗存大多数是文物古迹，与其他类型的文化遗产一样，军事文化遗存的保护在很大程度上存在法律保护漏洞。因此，遵照相关法律法规进行保护是必行之道，军事文化遗存的管理部门、学者、社会大众、媒体等都要遵循法律法规的要求保护军事文化遗存。

第三，坚持完整性原则。完整性最初是针对自然遗产提出的保护原则，但随着我们对文化遗产的认知不断深入，文化遗产的保护也应当在一定程度上坚持完整性原则。有学者认为，文化遗产的完整性表现在："一是范围上的完整（有形的）。建筑、城镇、工程或者考古遗址等应当尽可能保持自身组分和结构的完整，及其与所在环境的和谐、完整性。二是文化概念上的完整性（无形的）。"①就军事文化遗存来说，其湮没在历史的长河之中，原初的完整性早已不复存在，苛求类似自然遗产的完整性显然是不科学的。比如古代兵器遗存，其出土状态已非原本状态，但对其的保护同样要坚持完整性的原则，尽可能地保留一切与之相关的信息，如弓弦、木柲等易腐朽遗存的痕迹，不能单纯提取保存较好的金属质地的遗存。另外，军事文化遗存所涉及的内涵不仅仅局限于军事方面，其他如政治、民族、科技等方面的文化内涵同样是其整体性的反映，在关注军事文化内涵的同时，也要完整保留其他方面的文化内涵。

第四，坚持濒危遗存重点保护原则。凡事都有轻重缓急之分，军事文化遗存的保护也要分清主次轻重，提高保护效率。"保护为主，抢救第一"已经成为我国文物保护工作的重要方针，抢救濒临毁灭的文化遗产是当前我国文化遗产保护工作的迫切要求。军事文化遗存数量众多，保存现状千差万别，大型遗址的保护工作比较到位，如秦始皇陵兵马俑，但仍有许多地处偏远的古城遭到了严重的破坏，这些濒临毁灭的军事文化遗存急需政府和社会投入力量进行保护。坚持濒危遗存的重点保护并不是单纯强调濒危遗存的保护需求，对濒危遗存进行重点保护就是坚持"抢救第一"的方针，同时要继续坚持"保护为主"的方针，对军事文化遗存进行有效保护。

第五，坚持推广先行、多元保护原则。文化遗产保护是一项庞大的社会工程，许多问题的解决需要全社会的合力推动，军事文化遗存的保护需要调动全社会的积极性和能动性，发动社会力量共同保护。推广先行即要求将军事文化遗存的价值向全社会进行宣传，提高社会的保护意识，从思想上解决军事文化遗存破坏的内在动因。多元保护即要求广泛采取合理有效的保护措施，从经费、技术、宣传、制度等方面对军事文化遗存的保护提供坚强后盾，如推动军事文化遗存的数字化保存，解决军事文化遗存保护方法的单一性问题，通过多种途径对军事文化遗存进行科学保护。

总而言之，军事文化遗存的保护是一项艰巨的历史任务，保存人类军事文化的记忆是全社会应当肩负的义务。坚持原真性、依法保护、完整性、濒危遗存重点保护、推广先行、多元保护等原则可积极推动军事文化遗存的保护工作，从而为人类文化遗产的保护提供有效解决方案。

---

① 张成渝、谢凝高：《"真实性和完整性"原则与世界遗产保护》，《北京大学学报（哲学社会科学版）》2003年第2期。

第七章　军事文化遗存的保护与文化遗产规划　·323·

第六节　军事文化遗存规划的原则

　　文化遗产的长久保存需要制定合理的保护规划，包括军事文化遗存在内的文化遗产规划都应当遵循一定的基本原则，从而将人类辉煌灿烂的文化与历史留给子孙后代。

　　第一，坚持"原真性"原则。前面我们已经强调了在军事文化遗存保护过程中要坚持"原真性"原则，而军事文化遗存的规划过程中同样要遵循"原真性"原则。"原真性"是文化遗产的根本属性，脱离了原真性而进行的保护和规划并不是对文化遗产的保护和规划（图一〇一）。只有保存了军事文化遗存的原真性，才能突显军事文化遗存的价值，文化遗产的保护从根本上来讲是对其所蕴含的文化价值的保护，一堆黄土并不需要刻意进行保护，而一堆饱含人类历史信息的黄土却需要对其进行保护。规划是保护的延伸，根本上仍然是对军事文化遗存的原真性进行保护，因此，任何军事文化遗存规划的制定和实施都需要坚持"原真性"原则。在具体操作过程中，需要处理好遗迹本体与开发之间的关系。《集安高句丽王城王陵与贵族墓地保护规划（2002~2020）》基于遗产保护的真实性、完整性原则，正确处理了遗迹本体与开发之间的关系，坚持"文物本体保护第一位、历史环境保护第

图一〇一　锥子山长城修缮前后对比
（左图为破坏性修复后的现状）

二位、展示服务及其他保护工程第三位、基础工程建设第四位的规划"理念①。

第二,坚持以人为本原则。保护是针对遗存本身而言的,而规划则更多地需要注意解决人与遗存的关系。军事文化遗存是古代人类的创造,体现着人类的智慧结晶,存留至今已与当今人们有着密切的关系,许多军事文化遗存的规划关乎周边大众的生产生活,关乎社会、经济、文化发展,正确处理遗存本体与文化遗存参与者的关系是军事文化遗存规划的关键。《洛桑宪章》就强调了在文化遗产保护规划中要慎重考虑公众参与的意义,"公众的积极参与必须构成考古遗产保护政策的组成部分,涉及原住民遗产时这点显得更加重要。公众参与必须以获得做出决定所需之信息为基础。因此,向公众提供信息资料是整体保护的重要组成部分"。同时,军事文化遗存的规划必须符合人类社会的发展规律,尊重人类社会的普世价值,所展现的文化风貌要有符合人类思想层次的需求。军事包含战争,但战争并不是军事的全部,任何军事文化遗存的规划都要以弘扬世界和平、促进人类友好为基础,坚持从人性的角度出发,以人为本,万不可在规划中以突出狭隘的战争基调和民族主义为目标。

第三,坚持"合理利用、加强管理"的方针。我国现行文物工作方针是"保护为主、抢救第一、合理利用、加强管理"。这是1992年5月首次全国文物工作会议上提出,后经过表述上的改动,2002年《文物保护法》修订时这十六字方针写入《中华人民共和国文物保护法》,正式确定其法律条文地位。这十六个字的后八字即"合理利用、加强管理"则对文化遗产的规划有着指导意义。"合理利用、加强管理"既是文物工作方针,又是军事文化遗存规划应当坚持的原则。军事文化遗存规划需要以此作为行动的准绳,合理利用文化资源,在开发利用文化资源的同时加强对军事文化遗存的管理,不能因过度利用而破坏文化遗存的本体,但也不能因噎废食,浪费文化资源。

第四,坚持可达性(accessibility)的展示规划原则。文化遗产的展示应考虑文化遗产相关信息对于来访者的可达性。军事文化遗产的展示可能面向的是不同层次和文化背景的人群,同时,由于军事文化遗存有着其特殊的文化内涵,受参观者的层次及背景的限制,其文化内涵能否科学直观的表达,

---

① 陈同滨、王力军:《遗产规划:以实现真实性与完整性为先决条件》,《中国文化遗产》2004年第2期。

遗产的价值能否得以充分的展示是军事文化遗产展示规划需要首先讨论的问题。因此，必须坚持可达性的展示规划原则，为参观者提供有组织的展示线路，策划相应的展示设施，设立展示标志，提供视听资料及出版物等，并由经过专门培训的导游和专业人士向来访者进行有关场所历史文化信息的介绍，从而增强来访者对军事文化遗产及相关的有形和无形文化信息的多重可达性。

在文化遗产重要性日益彰显的今天，做好文化遗存保护规划工作是顺应时代潮流的抉择。军事文化遗存作为文化遗产的一部分，它的保护程度一定程度上影响着我国文化遗产保护事业与规划利用的进程，而文化遗产大的发展环境为军事文化遗存提供了好的发展机遇及政策、技术支持；随着军事考古学的发展，军事文化遗存保护规划获得了良好的发展契机，所以军事文化遗存的保护规划不仅具备政策等硬件的支持，还拥有学术等软实力的扶持，两者互推互助的关系为军事文化遗存的保护规划提供了可观的前景。

思考题

1. 试析军事文化遗存与文化遗产的关系。
2. 试析军事文化遗存的保存现状。
3. 如何进行军事文化遗存的价值评估与阐释？
4. 简述军事文化遗存保护的措施。
5. 试述军事文化遗存保护原则及其规划原则。

后 记

　　一定意义上，人类社会的历史就是一部战争史、军事史。军事考古学概念的出现，是古代战争遗存和军事内容丰富性之诉求与学术发展的必然。创建军事考古学作为考古学的分支学科是我们20世纪90年代的倡导，经多年研究积累，这一学说体系已形成基本架构，并得到学界的响应。由此我们想到，有一本这样的书作为高校相关专业的教材，可能是需要的。希望为大学生基本知识和素质的培养，贡献我们应尽的努力。也希望其能成为考古学及相关领域研究者有用的参考书。热忱欢迎各方面的宝贵意见，愿为促进该学科的成熟与发展，为提升军事考古学课程的水平，携手同行！

赵丛苍